새로 보는

한국사

새로 보는 한국사
韓國史

경북대 사학과 한국사교재편찬위원회

경북대학교출판부

경북대 사학과 한국사교재편찬위원(가나다순)

권 은 나 경북대학교 사학과 강사
권 혁 은 전 경북대학교 사학과 강사
김 경 남 경북대학교 사학과 교수
김 명 진 경북대학교 사학과 강사
김 미 연 경북도청 학예연구사
김 영 나 경북대학교 사학과 강사
김 정 운 경북대학교 사학과 강사
김 진 한 경북대학교 사학과 강사
김 현 주 경북대학교 사학과 강사
리샤오칭 전 경북대학교 사학과 강사
박 보 영 경북대학교 사학과 강사
설 현 지 경북대학교 사학과 강사
송 석 현 경북대학교 사학과 강사
신 동 일 경북대학교 사학과 강사
신 주 엽 경북대학교 사학과 강사
안 주 홍 전 경북대학교 사학과 강사
윤 정 원 경북대학교 사학과 강사
이 동 주 경북대학교 인문학술원 HK연구교수
이 명 미 경북대학교 사학과 조교수
이 인 복 경북대학교 사학과 강사
이 재 현 전 경북대학교 사학과 강사
임 지 원 경북대학교 사학과 강사
정 재 훈 경북대학교 사학과 교수
최 용 석 경북대학교 사학과 강사
최 현 우 서울대학교 역사교육과 강사
하 서 정 경북대학교 사학과 강사
홍 준 석 경북대학교 사학과 강사

새로 보는 한국사

초판 1쇄 2024년 3월 4일 • **초판 3쇄** 2026년 1월 26일
지은이 경북대 사학과 한국사교재편찬위원회 • **펴낸이** 허영우 • **펴낸 곳** 경북대학교출판부
출판등록 1973년 10월 10일 ㉓97호 • **주소** 대구광역시 북구 대학로 80 • **전화** 053-950-3830
팩스 053-953-4692 • **이메일** press@knu.ac.kr • **홈페이지** knupress.com
ISBN 978-89-7180-632-6 93910

정가는 뒤표지에 있습니다.
파본은 바꾸어 드립니다.

머리말

오늘날과 같은 디지털시대에 대학에서 한국사를 공부하는 것이 어떤 의미를 지니고 있느냐는 물음은 어쩌면 매우 고전적인 질문으로 들릴 수 있다. 좀 더 범위를 넓혀서, 대학에서 역사학 혹은 인문학이라는 고색창연한 과목이나 분야는 과연 무엇 때문에 존재하고 왜 배워야 하느냐는 물음은 당혹스럽기까지 하다.

그러한 질문에 모범답안 비슷하게 주어지는 정답이 없는 것은 아니다. 이를테면 비판적 사고 함양, 문화적 의식 함양, 역사적 책임 자각, 민주적 시민 양성 등은 모두 중요하면서 피할 수 없는 과제이기도 하다. 하지만 지금처럼 정보가 넘치는 디지털 세상에서 어떻게 한국의 역사를 이해하고 그것에 대해 설명할 수 있을까 하는 문제는 여전히 고민스럽다.

이제 모든 지식을 과거와 같이 주입식으로 외우는 것은 의미가 없다. 몇 개의 단어나 문장을 검색하면 정보를 바로 알 수 있고 심지어 새로운 지식을 AI가 만들어 주는 세상을 살고 있다. 하지만 지식과 정보가 넘쳐 나는 디지털 세상에서 반대로 객관적이고 정확한 지식을 가리는 눈은 더욱 매서워져야 하며, 넘쳐 나는 여러 가지 의견과 주장 속에서 그것의 왜곡이나 과장, 치우침을 가리는 것은 더욱 필요한 일이 되었다.

디지털로 표현되는 온on(사이버 세계, 가상)–오프off(현실 세계, 실재)의 온의 세상도 사실은 오프 세계를 바탕으로 구성될 수밖에 없다는 점을 염두에 둔다면, 역시 현실 세계의 실재가 어떻게 구성되고 있는지 면밀히 살피고, 또 어떻게 구성할지를 끊임없이 고민할 필요가 있다. 이 점에서 우리는 현실의 세계를 이해하고 해석하며, 또 새롭게 다가오는 많은 문제에 어떻게 대응할지에 대해 탐색하는 걸음을 여전히 멈출 수 없는 것이다.

한국사는 넓게 보면 역사학에 속한다. 역사학 역시 끊임없이 변화하여 왔다. 과거 전통적인 역사학에서는 인물과 사건 중심의 설명이 주가 되기도 했고, 분야별로 정치사, 경제사, 사회사, 문화사 등을 바탕으로 구조를 연구하여 설명하기도 하였다. 또 인간의 삶을 구체적이고 미시적으로 파악하여 그 속에서 다시 전체를 설명하는 방식이 유행하기도 하였다. 그 어떤 방법이든 인간과 그를 둘러싼 사회, 국가, 세계를 합리적이고 객관적으로 이해하려는 노력의 여러 모습이라고 생각한다.

지금 우리는 역사학을 통해 어떤 점을 배우고 깨달을 수 있을까. 과거 역사학에서 보인 장점과 또 현재 우리가 마주하고 있는 현실에서 느끼는 문제점을 지나간 일을 통해 되돌아보는 일은 단지 과거를 추억하는 것이 아니라 현재와 미래를 새로 이해하고 설계하는 일이다. 과거는 고정된 하나의 실체가 아니라 늘 현재와 미래 속에서 계속 소환되는 과거가 될 때 역사학은 의미가 있는 것이다. 그렇지 않다면 그 많은 수고를 들여서 이미 한참 전에 지나간 사건을 다시 음미할 필요가 없을 것이다.

개인으로도 자신을 되돌아보는 일은 자신이 누구인지, 지금 무엇을 하는지, 또 앞으로 무엇을 할 것인지의 문제와 늘 관련이 있다. 한국이라는 존재의 지나온 길은 우리 공동체가 앞으로 무엇을 할 것인지를 이해하고 설계할 때 반드시 확인하고 참고해야 할 대상이라고 생각한다.

대학이라는 배움터는 글자 그대로 큰 배움을 얻는 곳이며, 그 배움의 대상은 나만이 아니라 내가 살고 있는 사회 나아가 국가, 그리고 세계가 되어야 할 것이다. 과거에도 그랬듯이 우리는 늘 연결된 존재로 살았으며, 앞으로도 그럴 것이다. 한국이라는 공동체가 형성되고, 걸어온 길은 주변의 나라, 더 나아가 세계와 긴밀한 관계 속에서 이어진 것이다. 그 속에서 한국을 이해하고 앞으로 걸어갈 길에 조금이라도 참고가 되는 지식과 혜안이 한국사 공부를 통해 길러졌으면 하는 바람이다.

이 교재는 경북대학교 사학과의 한국사교재편찬위원회를 중심으로 한국사를 강의하는 교수, 강사들이 공동으로 만든 것이다. 이미 5년 전에 새로운 교재를 만들었는데, 이때는 주제별로 한국사를 나누어 설명하는 방식을 취하였다. 기존의 통사 위주로 서술하는 방식보다는 주제별로 특화하여 서술함으로써 학생들이 보다 흥미롭게 한국사를 이해할 수 있도록 하기 위해서였다. 다만 주제별로 서술하다 보니 시간의 흐름에 따른 이해에서 부족한 점이 있었는데, 이 점을 보완하여 이번에는 시대순으로 서술하되, 각 시대에서 가장 중요하게 이해해야 할 주제를 중심으로 서술하는 방식을 취하였다. 하지만 장구한 한국사의 시간에 비해 서술된 분량은 턱없이 적어 여전히 아쉬움이 남는다.

그럼에도 이 교재를 활용하여 한국의 역사에 대해 고정적으로 생각하였던 관념이나 사실에 대해 새롭게 접근할 수 있기를 바란다. 또 이를 활용하여 한국이라는 공동체가 헤쳐 나가야 할 많은 문제에 적합한 질문을 하고, 문제 해결의 실마리를 찾는 데에 조금이라도 기여할 수 있다면 집필자의 한 사람으로서 더한 영광이 없을 것이다. 집필에 참여하신 모든 선생님과 편찬위원회에서 수고하신 선생님들, 경북대학교출판부의 편집진 선생님들께 특별히 감사의 말씀을 전한다.

2024년 1월 29일

필자를 대표하여 정재훈 씀

목차

V. 현대

서론

문화로 본 한국사의 특징

문화로 본 한국사의 특징

한국문화는 독자적인 문화인가?

지금 한국의 문화적 특징은 무엇일까? 한국문화는 독자적인 문화인가? 다른 나라의 문화와 구분되는 한국문화의 독특함은 무엇일까? 이러한 질문에 선뜻 답하기는 쉽지 않다. 다른 나라에 여행을 가고, 외국의 소식을 일상적으로 접하고 있는 지금 현실에서 한국문화가 다른 나라의 문화와 다르다는 것은 분명한데, 그렇다고 그 차이를 꼭 집어서 말하기는 쉽지 않다.

최근에 한류韓流, Korean Wave 문화가 전 세계적으로 선풍적인 인기를 끌고 있다. 이는 한국문화만이 갖는 특징이 분명하게 있다는 방증일 것이다. 한류가 이렇게 널리 알려지고 세계인들에게 받아들여지는 것이 어떻게 가능했을까? 그 까닭이 무엇인지에 대해서는 다양한 의견이 있을 수 있다.

흔히 다른 나라의 문화와 구별되는 우리 문화의 특징은 전통적인 고유문화에서 쉽게 찾을 수 있는데, 일상의 의식주 측면에서 현재 한국문화는 현대적인 문화이며 그 속에서 전통적인 요소가 무엇인지 찾기가 쉽지 않다. 의복의 경우 세계적으로 공통되고 유행하는 옷들이 우리 주변에서 쉽게 발견되고, 기본적으로 근대에 '양복洋服'으로 인식된 옷이 현재 우리가 입는 의복의 중심이 되었다. 옷차림만 보고서 한국인과 중국인, 일본인을 구별하는 것은 쉽지가 않다.

주거 양식도 이와 비슷하다. 한국인이 가장 많이 살고 있는 주거 형태는 공동주택이며, 특히 그중에서도 아파트가 주요 형태라 할 수 있다. 단독주택이라 하더라도 전통적인 양식보다는 '양옥洋屋'으로 인식되는 서양식의 주거 형태가 대종을 이루고 있다. 물론 공동주택의 경우에 아파트가 반드시 다른 나라의 아파트와 같은 것만은 아니다. 전통주택의 뒷마당처럼 베란다가 발달하거나 전통적인 난방 방식인 온돌을 설치한 것은 한국적 아파트의 특징이다.

음식은 의복과 주거보다는 한국적인 특징 혹은 한국 전통의 색채가 비교적 강하다고 할 수 있다. 숟가락과 젓가락을 동시에 사용한다거나, 삭히거나 절인 음식이 많고, 국물이 있는 음식이 발달한 것 등은 한국음식문화의 특징을 잘 보여 주는 사례이다. 그러나 음식문화의 경우도 우리가 전통으로 익숙하게 알고 있는 것 가운데 오래되지 않은 것도 많다. 예를 들어 붉은 고추를 쓰면서 매운 김치가 만들어졌지만, 이 역시 임진왜란 이후의 일이며 그 이전에는 백김치가 김치의 대종이었다.

그렇다면 일상적인 의식주를 넘어서 한국문화의 특징적인 요소가 한국의 역사에서 어떻게 나타났는지 혹은 어떻게 만들어졌는지 살펴보면서 한국사의 특징을 알아보자. 문화와 관련하여 가장 수준이 높은 인간의 활동은 종교나 사상의 영역이라고 할 수 있다. 정치와 경제, 사회, 문화 등 여러 분야의 요소가 넓은 의미의 문화에 많은 영향을 미치지만, 그 가운데서도 특히 종교나 사상은 그 영향의 폭이 매우 넓고 깊다. 더구나 한국의 역사에서는 종교나 사상의 변화가 사회에 미치는 영향이 매우 컸다. 따라서 이를 중심으로 한국사의 특징을 살펴보겠다.

현재 우리 문화의 근간이 되는 것은 크게 보아서 무속으로 대표되는 민간 신앙 혹은 그에 기반한 문화, 불교와 그에 기반한 문화, 유교와 그에 기반한 문화, 그리고 기독교로 대표되는 서양의 문화가 거의 대부분을 차지한다고 할 수 있다. 문화에서 종교나 사상이 차지하는 비중은 매우 지대하다. 현재 우리가 국가적으로 지정한 문화재들의 경우, 대체로 불교나 유교와 관련된 것이 대부분이고, 그 외에 관련된 것들이 나머지를 구성하는 것을 보면 종교나 사상이 우리의 일상과 문화에서 큰 부분을 차지하는 것을 쉽게 알 수 있다.

그런데 흥미로운 부분은 현재 한국의 문화에서 이들 종교나 사상은 서로 극단적으로 대립적이지 않으며, 공존하고 있다는 사실이다. 종교로 인해 내부 분열이 극심해져 한 민족 사이에서 혹은 국가 내에서 종교 전쟁이 일어나는 일이 다반사인 경우를 생각해보면, 한국은 가히 종교의 전시장이라고 할 정도로 다양한 종교와 그에 기반한 사상 혹은 문화가 공존하고 있는 것이 특징적이다.

하지만 한국의 역사를 살펴보면 이들 종교나 사상에 기반한 문화가 반드시 평화롭게만 공존했던 것은 절대 아니었다. 오히려 시기별로 당대에 유행한 종교나 사상은 그 이전에 지배적인 위치를 차지했던 종교나 사상을 배척하거나 공격하여서 열등한 존재로 몰아내고 그 자리를 대신해 지배적인 위상을 차지한 경우가 일반적이다.

고대 무속 신앙을 대체한 불교의 경우, 고대국가의 발전 과정에서 정신적 지주 역할을 하면서 '국가불교화'하였다. 통일신라말에는 불교 가운데서도 선종 세력이 중심이 되면서 호족과 결합하여 고려를 세우는 데에 결정적인 역할을 하였다. 또 고려말 성리학으로 무장한 사대부들은 불교국가를 대체하는 조선을 세우는 데에 주도 세력이 되었다. 조선말에는 천주교 세력과 기독교 세력이 서양으로부터 들어온 학문과 사상을 대변하면서 이후 변화의 계기를 만들어 가는 세력이 되었다.

다만 한국의 경우 대체로 중앙집권적인 국가의 강력한 후원을 받으며 새로운 종교는 국가의 중심적인 사상이자 문화의 주류가 되었다. 그 경우 이전 시기에 유행하였던 종교나 사상은 곧 새로 유행하는 종교나 사상에 비해 열등하게 인식되었으며, 그에 종사한 사람들도 비천하게 평가되거나 인식되었다. 하지만 이전 시기에 유행한 종교나 사상에 기반한 문화가 완전히 사라지지 않고, 문화의 기층에 남아 흐르면서 한국의 문화를 구성하는 인자가 되었다. 그래서 한국문화에서는 어느 한 종교나 사상이 한 시대를 풍미할 수는 있었지만 완전하게 다른 종교나 사상을 없애는 형태가 되지는 않았다.

한국사에서의 변화와 '자기화自己化'

한국문화의 특징 가운데 하나로 유구한 역사와 발전된 문화를 꼽는 경우가 있다. 그러나 한국문화가 동 시기의 역사에서 늘 앞서 있었다고 볼 수 있을까? 오히려 문명의 중심이었던 곳에 비하면 역사적 발전은 뒤처져 있었다고 할 수 있다. 우리 역사의 시원에 해당하는 단군신화의 무대였던 고조선 시기의 경우 중국의 역사적 발전과 비교해 보면 차이가 매우 큼을 알 수 있다. 청동기 문화를 배경으로 한 고조선의 대표적인 유물이 비파형 동검이나 미송리식 토기였던 때에 중국에서는 청동으로 된 매우 우수한 정鼎

을 만들거나 『춘추春秋』와 같은 역사서를 만들 정도로 발달된 사회를 운영한 경험을 지녔다.

그렇다면 한국은 문명을 구현하였던 중국에 늘 뒤처지는 사회였던가 하는 의문을 가질 수 있다. 종래에는 이를 확대하여 한국문화는 선진적인 중국문화를 좇아가는 문화이거나 아류로 파악하는 견해도 있었다. 그러나 이는 한국사에서 보이는 한국문화의 발전을 간과한 견해이다. 비록 속도 면에서는 문명의 중심이었던 중국의 문화에 비해 늦은 감이 없지 않았지만, 한국의 역사에서는 언제나 특색 있는 자기 문화를 만들어 내는 데에 비교적 성공하였다. 그래서 중국 문명의 바로 인접한 곳에 있으면서 자기의 글과 문화를 바탕으로 자기 문화의 전통을 여전히 확인할 수 있는 매우 드문 사례 가운데 하나가 되었다.

한국의 문화는 과거 전통시대에는 중국의 문화를, 그리고 근대 이후에는 서양의 문화를 집중적으로 받아들여 '자기화自己化'하는 데에 매우 탁월한 능력을 보여 주었다. 물론 앞선 문명에서 온 문화를 자기화 혹은 토착화하는 능력은 사실 한국의 문화만이 갖는 고유한 속성은 아니다.

문화는 본래 선진적인 곳에서 후진적인 곳으로 흐르기 마련이다. 선진적인 곳 즉 문명을 만들어 내는 곳은 늘 일정한 지역이 아니라 시대에 따라 변화하기 때문에 문화의 수입과 발전에 대해서 편견을 가질 필요는 없다. 고대에 그리스-로마 문명, 이집트 문명, 메소포타미아 문명이나 중국 문명, 그리고 근대에 서양이 구현한 자본주의와 과학에 입각한 문명 모두 시기에 따라 문명을 구현하였던 지역이 변화하였던 것이다.

그런 점을 고려하여 한국사를 볼 때 유라시아 대륙에서 문명의 중심이었던 중국으로부터 새로운 문명의 자원을 늘 공급받은 것은 당연한 일이었다. 물론 중국으로부터 수입된 문명의 자원 안에는 이슬람의 문명이나 멀리는 인도, 유럽의 문화까지 포함되어 있었기에 더욱 그러하였다.

한국의 고대에는 중국과 비교하여 볼 때 후진성을 극복하려는 노력이 고대국가를 성립시키며, 삼국이 경쟁하는 가운데 나왔다. 부여, 옥저, 고구려, 삼한, 진국 등 여러 소국小國들은 서로 경쟁하며, 더욱 큰 영토와 국가의 통합을 지향하였고, 그 과정에서 고구려, 백제, 신라 등 삼국이 형성되었다. 또 삼국은 치열하게 경쟁하는 가운데 문화도 발전시켰다. 이미 고조선후기 철기시대에 중국으로부터 한자를 받아들였던 경험을 넓혀서 유교와 불교, 도교 등을 중국으로부터 받아들여 이를 국가 발전의 토대로 삼았다.

그 가운데서도 불교는 유교나 도교보다 훨씬 깊은 영향을 끼치게 되었다. 삼국이 왕권을 강화하고 중앙집권 체제를 정비하는 과정에서 고급종교로서 수용한 것이 불교였던 것이다. 이전까지 권위를 뒷받침하던 무속이나 천신天神 신앙에 비해 보편적인 사상으로서 수준 높은 단계를 구현하였던 불교사상은 새로이 등장한 차원이 다른 고등 종교이자 사상이었다.

고대 한국불교의 주요한 특징 가운데 하나는 불교가 국가불교화하면서 호국불교적 성격을 띠었던 점이다. 특히 비교적 늦게 불교를 공인하였던 신라에서 이러한 현상이 두드러져서 왕실을 기반으로 강력하게 불교를 지원하였다. 그러나 전체적으로 볼 때 불교를 수입하고 150여 년이 지나면서 불교는 신라 사회에서 자기 이해의 충분한 기반을 갖게 되었다.

불교가 전래되었던 중국에까지 직접 가서 현장玄奘 법사의 제자가 되어 유식론唯識論을 발전시킨 원측圓測이 등장하는가 하면, 삼국 통일을 전후로 하여서는 의상義相과 원효元曉가 등장하여 불교 이해의 폭을 넓히는 수준에서 더 나아가 새로운 불교사상을 성립시키는 데에 이르기도 하였다. 의상의 화엄사상은 모든 주민에게 일체감을 높이는 원융사상을 제공하여 통일 직후의 신라 사회를 통합하는 데에 기여하였다. 또 원효는 『대승기신론』과 『금강삼매경』을 비롯한 불교 경전에 주소註疏를 달아 중국불교계에까지 영향을 미쳤다.

이러한 수준 높은 불교사상의 자기 이해가 가능하게 되었을 때 이를 불심으로 표현하는 수많은 불교 관련 문화재가 등장하게 되었다. 석굴암과 불국사 석가탑이 나오게 된 것은 이러한 배경에서였다. 곧 외래사상인 불교를 자기화하는 과정에 일정한 시간이 필요하였으며, 나중에는 불교를 수입하였던 본토에 불교사상을 역수출할 정도의 사상적·문화적 역량이 갖추어졌을 때 최고 수준의 문화도 함께 등장하였던 것이다.

그러한 시기에는 문화적 역량이 중국에 비해 결코 뒤떨어지지 않고 오히려 앞선 부분도 있었다고 할 수 있다. 부처님을 표현한 불상의 경우 이전부터 목불, 철불, 금동불 등 다양한 재료를 활용하여 만들었다. 그러나 산지가 많고 화강암이 많은 한국적인 조건과 결합되어 석굴암이 만들어졌다. 석굴암은 인도에서부터 만들어진 석굴사원이 중국에서 돈황석굴, 운강석굴, 용문석굴 등으로 발전되어 온 석굴사원의 흐름에서 볼 때 최고의 수준으로 만들어진 것으로 평가할 수 있을 만큼 사상적·예술적 함축이 뛰어나다.

석굴암에는 『법화경』에서 말한 영산불국세계에 『화엄경』의 설주說主인 석가모니 부처님을 주불로 모시면서 『유마경』에서 처음으로 등장시킨 10대 제자를 시위대중의 주축으로 삼았다. 이것은 대승경전의 핵심인 『법화경』과 『화엄경』을 바탕에 깔고 대승사상이 표현된 『유마경』으로 장식함으로써 완벽한 석가모니불의 영산불국토를 이상적으로 구현한 표현이라고 할 수 있다. 신라불교계가 대승과 소승 경전을 모두 중시하여 원융무애하게 융합하는 데 성공하였음을 표현한 것이다. 게다가 〈11면관세음보살입상〉까지 부가하여 밀교密教적인 요소까지 포섭하여 불교 교리사를 모두 정리하면서 불교미술의 정화를 보여 준 것이다. 따라서 석굴암은 인도에서 시작하여 중국을 거친 소승과 대승, 현교顯教와 밀교의 모든 교리가 화엄일승의 기준으로 간단 명료하게 정리된 것으로, 교종 불교의 꽃이라고 할 만하다.

왼 쪽 **석굴암 본존불**
오른쪽 **석굴암 사천왕상**

비단 석굴암만이 아니라 석탑의 경우도 한국에서는 3층석탑이라는 전형적인 석탑을 만드는 데에 성공하였다. 부처님의 사리를 모신 탑은 원래 인도에서는 스투파로서 벽돌이나 돌로 만들었지만 중국에서는 지형적인 조건 때문에 석탑만이 아니라 목탑이나 특히 벽돌로 만들어진 전탑이 유행하였다. 일본에서는 나무가 많은 자연 조건 때문에 목탑이 많이 만들어진 것과 유사하다.

그러나 한국의 경우 질 좋은 화강암이 도처에 있었기 때문에 이를 활용하여 3층석탑을 만들었다. 기단과 탑신이 완벽한 조화를 이룬 석가탑은 탑이 가질 수 있는 아름다움과 신앙심의 극치가 이루어 낸 걸작이다. 이러한 걸작의 탄생은 이후 한동안 전국적으로 3층석탑이 유행하게 만들어 지금도 전국 곳곳에서 그 모습을 확인할 수 있다. 이러한 예들은 한국이 불교문화를 수입하여 단지 이해하는 데 그친 것이 아니라 그 정수를 한국적인 환경을 통해 보편적으로 승화시켜 활용하였다는 점에서 의미가 크다.

왼 쪽 **석가탑(3층석탑)**
가운데 **진전사지 3층석탑**
오른쪽 **인흥사지 3층석탑**

유교도 마찬가지다. 유교 역시 한자문화와 함께 삼국시대 이전부터 수입이 이루어졌지만, 본격적인 수입과 역사에서의 활용은 고려후기에 성리학이 본격적으로 도입되면서부터이다. 고려말에 수입된 성리학은 당시로서는 신사상으로서, 남송의 주희에 의해 완성된 새로운 유학이었다. 남송에서 국가 교학敎學으로서의 지위를 충분하게 차지하지는 못했지만 이후 세계제국이었던 원의 국가 교학으로 받아들여지게 됨으로써 현실에 미치는 영향이 커졌다. 고려말에 고려 사회의 문제점을 자각하고 이를 개혁하려던 사대부들에게 성리학은 새로운 무기가 되어 고려 사회를 바꾸는 핵심적인 수단이 되었다.

조선의 건국은 바로 이 새로운 사상인 성리학을 토대로, 이것으로 무장한 사대부에 힘입어서 이루어졌다. 따라서 조선 건국은 세계제국이었던 원의 유산을 중원의 대륙에서는 명이 계승하고 한반도에서는 조선이 잇는 형태로 된 것이다. 조선 초에 이루어진 중화 문명의 보편성을 계승하여 발전시키려는 노력은 이러한 측면에서 이해할 수가 있다.

여말선초에 원·명의 문화와 과학 문명을 적극적으로 수용한 결과 〈천상열차분야지도天象列次分野之圖〉, 〈혼일강리역대국도지도混一疆理歷代國都之圖〉 등을 만드는 등 다양한 과학기술이 발달하였다. 예술 분야에도 원·명의 영향력이 컸다. 그러나 모방만 한 것이 아니라 중국의 보편적 문명을 조선의 자의식에 결합시켜 새로운 조선문화를 창조하였다. 한글 창제는 이러한 문화적 특징과 성리학적 민본 의식이 낳은 성과였다.

그뿐만 아니라 고려말에 받아들인 성리학을 자기화하는 과정에서 16세기 중반에 등장한 사림 세력은 향촌 사회를 주도하며 사상적으로는 성리학적 이상을 구현하고자 하였다. 새로운 사상적 모색 과정에서 조선의 학계는 우주론에서부터 인간의 인성론에 대한 논쟁[무극無極·태극太極 논쟁, 사단칠정四端七情 논쟁, 인심人心·도심道心 논쟁], 사회나 정치에 대한 치열한 논쟁을 전개하였다. 이러한 논쟁은 중국에서도 없던 것은 아니었으나 조선에서는 유래가 없을 정도로 치열하였다. 그 유명한 퇴계 이황과 고봉 기대승의 편지를 통한 논쟁도 바로 이러한 논쟁의 과정을 보여 준다.

그 결과 16세기에 재인식된 새로운 사상으로서의 성리학은 세계와 인간에 대한 근본적인 설명으로부터 사회를 작동시키는 원리에 이르기까지 더욱 다양하게 기능하였다. 종래에 볼 수 없었던, 16세기에 나타난 성리학을 둘러싼 논쟁은 조선전기의 성리학으로는 더 이상 현실의 조선을 끌고 갈 수 없다는 통렬한 반성 위에서 새로운 사상적 모색의 결과로 나타났다. 그 결과 성리학은 부계父系 남성 위주의 가족 질서, 붕당 중심의 사림정치, 서원과 향약을 기반으로 한 향촌 질서 등 사회 전반을 가로지르는 질서의 원형을 제공하게 되었다. 오늘날 우리가 알고 있다고 생각하는 조선이 바로 이 시기, 16세기 중반 이후에 탄생하였다.

16세기 중반에 조선이 선택한 길은 그 사상의 원형이 되었던 중국의 명과도 다른 경로였다. 16세기 중반 이후 18세기까지 조선이 걸은 길은 단지 중세의 길만은 아니었다. 성리학에 기반하여 군신의 공치를 구현하며, 국가의 공공성을 실현하여 최소한의 세금으로 민생을 안정시키는 근대국가 초기의 모습을 보였다. 특히 18세기에 들어 활발하게 움직인 영조와 정조 같은 '탕평국왕'은 청의 전성기인 강희제~건륭제 시기의 황제와 유사하였다.

유럽을 비롯한 서양 세력의 도전이 거세진 조선후기에는 역시 새로운 사상, 사조로서 서양의 사상과 문화, 과학기술을 들여오려는 노력이 줄기차게 이어졌다. 서학西學으로 명명된 서양의 학문은 누가 전해 준 것이 아니라 조선에서 자발적으로 성리학의 한계를 넘어서는 방편으로 새롭게 탐구되었다. 심지어 서학西學을 학문으로서만이 아니라 천주교인 종교로까지 받아들이는 과정에서 선교사 등 외부의 힘을 빌리지 않고 자발적으로 수용한 것은 세계 종교사에서도 드문 사례였다.

한국의 역사에서 종교와 사상은 단순히 신앙의 영역에만 머물지 않았다. 중국으로부터 전래된 불교가 고대국가의 형성과 삼국통일의 이념적 기초로 작동하거나 신라말에 선종禪宗이 수입되어 후삼국을 고려로 통일하는 데에 정신적인 이념을 제공하였다. 또 조선의 건국에도 성리학이 깊이 관여하였고, 조선중기에 조선이 구체제를 일신一新하는 데에도 성리학을 조선의 방식으로 재창조한 것이 결정적인 원인이 되었던 것처럼 조선후기에도 서학에 기반한 천주교나 일제강점기나 해방 후의 기독교가 새로운 사회 혁신의 기제가 되었다.

한국문화의 자기화가 가능했던 여건

앞서 한국의 문화를 이해하는 데에 외래문화의 창조적 자기 수용이 무엇보다도 중요함을 지적하였다. 그렇다면 이와 같은 선진문화의 창조적 자기 수용이 가능했던 조건은 무엇이고, 그 과정에서 나타난 특징은 무엇인지 살펴보자.

우선 한반도는 대체로 신라가 삼국을 통일한 이후, 고려나 조선을 거치면서 우리 민족의 역사 무대였다. 삼면이 바다로 둘러싸여 있으며, 산이 많은 것이 중요한 지형적 특징이다. 이러한 특징은 유라시아 대륙의 끝자락에 있으면서 대륙의 문화가 전파되는 최종적인 결절점의 역할을 하는 데에 기여하였다. 외래문화로 수용된 불교와 유교는 한반도를 건너 전해지기도 하였지만 대체로 한반도에서 그 문화적인 정점을 맞았다.

한편 지형적으로 산이 많은 특징은 우리 역사에 많은 영향을 끼쳤다. 한국의 역사에서 산은 지역의 경계를 구분하는 가장 중요한 기점으로 작용하였으며, 삼국시대와 같은 시기에는 국가 간 경계에도 산줄기가 중요한 역할을 하였다. 산에 대한 경외심은 산을 숭배하는 산신山神 신앙을 낳기도 하였고, 신라의 오악五岳 신앙으로 표현되기도 하였다. 한편 산에 지천으로 널려있는 화강암 돌은 우리 문화의 곳곳에서 활용되었다. 불교 신앙이 융성할 때는 불상이나 석탑, 부도, 건축의 재료가 되었으며, 유교가 융성할 때에는 묘비나 건축의 재료가 되었다.

사계절이 뚜렷한 기후적인 조건도 한국의 문화를 풍성하게 하는 중요한 요건이 되었다. 한여름과 한겨울은 열대와 한대 지방처럼 덥거나 춥고, 그 사이에 봄과 가을이 있어 다양한 기후에 적응할 수 있는 능력을 키웠다. 또 사계절의 변화에 따라 계절에 맞는 다양한 의식주 문화를 만들었다. 전통가옥의 대표적인 사례인 한옥의 경우 바로 겨울에 필요한 온돌과 여름에 필요한 마루가 결합된 양식이다.

이러한 지형적·기후적 여건과 함께 한국의 문화에서 무엇보다도 중요한 요소는 비교적 단일한 민족을 유지해 왔다는 사실이다. 우리 민족은 한반도를 역사의 무대로 삼았기 때문에 비교적 다른 민족과의 교류가 적었다. 물론 한민족을 단일민족으로만 보는 것에는 문제가 있다. 우리 역사에서 비교적 대규모의 민족 이동이 없었던 것은 아니다. 발해가 멸망한 후에 왕족을 포함한 5만여 명의 발해 귀족들이 고려로 대거 망명한 경우도 있었다.

또 단군을 민족의 시조로 보는 것에도 한계가 있다. 왜냐하면 단군을 단일민족의 시조로 생각하는 의식은 조선시대에도 강하지 않았고, 한말, 일제강점기에 자리 잡은 것이라고 할 수 있기 때문이다. 고구려나 신라 계승 의식을 청산하고 우리는 하나의 민족이라고 보는 관념은 조선시대에 들어와 점차로 형성되었던 것이다. 따라서 하나의 민족이라는 당위성은 정치적인 측면에서 제기된 것이라는 점이 역사적 진실에 가깝다.

그러나 그런 고려할 점이 있다고 하더라도 다른 나라와 비교해 보았을 때 다른 민족과의 교류가 비교적 적었고, 한반도 내에서 혈연적인 공동체 의식을 키워 온 것도 역사적 사실이다. 이 점은 한국의 문화에 매우 큰 영향을 미쳤다고 할 수 있다. 유럽과 같은 다민족 국가와는 달리 우리는 통일국가를 1천여 년 유지하면서 비교적 단일한 민족의 역사를 발전시켜 온 것이 중요한 특징이라고 할 수 있다. 다만 이런 면은 세계 각국과 교류하고, 한국에 거주하는 외국국적을 가진 사람들이 늘어나면서 앞으로 문제가 될 수도 있다. 하지만 외래문화에 능동적으로 적응하였던 역사적 경험을 고려한다면 반드시 어려운 일만은 아닐 것이다.

이 점과 관련하여 사상적인 면에서도 비교적 단일한 사상을 발전시켜 온 특징이 있다. 한국의 주변에는 문명의 중심이라고 할 수 있었던 앞선 나라들이 늘 존재하였다. 전통시대에는 중국이 있었고, 근대에는 중국, 일본, 러시아, 미국 등이 한반도를 둘러싸고 있었다. 또 현대에도 미국, 일본, 중국, 러시아가 한국을 둘러싼 강대국이자 문명국이라고 할 수 있다. 세계사적으로 볼 때에도 주변에 이러한 강대한 문명국과 인접하여 역사가 진행된 경우가 흔치 않을 것이다.

따라서 중국과 같은 선진 문명국을 옆에 두고서 자기 나름의 국가적·사상적 정체성을 온전하게 지켜 내기가 매우 어려운 문제였던 것이 한국이 경험해 온 역사적 현실이다. 자기 정체성을 유지하지 못하면 발전된 중국문화에 쉽게 편입될 수 있는 가능성이 늘 존재하였다. 그럼 점에서 한국의 역사에서 문화적 정체성을 어떻게 확보하느냐는 그리 간단한 문제가 아니었다.

이 문제와 관련하여 역사를 살펴볼 때 한국에서 해결책으로 제시한 것은 바로 외래문화의 자기화를 통해 한국적인 문화를 만드는 것이었다. 그러나 외래문화의 자기화 결과가 반드시 국수적이거나 폐쇄적인 한국문화를 가리키는 것은 아니다. 오히려 한국사의 특징은 외래문화라고 하더라도, 문명의 보편성을 고려하면서 그 문명의 한가운데서 문제를 고민하고 그 가운데서 가장 한국에 맞는 특징을 찾아내어 자기화하였다는 점이다.

전통시대에 한국을 가리키던 용어가 여러 개 있는데, 동국東國이나 해동海東, 근역槿域 같은 것이 대체로 한국문화의 특징을 잘 보여 주는 명칭이다. 동국이나 해동 모두 중국의 동쪽에 있다는 뜻이지만, 여기에서 중국은 단지 국가라는 의미보다는 문명의 중심으로서 그 동쪽에 또 하나의 문명으로서 조선이 있다는 의미에서 붙여진 것이었다.

조선을 '소중화小中華'로 인식한 것 역시 중화를 모방하려는 것이 아니라 문명의 또 다른 주체로서의 자신감을 표현한 것이다. 조선후기에 강하게 표현된 '조선중화朝鮮中華' 역시 마찬가지 의미였다. 중국에 있었던 문화를 배경으로 한 수많은 책 역시 이러한 생각 속에서 만들어졌다. 그래서 『사기史記』를 삼국에 적용한 『삼국사기』, 『자치통감資治通鑑』을 조선에 적용한 『동국통감』, 『방여승람方輿勝覽』을 조선에 적용한 『동국여지승람』 등 수많은 사례가 나올 수 있었던 것이다.

이러한 특징을 오해하여 흔히 한국문화에 대해 편협하다는 지적을 하는 경우가 있다. 특히 조선시대의 경우 성리학에만 지나치게 골몰하여 다른 사상이나 문화를 폄하하였다는 지적이 있다. 그런데 당시의 보편문명으로 작동하였던 사상이나 문화를 수입하여 적극적으로 받아들였던 현상을 단지 편협하다고 이해하는 것은 또 하나의 편견이 가득한 견해에 불과하다. 지금 민주주의 사상이나 자본주의 경제 체제를 받아들여 이를 잘 구현하기 위해 애쓴다고 하여 이에 대해서 다른 것은 받아들이지 않고 편협하게 민주주의나 자본주의에 빠져 있다고 비판할 사람이 있을까?

문제는 아직 우리가 우리 문화가 성취한 지점을 충분하게 알지 못한다는 사실이다. 외래문화를 자기화하는 과정에서 한국에 가장 적합한 문화를 선택적으로 취하여 이를 강조하며 우리에게 적용하는 과정에서 얼핏 보기에 편협하다고 느낄 수도 있다. 그러나 한국문화의 중심에는 문명의 보편성을 늘 고민하였던 역사적인 상황이 있었고, 그 가운데 가장 한국에 맞는 특징을 찾아내어 자기화하였던 노력이 있었다는 점이 중요하다.

이러한 자기화의 노력으로 꼽을 수 있는 대표적인 사례가 조선후기에 나타난 문화에서의 조선화 현상이다. 임진왜란과 병자호란을 거친 이후 조선후기에는 이미 중국에서 중화문화의 정통 계승자인 명明이 멸망하고(1661) 우리가 야만시하는 여진족 청이 전 중국을 차지하여 그들의 문화를 강요하고 있었으므로 우리는 중화문화가 중국에서 소멸한 것으로 보고 우리가 그 계승자가 되어야 한다는 생각을 하게 되었다. 이로 말미암아 조선이 곧 중화문화의 정통 계승자라는 자부심과 함께, 조선성리학을 바탕으로 싹터 왔던 조선의 고유색을 만들려는 노력이 더욱 활기를 띠고 발전해 나가게 된다. 조선성리학과 조선중화주의가 사상적 바탕이 되며 상승작용을 일으킨 결과이다.

이미 삼연三淵 김창흡金昌翕(1653~1722)이 진경시眞景詩의 기틀을 마련하고 서포西浦 김만중金萬重(1637~1692)이 한글 소설을 쓰고 겸재謙齋 정선鄭敾(1676~1759)이 진경산수화풍眞景山水畵風을 확립하고 관아재觀我齋 조영석趙榮祏(1686~1761)이 풍속화풍風俗畵風을 정립한 것이 모두 그런 자존적 고유문화를 만들려는 노력으로 나타난 것이었다.

이러한 분위기에서 조선의 역사를 확인하려는 시도는 '동사東史'를 새롭게 구성하려는 노력으로 나타났고, 지도에서도 조선의 강역을 진경산수화풍의 회화로 표현하거나 영역을 확정하려는 노력으로 나타났다. 심지어 한문의 경우에도 한문의 순서보다 우리말의 순서를 고려하여 표기하는 등 조선식 표현을 강화하려고 노력하였다.

종래에는 이러한 노력을 조선후기의 실학과 연관하여 설명하기도 하였지만, 실학의 범위를 넘어섰던 것으로 이해할 수 있다. 곧 이 시기 청에 대해서도 이미 근대의 현상과 연관하여 설명하고 있는 것처럼, 민족과 국가에 대한 재발견, 국가의 공공성에 대한 재인식, 개인과 지역의 개성에 대한 자의식과 존중이 조선에서 분명하게 드러났다고 볼 수 있다.

이는 우리의 문화가 보편과 특수 사이, 문화의 중심과 주변 사이에서 끊임없이 고민하면서 한국의 문화에서 정체성을 확보한 매우 분명한 사례라고 할 수 있다. 비단 이러한 현상은 조선후기에만 있었던 것은 아니며, 우리 역사의 곳곳에서 재발견하고 재발굴하면서 확인할 수 있다. 마치 세계인이 공감하고 참여를 느끼는 한류 현상이 민주주의와 경제성장이라는 보편적인 화두를 붙들고 고민하면서 노력한 한국인이 보편적 발화자Speaker로서 성공한 것을 보여 주는 것처럼 말이다.

— 정재훈

생각 더 하기

1. 한국사의 변화가 한국문화의 특징에 어떻게 반영되었을까?
2. 한국문화는 다른 나라의 문화와 어떤 공통점과 차이점이 있을까?

참고문헌

이태진, 『새한국사』, 까치, 2012.
정옥자, 『조선후기 조선중화사상연구』, 일지사, 1998.
정재훈, 『조선전기 유교정치사상연구』, 태학사, 2005.
최완수, 『한국 불상의 원류를 찾아서』 3, 대원사, 2007.
최완수, 『겸재 정선』 1~3, 현암사, 2009.
한영우, 『다시찾는 우리역사』 1~3, 경세원, 2004.

새로 보는 한국사

韓國史

I. 고대

1. 고대국가의 형성과 전개
2. 삼국전쟁에서 동아시아 국제대전으로
3. 한국고대사와 역사 분쟁

1. 고대국가의 형성과 전개

신화에서 역사로

국가 성립의 지표로는 여러 집단을 통제할 집권력, 법령과 군대 등의 권력 장치, 인민을 계수計數하여 세금을 수취하는 행정력, 집권층과 국가의 신성성을 뒷받침하는 신화 체계, 타인의 노동력을 강제하는 계급 등을 들 수 있다. 고대국가는 흔히 두 단계로 구분해서 파악한다. 첫째, 국정 자체를 왕과 주도집단의 회의를 통해 운영하는 부체제이다. 고조선, 부여, 율령 반포 이전 삼국, 가야 등의 초기국가가 이 단계에 해당된다. 둘째, 왕이 지방관을 파견해 지역과 인민을 직접 통치하는 중앙집권적 영역국가이다. 율령 반포 이후의 삼국이 이 단계에 해당된다. 국가라 할지라도 성장 과정에서 수준의 차이가 있는 것이다.

고조선은 청동기시대를 배경으로 등장한 한반도 최초의 국가이다. 그 실체는 『관자管子』에 '제齊나라와 조선 사이의 교역과 조공'에 대한 언급이 가장 이르다. 그 외 『산해경山海經』, 사마천의 『사기史記』 등에도 기록이 보인다. 따라서 기원전 4세기 중반 무렵에는 중국인들이 고조선의 실체를 인지하고 있었다고 할 수 있다.

단군은 고려시대 일연이 찬한 『삼국유사三國遺事』에 처음 나타난다. 고기古記를 인용한 「고조선」조에는 환인의 아들 환웅이 천부인天符印 3개를 받아 무리 3천여 명을 이끌고 태백산 신단수 아래로 내려와 이를 신시神市라 이름하였다고 한다. 풍백風伯, 우사雨師, 운사雲師를 대동한 환웅은 곡穀·명命·병病·형刑·선악善惡 등 인간세상의 360여 가지 일을 주관하였다. 이는 농사와 밀접한 기후환경과 1년이라는 시간성이 반영되어 있다. 한편 인간이 되길 원하는 곰과 범에게 쑥과 마늘 스무 개를 주면서 100일 동안 햇빛을 보지 말라고 하였는데, 이내 뛰쳐나간 범과 달리 곰은 기忌한 지 삼칠일(21일) 만에 인간이 되었다. 환웅은 아기를 원했던 웅녀와 혼인하여 단군왕검을 낳았다. 여기에는 인간의 일상사가 내재되어 있다. 예컨대 100일은 유아 사망률이 높던 전근대사회에서 온전하게 살아남음을 축하하는 백일잔치의 의미가 있고 삼칠일의 경우 산모와 아기를 위해 금줄을 쳐 외부인의 출입을 금기했던 시간을 의미한다.

『삼국유사』에 따르면 고조선의 건국 연대는 당의 고高임금, 곧 요堯임금이 즉위한 지 50년 후인 경인庚寅이라 했으므로 기원전 2283년이 된다. 일연은 본문에 세주를 달아 "당의 요堯임금 즉위 원년은 무진戊辰인즉 50년은 정사丁巳요 경인이 아니다. 사실이 아닐까 의심스럽다."라고 부연하였다. 그래서인지 이승휴는 『제왕운기帝王韻紀』에서 단군이 요임금 즉위와 똑같은 기원전 2333년에 고조선을 건국한 것으로 기술하였다. 그 결과 고조선의 건국 연대는 조선시대 이래 지금까지 이승휴의 연대관을 따르게 되었다.

신화는 대체로 왕실의 정통성, 신성성, 하늘과의 친연성 등의 얼개로 구성된다. 천제의 아들이 지상의 웅녀와 결합하는 형태는 천손강림신화의 유형에 해당하며, 인수교혼人獸交婚의 형태를 보여 준다. 단군의 할아버지인 천제 환인은 불교의 '제석환인다라帝

釋桓因陀羅'에서 비롯된 이름이다. 그리고 풍백, 우사, 운사는 바람신, 비신, 구름신의 한자 표기이며, 도교와 관련 있다. 신화가 구전되어 오면서 상당 부분 가감되며, 당시의 용례에 맞게 윤색된 결과이다.

그렇다면 단군신화는 어떤 필요성에 의해 생겨났을까. 우선 『삼국유사』를 찬한 일연의 생애를 들여다볼 필요가 있다. 공교롭게도 일연은 무인시대와 몽고의 간섭기를 모두 경험하였다. 하극상과 폭력이 난무하던 무법천지를 살았던 것이다. 당시 고려에는 지역별로 삼국의 분립적인 계승 의식이 잔존하고 있었으므로 정신을 하나로 규합할 필요가 있었다. 이에 일연은 민족 공동의 조상으로서 단군을 소환하여 한민족 의식을 공고히 하려고 했던 것 같다. 실제 고려후기에 이르면 우리나라의 대명사가 '삼한'에서 '조선'으로 대체되기에 이른다.

고조선의 원래 이름은 조선이다. 일연은 위만 조선과 구별하기 위해 '옛 조선'이란 뜻에서 '옛 고古' 자를 붙여 구분하였다. 편의상 단군조선을 전기고조선, 위만조선을 후기고조선으로 구분하기도 한다. 그런데 두 조선은 근본적으로 문화가 달랐다. 우선 단군조선의 표지 유물은 비파형 동검, 거친 무늬 거울, 미송리식 토기,● 탁자식 고인돌 등이다. 이 유물들은 청천강 이북, 요령성과 길림성 일대에 주로 분포한다. 이에 반해 위만조선의 표지 유물은 세형동검, 잔무늬 거울 등 초기철기문화를 향유하고 있었다.

● 평북 의주 미송리 동굴에서 발굴된 밑이 납작한 토기. 어깨 부분에는 손잡이가 달려 있고 목이 나팔형으로 벌어져 있다.

원래 위만은 연왕燕王 노관의 수하였다. 그런데 천하를 통일한 한 고조가 공신들을 토사구팽하자 신변의 위협을 느낀 노관이 흉노로 망명하는 사건이 발생하였다. 이에 위만은 무리 1천 명을 거느리고 고조선으로 망명하게 된 것이다. 일본 학계에서는 위만을 위시한 세력을 중국계 유이민으로 보았다. 그런데 위만의 국적 문제는 고조선에 들어온 후 그의 행보에 주목할 필요가 있다. 우선 연나라의 종족 구성은 복잡하였다. 또한 위만은 북상투를 틀고 오랑캐의 옷을 입었다. 국호 역시 조선을 계속 사용하였고, 관제 역시 그대로 답습하였다. 따라서 위만의 국적이 어디인지에 대한 논의는 문제의 정곡을 찔렀다고 보기 어렵다. 오히려 논의의 핵심은 위만의 국적이 아니라 그가 계승한 조선의 사회 성격 문제일 것이다. 즉 위만조선의 사회 성격이 단군조선과 어떠한 차이를 갖느냐를 따져 보는 것이 더 중요한 셈이다. 결과론적으로 위만조선은 단군조선을 계승하는 측면이 강하였다. 위만을 식민정권으로 규정한 견해는 근대 국민국가시대의 식민지 틀로 고대를 바라본 몰역사적인 주장일 뿐이다.

기원전 109년 한 무제는 요동도위遼東都尉 섭하涉何를 사신으로 보내 조공을 요구하였다. 고조선은 불응하였고 귀국길에 오른 섭하는 배웅 나온 비왕 장을 죽였다. 이 사건이 빌미가 되어 우거왕이 섭하를 보복 살해하였다. 그 결과 한 무제는 육군 5만 명, 수군 7천 명으로 고조선을 공격했다. 고조선은 1년 넘게 항전을 하였으나 이계상尼谿相 참參을 중심으로 하는 주화파와 성기成己를 중심으로 하는 주전파로 국론이 양분되었다. 결국 이계상 참이 부하를 시켜 우거왕을 살해했고, 태자가 성기를 꾀어 죽임으로써 기원전 108년 위만조선 3대 86년의 역사는 종말을 맞게 되었다. 고조선의 멸망 원인은 철저한 지배층의 분열이었다.

한 무제는 고조선의 영역에 낙랑, 진번, 임둔, 현도 등 4군을 설치하였다. 한의 법령에 입각하여 주민들을 호적에 등재하였고, 상당수의 하급관리와 상인들을 이주시켰다. 토착민의 반발로 진번과 임둔은 곧 폐지되고, 현도군은 요동으로 이동하게 되었다. 낙랑군만이 평양 일대에 존속하다가 미천왕 대에 이르러 고구려에 병합되고 말았다.

고조선의 사회 질서를 알려주는 '범금 8조'
『한서漢書』「지리지」에는 고조선의 '범금 8조' 가운데 3개 조항이 전한다.
① 대개 사람을 죽인 자는 즉시 죽이고, 남에게 상처를 입힌 자는 곡식으로 갚게 한다.
② 도둑질한 자는 노비로 삼는다. 용서받고자 하는 자는 한 사람마다 50만 전을 내야 한다.
③ 여자들은 모두 정조를 지키고 신용이 있어 음란하고 편벽된 짓을 하지 않는다.
한사군이 설치된 후 법 조항이 60여 조로 늘어나 풍속이나 인심이 각박해졌다.

열국시대의 빛과 그림자

고조선이 한과 길항하고 있을 무렵 만주와 한반도 일대에는 부여, 고구려, 동예, 옥저, 삼한 등 여러 나라가 있었다. 이 나라들은 철기문화를 향유하며 나름의 세력을 형성하고 있었다. 이 중 가장 두각을 드러낸 나라는 부여였다. 종족 계통은 예족이며, 국가명인 부여는 사슴을 가리키는 만주어 'puhu', 몽골어 'pobgo'에서 유래했을 것이라는 견해가 유력하다. 실제 부여의 중심지를 녹산鹿山이라고 부르는 데서 사슴과의 연관성이 충분히 인정된다.

부여는 구릉과 초원이 교차하는 송화강 일대의 광활한 대지를 배경으로 성장하였다. 벼농사보다는 밭농사에 의존하였지만 초원이 발달하여 목축에도 능했다. 부여의 관직명은 동물의 이름을 따서 마가馬加, 우가牛加, 저가猪加, 구가狗加라 불렀고 사출도를 관장하였다. 왕 아래 여러 가와 사자使者의 관등이 설치되어 있었다. 그러나 지방관을 파견할 정도로 성장하지 못한 한계가 확인된다. 왕은 있었지만 유력 귀족인 제가諸加들이 휘하에 수백에서 수천에 이르는 주민을 거느리고 있었다. 왕의 지위란 날이 가물거나 오곡이 익지 않으면 제가 회의를 거쳐 죽임을 당할 수 있는 불완전한 자리였다.

건국설화로는 동명설화가 전한다. 1세기 무렵 왕충王充이 찬한 『논형論衡』에 탁리국橐離國 왕의 시비侍婢가 하늘의 감응으로 잉태하여 알을 낳았다고 전한다. 그 알에서 태어난 아이가 동명인데,

박해를 피해 남하하여 세운 나라가 부여라는 것이다. 동명설화는 고구려의 주몽설화, 백제의 건국설화와 유사한 서사 구조를 가진다. 이는 고구려나 백제의 건국세력이 부여의 한 계통이었음을 방증한다.

한편 『삼국지三國志』「부여」전에는 "읍락에는 호민이 있고 민은 하호로서 모두 노복과 같은 처지에 있다."라고 기록되어 있다. 하호의 성격은 노예, 농노, 가난한 일반민 등 다양한 견해가 제기된 상태이다. 그리고 12월에는 영고라는 축제가 있었다. 이때 음주가무를 즐기고 죄수를 풀어 주기도 하였다. 축제는 정서적 일체감, 공동체 구성원으로서의 소속감을 함양하는 계기였다. 문헌에는 부여의 법률이 일부 전한다. 살인자는 사형에 처하고 남은 가족은 노비로 삼고, 남의 물건을 훔쳤을 경우 값의 12배를 배상하며, 간음한 자나 투기가 심한 부인은 죽인다는 내용이다.

고구려는 부여에서 내려온 주몽이 건국하였다. 고구려의 어원은 8세기 중엽 세워진 빌게가한의 비碑와 동생 퀼테킨 비에 '배크리'라 적혀 있다. 고터키어의 B와 M은 호환되므로 '배크리'는 곧 '매크리'인데, 이는 '맥구려貊句麗'를 표현한 것이다. 고구려의 '고高'는 관형사이다. 구려는 고구려 말로 성, 마을, 골, 고을을 의미한다. 따라서 고구려는 큰 고을, 높은 성을 뜻하며, 5세기 중엽 이후부터는 고려로 줄여 사용하였다.

고구려에는 왕 아래 대가들이 있었고, 그들은 사자, 조의, 선인 등의 관리를 거느렸다. 중대한 결정은 제가 회의를 통해 결정되었다. 죄의 경중에 따라 사형에 처하고 남은 가족은 노비로 삼았다. 고구려의 독특한 혼인 풍속으로 서옥제를 들 수 있다. 서옥婿屋이란 혼인을 정한 후 신부의 집 본채 뒤편에 조그맣게 지어 사위를 머무르게 하던 집으로, 신랑은 그곳에서 노동력을 제공하며 살다가 아이가 태어나 장성하면 아내를 데리고 자기 집으로 되돌아왔다. 이는 데릴사위제와는 다르다. 데릴사위의 경우 신부의 집에서 종신토록 살기 때문이다. 아이가 장성하면 데리고 돌아온다는 점에서 서류부가혼壻留婦家婚, 남귀여가혼男歸女家婚과 같다.

한편 형사취수제兄死娶嫂制도 확인된다. 취수혼娶嫂婚, levirate은 형이 죽으면 그 처를 취하여 아내로 삼는 혼인 풍속이다. 『삼국사기』「고구려본기」에는 형사취수와 관련하여 재미있는 사실이 전한다. 고국천왕이 죽었을 때 왕후 우 씨가 처음에 시동생 발기發歧에게 가서 왕위를 운위하였는데, 시동생은 형수를 면박 주고 조롱하였다. 그에 반해 또 다른 시동생 연우는 정성으로 대접해 주었다. 결국 늦은 밤 형수는 연우의 손을 잡고 궁으로 들어갔다. 그리고 다음 날 새벽 선왕의 명을 빙자하여 여러 신하들에게 명령해서 연우를 왕으로 삼았다. 그 왕이 바로 고구려의 산상왕이다. 그런데 형사취수에는 원칙이 있다. 혈족 관계에서 손윗사람은 취할 수 있으나 손아랫사람은 취할 수 없다. 예컨대 아버지나 형이 사망했을 경우 아버지의 첩, 형수는 취할 수 있다. 그런데 역으로 아들이나 조카가 사망했을 경우 며느리나 질부姪婦는 취할 수 없다. 철저히 약자 보호혼인 셈이다.

동시대 함경도 해안에 자리 잡은 소국 옥저가 있다. 한 군현의 통제를 받다 고구려에 복속된 나라이다. 기원전 3세기 무렵 예족의 무리 중 하나였던 부조夫租라는 읍락 집단이 옥저沃沮로 성장하였다. 『삼국지』에 따르면 가구 수는 5천 호戶, 지역은 1천여 리에 달하였다고 한다. 언어와 습속은 고구려와 비슷하였다. 고구려에 소금이나 어물을 공납으로 바쳤고 특히 미녀도 보내 고구려인들이 첩으로 삼았다.

한편 동예東濊는 옥저의 남쪽에 존재했던 소국이며, 토지가 비옥하고 해산물이 풍부해 농경과 어로로 경제생활을 영위하였다. 명주, 삼베 등을 생산하는 방직기술이 뛰어났으며, 특산물로 단궁, 과하마, 바다표범의 가죽인 반어피 등이 유명하였다. 무천이라는 제천행사가 있었고, 족외혼을 엄격하게 지켰다. 산천을 중시하는 유풍이 있었고 상호 간 읍락을 함부로 침범하면 즉시 노비·소·말을 벌로 물어야 하는 책화責禍라는 풍습이 있었다.

고조선의 남쪽에는 진국辰國이 있었다. 기원전 2세기 진국은 고조선의 방해로 중국과 교통하는 데 어려움을 겪었다. 고조선 멸망 이후 유이민이 대거 진국으로 유입되어 마한馬韓, 진한辰韓, 변한弁韓이란 삼한 사회로 발전하였다. 마한은 천안의 목지국目支國을 중심으로 경기도, 전라도, 충청도 일원을 망라한 54개의 소국으로 구성되었다. 그중 백제국이 다른 소국을 압도하였다. 진한은 대구, 경주를 중심으로 하는 12개의 소국명이다. 그 가운데 경주를 중심으로 하는 사로국斯盧國이 상대적 우세를 점하고 있었다. 변한은 김해, 마산을 중심으로 하는 12개의 소국명이다. 그 가운데 김해를 중심으로 하는 구야국狗邪國의 성장이 두드러졌다. 벼농사가 발달하여 물을 얻기 위해 각 지역마다 저수지가 많이 만들어졌다.

제사장인 천군이 존재하였고, 신성 지역인 소도가 있었다. 해마다 씨를 뿌리고 난 후인 5월의 수릿날과, 곡식을 거두는 10월에 계절제를 열어 제사를 지냈다. 전자는 파종제, 후자는 추수제의 성격을 가진다. 우수한 철기의 보급이 뒷받침된 결과 농업 생산력이 비약적인 발전을 이루었다. 특히 김해에서 생산된 고품질의 철은 중국을 비롯하여 일본, 낙랑군과 대방군에서까지 다투어 취해 갈 정도로 인기가 높았다.

삼국의 동상이몽, 동맹과 결렬

국가 간 관계에서는 어제의 적이 오늘의 동지가 되기도 하고, 오늘의 적이 내일의 협상 대상이 될 수도 있다. 이러한 국가 관계는 비단 현재에만 국한되는 게 아니다. 부체제를 넘어 중앙집권적 영역국가로 성장한 한반도의 고대국가는 고구려, 백제, 신라였다. 한반도를 무대로 전개된 삼국의 각축은 한 편의 드라마를 연상시킨다. 삼국은 때로는 동맹을 맺고, 때로는 결렬을 반복하면서 새로운 역학관계를 형성하였다.

313년과 314년 고구려가 연이어 낙랑, 대방군을 멸망시키면서 국제 관계는 새로운 국면을 맞이하게 되었다. 고구려와 백제는 낙랑, 대방 지역을 두고 각축을 벌였다. 사실 백제는 고구려와 같은 맥족 계통이며, 부여씨를 사용하였다. 고구려에서 남하한 세력에 의해 건국되었는데, 온조가 위례성에 도읍하여 십제十濟라 하였다. 이후 형인 비류의 미추홀 세력을 병합한 후 국호를 백제로 바꾸었다. 4세기 근초고왕 대에는 마한의 소국들을 정복하였고, 371년 평양 전투에서 고구려의 고국원왕이 전사하였다. 이 사건을 계기로 고구려와 백제의 관계는 돌이킬 수 없는 상태가 되고 말았다.

그러나 광개토대왕이 등장하면서 상황은 역전된다. 백제의 관미성(현재의 경기도 파주)이 함락되면서 왕성이 위기에 봉착하게 된 것이다. 백제의 아신왕은 이제부터 영원토록 고구려의 노객奴客이 되겠노라며 남녀 포로 1천 명, 세포細布 1천 필로 용서를 빌었다.

이후 백제는 왜로 시선을 돌려 태자를 인질로 보내고 군사를 요청하여 설욕을 하려고 했다.

이때 고구려의 힘은 신라에게도 미쳤다. 400년 신라 왕경을 포위한 왜병을 전멸시키고 금관가야 까지 쳐들어갔다. 고구려의 힘을 빌린 대가는 가혹했다. 신라의 내정에 간섭하고 급기야 실성왕을 죽이고 눌지왕을 세웠다. 군사적 우위를 발판으로 왕위 계승에까지 영향력을 행사한 것이다.

광개토대왕을 이어 왕위에 오른 장수왕은 427년 수도를 평양으로 천도한 후 예봉을 남쪽으로 돌렸다. 장수왕은 아버지의 업적을 기리기 위해 광개토왕릉비를 세운다. 광개토대왕의 시호는 국강상광개토경평안호태왕國岡上廣開土境平安好太王이다. 그 의미는 '국강상에 묻히신, 영토를 광활하게 넓히시고 나라를 평안하게 하신 왕 중의 왕'이란 뜻인데, 줄여서 광개토대왕 혹은 호태왕이라 부른다. 장수왕의 영토 개척 결과 남으로 아산만, 동으로 죽령, 북서로 만주 지방에 이르는 고구려 최대의 판도를 자랑하게 되었다. 고구려의 남하 정책에 위기를 느낀 백제와 신라는 433년 동맹을 체결해 대항했다. 이 동맹 관계를 흔히 나제동맹이라 부른다.

나제동맹은 신라와 백제의 공동의 적인 고구려를 견제하는 것이었다. 그런데 신라는 이 동맹 관계를 교묘히 이용하였다. 신라의 입장에서는 고구려의 간섭으로부터 벗어나는 것이 국가 성장을 의미했기 때문이다. 양국은 유사시 구원군을 요청하여 고구려를 견제할 수 있는 군사 동맹을 구축하였다. 실제로 신라 눌지왕은 455년 백제를 침입한 고구려를 막기 위해 군사를 보냈다. 그리고 백제도 464년 위기에 놓인 신라를 구원하였다. 신라의 입장에서는 나제동맹이 국가 성장을 위한 기회였던 셈이다. 당시 백제는 중국, 일본과 활발한 교역 활동을 하고 있었다. 세련된 국제 감각을 지닌 백제는 고구려를 대신해 또 다른 선진 문화의 창구가 되었다. 아울러 수도를 공주로 옮긴 백제의 위축을 틈타 신라는 소백산맥을 넘어 백제의 영토를 잠식해 들어갔다. 심지어 532년 금관가야(김해)를 병합함으로써 낙동강의 물류 네트워크까지 장악하였다.

신라는 법흥왕 대 불교를 공인하고 율령을 반포하여 국가의 기틀을 마련하였다. 법흥왕의 뒤를 이어 7세의 어린 나이로 진흥왕이 왕위에 올랐다. 그는 법흥왕의 외손자이자 조카였다. 나이가 어려 왕태후가 섭정을 했고, 거칠부와 이사부의 보필을 받아 국정을 운영하였다.

진흥왕은 백제의 성왕과 손을 잡고 고구려와 싸워 한강 일대를 탈환하였다. 그런데 551년 신라는 돌연 백제를 공격하여 한강을 차지하게 된다. 신라는 한강 일대의 곡창지대와 수로를 확보한 다음 서해를 통해 직접 중국과 교류할 발판을 마련하였다. 신라의 갑작스러운 한강 유역 진출로 나제동맹은 결렬되고 만다. 나제동맹의 결렬은 동시에 새로운 힘, 곧 여제동맹의 출현을 의미했다. 고구려와 백제는 공동의 적 신라를 타도하기 위해 힘을 모았다. 이제 신라는 백제와 고구려 양국의 공세를 막아야 할 국면에 직면하게 된 것이다.

백제 성왕의 아들 여창은 주변의 만류에도 불구하고 복수를 원했다. 554년 신라를 공격하던 아들을 격려하기 위해 길을 나선 성왕은 관산성(현재의 충북 옥천) 부근에서 신라군의 매복에 걸려 비참한 최후를 맞는다. 성왕의 머리는 잘렸고, 신라 왕경의 북청北廳 계단에 묻혔다. 신라의 관료들은 회의길에 북청을 오르내리며 성왕의 머리를 밟고 다녔다. 백제가 느낀 배신감과 분노는 이루 말로 표현하기 어려웠을 것이다. 이 사건의 결과 백제는 신라를 원수의 나라로 대하며 끝까지 적대적인 정책으로 일관하게 된다. 신라가 수나라에 걸사표를 요청한 것이나, 나당동맹을 이끌어 낸 것도 바로 여제동맹에 대항하기 위한 방편이었다. 신라는 꾸준히 중국의 동향을 예의주시하며 동맹을 요청하였다. 이러한 길항 관계는 고구려-백제-왜의 남북 축선과 당-신라의 동서 축선이 충돌하는 삼국 통일전쟁으로 격화되고 말았다.

천년왕국 신라, 왕경 엿보기

신라는 진한의 소국이었던 사로국이 모태가 되어 성장하였다. 사로국은 6부, 곧 탁부, 사탁부, 모량부, 본피부, 한기부, 습비부로 구성되어 있었다. 6부의 영역이 곧 사로국인 셈이다. 사로국이 성장하여 중앙집권 국가인 신라로 성장하였다. 이 시기는 대개 4세기 중엽 나물 마립간기로 여겨진다. 신라로 성장하면서 사로국은 고스란히 왕경으로 전환되었다.

왕경은 한 국가의 수도로서 인간의 의도에 따라 고도의 정치성이 기획되는 장場이다. 지배자 집단의 거주 공간이자 정치, 경제, 사회, 문화, 종교 등에서 중심지 역할을 수행한다. 왕경이 국가 운영의 중추를 형성함에 따라 권력은 한곳으로 집중된다. 그곳에 거주하는 왕경인들은 지방인에 비해 우세한 지위를 가지며, 배타적인 권위를 내세울 수 있다. 왕경은 한 국가의 흥망성쇠를 의미하므로 변화상을 통해 한 국가의 전개 양상을 가늠해 볼 수 있다. 한 국가의 생장소멸은 지방이 진원지일지라도 중앙인 수도에 그 여파가 분명하게 남기 마련이다. 왕경을 살아 있는 일종의 유기체로 보았을 때 성장 과정에서 겪은 여러 흔적들은 나무의 나이테처럼 분명한 흔적을 남기기 때문이다.

고구려는 졸본에서 시작하여 국내성을 거쳐 최종적으로 평양성에 도읍하였다. 백제의 경우도 한성에서 시작하여 웅진을 거쳐 최종적으로 사비로 천도하였다. 그리고 무왕의 출생지인 익산을 이궁離宮으로 활용하였다. 그런데 신라는 한 번도 수도를 옮긴 적이 없었다. 천년왕국이란 수식어는 신라 역사의 유구함을 말하는 것이지만 역설적으로 도시학적 관점에서 보면 재앙에 가깝다. 누대에 걸쳐 인공물이 축적되므로 지배층이 의도한 방향으로 토목공사를 진행하기 어렵다. 이러한 특징 혹은 한계를 유념하면서 신라 왕경을 들여다볼 필요가 있다.

우선 왕경의 외적 변화를 초래한 요인으로는 마립간호의 사용, 중고기 불교의 공인, 유학과 당 문물의 수용, 무열왕계의 권력 독점 등을 거론할 수 있다. 예컨대 불교와 유학은 신라인들의 세계관에 영향을 미쳤고, 무열왕계는 당 문물의 수용에 깊은 관심을 가졌다. 신라의 발전 과정은 왕호의 변천과도 연동되어 있다. 왕호는 거서간, 차차웅, 이사금, 마립간, 왕으로 여러 차례 변화하였다. 거서간은 군장, 차차웅은 제사장, 이사금은 연장자, 마립간은 대군장을 의미하며, 중앙집권화를 추진하면서 왕을 사용하였다. 사로국에서 신라로 전환될 무렵 사용된 마립간호를 주목하는 이유이다.

신라 왕경의 도시 재편과 관련하여 자비마립간 12년 경도에 방리명을 정했다는 기사가 눈에 띈다. 당시 견고한 6부의 결속력에 행정력을 가한 행위로 볼 수 있기 때문이다. 일정한 계획에 의거하여 제한된 범위에 주거 공간을 집주시키고, 주변지역과 구별되는 공간을 형성했을 것으로 본다. 거서간, 차차웅, 이사금의 왕호를 사용하던 시기의 사람들은 현재의 경주 시내가 아니라 곡간에 마을을 형성하고 살았다. 그러던 것이 마립간 대에 이르러 시내로 집주하기 시작한 것이다. 일반적으로 당시는 리제에 한정되었고, 통일기가 되어서야 방제가 시행되었다고 본다.

마립간기 왕경의 가장 큰 특징은 대형 고총고분을 조영한 점이다. 현재 경주 시내에 확인되는 대부분의 무덤은 한 사람만을 위한 것이었다. 오직 한 사람을 위해 대규모 인력이 동원되었고, 내부에 부장되는 물품만 하더라도 상당한 규모였다. 이는 계세적 내세관의 상징이자 왕권을 수식하는 거대한 무대였다. 무덤에 부장되는 호화로운 물품들은 지방에 대한 복속의 결과물로서 권력의 집중도를 표상하였다. 그러던 것이 불교가 공인되면서 대형 고총고분의 조영이 중단되었다.

신라의 불교는 눌지 혹은 소지마립간 대에 전해졌지만 재래종교의 반발로 무산되었다. 이후 법흥왕 대 이차돈의 순교를 계기로 비로소 공인되었다. 불교의 공인은 신라인의 내세관에 큰 변화를 가져왔다. 즉 마립간기의 무덤은 삶과 죽음이 공존하는 공간이었다. 그런데 불교가 들어오면서 죽음으로 생이 끝나는 것이 아니라 업보로 인해 새롭게 태어난다는 윤회사상이 생겨났다. 그래서 죽음에 재화를 소비할 필요도 없어지게 되었다. 심지어 법흥왕 이후 무덤들이 산지로 이동하면서 도시 확장을 가로막는 걸림돌이 사라지게 된 것이다.

신라의 집권층들은 대형 고총고분을 조영하던 비용을 도시 정비 비용으로 전환하였다. 한 사람만을 위해 소비하던 비용을 도시화에 투입하게 된 것이다. 아울러 신라의 영토 확장을 위한 통일전쟁 비용으로 전용하기도 했다.

불교가 공인되면서 왕경의 경관은 크게 변화하였다. 왕경의 가장자리에 사찰을 조영하여 시각적으로 불국토를 연출하였다. 이러한 중고기의 도시 재편은 중대 무열왕계가 지향했던 유학적 정치 질서와는 구분된다. 중고기의 정치 이념이 불교에 무게중심이 있었다면, 중대에 이르러서는 유학이 중심이 되었기 때문이다. 중대 도시 정비는 『주례周禮』에 입각한 중국식 도성제의 시도였다. 이때 궁궐의 배치는 왕이 북쪽에 앉아 남면하는 구조이다. 그런데 월성은 남측이 하안단구여서 왕경의 확장 방향이 북쪽이 될 수밖에 없었다. 이러한 한계가 신문왕 대 달구벌 천도의 기획으로 이어졌던 것 같다. 그러나 천도는 무위로 돌아가게 되었고, 신라의 왕들은 기존 공간을 최대한 활용하는 선에서 자신의 이상을 펼치려 했던 것 같다.

— 이동주

생각 더 하기

1. 낙랑군은 과연 고대 한반도에 설치된 식민지배의 기구였을까?
2. 신라가 달구벌 천도를 기획한 궁극적인 목적은 무엇이었을까?

참고문헌

김영하, 『한국고대사의 인식과 논리』, 성균관대학교출판부, 2012.
노태돈, 『한국고대사』, 경세원, 2014.
한국역사연구회, 『한국역사입문①: 원시·고대편』, 풀빛, 1995.
한국역사연구회 고대사분과, 『한국고대사산책』, 역사비평사, 1994.
한영우, 『다시찾는 우리역사』, 경세원, 2015.

2. 삼국전쟁에서 동아시아 국제대전으로

신라, 바닷길을 열다

7세기는 한국사에서 큰 전환기였다. 신라·당 연합군이 백제와 고구려를 멸망시켰으며, 676년 신라가 당 세력을 몰아내었다. 이로써 신라는 한반도와 만주 일대에서 활동하던 예맥족濊貊族과 한족韓族을 통합했다. 학계에서는 이를 '통일신라統一新羅'라고 부른다.

그로부터 20여 년이 흐른 698년, 고구려 유민과 말갈족靺鞨族이 계루고지桂婁故地 동모산에 새로운 나라 진振[혹은 진震 → 뒤에 발해渤海로 고침]을 세웠다. 이에 따라 신라가 삼국을 '통일'하였는지를 둘러싸고 의견이 엇갈리지만 한국사의 흐름을 바꾸었다는 사실은 변함이 없다.

7세기 삼국전쟁은 남북에 자리한 삼국을 주축으로 서쪽의 당과 동쪽의 왜가 참전했으며, 거란·말갈·돌궐·토번·설연타 등 여러 세력이 이해관계에 따라 얽히고설킨 '동아시아 국제대전'이었다. 삼국전쟁을 동아시아 국제 관계의 변동 속에서 보아야 할 까닭이 여기에 있다.

그렇다면 삼국과 동아시아 여러 나라가 깊은 연관성을 맺게 된 계기는 어디에서 찾을 수 있을까? 그 하나는 6세기 신라의 비약적인 성장에서 찾을 수 있다. 4세기 고구려를 따라 전진前秦과 교섭

했던 신라는 521년에는 백제를 따라 양梁으로 갔다. 누구의 힘을 빌리지 않고 중원왕조와 직접 교섭하는 것은 신라의 오랜 꿈이었다. 지증왕과 법흥왕을 거치며 내실을 다진 신라는 진흥왕 대에 이를 실현하기 위한 첫발을 내딛었다.

551년 백제·신라·가야 연합군이 고구려의 점령지였던 한강 유역을 차지했다. 잃어버린 옛 땅을 되찾으려는 백제의 오랜 열망이 이루어진 순간이었다. 하지만 백제의 꿈은 얼마 있지 않아 신라에 의해 깨지고 만다. 그동안 백제와 신라가 5세기 전반부터 551년까지 동맹을 맺어 고구려에 대항했다고 알려졌지만 이는 사실과 거리가 있다. 백제와 신라는 한강 유역을 차지하겠다는 공동의 목표를 세우고 협력했지만 셈법은 전혀 달랐다. 더구나 두 나라는 가야를 둘러싼 갈등의 불씨를 안고 있었다. 고구려는 양국의 갈등 요인을 파악하고 신라로 접근을 모색했다. 신라는 한강 유역을 확보하기 위해 고구려와 화친하는 이중외교를 전개했다.

신라는 2년 뒤인 553년 불시에 백제를 공격하여 한강 하류까지 점령했다. 이어 '새 고을[新州]'을 설치하고 김유신의 조부인 김무력金武力을 군주軍主로 삼았다. 절치부심하던 백제는 태자 부여창의 주전론主戰論에 따라 554년 관산성 일대에서 신라와 전투를 벌였다. 백제는 처음에 기세를 타고 승기를 잡는 듯했으나 신주 군주 김무력이 참전하며 전세가 바뀌었다. 마침 아들을 독려하러 소수의 군사만 대동한 채 이동하던 성왕이 신라군의 매복에 걸려 살해되면서 결국 사기가 크게 꺾인 백제는 대패했다.

백제는 관산성 전투의 패전과 성왕의 전사에 따른 여파를 수습하는 데 힘썼다. 대외적으로 고구려와의 충돌은 거의 확인되지 않는다. 신라가 한강 유역을 장악함에 따라 자연스레 백제와 고구려의 완충 구실을 하였기 때문이다. 대신 신라에 대한 공격이 두드러지게 나타난다. 또한 개로왕 대 북위에 잠시 청병외교請兵外交를 했던 것을 제외하고 남조외교로 일관했던 백제는 위덕왕 대 이후 남북조와 외교 관계를 맺으며 변화를 모색했다. 신라가 남북조에 독자적으로 사신을 보내고 책봉을 받는 등 외교에서도 신라에 밀리는 상황을 백제는 받아들이기 힘들었을 것이다.

관산성 전투 승리를 발판 삼아 한강 유역을 완전히 장악한 신라는 마침내 황해로 진출했다. 564년 북제에 사신을 보낸 진흥왕은 이듬해 북제 무성제로부터 책봉을 받았다. 이는 신라 외교사에서 획기적인 사건이었다. 더 이상 고구려나 백제의 손을 빌리지 않고 스스로 중원왕조와 교섭함으로써 두 나라를 언제든 압박할 수 있는 카드 하나를 손에 넣은 것이나 마찬가지였다. 이는 수와 당으로 이어지는 통일왕조가 들어서면서 점차 현실화되었다.

서울 북한산 신라 진흥왕 순수비 터(2020년 5월 8일 필자 촬영 사진)

신라는 여세를 몰아 대가야를 멸망시켰으며 북으로는 함경도 일대까지 진출했다. 5세기까지 소백산맥 일대 분지에 머물던 신라가 불과 반세기 만에 이루어 낸 엄청난 성과였다. 진흥왕은 태창太昌과 홍제鴻濟라는 연호를 사용하고 스스로를 진흥태왕으로 불렀다. 진흥왕은 불교적 이상군주인 전륜성왕이자, 천자인 제왕으로서 '하늘의 도리를 따르며 사방으로 영토를 개척하고 백성을 획득하여 덕화를 펴기 위해' 순수巡狩하였다. 고구려의 '동이東夷'였던 신라는 그렇게 자신의 천하를 만들어 나갔다. 신라 진흥왕 순수비는 이를 웅변해 주는 증거이다.

족한 줄 알면 욕되지 않으리

6세기 중엽 이후 고구려는 한강 유역뿐만 아니라 함경도 일대까지 신라와 국경을 맞대었다. 이는 고구려 수도 장안성長安城이 남쪽과 동쪽으로부터 동시에 위협받게 되었음을 의미한다. 이렇듯, 신라와 군사적 긴장감이 높아지는 가운데 서북쪽에서는 돌궐이 유연을 누르고 동쪽으로 그 세를 확장해 왔다.

한편, 중원대륙에서는 5호 16국부터 남북조로 이어지는 오랜 분열을 끝내려는 통일 움직임이 크게 일었다. 577년 북주가 북제를 멸함으로써 그 단초를 열었다. 얼마 지나지 않아 북주 황실의 외척이었던 양견이 9세의 어린 정제靜帝로부터 양위를 받아 581년 수隋를 세웠다. 수 문제는 북방과 서방의 주요 세력인 동돌궐과 토욕혼의 내분을 활용하여 이들을 제압한 뒤 마지막으로 589년 진陳을 멸망시켰다. 이로써 수는 270여 년의 분열시대를 끝냈다.

수隋로부터 시작해 당唐으로 이어지는 통일왕조의 등장은 고구려·백제·신라 간 삼국전쟁이 동아시아 국제대전으로 확전되는 직접적인 계기가 되었다. 수가 중원을 통일하기 이전 국제 관계는 북방의 돌궐, 서방의 토욕혼, 중원의 남북조, 만주와 한반도 북부 일대의 고구려가 중심을 이룬 다원적 질서를 형성했다. 하지만 중원이 통일되면서 수를 중심으로 한 일원적 국제질서로 급속하게 재편되었다.

이제 고구려·백제·신라의 외교는 남북조 중심의 이원외교二元外交에서 수를 중심으로 한 일원외교一元外交로 바뀌었다. 고구려는 수의 영향력을 직접적으로 체감했다. 고구려와 돌궐의 세력 균형 아래 자구책을 모색하던 거란과 말갈은 수 세력이 확장하자, 수에 조공朝貢했으며 일부는 고구려를 이탈하여 수로 내부內附했다. 고구려는 이들 세력의 이탈을 막거나 때로는 소규모 병력을 동원하고 사람을 풀어 내정을 살피는 등 수의 움직임에 대응해 나갔다.

수의 대외 팽창에 따른 위협으로 긴장이 고조되는 가운데 고구려는 대외 정책을 전면 검토했다. 그 결과 대수강경론이 힘을 얻었다. 대수강경론으로 기울었던 배경 중 하나는 고구려 천하관에서 찾을 수가 있다. 고구려는 천손사상을 바탕으로, 중원이 분열되어 있는 국제 상황을 활용하여 만주와 한반도 일대에 독자 세력권을 구축했다. 남북조는 이념적으로 고구려를 자국의 질서 속에 신속臣屬시키고자 했으나 고구려는 이를 인정하지 않았으며, 남북조 역시 힘의 우위를 확보하지 못한 상태에서 실질적인 압박을 가하기 어려웠다. 하지만 수는 고구려를 번신藩臣이자 회복해야 할 중원의 영토로 규정했다. 고구려 천하관과 수 천하관이 충돌하는 것은 시간문제였다. 수가 요하遼河 일대로 세력을 확장하면서 그 위협이 고조되자, 영양왕은 598년 요서를 선제공격했다. 이로써 십여 년에 걸친 고구려와 수의 전쟁이 시작되었다.

고구려의 예상치 못한 공격을 받은 수는 대책을 논의했다. 수 문제는 여론을 등에 업고 수륙 30만 대군을 편성하여 고구려 공격에 나섰다. 당시 수군隋軍은 장마와 보급 문제, 질병, 풍랑 등 각종 악재와 돌궐의 침입으로 회군하지 않을 수 없었다.

604년 수 문제의 뒤를 이어 수 양제가 집권했다. 수 양제는 운하를 개착해 물자 수송을 쉽게 하여 유사시 신속 대응이 이루어지도록 했다. 아울러 잦은 순행을 실시하여 스스로 위엄을 과시해 나갔다. 당시 북방은 동·서돌궐이 자웅을 겨루고 있었다. 그런데 서돌궐을 견제하려는 수의 지원을 받아 크게 성장했던 계민가한이 동돌궐을 재편했다.

계민가한은 수나라의 허실을 잘 알고 있어 수에서도 우려의 대상이 되었다. 607년 수 양제가 북순北巡하여 계민가한의 장막에 들러 우연히 고구려 사신과 마주치게 되면서 우려는 점점 현실로 다가왔다. 고구려는 수의 위협에 대응하기 위해 돌궐과 전략적인 교섭을 진행하고 있었던 것이다. 이때 수 양제는 고구려 사신에게 "고려왕은 마땅히 의심치 말고 내조할 것이며, 만약 입조하지 않는다면 계민과 그 땅을 순행할 것이다."라며 경고했다. 배구裵矩는 "고려 땅이 원래 고죽국孤竹國으로 역대로 중원의 영토였으니 어찌 관대지경冠帶之境을 만맥지향蠻貊之鄕으로 만들려 합니까."라며 수 양제를 재촉했다.

수 양제는 먼저 서북방에 자리한 서돌궐과 토욕혼을 제압했다. 이제 수의 천하 질서 속에 복속되지 않은 곳은 고구려뿐이었다. 611년 수 양제는 고구려 공격을 결정하고 이듬해 고구려 '죄목'을 열거하며 침략이 정당함을 역설했다. 조민벌죄弔民伐罪의 기치를 내건 수 양제가 거느린 병력 규모는 200만이라고 했다.

612년 대신大臣 을지문덕은 수 진영으로 건너갔다가 압록수를 건너 돌아오는 길에 뒤쫓아 오는 수군을 맞아 싸울 때마다 달아나는 전략을 썼다. 승리에 도취된 수군은 평양성 삼십 리 밖 살수를 사이에 두고 진영을 설치했다. 이때 을지문덕은 거짓 항복을 취하며 다음과 같은 시를 수 진영에 보냈다.

신묘한 책략은 천문天文에 이르렀고
묘책은 지리를 궁窮하였다
싸움마다 승리하여 공이 이미 높으니
족함을 알면 그치기를 바라노라

을지문덕은 수의 허실을 정확하게 읽고 그 틈을 노려 대승을 거두었다. 이후에도 수 양제는 고구려를 침략했지만 모두 실패로 돌아갔다. 이로써 수를 중심으로 한 천하 질서는 무너져 내렸다. 영양왕은 수 양제에게 항복을 청하고 전쟁을 수습했다. 수 양제는 입조를 요구했지만 영양왕은 이를 거부했다.

고구려·수 전쟁은 새로운 양상을 가져왔다. 수는 백제와 신라를 활용하려 했다. 이전 북조는 이러한 전술을 취하지 않았다. 백제는 수와 군기軍期를 잡기로 했으며 신라는 수에 청병사請兵使를 파견하기까지 했다.

수는 고구려 침략 실패와 내부 반란으로 멸망했다. 중원대륙은 다시 지방군벌들이 할거했다. 617년 태원유수로 있던 이연李淵은 3만 명의 군사를 이끌고 장안을 장악한 뒤, 11월 9일 대왕代王 유侑를 공제로 옹립했다. 이어 618년 5월 20일 공제로부터 선양을 받아 황제로 등극했다. 이가 당 고조이다.

620년 중원은 대체로 이연의 당唐, 왕세충의 정鄭, 두건덕의 하夏 삼국이 정치鼎峙하고 있었다. 당시 주요 군벌들은 동돌궐에 신속臣屬했으며, 당도 마찬가지였다. 이런 가운데 고구려는 619년 당에 사신을 보냈고, 624년 책봉을 받았다. 책봉이란 외피로 양국관계가 덧씌워졌지만 실질을 반영한 것은 아니었다.

625년 당 고조는 명분과 실제의 괴리를 토로하며 고구려와 항례抗禮하려 했다. 이는 당이 고구려의 독자 질서를 인정하며 대등한 관계로 지내겠다는 선언이었다. 하지만 온언박이 "만약 고려와 항례하신다면 어찌 오랑캐들이 우러르며 따르겠습니까. … 이치상 존엄을 낮추어 오랑캐와 같아질 수 없습니다."라며 반대함에 따라 이런 생각을 거두었다. 현실과 명분 사이에서 현실을 택하려던 고조의 생각이 철회되면서 이제는 군신 관계를 지속적으로 요구하고 관철해 나가게 되었다.

당과 돌궐 사이 긴장이 고조되던 626년 4월 이세민이 쿠데타를 일으켜 형과 아우를 제거했으며 그해 8월 고조로부터 양위를 받아 즉위했다. 신라와 백제는 고구려가 길을 막아 입조할 수 없다며 볼멘소리를 했고 당 태종은 사신을 보내 삼국의 일에 관여하기 시작했다. 이후 당 태종이 동돌궐의 힐리가한을 사로잡자, 서북의 여러 유목 세력들은 '천가한天可汗'의 존호를 올렸으며, 고구려는 사신을 보내 축하하며 상황을 엿보았다.

그러나 동돌궐의 멸망으로 당의 위협이 현실화되자, 고구려는 사신 파견을 중단하고 서부 국경에 천리장성을 축조하는 등 대외 방비에 힘을 쏟는다. 그런 가운데 639년 고구려의 견사遣使로 교섭이 재개되었으며 당은 진대덕을 보내 고구려 곳곳을 훑어보며 정보를 수집했다. 태종은 고구려를 사군四郡의 땅이었다고 인식했다. 언제든 조건만 갖춰지면 침략할 수 있다는 것을 암시한다.

마침 641년 대대로大對盧 연태조淵太祚가 죽었는데 연개소문의 승습에 귀족들이 반대했다. 또한 왕위 계승을 위한 후계 구도 문제까지 불거져 대외 긴장감이 높아져 가는 상황과 맞물려 연개소문이 쿠데타를 일으켜 정권을 장악했다. 이제 고구려의 대당 관계는 걷잡을 수 없는 지경으로 빠져들었다.

수대 네 번에 걸친 침략 실패를 잘 알고 있던 당 태종은 속전속결 전략을 취했다. 당 태종은 수 양제의 고구려 침입 당시 참여했던 정원숙을 불러 자문을 구했으며 신라·백제·해·거란 등에게 고구려 공격에 나서도록 했다. 645년 당 태종은 연개소문을 단죄한다는 명분으로 고구려를 침략했다. 태종 자신의 집권 과정이나 연개소문이 세운 보장왕을 스스로가 책봉했음을 상기해 본다면 이는 허울에 불과하며, 이면에는 당 중심의 패권을 차지하려는 야망이 있었음을 짐작할 수 있다. 당군은 요동성과 백암성 등 주요 성을 함락시키며 승승장구했다. 하지만 안시성 전투에서 패퇴했다.

당 태종은 고구려 침략이 성공하지 못하자, "위징魏徵이 살아 있었다면 이번 행차를 말렸으리라."며 깊이 후회하고 탄식했다. 훗날 김부식은 사론史論에서 "『유공권소설柳公權小說』에 주필산 전투에서 고구려와 말갈의 합친 군대가 40리에 뻗치었는데 태종이 이를 바라보고 두려워하는 빛이 있었다."면서 "신구당서 및 사마공의 『자치통감』에는 이를 언급하지 않았으니 이는 자기 나라를 위하여 숨긴 것이 아닌가!"라고 했다. 김부식은 당 태종이 고구려군의 위세에 눌려 두려워했으며 치부를 숨기려 했던 것이 아니냐며 콕 집어 이야기한 것이다.

세 치 혀가 바꾼 물줄기

당은 고구려에 대한 침공을 제약했던 설연타를 평정한 뒤 다시 고구려 침입에 대한 논의를 이어 갔다. 당은 소규모 부대를 동원하여 자주 고구려를 공격하여 지치게 만들고 민심의 이반을 초래하여 연개소문을 압박하는 전략을 취했다. 즉 '대규모 병력을 동원한 속전속결 전략에서 소규모의 장기 소모전으로 전략을 변경한 것이다. 아울러 고구려 남부 국경선에 제2전선 구축을 시도하면서 신라의 전략적 가치가 높아졌다.'●

● 노태돈, 『삼국통일전쟁사』, 서울대학교출판부, 2009, 113쪽, 140쪽.

당의 대외 전략 변화에는 김춘추의 대당사행이 계기가 되었다. 642년 신라는 백제의 대대적인 공격을 받아 서변의 요충지인 대야성을 비롯하여 40여 성이 함락되었다. 특히 대야성도독이자 김춘추의 사위인 김품석의 무책임한 행위로 위기를 자초한 사실은 김춘추의 정치적 입지를 좁히는 결과를 가져왔다. 더구나 여왕이 집권한 신라는 주변국들로부터 조롱을 받았으며 안에서도 '여왕은 잘 다스릴 수 없다'며 반발했다.

김춘추는 국가적 위기와 정치적 실각 위기를 극복하고자 자진하여 청병사신이 되어 고구려로 길을 떠났다. 하지만 연개소문이 '영토 반환'을 요구하며 압박하자 회담은 결렬되었으며 빈손으로 돌아와야 했다. 이어 대왜외교도 실패로 끝나자 648년 김춘추는 직접 당으로 건너가 태종을 만나 담판을 지었다. 이른바 고구려와 백제를 멸망시킨 뒤 평양 이남 지역은 신라에 귀속시킨다는 '나당밀약羅唐密約'이 그것이다. 신라는 고유 연호 사용을 포기하고 당의 연호를 받아들였으며, 복식 등 전반에 걸쳐 변혁을 단행했다. 신라는 당의 일원적 국제질서를 받아들이고 철저하게 친당노선을 견지했다.

한편, 신라와 당의 동맹이 표명되면서 백제는 대당사신 파견을 중단하고 고구려·왜와 연계를 모색했다. 하지만 고구려와 백제는 끝내 군사동맹 관계로까지 나아가지 않았다. 이는 훗날 고구려와 백제 모두에게 두고두고 안타까운 결과를 가져왔다.

당 태종의 죽음으로 전쟁은 소강상태에 접어들었다. 당은 안으로 652년 모반 사건과 655년 황후 교체 사건 등 치열한 권력 다툼이 있었다. 또한 650년 서돌궐 아사나하로의 반란이 일어나 8년 만에 진압했다. 이와 함께 신라는 대당외교를 강화하며 당의 외교 전략에 영향을 미쳤다.

660년 당은 신라의 제안을 받아들여 백제 선공 전략에 따라 소정방을 사령관으로 한 13만 군대를 바닷길로 보내 금강 하구로 진격했다. 김유신이 이끄는 신라군은 대전 동쪽 탄현으로 진군하였고 황산벌 전투에서 백제군은 끝내 수적 열세를 극복하지 못했다. 이어 사비성이 함락되고 의자왕과 태자 등 1만여 명이 당으로 끌려갔다. 복신은 흑치상지·도침 등과 임존성·주류성을 근거로 반격에 나서 한때 200여 성을 회복했다. 하지만 내분과 더불어 왜에 요청했던 지원군이 백강 전투에서 신라·당 연합군에 지면서 부흥 운동도 실패로 끝났다.

고구려는 665년 연개소문이 죽으면서 급속하게 무너져 내렸다. 연개소문은 임종에 즈음하여 자식들에게 서로 화합하며 다투지 말 것을 유언하였으나 정국 주도권을 둘러싼 연씨 형제들의 내분을 끝내 막지 못했다. 복수심에 눈이 멀어 조국에 등을 돌리고 당으로 투항한 연남생의 무책임한 행위는 안으로부터 고구려가 무너지기 시작했음을 알리는 신호탄이었다. 연개소문의 동생 연정토마저 신라로 투항했다. 연남생은 당의 앞잡이가 되었고 결국 668년 평양성 함락으로 고구려는 멸망했다.

당은 평양에 안동도호부를 설치하고 보장왕 등 고구려민을 당 내지로 강제 이주시켰다. 고구려 전역에서 검모잠과 고연무 등의 부흥 운동이 일어났으나 실패했다. 나라 잃은 고구려 유민들은 각지로 흩어져 크나큰 고통을 겪어야 했다.

얕보다 큰코다치다

신라와 당의 갈등은 백제 멸망 이후 조금씩 드러났다. 당은 백제 영토에 웅진도독부를 두었을 뿐 아니라 동맹국인 신라에도 계림주를 설치하고 문무왕을 계림주도독으로 삼았다. 이어 665년 문무왕과 부여융의 취리산 회맹을 추진하며 한반도 점령에 대한 본색을 노골적으로 드러냈다. 신라는 고구려 멸망 뒤 고구려 유민을 지원하며 이들을 대당전쟁에 활용했다. 또 671년 백제 지역에 소부리주를 설치하여 신라 영토로 편입하면서 양국 관계는 전쟁으로 치달았다. 신라는 675년 매소성 전투와 676년 기벌포 해전에서 승리했으며 당은 평양에 두었던 안동도호부를 요동 지역으로 옮겼다. 한반도 내 당군의 철수는 오롯이 신라의 힘만으로 이루어진 것은 아니었다. 토번의 발흥으로 당의 한반도 내 군사 활동이 제약을 받았기 때문이다.

그렇다면, 가장 앞서 있던 고구려나 백제가 밀려나고 후발주자였던 신라가 삼국을 통일한 배경은 무엇일까? 한국사에서 고전적인 질문이다. 고구려에 대해 선학들은 민족의 방파제라고 이야기해 왔다. 고구려는 중원왕조와 몽골초원의 유목 제국들과 국경을 맞대고 있었다. 고구려는 중원이 남북조로 나뉘어 있을 동안 각 왕조와 외교 관계를 맺는 한편, 대륙 정세의 변동에 유연하게 대처하기 위해 유목 제국과도 외교 관계를 맺으며 전략적 가치를 높여 나갔다.

그러나 수·당왕조는 일원적 국제질서를 지향해 나갔다. 수·당은 고구려의 독자 질서를 인정하지 않았다. 수의 위협에 대한 대응으로 598년 고구려가 요서를 공격함으로써 시작된 중원왕조와의 무력 대결은 668년 고구려가 멸망할 때까지 70년간 군사적 긴장을 유발했다. 오랜 전시 체제로 백성들은 극심한 피로를 느꼈다. 밖의 위기는 안으로 강고한 결속을 가져오지만 오랜 시간 이어져 틈이 벌어지면 걷잡을 수 없게 된다. 고구려는 70년을 견뎠지만 결국 내분으로 무너졌다. 고구려 멸망의 가장 큰 원인은 오랜 군사적 긴장과 내분이었다.

또한 고구려는 중원왕조를 견제하기 위해 유목 세력과 관계를 적절히 유지해 왔다. 하지만 돌궐과 설연타가 당에 복속됨으로써 당을 견제할 수 있는 세력이 없었다. 이들 세력의 부재는 고구려에게 운신의 폭을 좁히는 결과를 가져왔다.

한편 백제는 의자왕이 신라를 대대적으로 공격하여 위기로 몰아넣었고 왜와의 관계도 긴밀하여 신라를 압박할 수 있는 카드를 갖고 있었다. 그런데 당이 신라와 동맹을 맺은 직후, 백제에 대한 경고를 보냈을 때 의자왕은 당과의 관계를 끊었다. 스스로 동아시아 정세를 읽을 수 있는 눈을 닫아 버렸다. 당이 황해를 건너 백제를 직공하리라 짐작조차 하지 못했다. 전쟁을 하고 있는 동안에도 외교는 중단되어서는 안 된다. 또 하나 고구려와 백제는 경쟁했을 뿐 서로를 믿으며 동맹으로 나아가지 못했다. 결정적인 순간 백제 곁에 고구려는 없었다.

신라는 대륙에서 오는 직접적인 파동으로부터 벗어나 있었다. 이것이 국력을 보존할 수 있었던 유리한 점이다. 고구려는 대륙과 접하여 선진문화를 바로 받아들일 수 있었고 백제도 바다를 끼고 중원대륙과 마주하고 있어 일찍부터 바닷길을 통해 중원문화를 받아들였다. 신라에 비해 두 나라가 문화적으로 앞설 수 있었던 원동력이었다. 역으로 이러한 지정학적 위치는 도약의 발판이면서 외부 침략의 통로이기도 했다. 고구려는 대륙의 파동을 직접적으로 맞았으며 백제는 당 수군水軍의 직공을 막지 못했다.

신라는 애초 삼국을 통일하려는 생각이 없었고 역량도 되지 않았다. 백제·고구려와 적대함으로써 언제 멸망할지 모를 위기에서 살아남기 위해 외교에 매달렸다. 결과적으로 신라만이 살아남았다. 이에 많은 사람들은 신라가 차지한 고구려 영토나 주민이 일부에 불과하고, 외세인 당을 끌어들였다며 비판하였다.

신라는 고구려 전체를 차지할 뜻이 없었기에 대고구려 전쟁을 주도적으로 이끌지 않았다. 신라의 통합이 불완전할 수밖에 없는 이유이다. 신라 입장에서 볼 때 대고구려 청병외교가 실패한 마당에 당을 끌어들이는 것은 당연한 수순이었다. 백제도 고구려를 공격하기 위해 북위나 수에 청병외교를 했다. 외세를 이용했다고 비난한다면 백제도 예외일 수 없다. 더구나 한국전쟁에서 같은 민족임에도 외세를 끌어들여 남북이 서로를 공격했던 점을 상기해 본다면 동족 의식이 미약했던 삼국시대 신라의 행위를 자주적이지 못하다고 비난하는 것은 부당하다.

신라는 삼국 통합 후 그에 어울리는 여러 정책을 추진했다. 특히 일통삼한一統三韓을 강조했던 점은 주목할 만하다. 삼국이 삼한이라는 인식은 역사적 사실과 어긋나지만 훗날 단일민족, 민족문화가 탄생하는 데 크게 기여했다. 삼국이 본디 하나의 뿌리에서 연유했다는 인식이었기 때문이다.●

● 주보돈, 「한국사의 흐름」, 『한국사』(개정증보판), 경북대학교출판부, 2020, 54~55쪽.

한편, 고구려에 예속되었거나 그 영향력 아래 있던 말갈과 거란의 여러 부족들은 고구려 멸망을 계기로 자립을 모색했다. 특히 676년 이후 한반도와 만주 지역 지배거점인 안동도호부가 크게 약화되면서 당의 지배력은 요동반도에 국한되었다. 신라 역시 경기도 일대와 함경도 이남까지만 지배력이 미치는 등 옛 고구려 영역 대부분이 무주공산이나 다름없었다.

그런 가운데 영주 일대에서 새로운 움직임이 강하게 일어났다. 거란의 이진충과 손만영이 영주도독의 학정에 반발하여 반란을 일으킨 것이다. 이에 고구려 유민 대조영과 말갈인 걸사비우는 각각 무리를 거느리고 동쪽으로 옮겨 갔다. 그 과정에서 걸사비우가 죽자, 대조영은 남은 말갈 무리를 이끌고 천문령으로 나아갔다. 이때 이해고가 이끄는 당군을 맞이하여 승리를 거두고 계루의 옛 땅, 동모산에서 나라를 열었다. 이렇게 예맥족과 말갈족이 주축이 된 새로운 국가 '발해'는 예맥족과 한족韓族을 통합한 '신라'와 더불어 남과 북에서 공존하고 경쟁하며 한국사의 새로운 주인공으로 전면에 등장했다.

— 김진한

생각 더하기

신라와 발해는 서로를 어떻게 바라보았을까?

참고문헌

김진한, 『고구려 후기 대외관계사 연구』, 한국학중앙연구원출판부, 2020.
노태돈, 『삼국통일전쟁사』, 서울대학교출판부, 2009.
임기환, 「7세기 동북아시아 국제질서의 변동과 전쟁」, 『전쟁과 동북아의 국제질서』, 일조각, 2006.
주보돈, 「한국사의 흐름」, 『한국사』(개정증보판), 경북대학교출판부, 2020.

3. 한국 고대사와 역사 분쟁

오늘의 눈으로 어제를 바라보는 역사

역사란 무엇일까? 역사는 과거에 있었던 일을 말한다. 그러나 모든 과거의 일들이 역사가 되는 것은 아니다. 과거에 있었던 일로 기억되어야 역사이다. 이는 다음 두 가지를 전제로 한다. 첫째, 누군가 어떤 일을 기억해야 한다고 가치 판단했다. 둘째, 다양한 수단을 활용해 그것을 기억할 수 있도록 했다. 이 같은 기억의 특징은 크리스토퍼 놀란 감독의 영화 〈메멘토〉(2001년 작)에서 잘 보여 준다. 주인공은 아내의 살해범을 잡으려 한다. 그러나 그는 단기 기억 상실증에 걸려 10분 동안의 일만 기억할 수 있다. 10분이 지나면, 그동안 벌어진 일은 기억에서 사라져 버린다. 그는 중요한 인물이나 정보를 메모하거나 문신으로 새기고 사진을 찍어 주석을 다는 등 자신이 중요하다고 판단한 일을 여러 수단으로 기록하여 기억하고자 한다.

〈메멘토〉의 주인공처럼 인류는 중요하다고 판단한 일을 기억하려 노력하였다. 기억의 한계를 극복하기 위해 그림을 그리거나, 문자로 기록을 남겼다. 우리 선조들이 남긴 대표적인 그림으로는 바위에 고래나 동물을 새긴 울산 반구대 암각화를 꼽을 수 있다. 문자는 나무, 돌, 종이 등 다양한 서사 재료를 활용해 기록되었다. 현재 돌에 새긴 기록 중 가장 오래된 것은 포항 중성리 신라비이다. 이 비는 501년에 중앙 정부가 해당 지역의 문제를 해결하고 이를 기억하기 위해 판결문 내용을 돌에 새겨 세운 것이다. 나무에 새긴 문자 자료는 목간이 대표적인데, 함안 성산산성에서 발견된 목간이 유명하다. 종이 문서는 일본 동대사 정창원에 소장된 신라 촌락 문서를 꼽을 수 있겠다.

기억, 다시 말하자면 역사를 복원하고자 활용하는 모든 자료를 사료라 한다. 근대 역사학의 아버지로 평가되는 랑케는 사료에 근거하여 사실을 기술해야 한다고 하였다. 철학이나 정치에서 벗어나, 객관적인 역사를 서술해야 한다고 주장한 것이다. 그렇다면 사료에 전하는 일은 모두 과거에 벌어진 사실일까? 다시 영화로 돌아가 보자. 주인공은 기억하고자 기록을 남긴다. 그러나 10분이 지나면 그는 과거의 자신이 무엇을 전달하고자 기록을 남겼는지 알 수 없다. 남겨진 기록은 단편적이며 모호하고, 일부가 삭제되어 있기 때문이다. 주인공은 자신이 남긴 기록과 조력자를 자처하는 주변 인물들이 제시하는 정보를 취합하여 옳은 것을 골라야 한다.

이처럼 기록은 기술 혹은 전승 과정에서 의도적이든 그렇지 않든 왜곡되기도 한다. 뒷사람은 앞사람이 남긴 사료를 상호 교차하며 살펴보아야 한다. 이것이 사료 비판이다. 사료 비판은 진위 여부를 가리는 외적 비판과, 전달하는 정보의 질을 판단하는 내적 비판으로 구별할 수 있다. 〈TV쇼 진품명품〉(KBS1)에서 의뢰인이 가져온 물건을 전문가가 진짜인지, 진짜라면 얼마짜리인지를 판단하는 것과 비슷하다.

외적 비판의 가장 대표적인 예가 필사본 『화랑세기花郎世紀』 논쟁이다. 고려의 대표적인 문장가인 김부식은 『삼국사기』에서 신라의 화랑을 설명하며, 김대문이 지은 『화랑세기』를 인용하였다. 충성스러운 신하와 훌륭한 장수가 여기서 나왔다는 구절이다. 해당 기록을 통해 다음 두 가지를 알 수 있다. 하나는 『화랑세기』가 화랑에 대한 기록이라는 점이다. 다른 하나는 고려시대까지 『화랑세기』가 존재했다는 점이다. 이후 『화랑세기』를 읽어 보았다는 기록이 나타나지 않아, 세월의 흐름 속에서 책이 없어졌다고 보아 왔다.

그런데 1989년과 1995년, 두 차례에 걸쳐 부산의 한 가정집에서 필사본이 발견되었다. 필사자는 일제 식민지시대에 궁내성 도서부에서 근무한 경력이 있는 박창화였다. 이후 필사본 『화랑세기』를 진짜로 보는 연구자들은 각종 연구서와 대중서를 세상에 내놓았다. 이를 바탕으로 2차 창작물도 생산되었다. 대표적인 예가 시청률 43.6%를 기록한 드라마 〈선덕여왕〉(MBC, 2009)이다. 드라마를 통해 많은 사랑을 받았던 미실은 필사본 『화랑세기』에만 나오는 인물이다. 미실은 필사본 『화랑세기』의 진위 여부에 따라 실존 혹은 허구의 인물이 된다. 필사본 『화랑세기』에 근거한 연구와 창작은 한순간에 사라질지도 모르는 모래 위에 지은 집과 같다. 그렇기에 사료의 진위 논쟁은 때로는 소모적이라 여겨질 수 있지만, 반드시 이루어져야 한다.

내적 비판의 대표적인 예는 『삼국사기』이다. 『삼국사기』는 1145년경에 김부식이 고려 인종의 명을 받아 편찬한 고구려, 백제, 신라의 역사서이다. 그러나 일본인 학자들은 삼국에 관한 내용은 『삼국사기』보다 『일본서기』의 기록이 더 정확하다고 주장하였다. 일본인 학자들은 『일본서기』는 720년에 편찬되어 당대의 자료인 데 반해 『삼국사기』는 후대의 자료라 신빙성이 떨어진다는 것이다.

『일본서기』에는 249년에 일본이 군대를 내어 백제를 도와주자, 초고왕肖古王이 영원토록 번국이 되어 조공을 바치겠다고 약속한 기록이 있다. 일본인 학자들은 이 같은 기록을 근거로 일찍부터 한반도의 고대국가들이 일본에 복속되었다고 주장하였다. 다만 해당 사건이 발생한 연대는 근초고왕 대인 369년이라고 하였다. 『일본서기』가 천황의 역사를 유구하게 하고자 연대를 120년 늘렸다는 것이다. 『삼국사기』에는 근초고왕이 346년에 즉위하여 375년에 사망하였다고 전한다. 결과적으로 스스로 부정했던 『삼국사기』의 연대를 따른 셈이다.

『일본서기』는 일본인 스스로가 인정하였듯이 천황의 역사를 찬양하고자 저술된 측면이 크다. 그에 따라 한반도의 고대국가가 조공을 바쳤다는 기록들도 자국의 입장에서 서술되었을 가능성이 있음을 생각하며 읽어야 한다. 당대 혹은 보다 가까운 시대의 기록이라고 해서 후대의 기록보다 반드시 정확한 것은 아니다. 이 점은 『양서』 「신라전」의 서술도 마찬가지이다. 『양서』는 502년에서 557년까지의 양나라 역사를 서술한 책으로, 629년에서 636년 사이에 편찬되었다. 『양서』에는 신라왕이 처음으로 사신을 파견하였는데, 백제 사절을 따라왔다고 전한다. 그러면서 신라에는 문자가 없어 나무에 금을 새겨 신표로 삼으며, 백제의 통역이 있어야만 소통할 수 있었다고 전한다.

그러나 『삼국사기』에는 520년에 법흥왕이 율령律令을 반포하였다고 기록되어 있다. 율律은 오늘날의 형법에 해당하며, 영令은 행정 법규를 뜻한다. 율령 반포는 문자의 사용을 전제로 한다. 신라에서 문자, 정확히는 한자를 사용했다는 것은 포항 중성리 신라비(501)나 포항 냉수리 신라비(503)를 통해서도 알 수 있다. 두 비석이야말로 당대 신라인들이 쓴 기록이므로 가장 정확한 사료이다. 따라서 신라에 문자가 없었다는 『양서』의 기록은 그대로 따르기 어렵다. 오히려 12세기에 편찬된 『삼국사기』의 기록이 더 사실에 가깝다고 하겠다.

그런데 포항 중성리 신라비나 포항 냉수리 신라비의 내용 중 일부는 우리말의 어순을 따르거나 이두식 표현이 있어 전형적인 한문 문장을 구사했다고 보기는 어렵다. 이로 미루어 보면 양나라 사람들은 신라 사신이 말과 글을 정확하게 구사하지 못해 신라에 문자가 없다고 생각했을 수도 있겠다. 『양서』의 기록은 양나라의 입장에서 신라를 이해한 결과물이다.

이처럼 『일본서기』나 『양서』는 『삼국사기』보다 먼저 서술되었지만, 각자의 입장에 서서 신라를 서술하였으므로 정확성에 한계가 있다. 어떤 내용이든 기록자의 판단에 따라 기술되므로, 기록이 존재한다고 해서 혹은 기록이 먼저 이루어졌다고 해서 반드시 사실을 전달한다고 볼 수는 없다. 후대인은 선대인이 남긴 사료가 진짜인지, 전달하는 정보가 얼마나 정확한지 다양한 자료를 상호 교차하며 사료 비판을 해야 한다.

역사는 사료 비판을 통해 객관적인 사실을 밝히는 것이다. 객관적인 사실을 서술하는 기사문은 '누가, 언제, 어디서, 무엇을, 어떻게, 왜'라는 육하원칙으로 서술된다. 그러나 모순되게도 '왜'라는 요소로 인해 객관적인 사실은 지극히 주관적인 해석이 된다. '왜'에는 작성자의 가치 판단이 들어가기 때문이다.

다시 영화로 돌아가 보자. 주인공은 왜 자신이 그런 기록을 남겼는지 알고자 노력한다. 자신이 누구인지, 무엇을 해야 하는지 알고 싶었기 때문이다. 주인공은 자신이 남긴 기록을 현재의 판단에 따라 옳은 것은 남기고 그렇지 않은 것은 지우거나 불태운다. 과거의 기록을 통해 현재를 알고자 하면서, 현재의 판단으로 과거의 기록을 재단한 것이다.

유명한 역사학자인 카는 『역사란 무엇인가』에서 "역사는 과거와 현재의 끊임없는 대화"라고 하였다. 과거는 현재에 의해 재구성되었다. 오늘의 눈으로 어제를 바라본 것이다. 재구성된 과거는 현재의 정체성을 확립하는 데 중요한 역할을 하며, 나아가 미래의 방향을 결정하는 데도 영향을 끼친다. 그래서 역사는 당위성이 요구되는 영역에서 끊임없이 활용되었다. 그 구체적인 모습을 아래에서 살펴보자.

백제는 칠지도를 왜에 바친 것일까?

2019년 하반기에 우리 국민은 자발적으로 일본 상품을 불매하는 'NO JAPAN' 운동을 벌였다. 일본이 그해 여름에 반도체와 디스플레이 제조 핵심 소재를 우리나라로 수출하는 것을 규제하고, 우리나라를 화이트리스트 국가에서 제외했기 때문이다. 해당 조치는 우리나라 법원이 일본에 '강제징용'의 배상 명령을 내린 것에 대한 보복이었다. 한일 관계는 급격히 악화되었고, 당시 주변국 호감도 조사에서 일본은 33.6도인 북한보다 더 낮은 20.9도였다(한국리서치, 2019. 11.). 강제징용이라는 20세기의 과거가 21세기의 현재에 강력한 영향을 미친 것이다.

우리나라와 일본은 인접 국가로 고대부터 현대에 이르기까지 서로 밀접한 영향을 주고받으며 살아왔다. 때로는 역사의 무대를 공유하였기에 이를 둘러싸고 서로 다른 이해로 갈등을 빚었다. 역사 분쟁을 잘 보여 주는 것이 일본 교과서 왜곡 파동이다. 일본 교과서 왜곡 문제는 1982년에 한일 외교 현안이 된 것을 시작으로 현재까지 해소되지 않고 있다. 양국의 역사 분쟁은 근현대사에 집중되는데, 의외로 고대사도 주된 논쟁의 대상이었다. 과거(고대사)가 현재(근현대사)의 정체성을 확립하는 데 일정한 역할을 하기 때문이다.

이를 잘 보여 주는 것이 식민지시대의 식민사관과 그에 따른 역사 왜곡이다. 1910년에 일본은 대한제국을 병합하여 식민지로 삼았다. 대한제국의 국민은 식민지 조선의 원주민이 되었다. 일본은 조선을 통치하기 위해 소위 무단통치를 실시하였다. 언론, 출판, 집회, 결사의 기본권을 박탈하였다. 또 헌병 경찰과 보조원을 전국에 배치하고 즉결 심판을 내릴 수 있는 권한을 주었다. 동시에 조선인들을 일본 국민으로 재탄생시키려 하였다. 1911년에 공포된 조선교육령이 이를 잘 보여 준다. 제2조에는 '교육은 충성스럽고 선량한 국민을 육성하기 위한 것'이라고 규정하고 있다. 그에 따라 조선사 교육은 금지되었고, 교과서도 발행되지 않았다.

식민지 조선인들은 1919년 3월 1일에 식민 통치를 거부하는 만세 운동을 벌였다. 이후 일본은 밖으로는 문화 통치를 표방하며 안으로는 식민 통치의 강화를 꾀하였다. 일본은 『심상소학국사 보충교재』 1권(1920), 2권(1921)과 그 교수참고서를 발행하였다. 이 책은 식민지 조선의 역사를 상고부터 총독정치까지 서술하며 각 시대의 식민지 조선과 일본의 관계를 특기하였다. 보충교재라는 이름에서 알 수 있듯이 일본사 교과서인 『심상소학국사』를 보조하는 교재였기 때문이다. 식민지 조선인들에게 국사로서 일본사를 가르치고 일본사에 종속된 조선사를 배우게 하는 데 목적이 있었다. 조선사에 대한 조선인들의 열망을 충족시키면서, 일본 통치를 정당화하는 역사를 가르치려 한 것이다.

이러한 시각을 잘 보여 주는 것이 『심상소학국사 보충교재』 2권 「14장 일한병합」이다. 대한제국의 황제가 일체의 통치권을 메이지 천황에게 넘겼고, 옛날부터 관계가 깊은 두 나라가 서로 합쳐 하나의 대제국이 되었다고 서술하였다. 『심상소학국사 보충교재』 1권에는 '일본부'의 설치와 폐지를 두 장에 걸쳐 서술하고 있다. 「4장 일본부日本府1 1절 일본과 삼국의 관계」에는 진구황후가 신라를 정복하고, 임나에 일본부를 설치하였으며 신라, 고구려, 백제는 일본에 조공을 바쳤다고 되어 있다. 『일본서기』에는 진구황후가 바다를 건너가 신라를 정벌하여 복속시켰고, 고려(고구려)와 백제도 항복하여 삼한三韓을 내관가內官家의 둔창屯倉으로 정하였다고 전한다. 또 백제 초고왕이 진구황후의 군사 원조에 감사하며 번국을 칭하고 조공을 약속했다고 기록되어 있다. 일본인들은 『일본서기』의 기록을 근거로 일본이 4세기에 한반도 남부에 진출하여 백제, 신라, 가야를 6세기까지 직접 지배하였다고 보았다. 이것이 바로 임나일본부설이다.

'일본부'에 대한 교수참고서를 살펴보자. 『심상소학국사 보충교재 교수참고서』는 각 장마다 [교수요지], [강의요령], [주의], [비고]를 제시하였다. 「4장 일본부1」의 [교수요지]에는 일본부를 중심으로 삼국이 정립하였으며, 한반도의 여러 나라들이 일본의 힘으로 나라를 보존했음을 알려 주라고 지시하였다. 1절의 [강의요령]에는 진구황후가 일본부를 설치하고, 장군을 보내 우두머리로 삼아 한족漢族의 영토를 다스렸다고 하였다. 또 신라와 백제가 볼모를 보내 속국의 예를 다하였다고 하였다. 이 구절은 일본이 식민지 조선에 총독부를 세우고 총독을 파견해 다스리는 모습을 떠오르게 한다. 『심상소학국사 보충교재』 2권 「15장 총독정치」에는 메이지 천황이 조선총독부를 설치하여 조선을 다스리게 하였고, 이제 조선은 점차 각 방면에 진보하고 있다고 하였다. 그러면서 우리는 일본 국민이라는 본분을 다하여 제국의 발전에 공헌할 각오를 하지 않으면 안 된다고 끝맺고 있다.

이처럼 일본은 조선의 역사를 재구성하여 자신들의 우월성을 드러내고, 식민 지배를 정당화하려 하였다. 그러나 이러한 역사 서술에 담긴 일본의 의도는 당시에도 식민지 조선인들에게 간파되어 비판을 불러왔다. 1925년 6월 12일 자 『조선일보』에는 조선인과 일본인 학생 사이의 폭행, 처리에 잠재한 과대망상병이라는 사설이 실렸다. 사설은 일본인들이 오만불손한 태도를 보이는 원인으로 위정자들의 잘못된 정치적 식견과 일반 교육 방침의 부당함을 꼽았다. 황당무계한 삼한 정벌이나 임나일본부 설치 등으로 일본인들이 역사적·인종적 우월감을 가진다고 비판하였다.

이보다 앞서 이병도는 『동아일보』(1923. 10. 10.) 1면에 「조선사개강」을 발표하여, 일본고사에는 가야를 임나라 칭하고 일본이 일본부를 두어 보호 감독했다고 전하지만, 우리 역사에서는 관련 기록을 찾을 수 없다고 비판하였다. 오직 고구려 광개토왕릉비에 임나가라 종발성까지 좇아갔다는 구절과 『삼국사기』 「강수전」에 강수가 자신을 임나가랑인이라고 소개한 구절만 있다고 지적하였다. 이병도의 지적처럼 우리 측 사료에 따르면 임나는 금관가야 혹은 가야 전체를 의미하며, 그곳에 일본부가 두어졌다는 기록이 없다. 우리나라와 일본의 기록 가운데 어느 쪽이 사실에 부합하는 것일까?

일본은 『일본서기』 기록의 정확성을 담보하는 근거로 칠지도를 주목하였다. 『일본서기』에는 백제 초고왕이 칠지도 1자루를 조공물로 바쳤다고 기록되어 있다. 그런데 1874년에 덴리天理시 이소노카미石上신궁에서 기록으로만 존재했던 칠지도의 실물이 확인되었다. 칠지도는 앞뒤 양면에 마모된 글자를 포함하여 모두 61자가 새겨져 있다. 앞면에는 태(화) 4년에 백 번이나 단련한 철로 칠지도를 만들었다는 내용이 적혀 있다. 뒷면에는 이제까지 이런 철이 없었는데, 백제 (왕)세(자)가 왜왕을 위해 만들었다는 내용이 기록되어 있다. 이에 일본학계는 칼에 새긴 기록과 『일본서기』의 내용이 일치하므로, 『일본서기』의 기록이 사실일 가능성이 크다고 보았다. 칠지도는 1953년에 일본의 국보로 지정되었다.

그러나 칠지도에는 백제 왕세자가 왜왕을 위해 만들었다는 내용만 전할 뿐, 상납한 것인지 알기 어렵다. 칠지도의 기록은 다음 두 가지 점에서 주의 깊게 살펴보아야 한다. 첫째, 백제가 일본의 천황을 왜왕이라 칭한 점이다. 고대 동아시아 지배 체제의 근간을 마련한 유학은 천자를 정점으로 하여 제후, 대부, 사 등으로 지위를 서열화하였다. 천자는 황제로도 불렸고, 그 아래의 제후는 왕으로 불렸다. 왜왕이라는 표현은 백제왕이 천자로서 일본의 천황을 제후로 삼은 것 같은 분위기를 풍긴다. 그렇다면 칠지도는 천자가 제후에게 내린 하사품으로 볼 수 있다.

둘째, 이제까지 존재하지 않은 칼이라는 점이다. 백제는 칠지도가 백 번 제련한 철로 만들어 이제까지 존재하지 않았던 칼이라고 하였다. 이 구절은 선진 기술을 확보하여 우위를 차지한 백제의 자부심을 엿볼 수 있다. 정복 전쟁을 통해 국력을 확대하던 고대 사회에서 신소재, 신기술의 확보는 국가의 위상을 드러내고 강화하는 요소 중 하나였다. 백제는 칠지도를 통해 일본에 자신들의 우월함을 드러낼 수 있었을 것이다.

칠지도는 마모된 글자가 많아 연구자에 따라 판독과 해석이 다르다. 예를 들면 제작 시점을 알려 주는 연호에 대해 서진西晉의 태시泰始설(268), 동진東晉의 태화설(369), 북위北魏의 태화설(480)이 있다. 혹은 백제의 독자적인 연호로 보는 견해도 있다. 연구자에 따라 칠지도의 제작 연대를 3세기에서 5세기로 달리 추정하였다. 이렇듯 판독이 명확하지 않기에 칠지도만으로는 백제와 일본 사이에 일방이 우위를 가지는 관계가 존재했는지 밝히기 어렵다. 칠지도는 두 나라가 밀접한 관계였다는 것을 보여 줄 뿐이다. 기록에 반영된 당시의 사정은 다양한 사료를 상호 교차하여 살펴보아야 알 수 있을 것이다.

『일본서기』는 8세기 천황 중심의 지배 체제를 구축하며 통치의 정당성과 유구성을 과시하기 위해 저술되었다. 주변국과의 교류도 지배와 복속을 전제로 하는 조공 책봉 관계로 설정하여 기술되었기에 그대로 믿기 어렵다. 4세기 후반 대의 야마토大和 정권은 기나이畿內를 중심으로 한 호족 연합 정권이었다. 당시 지배 체제의 성격과 규모를 볼 때, 대규모 군대를 동원하여 바다를 건너가 정복 활동을 벌이고 이를 직접 지배했다고 보기 어렵다. 또 『구당서』, 『신당서』, 『삼국사기』에 따르면 일본이라는 국호는 670년에 처음 사용되었다. 일본부라는 표현은 『일본서기』를 편찬할 당시의 인식이 반영되었을 가능성이 크다. 이상의 내용을 볼 때 『일본서기』의 기록을 근거로 임나일본부의 실존과 성격을 규정하기에는 한계가 있다.

20세기 초에 확립된 임나일본부설은 다양한 비판을 받았고, 오늘날에는 일본이 고대에 한반도 남부를 군사적으로 지배했다고 보지 않는다. 『일본서기』의 기록을 다른 사료와 비교하며 여러 연구자가 다양한 견해를 제기하였는데, 가야에 대한 기록이 일본의 입장에서 재구성된 것으로 보는 측면이 강하다. 예를 들면 『일본서기』의 임나 관련 기록의 주체는 백제이며, 백제가 가야에 파견한 군사령부였다는 설, 백제가 안라에 친백제 왜인 관료를 파견해 설치한 외교 관련 기구였다는 설 등이다. 한편 일본이 외교 업무를 위해 임나에 파견한 왜의 사신이라는 설과 같이 여전히 주체를 일본으로 보는 설도 있다.

우리나라와 일본은 2001년부터 한일역사공동위원회를 조직하여 역사 갈등을 해소하고자 노력하였고, 그 성과의 하나로 임나일본부라는 용어 자체가 부적절하다는 결론을 도출하였다(제2기 한일역사공동위원회, 2010). 그러나 오늘날 우익 계열의 역사 교과서에서는 여전히 임나일본부를 기술하고 있어 우리나라와 갈등을 빚고 있다. 일본의 우익들이 자신들의 정체성을 20세기 일본제국에서 찾기에 식민지 지배와 침략 전쟁을 긍정적으로 해석하여 재구성한 것이다. 그로 인해 우리나라를 비롯하여 역사를 공유하는 세계 여러 나라의 비판을 받으며, 때로는 외교 문제가 되기도 하였다. 그런데 이웃 나라인 중국도 내부의 정치적 필요로 전개된 자국 중심의 역사 인식 때문에 우리나라와 갈등을 빚고 있다. 아래에서 자세히 살펴보자.

고구려는 중국의 지방정권이었을까?

중국은 2021년에 실시한 주변국 호감도 조사에서 28.6도인 북한보다도 낮은 26.4도로 최하위를 기록하였다(시사IN, 2021. 6. 17.).

미국은 57.3도, 일본은 28.6도였다. 중국은 2018년 이후 2020년까지 주변국 호감도 3위를 기록하다 이때 최하위로 떨어졌다. 중국에 대한 연령별 감정 온도는 20대가 15.9도로 가장 낮았고, 30대가 21.8도로 그다음이었다. 2030세대가 반중 정서를 이끈다고 볼 수 있다. 중국은 2004년에 미국과 같은 58도로 호감도 1위를 차지하였고, 이후 2016년까지 호감도 2위를 유지하였다. 2023년 조사에서도 중국은 26.1도로 4개국 중에 최하위를 기록하였다(한국리서치, 2023. 7.). 중국에 대한 호감도가 어쩌다 이렇게 극단적으로 변화하게 되었을까?

2021년 조사에서는 부정적 인식을 이끈 사건도 알아보았는데, 코로나19 발생이 87.3%로 1등이었다. 그런데 한중 역사·문화 갈등(동북공정 등)도 72.7%로 3등을 차지하였다. 문화 갈등의 대표적인 예가 소위 한복 공정이다. 2020년에 중국 모바일 게임 '샤이닝니키'가 한국 시장에 진출하며 한복 아이템을 선보였다가 자국 이용자들의 반발을 사게 되었다. 한복韓服이 아니라 중국의 전통 복식인 한푸漢服라는 것이다. 이에 샤이닝니키는 한복을 한푸로 소개하였고, 우리나라 이용자들이 반발하자 한푸라는 입장을 유지하며 일방적으로 국내 서비스를 종료하였다. 중국은 여러 매체를 통해 한복과 유사한 복장을 자국의 문화인 양 활용하였고, 주된 소비층인 양국의 젊은 세대에서 격렬한 반중, 반한 정서가 형성되었다.

그 정점을 찍은 것이 2022년 베이징 동계올림픽 개막식 행사였다. 중국은 다수의 한족漢族과 여러 소수민족으로 구성된 다민족 국가이다. 이에 구성원의 통일성을 강화하기 위해 소수민족의 역사와 문화를 포용하는 통일적 다민족 국가론을 표방하고 있다.

이 같은 국가관에 따라 개막식에서 중국의 다양한 민족들이 전통 복장을 입고 함께 중국 국기를 드는 퍼포먼스를 선보였다. 그런데 한복을 입은 여성이 조선족의 대표로 나왔다. 해당 장면은 전 세계에 송출되었고, 우리나라 국민은 중국이 우리의 한복을 중국의 문화로 선전했다며 분노했다.

다민족 국가에서 여러 민족의 문화를 자국의 문화로 녹여 내고 통합을 지향하는 것은 바람직하다. 그러나 중국의 통일적 다민족 국가론은 현재의 영토를 기준으로 그 땅에서 벌어진 과거의 모든 역사를 중국의 역사로 재구성했다는 점에서 주변국과 갈등을 초래하였다. 역사의 흐름 속에서 민족과 영토를 공유하는 경우가 있었기 때문이다. 중국의 동북 3성(지린성吉林省, 랴오닝성遼寧省, 헤이룽장성黑龍江省)은 우리나라의 역사 전개에도 중요한 무대였다. 이 지역은 고대에는 고조선을 비롯해 부여, 고구려, 발해가 존재했다. 근대에는 한인 사회가 형성되고 이를 기반으로 항일 무장 투쟁이 전개되었다. 1950년대 중국 조선족의 수는 112만 명에 달하였다. 중국 정부는 소수 민족 정책에 따라 조선족의 민족자치권을 인정해 연변조선족자치주를 두었다. 조선족은 연변주와 동북 3성에 주로 거주하였다.

그러다 1992년에 한중 수교로 조선족 사회는 새로운 모국을 맞이하게 되었다. 고향 방문, 노동 이주, 유학 등을 이유로 다수의 조선족이 우리나라로 유입되었다. 또 광개토대왕릉비를 비롯한 고구려 유적지 탐방이나, 선교 또는 무역 등을 명분으로 우리나라 국민의 중국 동북 진출도 활발해졌다. 역사적으로 중국의 변경 지대에 거주하는 소수민족들은 중앙의 구심력이 약해지면 분리, 독립을 해 왔다. 그렇기에 중국 정부는 고구려 유적지 탐방,

간도 영유권 문제 제기 등 동북 지역에 대한 한국인의 열망과 조선족의 이탈을 정치 문제로 접근하게 되었다.

중국은 중국사회과학원 아래의 변강사지연구중심邊疆史地硏究中心과 동북 3성이 연합하여 2002년에서 2007년까지 5년간 동북변강역사여현상계열연구공정東北邊疆歷史與現狀系列硏究工程이라는 국책연구 사업을 진행하였다. 동북 변경 지역의 역사와 현실의 문제를 연구하는 것으로, 이를 줄인 말이 동북공정이다. 중국 강역 이론 연구, 동북 지방사 연구, 동북 민족사 연구, 중조 관계사 연구, 중국 동북 변경과 러시아 극동 지역 정치경제 관계사 연구 등을 과제로 삼았다. 해당 지역의 역사, 문화, 지리, 민족, 강역, 변경 문제와 미래에 일어날 수 있는 일들을 연구한 것이다.

동북공정은 현재의 중국 영토를 기준으로 그 땅에서 벌어진 과거의 모든 역사를 자국의 역사로 보았다. 그에 따라 동북 지역을 무대로 전개된 역사가 모두 중국의 역사로 재구성되었다. 고구려를 비롯해 고조선, 부여, 발해 등 동북 지역에 존재했던 국가들은 모두 중국의 지방정권으로 규정되었다. 오늘날 조선족의 자치주가 중국의 지방정권인 것처럼 고대의 고구려도 당의 책봉을 받은 지방정권이라는 것이다.

동북공정은 통일성 강화라는 중국 내의 필요에 따라 이루어졌지만, 우리나라의 역사 형성 과정을 부정하는 인식이었기에 결국 양국의 외교적 문제가 되었다. 2004년에 양국의 외교 관계자가 만나 중국 정부 차원에서 고구려사 관련 기술에 대한 우리나라의 입장을 이해하고 필요한 조치를 취하겠다고 구두로 약속하였다. 우리나라 정부는 중국의 역사 왜곡에 대응하기 위해 고구려연구재단을 발족하였다. 초기에는 고구려사에 집중되어 갈등이 빚어졌기 때문이다. 이후 역사 문제를 동북아 전체 차원에서 대응하기 위해 2006년에 고구려연구재단을 흡수 통합하여 동북아역사재단을 설립하고, 역사 분쟁에 대응하고 있다.

동북공정은 2007년에 사업이 종료되었으나 여전히 진행 중이다. 연구 논리를 보완·심화하고, 신진 연구자가 확대되었으며, 대중서나 박물관 패널과 전시 등으로 연구 성과를 일반 대중과 학생들에게 보급하고 있다. 동북공정의 논리는 두 가지 특징이 있다. 하나는 영토 중심 인식이다. 중국 내 일부에서는 하나의 역사를 두 나라가 함께 자국의 역사로 인식하자는 일사양용론一史兩用論을 주장하기도 한다. 일견 우리의 역사를 존중하는 것처럼 이해되지만, 영토 중심 사관이라는 점에는 변함이 없다. 고구려는 중국의 동북 지역과 우리나라 한강 유역에 이르는 영역을 무대로 역사를 전개했다. 동북공정의 논리에 따르면 고구려의 동북 지역은 중국의 역사, 한반도 지역은 우리나라의 역사가 된다. 이에 중국의 일부 연구자는 현재의 영토를 기준으로 고구려를 자국의 역사로 보면서, 고구려가 차지했던 영역도 자국의 역사로 보는 오류를 범하기도 하였다.

다른 하나는 지방정권 개념이다. 2019년에 동북공정 이후 진행된 연구 성과를 정리한 『동북고대방국속국사연구총서東北古代方國屬國史硏究叢書』가 출간되었다. 동북 지역의 역대 국가들을 대상으로 삼았는데, 조선, 부여, 고구려, 발해는 중원왕조의 속국으로 규정하였다. 책에 따르면 속국은 정치경제가 상대적으로 독립된 국가로, 중원왕조와 조공 책봉 관계를 맺었던 복속국이나 번속국이라고 하였다.

조공 책봉 관계는 동아시아 지배 질서의 근간이 되는 유학에서 설정된 관계이다. 천자의 지위는 적장자가 계승하며, 천자의 다른 아들은 제후로 책봉된다. 천자는 천하를 다스리고, 제후는 그 일부를 분봉 받아 다스린다. 제후는 천자의 책봉을 받고, 조공을 바쳤다. 이것이 조공 책봉 관계이다. 혈연에 근거한 관계가 비혈연인 국제 관계로도 확대되었다. 소위 동성, 이성 제후이다. 따라서 조공 책봉 관계를 맺은 번국을 지방으로 단언하기 어렵다. 당은 한반도의 세 나라와 조공 책봉 관계를 맺고 번국으로 여겼다. 중국의 논리에 따르면 백제와 신라도 번국으로 당의 지방정권이 된다.

그러나 『일본서기』에서 잘 보이듯이 고대 동아시아의 여러 국가들은 주변국을 번국으로 규정하는 자국 중심의 천하관을 표방하였다. 광개토대왕릉비에 보이듯이 고구려도 자국 중심의 천하관을 표방하였고, 주변국인 신라를 번국으로 보았다. 『삼국사기』에 보이듯이 신라도 탐라와 보덕국을 조공을 바치는 번국으로 보았다. 따라서 조공 책봉 관계를 맺었다고 해서 이를 지방정권으로 규정해 자국의 역사로 편입하는 것은 무리가 있다.

중국의 동북공정은 일제 식민지시대의 식민사관과 닮았다. 자국의 우월함을 드러내고 국민의 애국심을 고취하려는 정치적 목적을 가지고 역사를 재구성했다. 이는 20세기 제국주의 국가에서 자주 추구된 역사 인식이다. 제2차 세계대전 동안 독일은 자국의 우월함을 과시하며 주변국을 침략하였다. 그러나 전쟁이 끝난 후 자신들의 과오를 있는 그대로 인정하고 사죄하였다. 객관주의 역사의 전통도 영향을 미쳤겠지만, 유럽의 구성원으로 살아가지 않으면 안 된다는 인식도 큰 역할을 하였을 것이다. 사람은 혼자 살아갈 수 없듯이, 나라도 국제사회에서 고립되어 존재할 수 없다.

함께 살아가야 한다면 자신을 있는 그대로 바라보고 남을 존중하는 인식이 필요하다. 역사는 무엇을 어떻게 기억할 것인가에 따라 달라져 왔다. 오늘의 눈으로 어제를 바라보기 때문이다. 어제보다 나은 오늘 그리고 내일이 되기 위해서는 정치적 목적을 가지고 과거를 의도적으로 재구성하는 역사 인식은 지양해야 할 것이다.

— 안주홍

생각 더 하기

1. 서로 간의 역사 분쟁을 해소하기 위해 한·중·일은 어떤 노력을 해야 할까?
2. 한국 사회 내부에는 어떤 역사 갈등이 있으며, 이를 해소하기 위해 어떤 노력을 해야 할까?

참고문헌

동북아역사재단 편, 『동북공정 바로알기』, 동북아역사재단, 2007.
동북아역사재단 편, 『역사 속의 한일관계』, 동북아역사재단, 2009.
동북아역사재단 편, 『동북공정 이후 현황과 동북아 역사문제』, 동북아역사재단, 2020.
주보돈, 『임나일본부설, 다시 살아나는 망령』, 역락, 2012.

Ⅱ. 고려시대

1. 새 시대의 출발, 고려Korea 통일
2. 다원적 세계질서 속 해동천자의 나라
3. 무신, 정변을 일으키다
4. 일원적 세계질서의 성립과 그 안의 고려

1. 새 시대의 출발, 고려Korea 통일

과시의 시대, 너도나도 장군

고려高麗 태조太祖 왕건王建은 918년 6월에 새 나라를 건국하였다. 이는 앞 시대의 모순을 딛고 펼쳐진 것이었다. 7세기에 고구려, 백제, 신라가 전쟁으로 서로를 굴복시키려 하였다. 신라는 당나라와 손잡고 백제와 고구려를 멸망시키며 승자의 자리에 올랐다. 하지만 바로 이어서 고구려를 계승했다는 발해가 북쪽에 자리 잡았다. 3국이 2국으로 재편되었던 것이다. 대동강 북쪽에 발해, 그 남쪽에 신라가 남북국시대를 형성하였다. 현재 시각으로 볼 때, 아직 통일이라는 단어가 어색한 그림이었다.

이후 신라는 한동안 번영을 누렸다. 8세기에 만들어져 현재까지 보존되고 있는 불국사, 석굴암, 성덕대왕신종(에밀레종) 등은 그 번영했던 신라의 뛰어난 문화자산의 증거들이다. 그런데 신라 수도인 금성(경주)은 작은 국가 시절엔 그 위치가 문제되지 않았다. 하지만 승자가 된 후에는 수도 위치가 동남쪽 구석에 있는 모양새였다. 수도라는 것은 그 나라의 중심에 있어야 전국을 통제하기 쉽다.

이에 대한 문제점을 알고 있었던 신라는 689년(신문왕 9)에 수도를 달구벌(대구)로 옮기고자 하였으나 실패하였다. 아마도 기득권층의 반대가 가장 큰 이유였을 것이다. 이는 21세기 대한민국의 수도 이전 문제에서도 그대로 드러나 있어서 쉬 이해된다. 만약 신라가 수도를 달구벌로 옮겼다면 '지방 통제'가 쉬워서 그 역사가 천 년을 넘어섰을 것이다.

889년(진성여왕 3)에 그동안 누적된 모순이 사벌주(상주)에서 폭발하였다. 이곳에서 원종과 애노가 중앙정부에 반기를 들었다. 계속된 중앙의 수탈과 탐욕에 저항한 최초의 지역이 사벌주라는 데에 눈길이 먼저 간다. 이곳은 원래 백제와 고구려 지역이 아닌 순수한 신라 지역이었는데 제일 먼저 거센 저항이 일어났던 것이다. '적은 내부에 있다'는 말이 정확히 들어맞는 사건이었다. 이를 출발점으로 전국이 벌떼처럼 일어나 중앙에 저항하였다.

우리나라는 지리적으로 약 70%가 산이다. 수도가 동남쪽 구석에 있고, 산이 많은 지리적 특성 그리고 민심의 이탈 등이 겹친 상황에서 무능해진 신라는 지방을 통제하기 어려운 국면에 봉착했다. 지방은 각기 살 방도를 찾아야만 했는데 이러한 어지러운 정세 속에서 지역세력(이른바 호족)들이 연고지에 똬리를 틀었다. 그들은 성주城主, 장군將軍이라는 호칭을 스스로 내세웠다.

각 지역의 실력자들이 외부의 적으로부터 보호할 수 있는 성城의 주인이자 무력을 갖춘 자칭장군이라 하며 과시적 행동을 내보였다. 수많은 지역에서 너도나도 장군이라 하였으니 그야말로 장군 전성시대가 펼쳐졌다. 작은 단위 지역의 우두머리들이 많으면 그들 중에서 좀 더 강한 힘을 보이고자 하는 본능을 가진 자가 나오기 마련이다.

급기야 신라의 영역 안에 새로운 나라들이 나타나게 되었다. 900년에 견훤이 옛 백제 영역인 완산주(전주)에서 의자왕의 원수를 갚겠다며 후백제(실제 국호는 백제)를 세웠다. 901년에는 궁예가 옛 고구려 영역인 송악(개경, 개성, 후에 수도를 강원도 철원으로 옮김)에서 후고려(첫 국호는 고려, 후에 마진, 태봉으로 바꿈)를 세웠다.

그런데 아직 북쪽에는 발해가 건재하고 있었으므로 신라까지 포함하여 네 개의 나라가 존재하는 형세였다. '분열의 시대'이자 '장군의 시대'인 이 시기는 어두운 면만 있었을 것으로 생각하기 쉽지만 새로운 변화들도 있었다. 견훤과 궁예는 솔선수범率先垂範, 즉 남보다 앞장서 행하여 본보기가 되는 행동으로 민심을 얻어 나라를 세웠다.

견훤은 아버지가 지역세력이 되었지만 그 집안의 근본은 농민이었다. 처음에 견훤은 신라의 군인이었다. 그는 잠을 잘 때도 창을 베개 삼아 자고 전투가 벌어지면 용맹하게 앞장을 섰다. 신라는 타락했지만 적어도 견훤이 이끄는 군사는 정상적이었다. 점차 세력을 확장하는 데에 성공한 견훤은 후백제를 세웠다. 한국사에서 최초의 농민(평민) 출신 왕이 견훤이었다. 새로운 변화의 첫 시작이 견훤으로부터 비롯되었다.

궁예는 신라 왕자 출신이었지만 갓난아이 때 궁중에서 버림을 받았다. 버림받는 과정에서 그는 한쪽 눈을 잃었다. 궁예는 부하들과 함께 먹고 자고 나누며 낮은 자세로 생활했다. 이로 인하여 민심을 얻은 궁예는 건국에 성공하였다. 궁예는 한국사에서 최초의 장애인 왕이었다. 견훤과 궁예의 건국 성공은 당시 시대상을 잘 보여 준다. 이처럼 분열의 시대는 '기회의 시대'이기도 하였다.

이 시대의 주인공 3인방은 견훤·궁예·왕건이었다. 이 중에서 궁예가 제일 나이가 많았을 것으로 추정되고, 견훤은 867년생, 왕건은 877년생이었다. 왕건은 처음에 궁예의 부하 장수였다. 왕건 집안도 송악의 지역세력이라 하지만 그 근본은 평민이었다. 왕건 역시 매사에 솔선수범하려는 군인의 길이 자신의 처세 모범답안이었다. 장점이 많았던 궁예가 초심을 잃고 실정을 하여 민심을 잃자, 왕건은 918년 6월에 궁예를 몰아내고 고려를 건국하였다.

그런데 이들 세 명의 국왕들은 독자 연호年號를 만들어 사용하였다. 연호는 햇수를 세는 수단인데 독자 연호와 빌리는 연호가 있었다. 황제 또는 독자성을 강조하는 군주 국가는 독자 연호를 만들어 사용하였다. 그런가 하면 상대적으로 힘이 약하거나 외교적 마찰을 피하기 위해 이웃 강대국의 연호를 빌려 사용하는 국가도 있었다. 분열의 시기인 10세기 초에 이들은 독자 연호를 만들어 자주성을 강조하면서 과시적인 면을 드높였다.

세 명의 국왕들은 마치 황제처럼 독자 연호를 사용하였다. 견훤은 901년부터 정개正開라는 연호를 사용하였고, 궁예는 무태武泰(904)·성책聖冊(905)·수덕만세水德萬歲(911)·정개政開(914)라는 연호를 사용하였다. 여기에 더해 왕건은 하늘[天]을 자주 불러내며 활용하였다. 왕건은 918년 건국 때 독자 연호로 천수天授를 만들었다. 자신의 건국과 즉위가 하늘의 뜻임을 강조한 것이다. 930년 8월 8일에는 천안부天安府(천안)를 설치하였는데 고을 이름에 '하늘 천天' 자가 들어간 것은 처음 있는 일이자 황제처럼 자주성을 내보인 행위였다.

혼란스러운 당시 시대적 분위기 속에서도 민民은 이러한 정치 상황을 좋아하였다. 이러한 과장된 몸짓에 의한 과시적인 분위기는 불교 미술품에서도 독특함으로 나타났다. 이전보다 큰 부처인 대불大佛이 등장하여 그 시대적 특징을 보여 주었다. 조성 연대가 확실한 두 대불, 즉 태조 대에 조성된 '논산 개태사지 석조여래삼존입상(보물, 가운데 본존불 높이: 4.15m)'과 광종 대에 조성된 '논산 관촉사 석조미륵보살입상(국보, 높이: 18m, 일명 은진미륵)'이 대표 사례이다. 이전의 불상에 비해 크기가 거대할 뿐만 아니라 커다란 손은 지역민들을 보호할 수 있다는 과시적 메시지를 전달하고 있다. 이를 통해서 이 시대가 '과시의 시대'라는 독특함을 가지고 있었다는 것을 알 수 있다.

고대는 접고 중세는 펴고

태조 왕건과 견훤·궁예는 10세기 전후로 한국사에서 큰 변혁의 파도를 일으켰다. 신라는 쇠뭉치 같은 폐쇄적 신분제를 유지하고 있었다. 진골이 최고위 관직을 독점하였다. 6두품은 귀족이지만 능력이 있다 하더라도 높은 관직에 오를 수 없었다. 그 모순은 쉽게 설명할 수 있다. 6두품은 현재 대한민국 공무원과 비교하면 6급까지만 승진할 수 있었다. 능력이 아무리 뛰어나도 5급 이상은 오를 수 없었던 셈이다.

이러한 신라 신분제의 모순에 대한 불만이 쌓여 갔다. 신라 고위층의 사치와 탐욕 그리고 이를 충족시키기 위한 민에 대한 수탈 등은 나라의 암 덩어리가 되었고 민심이 신라로부터 이탈하였다. 이로 인하여 지역세력들이 각기 연고지에서 힘을 축적하기 좋은 조건들을 갖추게 되었다. 이러한 시대적 분위기를 정확히 읽은 지도자들이 견훤·궁예·왕건이었다.

이들의 공통점은 신라 영역 안에서 새롭게 국가를 세웠다는 것이다. 이러한 대변혁기에 새로운 사상들이 움트는 것은 당연한 사회적 분위기라 할 것이다. 풍수지리설이 발달하고 불교도 새로운 바람이 불었다. 불교는 선종과 미륵 신앙 등이 유행하였다. 그런가 하면 당나라에서 공부하고 돌아온 실력 있는 유학자들, 특히 6

두품 학자들이 학문의 질을 높였다.

풍수지리설에서는 땅을 살아 있는 것으로 보고 땅이 살아 있어야 그곳에 사람이 잘살 수 있다고 본다. 뒤로는 산이 있어 추위를 막아 주고, 앞에는 따뜻한 햇볕이 잘 드는 너른 들판이 있고 강물이 가로질러 흐르며 먹거리가 많이 생산되는 지역이야말로 살기 좋은 곳이다. "살아생전에는 이러한 곳에 살다가(양택풍수), 죽어서는 이러한 형상을 가진 곳에 묻힌다면 자자손손 번영할 것이다(음택풍수)." 등등이 일반인들이 알고 있는 풍수지리설의 대략적인 내용이다. 이때는 주로 양택풍수가 중시되었다.

신라의 최고 명당은 당연히 수도인 금성이어야 했다. 금성이 아닌 곳이 더 좋은 명당이라 한다면 이는 큰 불경죄였다. 지방이 독자 노선을 걷을 수 있도록 풍수지리설은 합리화 조건을 만들어 주었다. 완산주와 송악·철원이 최고의 명당이라 한다면 해당 지역은 열렬히 호응하겠지만 신라 입장에서는 반역이었다. 새로운 건국자들에게 풍수지리설은 건국에 대한 합리화 논리를 제공해 주었다. 이는 이전 시대와 확연히 다른 새로운 논리였다.

불교에서도 변혁의 기운이 퍼졌다. 당시 불교 종파는 크게 교종敎宗과 선종禪宗으로 나눌 수 있었다. 교종은 부처의 가르침인 경전을 이해하고 그 이해한 바를 실천함으로써 깨달음을 얻는 것을 중요시하였다. 그에 반해 선종은 참선을 통해 깨달음을 얻고자 하였다. 신라 상류층은 주로 교종을 믿었으나, 선종은 학문을 접하기 어려웠던 민에게 가까이 다가갔다. 따라서 지방민들은 주로 선종을 믿었다.

여기에 더해 민은 미륵 신앙도 가까이하였다. 미륵彌勒은 석가모니 입멸(죽음) 후 56억 7천만 년을 지나 다시 이 지상에 내려와

서 중생(생명을 지닌 모든 존재)을 구원한다고 하였다. 이러한 미륵 신앙이 이 당시에 널리 퍼져 있었다. 이는 분열과 전쟁의 시기에 민의 이상세계(유토피아)가 반영된 사회적 분위기 때문이라 하겠다. 궁예는 자신을 미륵불彌勒佛이라 하였다. 견훤의 후백제에서 미륵 신앙 사찰로 이름 높았던 곳은 금산사金山寺(김제)였다. 왕건은 개경 미륵사를 창건한 바 있다. 이처럼 당시에 미륵 신앙이 깊게 자리 잡고 있었다.

이러한 큰 변화의 흐름 속에 신분제가 요동쳤다. 평민 출신인 견훤과 왕건이 왕이 되었으니 엄청난 변화였다. 또한 신라의 골품제 아래에서 출세에 제약을 받았던 6두품은 물론이고 평민들도 견훤과 궁예·왕건 아래에서는 높은 관직에 오를 수 있었다. 현재와 같은 평등 세상은 아니지만 당시로서는 파격적인 변화였다. 이들 아래에서는 능력만 있다면 높은 지위로 승진이 가능하였으니, 당시 민의 희망 사항이 상당 부분 충족되었다. 세상이 확 바뀌어 버렸다.

이 같은 큰 변화 때문에 왜 이 시대를 중세中世라 하는지 이해가 된다. 일반적으로 한국사를 시대구분 할 적에 그 대표 기준점 중 하나는 신라와 고려의 교체 시기이다. 대체로 신라까지를 고대古代라 하고 고려부터를 중세中世라 한다. 그런데 중세Middle Ages는 고대와 근대近代 사이에 낀 무언가 어두운 시대라는 서양의 개념이 반영된 표현이다. 한국사에서 고려시대는 이러한 어두운 이미지인 중세라는 표현이 어울리지 않는다. 고대·근대와 동등한 표현인 중대中代가 적절하지 않을까 하는 질문을 던져 볼 필요가 있다. 한국사에서 고대는 뒤로 물러나고, 새로운 시대인 중세(중대)가 시작되었던 것이다.

어디 김씨요? 본관 사용이 많아지고

견훤·궁예·왕건, 이 세 사람은 다 같이 솔선수범하며 백성들의 마음을 잡았는데 왜 왕건만이 최종 승자가 되었을까 궁금하다. 『고려사』에 의하면, 왕건은 '중폐비사重幣卑辭'했다고 한다. 현재 우리나라 결혼식은 개화기 때 서양(가톨릭)의 것을 받아들인 이래 변화하며 토착화한 것이다. 현재의 결혼식에서 전통의 모습은 폐백幣帛과 양가 어머니의 한복 착용만 남았다. 폐백은 혼례 때 신부가 시댁 어른들에게 처음으로 올리는 음식 선물을 말한다. 폐백은 기본적으로 선물을 이르는 말이다.

따라서 중폐비사에서 폐幣는 선물을 가리키니 중폐重幣는 '선물은 후하게'라는 뜻이다. 왕건은 나라 살림에 무리가 되지 않는 선에서 자신에게 도움을 주었거나 도움을 줄 가능성이 있는 사람에게 선물을 후하게 주었다. 비사卑辭는 '말은 겸손하게'라는 뜻이다. 왕건은 비록 자신이 국왕이지만 말을 겸손하게 하며 상대의 기분을 좋게 하였다. '선물은 후하게 말은 겸손하게' 하는 것은 지금도 통하는 처세술이자 리더십의 기본이라 할 수 있다. 왕건의 성공 요인의 기본은 중폐비사에 의한 포용 정책이었다. 오늘날 남북한 통일 정책 중 하나인 햇볕정책의 역사적 원조는 왕건이라 하겠다.

왕건은 공이 있는 사람에게 물질적인 선물을 주고, 여기에 더해 관직이라는 큰 선물을 주었다. 지역 이름을 높여 지역민들의 충성을 유도하기도 하였다. 왕건이 지어 준 지명 중 '하늘 천天' 자가 들어간 천안天安(충남)이라는 이름이 그 대표 예이다. 큰 의미를 지닌 고을 이름은 해당 지역민들에게는 큰 선물이었다. 왕건은 부인(후비)이 많았는데 한국사에서 기록상 가장 많은 29명이었다. 그

부인의 고향을 지도에 표시해 보면, 대체로 전국에 골고루 분포되어 있다. 또한 그 아버지(왕건의 장인)들이 대부분 지역세력이었다. 왕건은 자신의 혼인뿐만 아니라 신하들의 혼인과 지역세력의 혼인도 적극 중매하였다. 이와 같은 왕건의 혼인 정책은 중폐비사에 의한 포용 정책 중 하나였다.

그런데 왕건이 원래 평범한 출신이었던 사람들에게 내린 큰 선물은 따로 있었다. 그것은 바로 성씨를 주고 본관本貫을 정해 주는 것이었다. 왕건의 집안 성씨는 개성 왕씨인데 왕王이라는 성씨를 왕건의 아버지인 왕륭(용건)이 정하여 사용하기 시작하였다. 한국 사람들은 처음 만난 사이지만 서로의 본관이 같으면 쉽게 친해진다. 제일 흔한 성씨가 김씨인데 예를 들면, “어디 김씨요?” “○○ 김씨입니다.” “어! 나랑 같네. 몇 대손이요?” “26대손입니다.” “아이고! 제가 27대손인데, 아저씨뻘 되시네요. 반갑습니다.”와 같은 대화가 흔히 발생하곤 한다. 나이 든 사람이 처음 본 어린 사람에게 편하게 물었다가 본관이 같고 항렬行列(시조로부터 갈리어 나온 세대의 수)이 자신보다 높은 것을 확인하고는 바로 존댓말로 바꾸어 말한다. 이어서 친숙한 사이가 되는 경우가 종종 있다.

어디 김씨, 즉 어느 본관 김씨인지 같은 뿌리임을 확인하는 것은 우리네 풍습이다. 본관은 관향貫鄕이라고도 하는데 그 성씨 시조의 고향을 말한다. 즉 본관은 시조가 실제로 태어난 고향이거나, 왕이 정해 준 연고지이다. 한국인들은 고대에는 대부분 성씨가 없었다. 그러다가 왕이 성씨를 먼저 사용하고 높은 관리들이 성씨를 사용하기 시작하였다. 고구려 왕의 성씨는 고高씨, 백제 왕의 성씨는 부여扶餘씨, 신라 왕의 성씨는 박朴·석昔·김金씨, 발해 왕(황제)의 성씨는 대大씨였다. 고대에 성씨가 있다는 것은 귀한 존재라는 뜻이다.

이러한 성씨가 본격적으로 쓰이기 시작한 때는 견훤·궁예·왕건이 활동하던 시기였다. 특히 왕건은 자신의 심복과 우호적 지역세력들에게 적극적으로 성씨를 주고 본관을 정해 주었다. 비록 신라에서 미천한 사람이었다 하더라도 왕건에게 충성하거나 그럴 가능성이 있는 이에게 성씨와 본관을 내려 주었다. 이를 받아 든 사람 입장에서는 신분 상승 효과가 있었으므로 이는 엄청난 신분 질서 변화였다.

대표적인 인물로, 왕건에게 절대적 충성을 바친 신숭겸申崇謙이라는 인물이 있다. 신숭겸의 원래 이름은 능산能山이고 고향은 현 전남 곡성이었다. 왕건은 성이 없던 그에게 신申씨라는 성을 내려 주어 신숭겸이라 하게 하였다. 아울러 신숭겸은 평산(황해도)을 본관으로 하사받았다. 신숭겸은 927년 공산 동수 전투(대구 팔공산)에서 왕건을 대신하여 죽은 충신이다. 평산 신씨는 고려시대 명망 있는 가문이 되었으니 그 이전에는 극히 드물었던 경우라 하겠다.

왕건은 이처럼 성씨와 본관을 만들어 줌으로써 아랫사람과 지역세력들을 아우르며 성공의 발판을 다졌다. 왕건 대 이후로 점차 성씨와 본관을 널리 사용하게 되어 적어도 관리들은 모두 다 성씨와 본관을 가지게 되었다. 왕건의 아들인 고려 제4대 왕 광종 때에 과거 제도가 실시되었는데 과거에 응시하려면 성씨와 본관이 있어야 했다. 성씨와 본관을 가진 민의 신분 상승 기회가 넓어지게 되었다. 이는 이전 시대와 확연히 달라진 새로운 신분 질서였다.

수도의 이동, 30리 이사 행렬 그리고 통일

국가를 처음 세운 이에 대해서는 그 탄생과 함께 조상을 미화하고 신성시하였다. 건국자의 탄생을 신비하게 꾸며 초자연적 존재로 포장하는 것이 건국신화의 필수 요소였다. 고려의 건국자인 왕건도 예외는 아니어서 그 탄생이 신비롭게 포장되었다. 『고려사』「고려세계」에는 왕건의 조상에 대해 미화 기술되어 있다. 그런데 여기에서 특이한 점이 발견된다. 왕건의 조상이 고구려 후예이면서 할아버지인 작제건 시기에 이르러 바다와 친연성을 갖고 있다고 하였다. 동시에 용龍의 자손으로 집안이 신비롭게 미화되었다.

왕건의 집안 연고지는 예성강에 가까운 송악이었다. 송악은 예성강을 따라 서해로 바로 연결되는 곳이고, 이어서 중국 산둥 지방과 바다를 통해 이어지는 곳이었다. 이곳은 비록 신라의 변방 구석이지만 바다를 통해 중국과 연결되어 외부의 새로운 문물을 쉽게 받아들일 수 있는 곳이었다. 왕건은 877년생인데, 앞 시기에 해상에서 크게 활약을 한 청해진(완도)의 장보고가 841년(대부분의 연구자들이 추정한 연대)에 사망하였다. 따라서 왕건의 할아버지 작제건은 장보고 시기에 활동했던 인물일 것으로 짐작된다. 작제건은 바다의 이점을 알고 있었다.

이러한 집안 내력으로 인하여 왕건은 견훤과 궁예에 비해 바다를 잘 안다는 장점이 있었다. 처음에 궁예의 부하 장수였던 왕건은 바다를 건너 903년에 나주(전남)를 공략하면서 크게 명성을 얻게 되었다. 이후 이 일대는 왕건의 굳건한 우호 지역이 되었다. 원래 장점이 많았던 궁예였지만 지배 영역이 넓어지고 그 세력이 커지자 초심을 잃었다. 민심이 궁예로부터 멀어지자 918년에 왕건은 궁예를 몰아내고 건국하였다.

왕건은 철원에서 나라 이름을 고려라 하고서 고구려의 후예임을 당당히 내세웠다. 그는 이듬해인 919년에 수도를 자신의 고향인 송악으로 옮겼다. 이후 고려의 국력은 상승세였다. 그러다가 927년 9월부터 11월 사이에 후백제 국왕 견훤이 엄청난 기세로 공격해 왔는데, 이 와중에 벌어진 전투가 공산 동수 전투(대구 팔공산)였다.

이때 견훤은 신라 수도인 금성까지 쳐들어가 경애왕을 죽게 만들었다. 신라를 구원한다는 명분을 내세운 왕건이 급히 출정하였지만 공산 동수에서 견훤에게 참패를 당하고 말았다. 견훤은 신라 경애왕을 자결하게 함으로써 후백제 건국 시 백성들에게 내세운 공약을 지켰다. 한국사에서 보기 드문 큰 복수를 실행한 인물이 견훤이었다. 견훤에 대한 후백제 백성들의 지지는 대단했을 것이다.

하지만 견훤에 대한 신라 백성들의 인식은 나빠졌다. 왕건은 비록 참패했지만 신라를 구원하러 왔다는 점에서 신라 백성들에게 신망을 받았다. 이 전투의 패배로 인하여 고려의 국력은 상승세가 꺾였다. 이후 929년 12월부터 930년 1월 사이에 벌어진 고창군 전투(안동)에서는 왕건이 견훤에게 대승을 거두었다. 이 전투의 승리로 인하여 경상 지역에서 고려의 힘이 절대 우위를 점할 수 있게 되었다.

마침내 왕건에게 희망이 현실로 변하는 일들이 연이어 발생하였다. 먼저 934년 7월에 또 다른 고구려 후예인 발해의 마지막 세자 대광현이 유민 수만 명을 이끌고 고려의 품으로 들어왔다. 발해는 926년 1월에 거란에 의해 멸망했는데, 대광현은 그 복국운동復國運動을 하다가 포기하고 왕건에게 왔던 것이다.

934년 9월에 벌어진 운주 전투(홍성)에서도 왕건이 견훤을 상대로 대승을 거두었다. 운주 전투 직후에 충청 지역은 고려의 절대 우위 영역으로 변하였다. 그런데 이 전투에서 패배한 후백제는 내분에 휩싸였다. 원래 견훤은 넷째 아들인 금강에게 왕위를 물려주고자 하였다. 하지만 큰아들 신검이 반발하여 금강을 죽이고 아버지 견훤을 금산사에 가두었다. 신검이 후백제 두 번째 국왕에 올랐으니 이를 '후백제판 왕자의 난'이라 하겠다.

935년 6월, 울분에 찬 견훤은 금산사에서 탈출하여 왕건에게 넘어갔다. 소설도 이런 소설이 없었다. 소설보다 더 소설 같은 현실이 견훤에 의해서 펼쳐졌다. 왕건과 견훤은 철천지원수였다. 고려와 후백제 사이에는 오늘날 남한과 북한보다 더한 악감정의 골이 깊었다. 양국은 수시로 격돌하여 많은 사상자를 쏟아 내곤 하였다. 그런데도 견훤은 왜 왕건에게 갔을까? 이는 왕건이 행한 일관된 포용 정책 때문이었다. 견훤은 왕건의 행동으로 보아, 비록 원수 사이였지만 자신이 고개를 숙이고 들어가면 포용해 주리라 믿었던 것이다.

과연 왕건은 항복해 온 견훤을 따뜻하게 맞아 주면서 상보尙父라 일컬었다. 상보는 아버지처럼 받들겠다는 호칭이었다. 몇 해 전 공산 동수 전투에서 고려군은 몰살되고 왕건은 겨우 살아남아 탈출하였다. 마음만 먹으면 견훤을 죽이거나 가둘 수도 있었지만 왕건은 복수는 작은 것이고 통일은 큰 것이라고 생각하였다.

이러한 상황을 지켜본 또 한 명의 국왕이 있었다. 신라 마지막 왕 경순왕은 이미 나라 꼴이 회생 불가능한 상태라는 것을 잘 알고 있었다. 경순왕은 천 년 역사의 신라를 통째로 왕건에게 바쳤다. 물론 일부 반대가 있었겠지만 경순왕은 나라 살림을 싸서 금성을 출발하여 개경으로 향했는데, 그 행렬이 무려 30여 리, 즉 약 12km에 달했다고 한다. 이러한 경순왕의 행보는 극히 희귀한 경우라 할 것이며 한국사 최고의 드라마 같은 실제 상황이었다. 이때가 935년 11월이고 다음 달인 12월에 개경에서 왕건은 신라를 접수하였다. 이로써 신라는 국가의 문을 닫고 말았다.

이제 통일의 걸림돌은 후백제 두 번째 국왕 신검뿐이었다. 936년 9월에 일리천(구미)에서 통일전쟁의 마지막 전투가 벌어졌다. 고려군은 직전에 천안부(천안)에서 마치 남으로 직공할 것처럼 준비하다가 느닷없이 동쪽으로 군대를 돌려 일리천으로 후백제군을 유인하였다. 왕건의 고려군은 일리천 전투에서 신검의 후백제군을 상대로 대승을 거두었다. 왕건과 신검은 현직 국왕으로서 직접 전장에 나선 마지막 왕이었다. 이 전투 직후에 견훤은 화병으로 사망하였다. 당시 천하를 끝까지 호령한 두 주역이 견훤과 왕건이었는데 견훤이 먼저 세상을 등졌다. 그는 한국사에서 큰 획을 그은 호걸豪傑이었다.

왕건의 승리 요인 중에는 당시 국제 정세가 한몫하였다. 중국이 분열되면 우리가 유리하고 중국이 통일되면 우리가 불리하다는 것은 오래전부터 증명되어 왔다. 앞선 시기에는 고구려가 강하기도 하였지만 중국이 분열되어 있었다. 그러다가 통일된 수나라와 당나라가 연이어 나오면서 고구려는 결국 멸망하고 말았다. 고구려 멸망 원인은 복합적으로 설명해야 되겠지만 이러한 중국 정세도 큰 이유를 차지하였다. 왕건이 통일전쟁을 수행할 때 중국은 5대 10국 시대라는 분열의 시기였다. 중국이 분열되어 있어서 우리의 통일을 강하게 간섭할 상황이 못 되었다. 왕건은 이러한 국제 정세를 잘 활용하면서 자주적으로 통일을 이루었다.

이로써 통일의 주인공은 왕건이 차지하였다. 왕건이 즉위하고 18년간 공을 들인 포용 정책 속에서 실질적인 최초의 통일국가가 자주적으로 탄생하였다. 현대 이전의 한국사에서 많은 국가가 그 이름을 남겼다. 그 이름은 고조선(실제 이름은 조선), 부여, 옥저, 동예, 한국(삼한), 고구려, 백제, 신라, 발해, 후백제, 태봉, 고려, 조선, 대한제국 등등이다. 이 중에서 왜 고려만이 외국에 영어 이름 Korea(Corea)로 널리 남게 되었는지 궁금하다. 이는 그만큼 고려가 대외적으로 교류를 활발하게 했다는 증거이다. 그 시작은 태조 왕건 시기부터였다. 새 시대의 출발은 고려시대부터 본격화되었던 것이다.

— 김명진

Korea의 어원과 뜻은?

Korea는 Kore+a이다. 각기 나라 이름 뒤에 '–a'(미국America), '–land'(영국England), '–stan'(우즈베키스탄Uzbekistan) 등이 수식되어 있는데 우리는 '–a'이다.

코리아의 '코리Kore'는 그 어원이 '고려高麗'에서 왔다. 고려의 어원은 '고구려高句麗'인데, 원발음은 '고리·고구리'였다. 지금도 중국과 일본에서는 그리 발음한다(중국: 高句丽[Gāogōulì, 고구리], 일본: 高句麗[こうくり, 고쿠리]). 영어 발음도 '코려아'가 아니라 '코리아'이다. 나라 이름 '리麗'가 언제부터인지 '려麗'로 발음이 바뀐 것이다. 주변 나라들은 원발음에 맞추어 지금도 '리'라 하는데 우리만 '려'로 발음하니 흥미롭다.

그렇다면 그 뜻은 무엇인지 알아보자. '고구려(고구리)'는 높을 '고高'와 '구려句麗(구리)'의 합성어이다. '고高'는 대한민국大韓民國의 '대大'처럼 수식어이고, '구려(구리)'는 성城(castle, fortress)을 뜻하는 순우리말이다. 고구려는 '높은 성'이라 하겠다. 따라서 코리아Korea는 '높은 성'이라는 뜻을 가지고 있다.

생각 더 하기+

왕건의 통일과 현재 남북한의 통일을 비교하여 이해할 수 있을까?

참고문헌

김갑동, 『고려시대사 개론』, 혜안, 2013.

김명진, 『고려 태조 왕건의 통일전쟁 연구』, 혜안, 2014.

김명진, 『통일과 전쟁, 고려 태조 왕건』, 혜안, 2018.

박종기, 『새로 쓴 오백년 고려사』(전면개정판), 휴머니스트, 2020.

이병희, 『뿌리 깊은 한국사 샘이 깊은 이야기 3 고려편』, 가람기획, 2014.

한국중세사학회, 『21세기에 다시 보는 고려시대의 역사』, 혜안, 2018.

2. 다원적 세계질서 속 해동천자의 나라

캐스팅 보트casting vote를 쥔 고려

10세기 초 당나라가 무너진 이후, 중국에서는 5대 10국의 혼란기가 반세기 동안 이어지다가 960년(광종 11) 송宋이 건국되면서 점차 안정을 찾아갔다. 그사이 만주 지역에서는 거란이 흥기하여 동아시아의 새로운 강자로 떠올라 송과 대립하는 형세를 구축하였다. 송과 거란은 '연운 16주'를 두고 전쟁을 벌였으나 결판을 내지 못한 채 '전연의 맹[澶淵之盟]'을 맺고 외형적인 평화 관계를 유지하였다. 중국에서 압도적인 국력의 통일 왕조가 등장했던 시기와는 달리 여러 국가가 패권을 둘러싸고 각축을 벌이는 상황이 벌어진 것이다. 이후 12세기 초, 여진이 세운 금이 거란(요)을 몰아내고 화북지방을 지배하던 시기에도 이러한 국제 질서의 구도는 유사하게 지속되었다.

10~13세기 동아시아 세력 구도

결국, 고려 전·중기 동아시아 대외 관계는 한반도의 고려, 중국 대륙의 송(남송), 만주 지역의 거란(요)·여진(금)이 공존하며 견제와 균형을 유지하던 상황으로 정리할 수 있다. 이러한 국제 질서는 고려 전·중기의 역사 전개를 이해하는 데 매우 중요하다.

중원 지역과 만주 지역의 양강이 대립하는 팽팽한 구도 속에서 송은 북방의 요·금을 상대하기 위해 배후의 고려를 이용하여 우위를 점하고자 하였다. 이른바 고려와 연합하여 북방을 제압하는 전략인 '연려제요聯麗制遼', 내지는 '연려제금聯麗制金'이다.

반면 요와 금은 중원으로 진출하기 위해 송을 대외적으로 고립시키는 전략을 취하였다. 이를 위해 송과 일전을 벌이기 이전에 후방의 고려를 먼저 압박하여 송과 고려의 연결을 차단하고자 하였다. 예컨대 고려에 외교적인 압력을 가하거나, 영토적인 실리를 약속하거나, 군사를 일으켜 실질적으로 침략을 가하는 등 다양한 방법을 활용하였다.

먼저 송과의 관계를 살펴보자. 고려는 광종 이후 송과 외교 관계를 맺고 책봉을 받고 연호를 사용했지만, 985년(성종 4)에 연운 16주를 탈환하기 위하여 함께 군사 행동을 하자는 송의 요구에 대해서는 미온적인 태도를 취하였다. 반면 993년(성종 12) 고려가 거란의 대규모 침략을 받자 서희의 담판을 통한 외교적 해법으로 넘긴 뒤, 이듬해 송의 군사 원조를 얻어 거란에 대응하고자 했으나 송이 거절하자 국교를 끊기도 했다. 그러나 거란과의 전운이 감돌자 이에 대비하여 999년(목종 2)에 다시 고려의 입장을 전하는 사신을 송으로 파견하였으며, 1014년(현종 5)에 재차 송과의 연결을 도모하였고, 1016년(현종 7)에는 송의 연호를 사용하였다. 고려-거란 전쟁이 끝난 이후인 문종 시기에 이르러서야 고려는 송과 정식으로 통교를 재개하였으나, 책봉을 받지는 않았다. 이는 평화 상황에서 굳이 송과 긴밀하게 연대하여 거란을 자극할 필요가 없었기 때문으로 여겨진다. 이러한 일련의 상황으로 보아 고려는 송과의 관계 설정에 있어 자신들의 이해를 중시하였음을 알 수 있다.

고려는 거란·여진과의 관계에서도 비슷한 태도를 취했다. 고려는 송과의 관계를 단절시키려는 거란 소손녕의 공격을 받고 화친한 뒤에도 거란과의 우호적 관계 조성에 맹목적으로 매달리지 않았다. 송에 여러 차례 군사 요청을 했을 뿐만 아니라, 고려의 태도에 불만을 품은 거란 성종이 1010년(현종 1) 10월에 침략하자 현종의 친조를 조건으로 화의를 맺으면서도 실제로는 그것을 이행하지 않았다. 이후, 1019년(현종 10) 2월에 귀주대첩龜州大捷으로 소배압이 이끄는 거란군을 물리친 뒤에야 현종은 거란과의 외교적 관계를 재개하고 거란의 연호를 사용하였다. 이후 세월이 흘러 1116년(예종 11)에 거란이 여진의 공격을 받아 국운이 기울자, 고려는 더 이상 거란의 연호를 사용하지 않았다.

거란의 뒤를 이어 만주 일대의 패자가 된 금金에 대해서도 마찬가지였다. 고려는 처음에 형제 맹약을 요구하는 금의 요구에 응하지 않았다. 그러나 금이 거란(요)을 멸망시키고 1126년(인종 4) '정강의 변[靖康之變]'을 통해 송을 장강 이남으로 밀어내며(남송) 화북 지역까지 장악하자, 그들과 직접적으로 충돌하기 전에 사대事大를 결정하여 전란을 피했다. 그러면서도 금과의 외교를 통해 거란과의 분쟁지역이었던 보주保州를 고려의 영역으로 인정받기도 했다. 고려는 금에 대한 사대를 결정한 지 10여 년이 지난 1142년(인종 20)에야 조공-책봉 관계를 맺고 금의 연호를 사용하기 시작하였다. 이후 몽골이 성장하여 금의 국세가 약해지자 고려는 금의 책봉을 받지 않았다.

이처럼 고려는 송과 요, 송과 금 사이에서 갈등이 불거질 때마다 다방면으로 정보를 입수하여 양측의 의도를 파악하고 자국의 이익을 취하는 노선을 택하였다. 즉 어느 쪽과도 일방적인 관계를 맺지 않는 대신 영토적·문화적 실리를 추구하였다. 절대적인 강자가 존재하지 않던 당시의 국제질서 속에서 캐스팅 보트casting vote를 쥐고 일정 부분 균형자의 역할을 하였던 것이다. 캐스팅 보트란 회의나 선거 등에서 사용되는 용어로, 어떤 안건을 표결에 부쳤을 때 대립하는 의견의 숫자가 동수일 경우 의장 혹은 사회자가 행사하는 결정권(표)을 뜻한다.

압도적인 패권국가가 등장하지 못했던 10~13세기 동북아시아의 국제질서 속에서 고려의 행보는 타국에 상당한 영향을 끼쳤다. 한족 국가였던 송(남송), 북방 계통의 요(거란)·금(여진) 같은 국가들은 모두 고려를 자국 쪽으로 끌어들이기 위해서, 때로는 유화책으로 때로는 강경책으로 대응하였다. 이러한 상황 속에서 고려는 능동적인 외교 관계를 통해 스스로의 지위를 유지해 나갈 수 있었다. 당시 고려의 태도를 두고 북송의 관료인 소식蘇軾(소동파)은 '고려가 바치는 공물에 비해 너무 많은 이득을 얻어 간다', '고려를 통해 송의 기밀이 거란으로 흘러갈지 모른다'며 송 황제에게 고려를 비판하는 상소를 올리기도 하였다. 그만큼 고려가 송과 거란 사이에서 실리적인 관계를 추구했다는 것을 보여 주는 일화이다. 고려는 필요에 따라 송 또는 거란(요)과 조공-책봉 관계를 맺었으나 강한 구속력이 있는 관계는 아니었다. 고려는 이들 사이에서 외교를 통해 이득을 취하며 자국 중심의 천하관을 구축할 수 있었다.

10세기 무렵의 동아시아 상황은 일견 현대의 한반도 정세를 떠오르게 한다. 강대국들에 둘러싸인 한반도의 지정학적인 위치 속에서 외교 전략에 대해서도 많은 갑론을박이 있다. 특정 국가에 대해 강경 일변도의 외교 전략을 취하면 자주적이라 해석하고, 유화적인 외교 전략을 취하면 사대적이라 단순하게 치부해 버리는 등 외교에 있어서 국익을 우선하는 유연한 사고를 하지 못하는 경우도 허다하다. 절대적인 국력의 열세에도 불구하고 국제적인 정세 판단을 통해 자국의 이익을 추구한 고려의 외교 전략은 현대를 살아가는 우리에게도 시사하는 바가 크다.

이 구역에서는 나도 황제

고려가 건국된 10세기부터 몽골제국이 등장하는 13세기까지의 동아시아 국제질서 속에서 고려는 '외왕내제外王內帝'라는 독특한 체제를 구축하고 있었다. 일반적으로 한국사 속 많은 왕조들은 동아시아의 패권을 쥔 나라들과 조공-책봉 체제를 맺으면서 외교 관계를 구축하였다. 고려 역시 마찬가지로, 대외적으로는 송과 요·금으로부터 책봉을 받는 제후국의 형식을 취하였다. 그러면서도 대내적으로는 고려 국왕 스스로가 제도와 격식 등에서 천자를 자처하였다.

이러한 '외왕내제'의 흔적은 다양한 자료들 속에서 찾아볼 수 있다.

먼저 관제를 예로 들 수 있다. 고려의 중앙 관제는 3성 6부제로 운영되었다. 3성은 중서성·문하성·상서성을 가리키며, 6부는 이부·호부·예부·병부·형부·공부를 가리킨다. 천자와 제후의 관계에서는 관부의 호칭에도 관품이 있었다. '성省'이 가장 높고, '부部'가 그 다음이며, '조曹'가 그 하위에 편제되었다. 즉 천자국만이 최고 관청을 '성'으로 편제하였으며, 고려가 3성 6부제를 취한 것은 내부적으로 황제국 체제를 지향했음을 의미한다.

다음으로 국왕 관련 용어를 예로 들 수 있다. 고려는 국왕의 문서에 '조서詔書'·'제서制書'·'칙서勅書'라는 용어를 사용하였다. 이는 제후의 문서에 사용되는 '교서敎書'와 달리 천자의 문서를 의미한다. 또한 고려 국왕 스스로가 '짐朕'이라는 용어를 사용하였는데, 이것은 천자가 스스로를 칭하는 1인칭 대명사이다. 이러한 용어들은 고려 국왕이 원 황제의 부마가 되는 13세기 말에는 전체적으로 격하되고 말았다. 대표적으로 '선지宣旨'가 '왕지王旨'로, '짐'이 '고孤'로, '폐하陛下'는 '전하殿下'로, '표문表文'은 '전문箋文'으로, '태후太后'는 '대비大妃'로, '왕후王后'는 '왕비王妃'로 바꾸었다. 이처럼 원 제국과의 관계에서 고려의 위상이 격하되었다는 것은, 역설적으로 그 이전까지 고려의 체제가 중원의 국가와 동격의 황제국 체제를 표방하고 있었음을 보여 준다.

당대 사람들의 인식 속에서도 이러한 흔적을 찾을 수 있다. 『고려사』 악지樂志에 실린 궁중의례용 악곡인 〈풍입송風入松〉에는 '해동천자海東天子는 당금當今의 제불帝佛로, 하늘을 보좌하여 교화를 펴러 오셨네'라는 노랫말이 있다. 이 밖에도 '사해四海가 태평하며 오랑캐[南蠻, 北狄]가 스스로 조공을 바친다'거나, '천자의 섬돌 아래에서 만세를 외친다'는 등의 표현을 확인할 수 있다. 여기에서는 고려의 황제국 체제에 대한 인식이 종합적으로 엿보인다. 우선 고려의 군주를 '해동천자' 혹은 '황제'라 지칭하며, 그의 덕에 의해 평화와 번영을 누리는 세계인 '사해'가 나타난다. 그 바깥으로 고려에 조공을 바치는 남만과 북적이 존재한다. 이것은 궁중의 악곡이기 때문에 고려 중심주의의 과장과 미화가 다분히 가미되어 있다. 그러나 이러한 용어들과 그에 수반된 관념은 단순히 허구가 아니라, 당시 고려의 상황을 일정 부분 반영하고 있다.

독자적인 연호 사용 역시 고려가 자국 중심의 질서를 구축하였음을 보여 준다. 고려가 건국되던 무렵의 동아시아 정세는 당의 멸망 이후 이렇다 할 패권국가가 나타나지 않은 상태였다. 당시 중국 외 국가들의 군주가 황제를 칭하고 독자 연호를 사용하는 경우가 빈번하였다. 그 칭호는 당연히 각국 스스로가 자칭한 것이며, 대개 군주권을 강화하는 시기에 이루어졌다. 고려의 태조 왕건은 918년에 건국을 하면서 연호를 '천수天授'라고 하였고, 광종은 스스로를 황제라 칭하며 연호를 '광덕光德'이라 하였다.

고려가 대내적으로 천자국임을 표방한 것을 외부에서는 어떻게 보았을까? 사례가 적기는 하지만, 당시 동아시아 세계의 특수한 국제 정세로 인해 고려의 '외왕내제'가 무리 없이 받아들여졌다는 사실을 짐작할 수 있다. 고려는 982년(성종 1) 3월에 국왕의 생일을 절일節日로 하는 제도를 처음 도입했고 후대의 군주들도 이러한 관행을 따랐다. 이 절일에는 거란(요)·금의 사절이 사신을 보내 축하하였다. 이들 양국의 사신 파견은 일회성이 아니라 지속적으로 이루어졌는데, 절일을 선포하는 것이 황제의 의례임에도 불구하고 거란과 금이 사절을 파견해 축하한 것은 고려의 '외왕내제'를 묵인하였다는 방증이다. 금의 경우 고려로 보낸 국서에 '대금국 황제가 고려국 황제에게 글을 보낸다[大金國皇帝寄書于高麗國皇帝]'는 표현을 사용한 사례도 있다. 또한 예종 시기 김부식의 형인 김부일은 팔관회 의례에서 국왕에 대한 송축의 글인 치어구호致語口號를 지어 올렸는데, 이것이 사신에 의해 송 황제에게까지 전해졌다. 당시 송 황제였던 휘종은 '그 내용이 분수에 넘쳐 격에 맞지 않으나 참으로 잘 지은 글'이라며 칭찬하였다. 이상의 사례들을 종합해 볼 때 고려를 둘러싼 주변 각국은 고려의 대내적인 황제

표방을 일정 부분 인지하고 있었으며 이를 외교 관계 속에서 크게 문제 삼지 않았던 것으로 보인다.

한편 고려는 주변 이민족을 번병藩屛으로 거느렸다. 번병은 특정 지역을 다스리는 봉신封臣·제후諸侯라는 의미로 사용된다. 이들의 기록은 고려 초부터 나타나는데, 후백제와의 일리천 전투에서 '여러 번蕃의 정예 기병[諸蕃勁騎]' 9,500기가 외인부대로 참여하는 것이 대표적이다. 이후 고려 전·중기의 사료에서는 북번北蕃, 동번東蕃, 서번西蕃 등이 직접적으로 언급되는 사례가 적지 않게 확인된다. 이들은 고려 국왕을 알현하고 토산물을 바쳤으며 고려로부터 벼슬을 받기도 하였다. 이처럼 고려는 주요 국가들과는 조공-책봉관계를 맺어 한편으로는 사대하면서도, 주변의 거란·여진 부족을 번병으로 거느리는 독자적인 천하관을 드러내기도 하였다.

눈에 보이는 권위, 손에 잡히는 축제

고려시대 국가불교의례는 국왕의 권위와 위엄을 정기적이고 반복적으로 강조하는 장치로 활용되었다. 이는 연간의 세시풍속과도 연결하여 시행되어 백성들에게 친숙하게 자리 잡았다. 고려는 팔관회八關會와 연등회燃燈會, 왕실 기일재忌日齋, 국왕 축수도량祝壽道場, 무차대회無遮大會, 장경도량藏經道場, 경행經行, 백좌회百座會 등 다양한 행사를 법제화하여 정기적으로 시행하였다. 그 가운데 가장 규모가 컸던 행사로는 팔관회와 연등회를 들 수 있다.

고려의 팔관회는 고려의 대표적인 국가의례로, 국왕부터 일반민까지를 아우르며 고려시기 내내 지속적으로 설행된 전국적인 불교행사였다. 태조 왕건王建은 '훈요십조訓要十條'의 여섯 번째 조항에서 자신이 중시하는 바는 '연등'과 '팔관'으로 연등은 부처를 섬기는 것이고, 팔관은 천령天靈과 오악五嶽, 명산名山, 대천大川, 용신龍神을 섬기는 것이라 하였다. 또 후세의 간신들이 마음대로 이 행사를 늘리거나 줄이려 한다면 이를 절대로 금지해야 하며 행사 날짜가 국기일과 서로 겹치는 일 없이 하여 임금과 신하가 함께 즐길 것을 당부하였다.

팔관회는 공식적인 국가 의례의 성격을 강하게 지녔던 만큼 시작은 엄숙하게 이루어졌다. 여기에서 특히 강조한 것은 지방관의 봉표조하奉表朝賀와 외국인조하 의식이다. 지방관의 봉표조하는 정종 대부터 상례화된 것으로 지방에서 중앙으로 충성심을 수렴하는 의식이었다. 외국인조하는 고려의 국제적 위상을 과시하려는 천하관에서 나타난 의식으로, 고려의 대내외적 중심의식을 강조하였다. 이때 고려 국왕은 천자만이 입는 자황포赭黃袍를 입고 신하들의 조하를 받음으로써 스스로가 천자라는 상징적인 모습을 의례를 통해 가시적으로 드러내었다.

팔관회 대회일의 주요 의례를 뒤로하고 연회가 시작되면 각종 음악이 연주되고 군신이 함께 즐기는[君臣同樂] 장이 펼쳐졌다. 고려의 팔관회는 종래 팔관재가 가졌던 금욕의례를 사회·문화적으로 확장하여 일종의 국가적인 축제로 승화시켰다. 곡식을 추수한 후 한 해를 마감하며 열리는 풍요로운 축제의 성격을 띠었으며 여기에서 공연되었던 가무백희나 산대잡극 등에서는 유희적이고 공동체적인 축제의 성격을 확인할 수 있다. 이 행사는 신라 이래의 전통적 토속신앙을 불교적 신앙체계 내로 흡수하면서, 지역적으로 산재되어 수시로 열리던 신앙의례를 11월에 종합적으로 합사한 것이다. 고려의 모든 신앙적 토대와 문화적 역량이 총집결한 행사라 할 수 있다.

이처럼 팔관회는 고려왕조에서 가장 중시된 국가행사 가운데 하나로 고려 전 시기를 함께 하였으며, 국가적 위기상황에서도 공동체의식을 결집하는 대표적 국가의례로 지속되었다. 이 때문에 몽골과의 전쟁 중 강화도로 천도하는 어려운 상황 속에서도 중단되지 않았다.

연등회는 고려 전 시기를 통하여 개최된 의례들 가운데 팔관회와 함께 가장 중요한 국가불교의례였다. 수도인 개경과 주요 향읍에서 정월 보름날 시행되었으며, 수도인 개경의 왕궁과 태조 진전인 봉은사를 잇는 축을 주된 의례 공간으로 설정하였다. 팔관회와 마찬가지로 연등회의 시작 역시 엄숙하게 진행되었는데, 여기에서 특히 강조된 것은 태조에 대한 제사이다. 정종은 연등회 의례에서 봉은사 태조진전에 행향行香하는 것을 상례로 삼았다. 태조진전 행향 의례에서 눈에 띄는 것은 국왕 의복 변화이다. 의례를 진행할 때 국왕은 의복을 갈아입었다가 행향을 마친 뒤 자황포로 환복하였다. 이를 통해 볼 때 고려 국왕들은 태조로부터 내려오는 권위를 새롭게 갱신한다는 의미로 연등회 의례를 활용한 것이라 생각된다.

연등회의 낮 시간 의례가 마무리되면 밤에는 등석연燈夕宴이 열렸다. 팔관회가 한겨울의 축제라면 연등회는 봄날 개최되는 축제라 할 수 있다. 위로는 국왕으로부터 아래로는 백성에 이르기까지, 고려의 구성원 모두가 계층을 초월하여 함께 어우러지며 흥겨운 분위기 속에서 그들 자신이 공동체의 일원임을 확인하는 사회통합의 장이었다.

이러한 국가불교의례가 정례화되고 고려인들의 삶에 자리매김하면서 불교 의례는 당시 사람들의 인생관에도 큰 영향을 미쳤다. 이는 출생, 장례, 제례 등의 생애 의례 속에 뚜렷하게 투영되었다. 고려시대 사람들은 혈연적으로 자식을 꼭 보아야 한다는 의식이 강하지 않았다. 불교 윤회환생설의 영향으로 짐작된다. 부모자식간의 관계 역시 인연으로 맺어진 것이라 생각했고 자식이 곧 부모의 후신後身이라는 관념은 없었다. 따라서 재가하여 얻게 된 자녀에 대해서도 차별을 하지 않았다.

죽음에 대한 인식은 장법葬法에 뚜렷하게 반영된다. 고려시대에는 대부분 화장火葬을 채택하였다. 현전하는 고려시대 묘지명을 분석해 보면, 고려시대 사람들(특히 관인층)은 주로 사원에서 생을 마감하고 그곳에 빈소를 설치하였으며, 사원 주변에서 화장하여 2차로 묘소를 두었다. 이러한 장법과 사원을 이용한 장송葬送은 불교의 영향으로 인한 것이다. 조상을 추모할 때 불교식의 의례를 행하였다. 사원에 기일보忌日寶를 설치하여 조상을 숭배하였으며, 그 기금은 자녀 및 친족들의 공동 출자로 이루어졌다. 제사가 장자 위주로 상속되지 않았으며, 가산 역시 자녀들에게 균분 상속되었다.

이 외에도 고려는 다양한 의례를 통해 사회를 통합하고 안정을 추구하려 노력했다. 다양한 금석문과 복장 유물 등의 사례에서 확인할 수 있듯이, 고려인들은 국가와 사회의 안녕부터 개개인의 건강까지 다양한 소망을 의례 속에 담았다.

국제무역항, 벽란도를 오간 사람들

고려는 대외 무역에 있어서도 대단히 개방적인 자세를 취하였다. 문헌 사료에 나타나는 통계로 볼 때, 고려와 송나라 사이에 공식적인 사절이 오간 것은 91회이다. 특히 송이 고려에 사신을 파견한 횟수는 34회 정도가 확인된다. 그러나 동시기 송나라 상인이 고려에 온 횟수는 120회로, 공식 사절에 비해 월등히 높은 수치를 보인다. 이러한 상인의 왕래 기록마다 구체적인 규모가 명확하게 드러나지는 않지만, 확인되는 누적 숫자만 해도 5,000명이 넘는 것으로 볼 때 대단히 큰 규모의 상단이 고정적으로 활동했음을 짐작할 수 있다. 송나라 상인들 외에 자주 나타나는 것이 일본의 사신과 상인인데, 이들은 토산물을 싣고 30~40명 규모로 자주 고려를 왕래하였다.

타국의 사신과 상인들이 고려로 들어오는 길목은 수도인 개경을 따라 흐르는 예성강禮成江 포구의 벽란도碧瀾渡였다. 12세기 초 송의 사신으로 고려를 다녀간 서긍徐兢이 고려의 내실을 면밀히 파악하여 황제에게 바친『선화봉사고려도경宣和奉使高麗圖經』이라는 책에는 송의 사신단이 고려를 방문한 여정이 고스란히 기록되어 있다. 이들이 '신주神舟'를 타고 벽란도에 내리자 고려에서는 병사들이 징과 북을 치며 환영한 후 사신단과 황제의 조서詔書를 호위하며 벽란정碧瀾亭으로 안내하였다. 벽란정은 사신단이 고려 수도 개경으로 진입하기 이전 피로를 풀면서 하룻밤 유숙하던 일종의 귀빈 숙소였던 것으로 보인다. 이규보는 당시 벽란도 일대의 풍경을 읊은 시에서, '오가는 뱃머리가 서로 잇닿아 있다', '바람처럼 달리는 준마도 여기에(배의 속도에) 미치지 못한다'라고 하여 수많은 배가 바쁘게 오가는 모습을 묘사하였다. 이 외에도 고려의 문인들이 남긴 기록에 따르면 벽란도에는 장삿배와 고깃배 등 여러 목적을 띠고 드나드는 배가 끊이지 않아 매우 흥성하였음을 짐작할 수 있다.

벽란도를 통해 고려로 들어온 물품은 매우 다양했다. 송나라 상인이나 사신단은 비단과 차, 각종 약재와 서적, 악기, 옥, 향료, 상아, 공작 등을 고려로 들여왔다. 이들은 고려에서 종이나 인삼 및 각종 수공업품을 구해 송으로 돌아갔다. 일본의 사신과 상인들은 나전 장식품이나 은, 수은, 유황, 진주, 감귤, 후추 등의 물품을 고려로 가져왔다. 이들은 고려에서 식량이나 인삼, 서적 등을 구해서 돌아갔다. 한편, 서역과의 교류도 이루어져 대식국大食國이라 불리던 아라비아의 상인들도 고려에 들어와 수은, 향료, 산호 등을 팔았다. 다만 서역 상인의 기록은 매우 소략하여 활발하고 꾸준한 교역이 이루어지지는 않았던 것 같다. 실제보다 누락된 기록이 많았을 수도 있고, 송나라 상인을 통해 고려의 물산을 중국에서 쉽게 구할 수 있었던 만큼 서역 상인이 직접 고려까지 들어올 이유는 적었으리라 여겨진다.

다양한 상인들의 활동을 통해 외국으로부터 들어온 대부분의 물품은 주로 왕실과 귀족의 수요였던 것으로 보이지만, 개경을 중심으로 폭넓게 소비되었을 것으로 추정된다. 고려 국왕은 때때로 사치품을 단속하는 금령禁令을 내렸는데, 이는 고려인의 일상에서 다채로운 사치품이나 기호품이 널리 소비되고 있었음을 보여 주는 사례이다. 한편 고려 조정에서는 감독관을 벽란도에 파견하여 불법적인 상행위를 단속하였던 정황도 확인되는데, 다양한 국적의 다양한 사람들이 오갔던 만큼 여러 폭력행위나 불법행위, 밀수 등도 적지 않게 일어났을 것이라 상상해 볼 수 있다.

벽란도가 국제무역항이자 수도로 진입하는 관문 역할을 하였던 만큼, 상당한 규모의 주거공간이나 상업시설이 존재하였을 가능성이 있다. 『고려사』에 나타나는 화재 기록과 수해 기록에서 벽란도 일대의 피해 사례가 상당수 나타나는 것으로 미루어 볼 때, 벽란도 인근의 요지에는 개경 못지않게 다수의 건물이 밀집하였던 것으로 생각된다. 인구가 모일 수 있는 입지란 결국 먹고사는 문제가 선결되어야 한다. 즉 이곳의 주민들은 고기잡이나 농업 외에 선박 화물의 하역과 운반 등 무역항을 지탱하기 위한 여러 일들에 종사하며 생업을 영위하였을 것이다. 벽란도 일대의 모습을 묘사한 것은 아니지만 〈쌍화점雙花店〉이라는 유명한 고려가요에는 '쌍화점에 쌍화를 사러 갔더니만 회회回回아비가 내 손목을 쥐더이다'라는 노랫말이 있다. 여기서 '회회아비'는 아랍 혹은 위구르계 서역인으로 추정된다. 정황상 이들은 중국을 거쳐 벽란도를 통해 고려로 들어와 머물렀을 것이다. '쌍화'에 대해서는 만두 혹은 세공품을 의미하는 것으로 견해가 나뉜다. 쌍화가 갖는 의미와 별개로, 이 노랫말에는 당시 사회의 개방적이고 국제적인 일면이 담겨 있다. 쌍화라는 물건을 파는 점포가 존재했고, 고려인과 서역인이 모두 그곳에 드나들었으며, 그들 사이에서 일상적인 접촉이 이루어지고 있었다는 것이다. 즉 이상의 사례를 종합하여 볼 때 당시 벽란도와 수도 개경의 일상 공간에서는 많은 외국인이 고려인과 섞여 살아가고 있었으리라 짐작해 볼 수 있다.

— 임지원

생각 더 하기

고려의 다원적인 사회 성격은 어떻게 형성되었을까?

참고문헌

노명호, 『고려국가와 집단의식 – 자위공동체·삼국유민·삼한일통·해동천자의 천하 –』, 서울대학교출판문화원, 2009.

박종기, 『(새로 쓴) 오백년 고려사』, 휴머니스트, 2020.

안지원, 『(개정판) 고려의 불교의례와 문화』, 서울대학교출판문화원, 2011.

이병희, 『뿌리 깊은 한국사 샘이 깊은 이야기 3 고려편』, 가람기획, 2014.

한국역사연구회, 『개경의 생활사 – 고려 500년 서울』, 휴머니스트, 2007.

한국중세사학회, 『21세기에 다시 보는 고려시대의 역사』, 혜안, 2018.

3. 무신, 정변을 일으키다

수염 소동이 불러온 나비효과

무신정변을 기준으로 고려는 전기와 후기로 나뉜다. 그만큼 무신정변은 고려를 크게 바꾼 사건이다. 1170년 6월 무신들이 문신에 비해 차별받아 온 것에 반발하여 정변을 일으켰고, 기존의 지배 세력과 통치 기구를 무력화했다. 그들은 의종을 폐위한 뒤 명종을 옹립해 정권을 차지했으며 정변을 일으킨 무신들은 일가족과 친목 파벌들이 돌아가면서 고려를 통치하였다. 이들이 집권한 무신정권은 1170년(의종 24)부터 1270년(원종 11)까지 100년간 유지되었으며 한국사에서 분명 특색 있는 시기이다. 한국사에는 수백 년의 장기왕조가 지속되었기에 무신정권기 100년이 길게 다가오지 않을 수도 있다. 그러나 1920년대 일제의 문화통치기부터 지금 우리가 살고 있는 시기까지가 100년이다. 그사이에 벌어진 무수한 사건·사고들과 변화를 생각해 보라. 정변을 일으켜 정권을 잡은 무신들은 정적인 다른 무신들과의 관계를 조율해야 했고 왕·문신·지방 세력·피지배층 그리고 외세에 대항하며 이 시기를 이어 간 것이다. 정변의 성공뿐만 아니라 그 사건을 시발점으로 100년간 그 정권이 유지된 것이 더 이례적인 만큼 그것이 어떻게 가능했는지 숙고할 필요가 있다.

무신정변은 무신들의 우발적 무력 반란이라기보다는 그 일이 일어난 좀 더 길고 복합한 문제와 얽혀 있다. 고려전기 북방에서 침략이 있을 때 관군을 이끈 것은 문신으로, 문신인 강감찬은 거란을 막았고 윤관은 여진을 물리쳤다. 묘청을 중심으로 서경에서 반란이 일어났을 때 전략을 세운 최고 지도자도 문신인 김부식이었다. 문신이 군사 지휘권을 맡고 무신은 보조적 임무를 수행했던 것이다. 이러한 전쟁과 반란들은 역설적으로 왕조가 커다란 곤경을 겪었을 때 왕조 기구를 안정적으로 통제하려면 무신이 절대적으로 필요함을 자각시켜 준 계기가 되기도 하였다. 이런 기여에도 불구하고 고려의 무신은 왕조의 사회적·정치적·경제적 제도에 발목이 잡혀 있었다. 가장 높은 무신은 정3품의 상장군이었고, 예종 대 일시적으로 시행되던 무과도 곧 폐지되었다. 국가 초기부터 문신 우대의 수조권 분급이 이루어지고 있었고 하급 군인들은 월급도 제대로 받지 못하고 있었다.

1170년 의종이 사찰을 방문하고 있을 때 무관의 최고 직위인 정3품의 상장군上將軍 정중부가 정8품의 산원散員 이의방·이고와 함께 정변을 일으켜 의종을 폐위하고 권력을 휘두르던 여러 관원을 살해한 것이 무신정변의 시작이다. 이 사건을 이해하기 위해서는 지속되어 온 차별에 더하여 무신의 집단성을 가속화한 몇몇 사건들을 살펴볼 필요가 있다. 흔히 무신정변을 김부식의 아들 김돈중이 정중부의 수염을 불태워 발발한 사건으로 알고 있다. 사실 이 일은 정변이 일어나기 26년 전인 1144년에 일어난 사건이다. 1144년, 김돈중이 촛불을 들이대 정중부가 오랜 시간 공들여 관리한 수염을 태운 사건이 발생했다. 정중부는 대노하여 김돈중을 혼냈고, 소식을 들은 김부식은 이를 자기 가문에 대한 도전으로 받아들여 인종에게 정중부의 처벌을 요구하였다. 정중부를 아꼈던 인종이 그가 도망칠 수 있도록 배려하여 사건은 일단락되었지만, 이 일로 정중부는 김부식 일가에 큰 원한을 품게 된다. 이 사건은 무신정변의 직접적인 원인은 아니지만 당시 문벌귀족이 무신을 어떻게 대우했는지 알 수 있는 일면을 제공한다. 다음으로 1167년, 김돈중이 무신 집단에 증오의 대상으로 낙인찍히는 사건이 발생하였다. 의종이 신하들과 함께 나들이하던 중에 김돈중의 실수로 무신의 말과 그의 말이 부딪히면서 한 무신의 화살통에 있던 화살이 튕겨 나갔는데, 그 화살이 하필 의종의 마차에 꽂힌 것이다. 의종은 이를 암살 사건으로 오해해 대노했으며 김돈중은 사건이 자신의 불찰로 일어났음에도 무신 여럿을 희생양으로 삼아 사건을 무마하였다. 이때 호위군들이 누명을 썼으며 무신 몇몇이 유배형에 처해지게 된다.

1172년, 의종이 보현원에서 연회를 즐기다가 무신들의 재주나 보자며 수박희를 시켰다. 칠십이 다 된 대장군 이소응과 젊은 장교가 시합을 벌였는데 이소응이 노약한 탓에 도중에 포기하게 되었다. 이를 보던 문신 한뢰가 이소응의 뺨을 쳐서 그가 나뒹굴게 된다. 이를 지켜보던 정중부가 다른 무신들과 합심하여 쿠데타를 일으킨 것이다. 김돈중에게는 진압 병력도 없었고, 그에게 협력해 줄 지휘관도 없었다. 병부를 총괄하는 병부상서 조위총은 서경유수를 겸해 서경(평양)에 있었고 병부시랑 조동희도 서해도(황해도)에 출장 가 있었다. 이를 볼 때, 보현원에서의 사건이 우발적으로 일어난 것이 아니라 일정 부분 계획된 반란이었다고 보는 게 합리적일 수 있다. 정중부 입장에서는 수십 년 묵은 원한이 이때 풀렸겠지만, 당시 60대의 고령이었던 그가 아무리 사회적 불평등이나 개인적인 원한이 있었다고 하더라도 이러한 반란을 결심하기는 쉽지 않았을 것이다. 당시 그는 사회적으로 무신 최고의 지휘관 자리에 오른 인물이다. 그가 이러한 쉽지 않은 결정을 하게 된 이유가 무엇일까? 단순히 개인적 원한을 풀기 위함을 넘어 스스로와 다른 무신들을 설득할 강력한 명분이 필요했을 것이다. 정변을 주도한 이의방과 이고 등 하급 장교들은 자신들이 전면에 나서기에는 계급적으로나 무신 전체의 합의를 이끌기에는 부족하다고 판단했을 것이고, 이른바 무신 전체를 대표해 줄 명분 있고 인망 좋은 인물로 정중부가 필요했을 것이다.

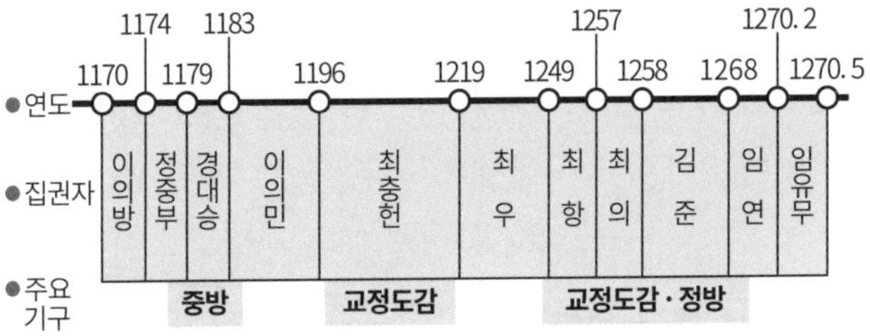

무신정권기의 집권자와 주요 기구

무신정권 성립기는 처음 권력을 장악한 이고·이의방·정중부를 거쳐 경대승·이의민에 이르는 시기이다. 사건이 일어나고 하급 무신들에게 권력이 집중되자 고위 무신들이 정중부 쪽으로 힘을 실어 주었다. 정변의 동지들을 제거한 정중부는 1179년(명종 9) 장군 경대승에게 살해당하는데 여기서 경대승의 위치는 좀 특이하다. 그는 집권자 중 유일하게 무신정변을 부정하고 문신을 우대하는 정책을 펼친 인물로, 무신정권기 집권자들이 『고려사』에 반란을 일으킨 신하로 폄하되어 반역전에 실린 데 반해 그만이 열전에 수록되어 있다. 『고려사』「경대승 열전」을 살펴보면 무신들은 정중부가 무신정변을 일으켜 그간 문신들에게 억눌렸던 설움을 풀어 주었는데 경대승 같은 어린놈이 그분을 해쳤으니 들고 일어나야 한다는 내용이 기술되어 있다. 경대승이 도방을 만든 것도 이러한 일부 무신들의 움직임 때문에 첩자들을 보내 항시 주변 정황을 살피기 위함이었다. 그만큼 정중부라는 인물이 당시 무신들에게 미친 영향력이 지대하였으며, 경대승이 죽기 얼마 전에 꿈에서 정중부를 봤다는 기록도 이러한 긴장감과 무관하지 않았을 것이다. 집권 4년 만에 경대승이 30세의 나이로 병사하자 왕의 부름을 받은 이의민이 정권을 독점하게 된다. 그는 수박희를 잘해서 파격적으로 발탁된 인물로 아버지는 소금 장수이며 어머니는 여종 출신으로 신분적으로 천민이었다. 여기서 주목되는 것이 무신정권의 시대적 상황에서 국왕이 새로운 무신 집권자를 선택할 수 있었다는 것이다. 이는 무신 세력에 대처해 나가는 국왕의 정치적 위치가 결코 허약하지만은 않았음을 보여 준다. 이의민도 1196년(명종 26)에 최충헌에게 살해당하게 된다. 짧은 시기 무신 집권자가 자주 바뀐 것을 통해 그들이 정변에 대한 합의는 일정 부분 되었을지 모르지만, 그 이후의 변화와 혼돈에 대한 준비는 부족했음을 알 수 있다.

혼란스러운 중앙 정치의 여파는 지방 곳곳에 영향을 주고 있었다. 고려의 토지제도는 문벌귀족이 발호했을 때부터 문란해지기 시작해서 무신정권시대에 들어 심화되었다. 권세를 잡은 무신들은 물론이고 권세가와 호족, 사원들도 혼란한 세태를 틈타 사적 세력을 유지하기 위해 불법적으로 토지를 겸병해 거대한 농장農莊이 출연하게 되었다. 한 집안이 소유하는 토지가 주州에서 군郡에 걸쳐 거대해지고, 한 토지에 2~3명의 지주가 나타나 농민에게 이중 삼중으로 조세를 부담시켰다. 이에 국고 수입은 감소하여 극심한 재정난이 생겼고, 농민의 생활은 어려워져 빈곤과 고통 속에 신음하게 되었다. 사회는 더욱 혼란해져 민의 저항이 일어나는 중요한 원인의 하나가 되었다.

왕후장상의 씨가 따로 있느냐

무신정변 이전부터 고려사회는 상층으로부터 하층사회에 이르기까지 서서히 변화하고 있었지만, 반란을 주도한 무신들이 근본적인 사회개혁을 추구한 것은 아니었다. 하지만 무신정변 이후 사회적 측면에서 그 변화가 더욱 현저해진 것은 사실이다. 신분제 사회에서 하층민으로 태어난 삶을 상상해 보라. 봉기와 민란은 단순히 더 나은 삶을 위해서 일어난 것이 아니다. 그들이 할 수 있는 마지막 자구책으로 목숨을 던져서라도 이 상황을 타개해 보기 위한 마지막 몸부림이며 조그만 가능성이라도 보았을 때 가능한 시도이다. 무신정권기는 귀족 신분제의 근간을 흔들었으며 천민 출신으로 집권자가 된 이의민 같은 인물이 등장한 시기이다. 그가 만민평등을 추구하지는 않았지만, 사회적 분위기에는 지대한 영향을 끼쳤음이 분명하다. 피지배층의 처지에서 현실과 의식 사이의 괴리가 가장 극대화된 시기가 무신정권기일 것이다. 현재 내 삶은 더 궁핍해졌지만, 삶이 급격하게 변화될 수 있다는 이야기가 끊임없이 들려왔던 것이다. 이렇듯 하층민의 항쟁은 무신정권기에 들면서 일어난 신분 질서의 동요로 민중의 지위와 신분 의식은 상승한 데 반해 중앙의 통제력이 크게 약화되었기에 가능하였다.

고려사회는 정치적 혼란이 가중되는 가운데서도 고려청자 상감기법의 고도화 등 문화적인 측면에서는 발전을 더해 가고 있었다. 이러한 고도의 예술성이 가능했던 것은 특정 물품이 생산되는 지역인 소所라는 특수 행정구역을 두고 국가의 수취망 속에 편제시켜 운용하고 있었기 때문이다. 특수 행정구역이었던 향鄕·소所·부곡部曲의 주민들은 양인 신분이었으나 세금의 부담이 일반 양인보다 높았으며, 과거나 국학의 입학이 제한되고 승려가 될 수 없는 등 많은 차별 대우를 받았다. 이름에 '망할 망亡' 자를 쓰는 망이亡伊·망소이亡所伊의 난은 무신정권 초기인 1176년(명종 6)부터 이듬해까지 약 1년 반에 걸쳐 충청도 공주公州 명학소鳴鶴所를 중심으로 일어났다. 이 지역은 철이 많이 생산되어 제철을 담당하는 소所 지역이 있던 곳이다. 조정은 반군의 기세가 커지자, 명학소를 충순현忠順縣으로 승격하고 수령을 보내는 등 회유하였으며 이후 특수 행정구역이 대부분 사라지게 되는 계기가 되었다.

무신정권기에 또 한 가지 주목되는 것은 사원 세력의 반란이다. 최충헌이 승려들에게 암살 시도를 여러 차례 겪은 직후 교정도감敎定都監을 설치하여 비위의 규찰·인사행정·세정稅政 등 광범위한 역할을 담당하게 한 것으로 보아 저항의 규모가 상당하고 위협적이었음을 알 수 있다. 최충헌은 초기 집권자들이 정변의 정당성 확보에 실패한 것을 거울삼아 과거의 문제점을 분명히 하고 개선 방안을 정책적으로 제시하고자 국왕에게 봉사10조封事十條를 올렸다. 상당히 구체적인 내용이 기술된 가운데 제6조에 승려의 정치 참여를 제한하는 내용이 담겨 있어 오랫동안 승려 계층이 상당히 이권에 개입해서 사회·경제적 이득을 취했음을 알 수 있다. 이 시기 종파의 변화에도 주목할 필요가 있는데 무신정권기에 크게 주목되는 것은 조계종曹溪宗의 성립이다. 조계종은 무신정권의 일정한 보호를 받으며 성장해 갔고 교종의 천태종 계열은 왕권과 문벌귀족의 세력이 약화되면서 정치·경제·사회적 기반 약화에 적극적으로 불만을 표출한 측면이 있다.

고려사회는 엄격한 신분 질서가 강조되는 가운데, 특히 노비의 경우는 그 사회적 처지가 가장 열악하였다. 신분에 대한 전통적인 권위 의식이 무너지던 하극상의 시대에 이의민이나 지척에서 모시던 최충헌이 권력을 잡는 것을 보고 1198년(신종 원년) 개성에서 최충헌의 노비 만적萬積이 저항을 일으켰다. 어떻게 태어날지는 결정할 수 없지만 어떤 존재로 살아갈지는 결정할 수 있다는 의식이 생긴 것이다. 만적은 개성 북산北山에 올라 나무를 하다가 공·사노비를 모아 놓고 "정중부의 난 이래 국가의 공公·대부大父는 천인 계급에서 많이 나왔다. 장상將相이 어찌 처음부터 씨가 따로 있겠는가! 때가 오면 누구나 할 수 있는 것이다. 우리는 주인의 매질 밑에서 고생만 해야 할 것인가!"라고 선동했다. 이 사건은 사전에 발각되어 실패로 끝났지만, 다양한 집단과 지역에서 일어난 반란은 당시 고려 사회가 가진 문제점들을 고스란히 보여 주고 있다.

무신정권기에는 이전보다 과거 급제자의 수가 늘었다. 최씨집권기에는 정방과 서방을 설치하여 문인을 우대하였고 저명한 문사들을 배출시켜 국정을 안정적으로 운영하려 하였다. 이 시기 문신들은 참여 의식과 반발 의식을 함께 가지고 있었다. 재상까지 지낸 이규보가 쓴 『동국이상국집東國李相國集』에는 그가 관직 초년 시절에 당시 고위 관료였던 유승선에게 관직을 구하기 위해 보낸 시가 적혀 있다.

> 금림禁林(궁중)의 버들에 의탁하길 기대하오니
> 원컨대 긴 가지 하나를 빌려주소서.●

● 『동국이상국집』 권2, 「정유승선呈柳承宣」

당시의 문신들 중에는 정계에서 물러난 이도 있었고, 그중 일부는 무신정권에 등용되기를 기대하기도 하였다. 그러나 모순과 재조정의 시기에 새롭게 정계에 등장한 문신들도 무신정권의 완전무결한 동조자가 되기는 힘들었다.

무신정권기 100년 중 최충헌·최우 부자가 집권한 시기가 55년이다. 최충헌은 자신에게 적합한 유순한 국왕을 찾는 데 20년의 시간과 5명의 국왕을 필요로 했다. 무신 세력의 대두로 신분제가 붕괴하고, 귀족제의 해체를 일으킨 것은 사실이지만 외교적으로나 왕을 중심으로 한 전통적 신분 관념을 떨쳐 버릴 수 없었던 것이다. 민란 지도자들의 최종 목표가 국왕의 타도가 아닌 무신정권이나 그들과 연결된 지방관의 탐학·횡포에 대한 항거였다고 볼 수 있다. 민란은 역설적으로 무신정권을 견제하면서 간접적으로 왕권을 유지시킨 측면이 있다. 최씨집권기에는 향·소·부곡을 현으로 승격시키는 등 회유책을 적절히 사용하여 민란을 통제하였고, 관직을 내려 반란 세력의 두목을 포섭하기도 하였다. 무신정권기의 저항이 연합전선을 형성해 규모와 세력이 비대해지는 가운데 신라부흥운동으로 표출되어 동경(경주)에서도 크고 작은 반란이 확산되었다. 1193년 운문(雲門: 청도)의 김사미金沙彌와 초전(草田: 울산)의 효심孝心 등이 저항을 일으켰을 때 정부군이 이를 평정하고 운문사에서 큰 법회를 열어 민과 사원 세력을 회유하기도 하였다. 포항 보경사 원진국사비圓眞國師碑(보물)의 주인공이자 지눌의 제자인 원진국사(1171~1221)는 최충헌의 후원을 받아 은둔하고 있던 재야 지식인을 정계로 이끄는 데 힘을 보태고, 보경사의 주지로 지내면서 김사미의 잔여세력을 귀농 또는 사면하여 경제적·신앙적으로 안정화하는 데 역할을 하였다.

고려시대를 이해하는 중요한 사료 중의 하나가 죽은 이의 덕과 공로를 글로 새기어 무덤 속에 함께 넣어 두는 묘지명墓誌銘이다. 최충헌의 묘지명에는 『고려사』와 조금씩 차이가 나는 대목이 있다. 묘지명에는 최충헌의 죽음을 왕의 죽음을 표현하는 훙薨으로 표현하는데, 『고려사』에는 졸卒도 아닌 사死로 표현하고 있다. 묘지명에는 그의 조부를 왕부王父, 증조부를 증왕부曾王父라고 표현하여 격을 높였으며, 내쫓긴 명종에 대해 스스로 황태제 신종에게 양위했다고 표현하고 있다. 이러한 내용은 비판적 입장에서 면밀히 살펴볼 필요가 있지만, 당대 최충헌의 지위가 어떠했는지 짐작게 한다.

이처럼 중요한 유물인 최충헌의 묘지명은 현재 일본 국립도쿄박물관 한국관에 전시되어 있다. 일제강점기 대구를 중심으로 전기회사를 운영해 막대한 부를 쌓은 오구라 다케노스케小倉武之助(1870~1964)가 수집해 일본으로 가져간 후 1981년 오구라의 아들이 국립도쿄박물관에 기증한 것이다. 현재 표면적으로 드러난 해외소재문화유산은 27개국 229,655점에 달한다(국외소재문화재재단/2023년 기준). 해외소재문화유산은 한국만의 문제는 아니며 유럽과 미국의 주요 박물관에 가 보면 그 실상을 잘 알 수 있다. 영국 대영박물관에는 이집트의 로제타스톤과 그리스 신전의 일부인 엘긴마블Elgin Marbles이 주요 유물로 전시되어 있다. 유물의 반환은 단순히 역사적·문화적 측면을 넘어 각국의 이해관계가 얽혀 있어 복잡한 측면이 있다. 경북대학교박물관 야외전시장인 월파원에는 오구라가 수집한 주요 유물 중 무거워서 일본으로 미처 가져가지 못하고 그의 정원에 남겨졌다가 보물로 지정된 고려시대 승탑 2점이 전시되어 있다.

보물선은 뇌물을 싣고

1975년 한국 최초의 보물선 신안선이 전라남도 신안군 앞바다에서 발견되었다. 고려후기인 1323년에 좌초된 원나라 선박인 신안선은 중국에서 일본의 후쿠오카로 가던 중 신안 앞바다에 침몰한 것이다. 1975년 5월 어로작업을 하던 어부의 그물에 중국의 청자와 백자가 인양되면서 세상에 알려지게 되었다. 문화재관리국(문화재청)과 해군이 1976~1984년까지 11차에 걸쳐 합동 발굴하였고, 도자기 2만 2천여 점과 동전 28톤을 포함하여 한국, 일본 및 동남아시아 등지의 유물 2만 7천여 점이 추가로 발견되었다. 보존 처리 과정을 거친 유물과 선체가 국립광주박물관 및 문화재청 산하의 목포해양박물관에 전시되어 고려시대 선박과 그 안에서 생활했던 선원들의 모습을 생생하게 전하고 있다.

국내 유일의 수중문화유산 발굴 조사 기관인 국립해양문화재연구소의 가장 큰 업적은 서·남해에서 14척의 수중 고선박을 발굴한 것이다. 14척의 선박 중 중국 원나라 배가 2척, 통일신라시대의 영흥도선, 조선시대의 태안 마도4호선을 제외한 나머지 10척이 모두 고려시대 선박이다. 2007년 5월, 충청남도 태안의 마도 앞바다에서 주꾸미를 잡던 어부는 그물에서 주꾸미가 붙어 있는 청자 접시를 발견하게 된다. 주꾸미 덕에 발견된 태안선은 강진에서 만든 고려청자를 운반하던 청자 운반선이었다. 태안선에서는 2만 5천여 점의 고려청자뿐만 아니라 도자기의 수량, 수취인의 이름, 관직이 나무편에 적힌 목간木簡이 함께 발견되었다. 목간은 청자가 제작된 시기와 청자의 생산부터 소비에 이르는 과정을 조사할 수 있는 중요한 단서를 제공하고 있다.

같은 해 마도 해안에서 또 다른 어부의 그물에 수십 점의 청자가 올라왔다. 수중 조사를 통해 인근에 난파된 3척의 배가 연이어 발견되면서 이 배들은 마도1·2·3호선이라 불리게 된다. 길이 10~15미터, 폭 3~4미터의 마도선들은 남쪽에서 생산된 곡물과 특산물을 개경과 강화도 쪽으로 운반하던 고려의 운반선으로 배 하부에 곡식과 자기 등의 물건을 적재하고 있었다. 마도선들에서는 참기름과 꿀을 담은 매병, 여러 종류의 젓갈과 곡식을 담은 청자 단지 등 다양한 고려청자와 목간이 함께 발견되었다. 서해 태안의 마도 해역은 고려의 수도 개경과 조선의 수도 한양을 오르내리는 바닷길이자 외국을 오가는 무역선뿐 아니라 남쪽의 세곡을 운반하는 조운선이 반드시 지나가야 하는 길목이었다. 하지만 물살이 빠르고 암초와 안개로 침몰 위험이 큰 구간이기도 하여 좌초된 배들이 많았던 것이다.

마도1호선의 경우 1208년(희종 4)에 나주·해남·장흥 등에서 곡물과 청자를 싣고 개경으로 가다 침몰한 것으로 확인되었다. 이 배에는 청자, 곡물, 젓갈 등이 실렸는데 목간에는 무신정권기에 대장군 김순영의 집으로 보내는 곡물이라는 내용이 적혀 있다. 마도3호선은 1265년(원종 6)~1268년(원종 9) 사이 침몰한 것으로 보이는데 출발지는 전라남도 여수를 포함한 남부 지역이고, 최종 목적지는 당시 고려의 임시 수도였던 강화도였다. 마도3호선에는 여수 지역 일대에서 거둔 전복 등 고급 식재료와 사치품인 사슴류의 두개골과 뿔이 다수 실려 있어 강화도에서도 일부 집권자들은 호화로운 생활을 하였음을 짐작할 수 있다. 마도3호선은 몽골에 저항하며 강화도에 있던 시기에도 무신정권의 지방 통제 시스템과 조운 체계의 큰 틀이 유지되고 있었음을 보여 준다. 그럼에도 고려시대 특히 무신정권기에 침몰한 배의 숫자가 상대적으로 높은 것을 보면 운행의 횟수가 많았거나 제대로 준비되지 않은 채 과적하여 급하게 물자를 이동해야 하는 경우가 많았다고 추측할 수 있다.

이처럼 어부의 신고로 시작된 해양 탐사 발굴을 통해 잊혀질 수 있었던 역사의 많은 부분이 생생하게 드러났다. 길에서 우연히 옛날 유물을 발견한다면, 일주일 내에 가까운 관공서에 신고해야 한다. 문화재청에서 전문가가 파견되고 유물 여부를 판단한다. 일 년에 두 차례 정도 유물들에 대한 감정평가가 열리는데 감정평가액의 반은 발견자가 가지고 반은 땅 주인이 가지게 된다. 바다는 국가의 소유이므로 이들 어부는 수집된 유물 감정평가액의 반에 해당하는 몇천만 원씩의 보상금을 받을 수 있었다. 특히 마도 3호선은 '우삼번별초右三番別抄'의 묵서墨書가 적힌 목간이 함께 발견되어 무신정권 당시 삼별초의 역사적 존재가 750여 년의 세월을 뛰어넘어 그 실체를 보여 줬다는 점에서도 의의가 크다.

삼별초는 반란인가, 항쟁인가?

역사상 우리와 관계를 맺었던 주변의 여러 민족은 지금은 대부분 존재하지 않는다. 대표적으로 거란과 여진이 그렇다. 그런데 몽골의 경우는 예외이다. 13~14세기 고려와 동아시아뿐만 아니라 세계를 호령하던 몽골은 1924년 사회주의 공화국을 수립하였고, 1990년 한국과 수교하여 여전히 긴밀한 외교적 관계를 유지하고 있다. 2020년에 '한몽 수교 30년'을 기념했지만, 사실 한몽 관계는 2019년에 '수교 800년'을 맞이했다고 볼 수 있다. 몽골과 우리의 외교 관계 성립은 1219년(고종 6) 거란을 압박하기 위해 고려-몽골 양측 군사 지휘부가 '형제맹약'을 맺은 것에서 시작된다.

이후 최씨집권기 최우가 집권하고 있던 1231년(고종 18), 몽골이 고려를 침범하면서 직접적인 관계가 시작되었다. 이 침범은 두 나라 사이에 강화가 성립되어 일단락되었지만, 몽골은 막대한 물품과 동남童男·동녀童女·공장工匠 등을 요구하며 고려를 괴롭혔다. 최우는 몽골과 끝까지 싸울 것을 결의하고, 이듬해인 1232년(고종 19)에 강화천도江華遷都를 단행하였다. 강화천도는 몽골에 대한 노골적인 선전포고가 되어, 1258년(고종 45) 최씨집권기가 끝날 때까지 치열한 전투가 반복되었다. 이 기간 동안 고려 조정에서는 점차 세력을 만회하기 시작한 문신 세력이 몽골과의 강화를 주장하였다. 즉 문신들은 외세를 이용하여 무신 세력을 견제하려고 한 것이다. 결국 몽골과 강화를 맺으려는 주화파와 일부 무신이 결탁하여 최씨집권기가 무너진다. 다음 해 몽골과의 강화가 이루어졌고 1270년(원종 11) 개경으로 환도가 이루어지면서 무신정권기는 막을 내린다.

이후는 잘 알려진 것처럼 삼별초가 대몽항쟁의 중심에 선다. 삼별초는 최우가 야별초를 조직하여 밤에 순찰시켜 도둑을 단속한 데서 비롯되었는데 이후 도둑이 전국에서 일어나자 야별초를 늘려 좌우별초로 나누었다. 거기에 다시 몽골에 잡혀갔다가 도망온 자들로 편성된 신의군이 합쳐져 완성된다. 1270년 삼별초를 중심으로 일부 세력은 강화도에서 진도로 옮겨 정통 고려 정부의 계승을 자처하고 몽골에 복속한 개경 정부에 저항하였다. 이때 강화도에서 진도로 건너간 배가 1천여 척이 넘는다는 기록으로 보아 규모가 상당했음을 알 수 있다. 1271년 진도의 삼별초는 여몽 연합군의 공격으로 무너졌고, 일부가 다시 제주도로 거점을 옮겨 1273년까지 저항하였다. 1273년(원종 14) 고려 김방경과 몽골

홍다구가 이끄는 여몽 연합군 1만 2천여 명이 총공격하면서 삼별초의 항쟁도 끝나게 된다. 삼별초가 지냈던 진도의 용장산성(사적)에는 기존의 사찰 건물을 개조하여 궁궐을 조성한 흔적이 있고 제주도 애월읍에 있는 항파두리성(사적)에도 토성의 흔적과 대궐터로 추정되는 대형 건물터를 비롯하여 17개소의 건물터가 확인되고 있다. 이들 성은 관련 사건을 입증하는 역사적 자료로서 중요할 뿐 아니라, 성곽·건물·도자기·기와·무기 등에 있어서 절대편년에 가까운 연대를 가지고 있다는 점에서 고고학적으로도 중요하다. 더불어 오키나와 우라소에성 발굴과정에서 '계유년고려와장조癸酉年高麗瓦匠造'명 기와와 용장산성에서 나온 수키와 와당과 매우 흡사한 와당이 출토되어 1271년 진도의 잔여세력이 제주도로 철수하는 과정에서 일부가 류큐(오키나와)로 옮겨 간 것이 아닌가 하는 주장도 있다.

삼별초는 고려 왕실에 반기를 든 집단으로 오랫동안 대표적인 반역 집단으로 규정되어 왔다. 이러한 삼별초는 일제강점기, 역사학자 김상기(1901~1977)에 의해 '민족 항전'이라는 역사적 의미를 부여받으면서 재평가되었다. 민족적 위기에 처한 식민지 시기에 삼별초의 항전이 민족적 자긍심을 고양할 수 있는 중요한 역사적 사건으로 평가된 것이다. 북한에서 삼별초는 '인민들의 반외세, 반봉건 민족 항전'의 대표적 사례로 꼽히며 지금까지도 높게 평가되고 있다. 남한에서는 1970년대 군부 독재정권에서 무신정권이 정당한 무신들의 혁명으로 격상되었고, 어린이들이 보는 위인전 모음집에 최충헌편이 있으며 삼별초는 대몽항쟁의 영웅으로 묘사되어 왔다. 이후 1990년대 민주화 운동이 강화되면서 삼별초는 무신정권에 저항하는 농민을 압제하기 위해 만들어진 친위부대적 성격으로 비치거나, '5공'을 성립시킨 '정치군인 집단'에 비유되면서 점차 비판의 표적이 되었다. 교과서에도 이러한 내용이 반영되어 1990년 초중반의 국사책에는 '삼별초의 난'으로 기술되어 있다. 이후 '삼별초의 대몽항쟁'으로 변화했으며 최근에는 평가보다는 사실에 기초한 기술이 주를 이루고 있다. 두 시각의 교집합 어느 지점에 삼별초의 정체성이 자리할 것이다. 어쩌면 그들 자신도 다급한 상황에서 논리정연하게 스스로와 타인을 이해시킬 만한 명확한 정체성을 갖지 못했을 것이고 삼별초 내의 개개 인물들이 자신들의 행동에 부여한 의미 또한 달랐을 것이다.

전쟁을 몇 년간 지속하기는 쉬운 일이 아니다. 지금도 전쟁 중인 국가가 있으며 전쟁이 일 년만 지속되어도 국가의 존립이 위협받는다. 막강한 군사력을 가진 몽골의 침입에 고려는 40년간 항전한 것이다. 그 기간 몽골은 수시로 고려의 크고 작은 마을을 약탈했으며 황룡사 9층 목탑과 대구 부인사에 보관된 대장경판 등 귀중한 문화유산을 불태우고 백성들을 유린하였다. 삼별초의 성격은 모호하지만, 민중의 항쟁은 명확하게 대몽항쟁의 성격을 띠고 있었다. 특히, 사회적으로 천대받던 노비와 천민들이 용감히 싸워 충주 등 곳곳에서 빛나는 공을 세운 것은 매우 주목할 만하다. 삼별초가 진압되면서 제주와 남해안 일대에는 큰 변화가 생겼는데, 삼별초를 진압하는 과정에서 고려 관군은 삼별초의 근거지를 없애려 서남해안 섬에 공도령空島令을 내리고 섬을 비우게 하였다. 또한 전란의 결과로 제주도는 98년이라는 긴 시간 동안 몽골의 지배를 받아야 했으며 그 영향은 지금도 제주 곳곳에서 확인된다.

한편 이 시기 고려 정부는 부처의 힘을 빌려 어려움을 극복하고

자 1236년(고종 23)부터 1251년(고종 38)까지 15년에 걸쳐 대장경을 간행하는데 한번 만들었던 대장경을 다시 만들었다고 해서 '재조대장경再雕大藏經' 또는 판수가 8만 장에 달해 '팔만대장경八萬大藏經'이라고도 불린다. 원래 강화 도성 서문 밖의 대장경판당에 보관되었던 것을 조선 태조 대 합천 해인사로 옮겼으며 임진왜란과 한국전쟁 등 여러 차례의 전란을 견뎌 내고 우리의 귀중한 문화유산으로 남아 있다. 1995년 '해인사 장경판전海印寺 藏經板殿'이 유네스코 세계문화유산에 등재되었고, 2007년에는 '해인사 고려대장경판高麗大藏經板과 제경판諸經板'이 세계기록유산으로 등재되었다. 육지와 떨어진 진도에서 순수한 혈통을 그대로 보존하며 천연기념물로 지정된 진돗개의 유래도 진도에 삼별초를 진압하기 위해 온 몽골군 군견이 남아 시조가 되었다는 설(문화재청 홈페이지 문화유산 설명문)이 있다.

— 김미연

생각 더 하기

한국사에서 무신집권기를 어떻게 이해할 수 있을까?

참고문헌

강재광, 『몽고침입에 대한 최씨정권의 외교적 대응』, 경인문화사, 2011.
김광식, 『고려 무인정권과 불교계』, 민족사, 1995.
김호동, 『고려 무신정권시대 문인지식층의 현실대응』, 경인문화사, 2003.
문경호, 『바다에서 발굴한 고려사』, 푸른역사, 2023.
신안식, 『고려 무인정권과 지방사회』, 경인문화사, 2002.
에드워드 슐츠 저, 김범 역, 『무신과 문신』, 글항아리, 2014.
윤용혁, 『삼별초』, 혜안, 2021.

4. 일원적 세계질서의 성립과 그 안의 고려

몽골과의 관계 속 고려, 고려국왕 이야기

고려에서 무신집권자 최충헌이 집권하고 있던 시기인 1206년(희종 2), 몽골초원에서는 테무진이 초원 각지의 여러 세력을 통합하고 '칭기즈 칸'에 추대되었다. 칭기즈 칸의 나라인 몽골제국이 그 세력을 확장하는 과정에서 금나라 세력이 위축되었고, 그간 금 지배하에 있던 거란인들이 자체적인 세력을 형성하며 반란을 일으키기 시작했다. 이들 가운데 하나인 대요수국大遼收國의 일부 세력이 몽골군과의 전투에 패하고 도망쳐 고려로 들어왔고, 고려 군대의 공격을 받자 지금의 평안남도에 위치한 강동성으로 들어가 저항했다.

1218년(고종 5), 이들을 쫓아온 몽골군은 고려군에 협공을 제안했다. 이에 두 나라의 군사가 함께 강동성의 거란인들을 몰아냈고, 이후 고려와 몽골은 우호적인 관계를 맺게 된다. 그러나 이 관계는 1225년 고려에 왔다가 돌아가던 몽골 사신이 국경 지역에서 살해되는 사건을 계기로 단절되었다. 1229년에 칭기즈 칸을 이어 즉위한 우구데이 카안은 동·서 방면으로 대원정을 시작했고, 이 과정에서 앞서의 사신 피살 사건을 빌미로 고려를 침공해 왔다. 1231년(고종 18)의 1차 침공이다.

이후 30여 년간 지속된 고려-몽골 전쟁이 끝나고 몽골과의 관계가 유지되는 100여 년 동안 고려의 정치와 사회는 여러 면에서 몽골의 영향을 받게 되었다. 이 시기 고려국왕이 사용한 '정동행성승상 부마 고려국왕'이라는 칭호에 보이는 세 가지 위상은 고려-몽골 관계의 복합적인 성격을 드러내며, 이 관계로부터 고려가 받은 정치적 영향을 잘 보여준다.

먼저 고려국왕은 몽골과의 관계 속에서도 여전히 '고려국왕'이었다. 다만 이전 시기 국제환경 안에서 '형식적' 혹은 부분적으로 발현되고 있던 '제후'로서의 위상이 몽골과의 관계에서는 실제화하는 변화가 발생했다. 이는 제도적인 측면과 정치적인 측면으로 나누어진다.

몽골과의 관계 이전에도 고려는 국제질서상 중국의 황제국에 대응하는 제후국이었지만, 중국대륙이 분열된 상황에서 제후국으로서의 위상은 유동적이었고, 국내에서 황제국 제도를 사용하기도 했다. 또한 제후국의 군주인 고려국왕은 중국 황제의 '책봉冊封'을 받았으나, 이는 국내 상황에 따라 즉위한 후에 승인받는 형식으로 이루어졌다.

세조 쿠빌라이 집권 이후 원에서 중국식 관제로의 개편이 이루어지는 과정에서, 고려에 체재하던 몽골 관리들은 고려의 관제에 포함된 황제국 제도를 지적했다. 이에 고려는 그간 사용하던 관제 일부를 제후국의 관제로 격하했다. 또한 이 시기 고려국왕의 즉위 및 폐위의 과정에서 몽골 황제의 '책봉' 혹은 '임명' 권한은 실제적인 힘을 갖게 되었다. 그 첫 사례는 1269년(원종 10) 무신집권자 임연에 의해 폐위된 원종이 몽골황제의 힘과 권위에 기대어 복위한 사건으로, 이는 고려국왕이 무신집권기 정치구조를 청산하는 첫걸음이 되었다. 다만, 몽골황제에 의한 국왕 폐위 또한 가능하다는 사실은 그와 함께 동전의 양면을 구성하고 있었고, 이는 이후 고려의 정치에서 중요하게 작용하게 된다.

1275년(충렬왕 1)에는 고려 원종의 아들 충렬왕과 세조 쿠빌라이의 딸이 결혼했다. 이 결혼은 앞서 원종이 임연에 의해 폐위되었을 때, 아버지의 복위를 위해 당시 세자였던 충렬왕이 요청한 데 따라 성사된 것이었다. 장기간 몽골에 대항해서 전쟁한 고려왕실은 몽골황실 입장에서 통혼 대상이 아니었다. 다만, 몽골은 당시 일본과 남송에 대한 원정을 앞두고 있었고, 황제가 책봉한 국왕을 폐위시킨 고려의 '반역'에 당장 물리적으로 대응할 여력이 없는 상황에서 고려세자의 청혼을 받아들인 것이다. 이후로도 어린 나이에 사망한 충목왕과 충정왕을 제외한 고려국왕 모두가 몽골 공주와 결혼했고, 이로써 고려국왕 혹은 왕자는 몽골황실의 부마가 되었다.

지배가문 간의 통혼은 유목생활에 기반한 몽골에서 정치단위 간의 유대관계를 유지, 강화하기 위한 것으로, 지배가문 간 관계 및 지배자 개인 간 관계가 중요시되는 유목사회의 관계 형성방식이라고 할 수 있다. 뒤에 보게 되겠지만, 즉위 전 고려국왕 및 왕실 구성원이 황실의 친위부대인 케식에 참여한 것도 지배층 구성원이 개인 간 관계를 형성하는 방식의 하나이다.

1281년, 충렬왕은 정동행성승상征東行省丞相에 임명되었다. 정동행성은 당시 몽골이 추진한 일본원정의 준비를 위해 고려에 설치된 기구로, 승상은 그 장관직에 해당한다. 행성은 행중서성行中書省의 줄임말로, 중앙의 중서성이 지방에서 그 기능을 담당할 기구로서 설치한 지방 행정기구다.

이에 앞서 1274년에 수행된 제1차 일본원정 당시에는 몽골의 군관으로 파견되었던 자들이 고려에서 국왕과 함께 원정을 준비했는데, 이 과정에서 고려국왕권이 침해되는 상황이 발생했다. 이에 제2차 원정 준비를 위한 정동행성이 설치되고 1차 원정 당시의 인원이 정동행성의 관원으로 배치되자, 충렬왕은 자신을 그들을 통제할 수 있는 장관직에 임명해 줄 것을 세조 쿠빌라이에게 요청해 허락받았다. 두 차례의 일본원정이 모두 실패로 돌아가고, 이를 추진하던 세조 쿠빌라이가 1294년 사망한 후 일본원정 계획은 철회되었다. 그러나 정동행성은 명목적인 제국 동변東邊의 방어기구로서 유지되었고, 이후 고려국왕은 모두 정동행성승상직을 겸했다. 이는 고려와 몽골의 관계에 관료제적 질서가 적용되는 통로가 되었다.

요컨대, '정동행성승상 부마 고려국왕'이라는 이 시기 고려국왕의 위상은 각기 고려-몽골 관계에 포함된 관료제적 질서, 개인 간·가문 간 관계-유목사회의 관계 형성방식, 황제국·제후국 관계-동아시아의 국가 간 위계의 요소를 드러낸다. 이러한 요소들은 별개로 작동하기도 했지만, 상호작용하면서 고려의 정치와 제도에 영향을 미쳤다.

황실 부마라는 관계 혹은 위상은 고려국왕에게 권력을 부여했지만, 그 관계가 다원적으로 형성될 수 있다는 점에서 제약이 되었다. 즉, 고려국왕에 대한 실제적인 책봉 혹은 임명 권한을 보유한 몽골황제와의 관계가 고려국왕권에서 큰 비중을 차지하게 되고, 고려국왕이 그를 독점할 수 없는 상황은 국왕이 정치를 운용하는 데 부담이 되었을 뿐 아니라 그 지위를 유지하는 데에도 별도의 노력을 요하게 했다. 현재의 국왕이 몽골황제 혹은 황실과의 관계에서 문제를 일으키거나 혹은 현재의 국왕보다 더 밀접하고 강고한 관계를 형성한 왕실 구성원이 있을 경우, 국왕은 그 지위와 정치력에 위협을 받게 되었다.

한편, 고려의 제도 격하는 몽골과의 관계 속에서 고려의 제후국으로서의 위상이 실질화한 데 따른 것이기도 하지만, 고려국왕이 정동행성승상의 지위를 보유하게 된 데 따른 것도 있다. 특히 외교 관련 제도에서 이러한 양상이 두드러진다. 또한 정동행성의 존재는 현재의 국왕에 반대하는 정치세력이 행한 정치적 공격의 과정에서도 활용되었다. 이들은 원에 설치된 다른 행성들과는 그 구성이나 운영방식에서 차이를 보였던 정동행성을 그와 동일한 방식으로 구성하고 운용하자는 논의를 제기했는데, 이를 '입성론立省論'이라고 한다. 이는 고려국가를 몽골의 행정기구로 만들자는 논의인 동시에, 세습직인 고려국왕의 세 가지 위상 가운데 '정동행성승상'이라는 관직만을 남겨 이를 임명직으로 만들자는 논의이기도 했다.

일본원정의 부산물, 소주

몽골과의 관계가 고려에 미친 영향은 정치 영역에만 국한되지 않았다. 많은 한국인의 저녁 시간에 함께하는 소주가 그 자리에 있게 된 연원을 거슬러 올라가면 몽골과의 관계가 있다. 대표적 소주 브랜드인 '안동소주'가 만들어진 배경도 마찬가지이다.

한국사에서 소주는 고려말의 기록에서 처음 확인된다. 이전의 기록에서는 보이지 않던 증류주가 고려말에 이르러 유행하게 된 것은 어떤 배경에서였을까? 그에 앞선 몽골과의 관계를 생각하지 않을 수 없다.

소주는 그 이름에 쓰인 한자 '소燒'를 통해서 알 수 있듯이 증류 방식으로 만든 술, 증류주이다. 증류주를 만드는 기술은 몽골제국이 등장하기 전, 중국을 비롯한 아시아 곳곳에서 개발되어 있었다. 몽골인들은 여러 지역의 증류 기술을 통합해 자신들의 발효주인 마유주를 증류해 더 오래 보관했고, 이후 중국 전역을 통치하게 되면서 발효 곡물을 기반으로 한 증류주 생산을 더욱 촉진시켰다. 이러한 몽골의 증류주 및 그와 관련한 기술이 고려에 전파된 것으로 보이는데, 정확한 기록이 남아 있지 않아 그 경로에 대해서는 여러 논의가 있다.

그 가운데, 다수의 몽골인이 고려에 와서 증류 기술을 전파할 수 있었던 가장 유력한 계기로는 고려와 몽골의 관계 초반에 집중된 군사 활동을 들 수 있다. 몽골군이 고려에 들어온 것은 1231년에서 1259년까지 간헐적으로 이어진 전쟁 기간부터 시작해, 1270년대 초반 삼별초 난을 진압하는 과정, 그리고 1274년과 1281년 두 차례에 걸쳐 진행된 일본원정 과정까지이다. 이러한 군사활동 과정에서 고려에 주둔했던 몽골군이 그들이 즐겨 마시던 증류주를 만들 수 있는 기구를 함께 가지고 왔을 수 있으며, 지역의 주민들은 이 기술을 현지화해 청주와 같은 전통 발효주에 적용했던 것으로 보인다.

한편 몽골과의 관계에서 고려에 도입된 주종에는 증류주가 아닌 마유주도 있었다. 그 이전에도 외국에서 들어온 주종은 여러 가지가 확인된다. 그러나 마유주는 말이 흔하지 않았던 고려의 상황 때문인지 고려에서 대중화되지 못했다. 이에 비해 소주 등의 증류주가 대중적 인기를 누리게 된 데는 그것이 고려에 보편적이었던 곡물을 증류한 술이라는 점이 주효했던 것으로 보인다. 외부로부터의 문물 도입이 곧바로 현지에서의 대중화를 담보하는 것은 아니며, 외부로부터의 문화나 문물이 현지에서 '전파'되는 데는 내부적인 요인들이 작용함을 알 수 있다.

그렇다면 이제 '안동소주'의 문제를 생각해 보자. 혹자는 위에서 살펴본 내용의 연장선상에서 안동소주의 기원을 이야기하기도 한다. 일본원정 준비과정에서 몽골군이 주둔한 지역 가운데 안동이 포함되어 있었고 당시 충렬왕이 안동에 행차한 적도 있다는 점을 들어, 이를 계기로 안동에서 소주가 만들어지기 시작한 것이 '안동소주'에 이르렀다는 것이다.

콕 집어 '안동'이 소주로 유명해진 배경을 몽골의 일본원정까지 소급하는 설명은 그럴듯하기는 하지만, 딱히 근거가 있는 이야기는 아니다. 일단 몽골의 군대가 주둔했던 지역은 안동 외에도 다수 있으나 그러한 지역들이 모두 소주로 명성을 갖게 된 것은 아니다.

'안동소주'라는 브랜드가 만들어지고 안동이 소주로 명성을 얻게 된 데는 1986년 아시안게임, 1988년 서울올림픽 등 국제 행사가 연이어 개최되던 1980년대의 상황이 중요하게 작용했다. 당시 각 지방의 전통주를 '민속주'라고 칭하면서 발전시키려 했던 상황은 전통적 증류 방식의 소주가 부활하는 기회가 되었다. 이때 각 지역에서는 지역의 특수한 제작법을 내세워 민속주를 개발하고자 시도했으나 이는 큰 차별성을 갖지 않았다. 이러한 상황에서 소주로 유명한 몇몇 지역에서는 해당 지역의 옛 전통과의 연관성을 강조하려 했고, 그 대표적 사례가 안동소주였다.

안동소주가 고려시대에 그 기원을 갖는다는 주장에 약점이 있음에도 안동소주가 전국적인 브랜드로 유명해질 수 있었던 데에는, 조선시대라는 또다른 전통의 역할이 있었다. 안동은 조선시대부터 양반 가문들이 성리학을 바탕으로 음식과 술을 올려 조상에 제사 지내고 손님을 접대하는 문화를 유지해 온 곳이었다. 이에 이곳에서 발전한 소주도 가장 정통적인 소주로 인식되면서 큰 호응을 얻게 된 것이다. 여기에는 소주 빚는 법을 포함한 현존하는 가장 오래된 요리서들이 안동지역에서 나왔다는 사실 또한 일조한 것으로 보인다.

몽골풍과 고려양, 국경을 넘은 사람들

몽골과의 관계 속에서 고려에 들어온 것은 소주만이 아니다. 소주와 같은 음식류로는 만두, 설렁탕 등이, 이 외에도 철릭 등 의복, 나아가 지금도 사용하는 ~치로 끝나는 어휘 등이 모두 몽골에서 고려에 들어온 문화 혹은 문물이다. '몽골풍'이라 부르는 것들이다. 몽골풍과 짝하는, 고려에서 몽골에 들어간 문물을 일컫는 '고려양'도 있다. '양樣'이 '모양'이라는 의미이니, 고려양은 '고려 스타일' 정도의 의미라고 하겠다. 기록에 보이는 '고려양'은 주로 고려 스타일의 복식, 그 가운데서도 특히 궁녀들의 복식을 가리키는데, 여성 복식 외에도 다양한 고려의 문물이 원에서 유행했음이 확인된다. 이는 당시 많은 고려인들이 몽골에 가서 생활했음을 보여 준다.

고려양이라는 흔적을 남긴 고려 사람들의 몽골행은 다양한 배경을 갖는다. 크게 두 가지로 나누어 보면, 먼저 몽골과의 정치적 관계 속에서 타의에 의해 혹은 자의 반 타의 반으로 국경을 넘은 사람들이 있다.

먼저, 고려와 몽골이 장기간 전쟁을 하는 과정에서 포로가 되어 가거나 혹은 투항해 간 사람들이 있다. 포로가 된 자들은 개개인에 대한 기록이 거의 남아 있지 않으나, 몽골어 통역관이 되어 초기 고려-몽골 관계에서 역할을 했던 인물, 몽골의 관인과 결혼해 그 아들이 관직에 오르면서 기록을 남기게 된 고려 여성의 사례 등 드물게 나름의 성공을 거두어 기록에 남게 된 경우가 있다. 전쟁 과정에서 몽골에 투항해 간 자들 가운데에는 몽골에서 특정 지역과 민에 대한 지배권을 부여받은 자들이 있었다. 이러한 자들은 대개 고려사에 부정적으로 등장한다.

고려와 몽골의 관계가 안정된 후에는 고려국왕 혹은 왕자를 따라 국경을 넘은 자들이 있었다. 몽골과의 관계에서 고려국왕은 즉위 전 황실의 친위부대, 즉 케식에서 숙위로 생활했다. 케식에는 몽골 지배층의 자제들이 포함되어 있었는데, 이는 몽골로서는 관계를 맺고 있는 정치단위 지배가문의 구성원을 몽골 지배층으로 동화시키는 수단이, 참여하는 측으로서는 몽골 지배층과 인적 네트워크를 형성하는 수단이 되기도 했다. 이는 고려국왕과 왕자의 경우에도 마찬가지였다. 이들이 몽골에 갈 때 수행한 자들 또한 케식으로 활동했는데, 이는 해당 신료에서 끝나지 않고 그 자제를 통해 대를 이어 계승되었다. 케식에 참여하고 그를 계승한 고려인들은 고려로 돌아와 정치활동을 하기도 했고, 몽골에 남아 정착하기도 했다.

이외에 '공녀'로 국경을 넘게 된 많은 고려 여성들이 있었다. 이들 가운데 일부는 몽골 지배층과 결혼하기도 했지만, 대다수는 궁녀로 생활했던 것으로 보인다. 궁녀에서 황후가 된 기황후의 사례는 원의 수도 대도에 고려 여성의 수가 많아지고 '고려양'이 유행하는 데 기폭제가 되기도 했다. 몽골에 가게 된 고려 여성들의 삶을 구체적으로 보여 주는 기록은 거의 없다. 비교적 안정적인 결혼생활을 한 듯한 사례가 일부 확인되지만, 결혼 후에도 십 수 년을 부모와 함께 생활했던 고려 여성과 그 가족에게, 사실상 왕래가 거의 불가능하다고 할 수 있는 몽골로 시집을 가거나 혹은 딸을 보내는 것은 상당한 고통이었을 것이다.

원 궁정의 고려인 가운데는 궁녀 외에 환관도 있었다. 이들은 몽골 측의 요구로 가기도 했지만, 원 궁정에서 환관의 위상이 고려에 비해 월등히 높음을 알고 스스로 환자宦者가 되어 몽골행을 선택하기도 했다. 기황후를 순제 토곤테무르에게 추천한 인물이 고려 출신 환관이었다는 사실은 이들의 유대관계를 보여 주기도 한다. 원에서 환관들은 황태후, 황후 등을 보좌하면서 정치력을 행사했다. 이에 이들은 몽골과의 관계에 영향을 크게 받았던 이 시기 고려의 정치에도 긍정적 혹은 부정적 역할을 했다.

다음으로, 이 시기 몽골행을 선택한 고려 사람들 가운데에는 몽골제국이 열어 놓은 기회를 찾아 스스로 국경을 넘은 사람들이 있었다.

원의 과거시험, 제과制科는 향시, 회시, 전시의 세 단계로 진행되었는데, 향시는 대도, 상도, 및 각 행성에서 시행했고 그 합격자 300명이 대도에서 회시를 치렀다. 그 300명 가운데 고려, 즉 정동행성에서는 3명의 인원을 낼 수 있었고, 회시에서는 몽골인, 색목인, 한인, 남인 각 25명씩 총 100명의 인원을 선발했다. 전시는 그들의 순위를 매기는 과정이었다. 즉, 고려인으로서 원의 과거시험에 응시하는 것도, 응시해서 합격하는 것도 매우 어려운 일이었다.

그럼에도 많은 고려의 유생들은 해마다 제과에 응시했고, 10명에 가까운 인원이 합격자로 기록에 남았다. 이곡과 이색 부자가 그 대표적 사례이다. 제과에 합격하는 것은 개인과 가문의 영광이 되었고, 이들은 황제의 조정에서 관직 생활을 해 보고자 하는 야망에서, 또는 자신의 능력을 시험하고자 하는 욕구에서 도전을 감행했을 것이다. 원 제과의 시험과목 중 하나였던 성리학이 고려에 도입된 것은 이러한 고려 유생들의 바람과 도전과 관련된다.

배움과 성취를 위해 국경을 넘은 고려인들 가운데는 승려들도 있었다. 신라의 원효와 의상과 같이, 승려들이 국경을 넘어 유학한 사례는 몽골과의 관계 이전에도 있었던 일이다. 몽골과의 관계에서 새롭게 보이는 승려들의 몽골행에는 두 가지 유형이 있다. 한 가지는 황제의 부름을 받은 경우로, 몽골 황실의 사찰에서 29년간 주지한 해원海圓의 사례가 대표적이다. 해원은 원 대도에서의 기반을 바탕으로 이색과 같이 제과 응시를 위해 대도에서 유학하는 고려 유생들을 위해 편의를 제공하기도 했다. 고려의 승려들은 자신이 속한 사찰을 위해 몽골행을 선택하기도 했다. 사찰을 수리하거나 새로 짓기 위한 비용을 마련하기 위해 원의 수도인 대도로 향한 사례가 다수 확인된다. 원 황실은 복을 빌기 위해 각지의 종교시설을 후원했고, 고려의 사찰 또한 그에 포함되었다. 금강산 장안사는 기황후가 거금을 시주해 중수하고 남편과 아들을 위해 복을 빌도록 한 사찰로 유명하다. 기황후가 장안사에 시주하기까지는 대도에 가서 시주자를 구한 승려의 노력, 그리고 이를 기황후에게 전달한 고려 출신 환관의 역할이 있었다.

마지막으로, 몽골제국이 열어 놓은 교역망을 적극적으로 활용한 고려의 상인들이 있었다. 고려말에 만들어져 조선시대까지 사용된 한어漢語교재 『노걸대』와 『박통사』는 각기 초급 및 중급 교재다. 초급 교재인 『노걸대』의 내용이 고려에서 중국으로 가는 상인들이 알아야 할 정보들로 구성된 것은 당시 초보적 한어의 주된 수요층이 고려와 중국을 오가는 상인들이었음을 보여 준다. 중·고급 교재인 『박통사』는 중국의 세시풍속이나 오락, 혼속, 종교 등 생활 문화와 관련된 내용을 비롯해 전세 계약서나 소송 서류 작성법과 같이 대도 생활에 필요한 정보를 담고 있다. 장기간 체류하는 데에 필요한 정보로 교재를 구성한 것이다.

고려 상인들이 원과의 교역을 위해 장거리 이동에 나섰던 것은 이 교역이 위험부담은 있으나 상당히 높은 이윤을 보장했던 데에 기인할 것이다. 1년을 주기로 몽골과 고려를 오간 고려 상인들의 수익률은 대략 100% 정도로 추산된다. 좀 더 큰 이윤을 창출하고자 하는 욕구와 그것을 가능하게 해 준 몽골제국 시기의 교역 환경은 고려의 상인들이 『노걸대』의 상인처럼 사기를 당하기도 하고 노숙을 하기도 하는 힘들고 긴 여정을 마다하지 않게 했고, 그들이 거쳤던 행로와 과정의 고단함, 성취의 단맛은 여러 이유로 국경을 넘고자 하는 이들을 위한 한어교재의 내용을 구성해 지금까지 전한다.

요동하는 동아시아, 고려에서 조선으로

고려의 정치부터 사회 전반에 이르기까지 큰 영향을 미쳤던 몽골과의 관계는 100여 년 유지된 끝에 변화했다. 이는 원의 정치적 상황에 맞물려 한인 반란세력이 성장하면서 결국 그간 몽골제국이 형성하고 유지했던 세계질서가 동요하는 과정과 맞물려 있었다. 그리고 이는 다시 한반도에서도 고려에서 조선으로의 왕조교체로 이어지게 된다. 1354년(공민왕 3) 고우성高郵城에 근거한 반란세력을 토벌하기 위해 원 조정에서 대군을 파견해 치른 전투와 이어지는 1356년 공민왕이 행한 일련의 개혁 조처는 고려-몽골 관계가 전환하는 데 중요한 하나의 계기가 된다.

1340년(충혜왕 1) 몽골 황제 순제의 황자를 낳고 제2황후로 책봉된 고려 여인 기씨, 기황후를 배경으로 그 가족인 기씨 일가는 고려에서 그 정치적 존재감을 키워 갔다. 이러한 상황은 그간 몽골 황제권과의 관계를 통해 국왕권의 기반을 다져 왔던 고려국왕으로서는 황제권과 더 긴밀하고 강고한 관계를 형성한 고려인, 고려 가문의 등장이라는 점에서 큰 부담이 되었다. 특히 공민왕 즉위 직후인 1350년대 초반, 기황후는 그 아들의 황태자 지위를 안정시키고 나아가 그를 황제위에 세우기 위한 여러 정치적 시도를 하고 있었다. 이러한 와중에 대군을 이끌고 고우성으로 향하던 승상 톡토가 기황후 측과의 불화로 인해 소환되고 몽골의 대군이 공중 분해되는 사건이 발생했다.

기황후 측의 움직임에 대한 경계심과 톡토의 실각으로 인해 당분간은 몽골 조정이 혼란할 것이라는 예상 속에서, 공민왕은 기철 등 기씨 일가 구성원 및 그 세력을 죽이는 것을 시작으로 일련의 개혁 조처를 단행했다. 사태를 파악한 원은 공민왕을 질책하며 군사적 응징의 뜻을 비추었지만 실제 공격이 이루어지지는 않았고, 곧이어 고려와 몽골의 관계는 재개되었다. 그러나 이 관계는 이전에 비해 상당한 변화를 수반하게 되었고, 이에 이 1356년 공민왕의 개혁 조처를 '반원개혁' 혹은 '탈원脫元·이원離元 정책'이라고 부른다.

한편, 몽골제국이 동요하는 가운데 등장한 왜구, 홍건적 등의 활동으로 고려는 군사적 위협을 받게 된다. 이미 1350년대 초부터 고려 해안 및 내륙 각지가 왜구의 공격을 받았고, 1359년과

1361년에는 두 차례에 걸쳐 홍건적의 침입을 받았다. 두 차례 모두 고려군의 승리로 귀결되었으나, 1361년 2차 침입은 당시 공민왕이 복주福州, 지금의 안동으로 피난하고, 돌아오는 길에 시해 위협을 받는 등 고려에 큰 타격이 되었다. 이러한 일련의 군사적 상황을 수습하는 과정에서 고려에서는 최영, 이성계 등으로 대표되는 무장세력이 성장하게 된다.

몽골에서는 다양한 분파를 가진 홍건적 세력 가운데 한 세력을 이끌던 주원장이 1367년 명을 건국하고 이듬해 몽골의 수도 대도를 점령했다. 소식을 접한 고려는 곧 명에 사신을 파견했고, 1369년 명 황제 주원장의 친서를 받은 후 몽골의 연호 사용을 중지하고 1370년 명의 홍무 연호 사용을 선포하면서 관계의 대상을 원에서 명으로 변경했다.

공민왕은 1356년의 개혁 이후로도 1365년 신돈을 등용해 무장세력을 포함한 권세가를 숙청하고 사회·경제적 개혁을 추진하게 하는 등 왕권의 재구축을 위해 노력했으나 성과를 거두지 못하고 1374년 시해되었다. 그러나 공민왕 대에 재건한 성균관을 중심으로 정치세력화한 신흥유신은 이후 정국 변화 속에서 성장, 분기하며 정국의 변동을 이끌어 가게 된다.

우왕이 즉위한 초기 정국에서 소외되었던 신흥유신은 1388년(우왕 14) 위화도 회군을 계기로 복귀했다. 1387년 당시 요동 방면으로 세력을 확장하고 있던 명은 몽골과의 관계 속에서 쌍성총관부가 설치되었던 지역에 철령위를 설치하겠다고 통보해 왔고, 우왕과 최영은 요동정벌을 계획했다. 그러나 군사를 총괄하게 된 이성계는 이른바 '4불가론'을 내세우며 요동정벌이 불가함을 논한 끝에 결국 1388년 위화도에서 회군했고, 이어 우왕과 최영을 몰아냈다.

이 위화도 회군은 우왕 즉위 초반 정국에서 소외되었던 신흥유신들이 복귀하는 계기가 되었는데, 이들은 이후 개혁 방향을 두고 분기했다. 1388년 위화도 회군 직후에 조준이 올린 상서문에는 고려의 사전私田을 혁파하고 수조지收租地를 재편성할 것에 대한 건의가 담겨 있었다. 이에 대해서는 신흥유신 가운데에도 반대하는 세력이 있었으나, 결국 수조지를 재편성해 1391년(공양왕 3) 과전법이 시행되었다. 그리고 이듬해인 1392년, 공양왕이 정권과 군사권을 장악한 이성계에게 왕위를 넘김으로써 고려에서 조선으로의 왕조교체가 이루어졌다.

— 이명미

생각 더하기

1. ‘원간섭기’와 ‘몽골복속기’라는 용어는 어떤 맥락에서 사용되었을까?
2. 공민왕의 개혁은 ‘반원개혁’일까?

참고문헌

박현희, 『소주의 세계사』, 서울대학교출판문화원, 2023.
이명미, 『고려·몽골 관계 깊이 보기』, 동북아역사재단, 2022.
이명미, 『고려, 몽골에 가다』, 세창미디어, 2022.
정요근 외, 『고려에서 조선으로』, 역사비평사, 2019.

새로 보는 韓國史 한국사

III. 조선시대

1. 성리학으로 설계된 나라

고려말기는 지배층의 토지겸병과 양민의 불법적인 점유로 인한 혼란이 심각하였다. 개혁의 시도는 있었으나 성과는 부족하였다. 국제 정세도 원元의 약화와 명明의 건국으로 변화를 맞이하고 있었다. 이러한 혼란을 수습하는 과정에서 이성계를 중심으로 하는 무장세력과 불교를 비판하며 성리학을 새로운 사상으로 내세운 정도전 등의 신진사대부들은 새로운 정치세력으로 결집하였다.

고려시대 농민을 가리키는 '백정白丁'은 국왕에게 직접 부여받은 의무가 없다는 뜻이었다. 국가가 아닌 고을 단위의 결속력이 강조되는 이러한 개념은 농민에 대해 권력층의 사적인 지배를 가능하게 하였다. 이에 반해 성리학에서는 백성이 나라의 근본이라는 민본民本 사상이 강조되었다. 백성은 국왕의 백성으로 재해석되고 국가의 직접적인 지배를 받게 되었다. 행정적으로도 수령을 파견하는 고을[주현主縣]이 증가하며 국가의 일률적인 통치가 확대되었다.

조선은 성리학적 이념을 바탕으로 공공성을 강조하여 국가를 설계하고 이를 운영하기 위한 제도와 법률을 정비하였다. 초법적인 존재인 국왕은 경연이라는 제도를 통해 신하들과 함께 학문과 국정을 논의할 수 있도록 하였다. 관료들은 과거를 통하여 선발하였으며 유교 경전을 과목으로 설정하였다. 과거에 합격하기 위해서는 성리학에 대한 깊은 이해가 필요하였고 이는 조선 사회의 유교화에 큰 영향을 주었다.

조선은 새로운 사회를 지향하였다. 그러나 조선의 건국이 고려 사회와의 단절을 뜻하는 것은 아니었다. 태조는 즉위교서에서 의장과 법제는 고려를 따른다고 하였다. 고려에서 시행된 다양한 개혁을 계승하면서 새로운 사회를 만들고자 하였다. 고려에서 조선으로의 전환은 장기간에 걸쳐 진행되었다.

조선의 건국과 국가 설계

고려말은 사회적 혼란과 국제 정세의 변동으로 인해 변화가 요구되고 있었다. 내부에서는 권문세족이 농장을 확대하여 토지와 농민을 사적으로 점유하면서 농민들의 저항과 지배층의 갈등이 발생하였다. 외부적으로는 주원장이 명나라를 건국하고 원 제국 중심의 국제질서를 흔들고 있었으나 외침에 대해 국가는 무기력하였다.

국제 정세의 혼란은 홍건적의 난과 왜구의 침입을 가져왔고 행정력과 통제력이 무너진 국가를 대신하여 신흥 무장세력이 성장할 수 있는 배경이 되었다. 특히 이성계는 동북면 지역의 독자적인 무력 기반을 바탕으로 원에 빼긴 영토를 회복하고 외침을 방어하는 데 공을 세우며 새로운 세력으로 부상하였다. 신진사대부들은 내부적으로 사전私田 개혁을 통하여 민생을 안정시키고 자신들의 기반을 확보하였으며 대외적 상황에서도 권문세족과는 입장의 차이를 보였다.

이성계에게 신진사대부들이 가담하면서 이들은 고려말의 사회 개혁을 실현할 수 있는 구상과 능력을 갖추게 되었다. 1392년 7

월 이성계가 백관의 추대로 왕위에 오르며 새로운 왕조가 개창되었다. 국호를 조선朝鮮으로 바꾸고, 수도를 한양으로 옮겼다. 조선 건국의 명분과 정치 방향은 태조의 즉위교서에 자세히 나타난다. 즉위교서는 신진사대부들의 의지와 이성계의 동의를 바탕으로 정도전이 작성하였다.

태조는 즉위교서에서 고려 왕실은 명분을 잃었음을 강조하고 조선의 개창은 천명天命을 받들고 민심을 따르는 것임을 밝혔다. 동시에 문무 양반兩班을 중심으로 유지되는 관료 사회를 위해서 올바른 인재를 선발하기 위한 과거제도를 강조하고, 성리학을 바탕으로 하는 유교 사회를 지향함을 드러내었다. 즉위교서에서 드러난 방향성을 바탕으로 민심을 안정시키고 새 왕조의 지속성을 확보하기 위해 노력하였다. 그 과정에서 고려말에 표출된 다양한 사회적 요구의 일부를 수용하여 법과 제도를 정비하였다.

조선초기의 관료 조직과 제도는 국왕을 정점으로 하는 관료제의 형태로 만들어 가는 과정이었다. 도평의사사를 해체하여 그 권한과 기능을 분산하였다. 의정부議政府를 설치하고 6조六曹의 장관인 판서의 지위를 정2품으로 올렸다. 의정부는 국가의 중요 정책을 의논하여 합의하는 역할을 하였고, 6조는 결정된 정책을 수립하고 집행하는 기구로 자리 잡았다. 국왕과 관료들을 견제하기 위한 감찰기관으로 사헌부司憲府와 사간원司諫院을 설치하였다. 사헌부는 관료들의 감사 및 탄핵 등을 주로 담당하였고, 사간원은 국왕에 대한 간쟁을 맡았다. 세조 시기에 설치된 홍문관이 성종에 의해 학술·언론기관이 되어 경연을 담당하면서 공론을 주도하는 삼사三司가 완성되었다. 이 외에도 국왕의 비서기관인 승정원, 죄인을 다스리는 의금부, 교육 기관인 성균관 등이 설치되었다.

지방 행정조직의 정비도 이루어졌다. 고려는 한정된 군현에 수령을 파견하고 있었다. 수령이 파견되지 않는 지역은 향리들이 행정의 실무를 자치적으로 시행하고 있었다. 안찰사를 5도에 파견하여 감독하였으나 역할이나 품계에서 한계가 있었다. 조선은 직접적이고 일률적인 지방 통치를 원하였다.

전국을 8도로 나누고 부府·대도호부大都護府·목牧·군郡·현縣으로 등급을 구분하여 330개의 군현을 설치하였다. 각 도에 파견된 관찰사는 2품의 고관이 파견되었고 임기는 1년이었다. 관찰사는 도내 수령을 감독하며 행정과 사법을 총괄하였다. 군현에는 등급에 따라 종2품에서 종6품까지의 수령이 파견되었다. 수령은 행정권과 사법권을 행사하였고 출신지에는 임명하지 않는 상피제相避制가 적용되었다.

조선 건국의 주체들은 국가의 통치와 운영에서 법치의 원칙을 강조하였다. 법이란 '천하가 함께 공유하는 것所公共'이라는 인식을 자주 표현하였다. 제도의 정비와 함께 법령을 만들고 바꾸기를 거듭하면서 법제를 정비하였고 독자적인 법전의 편찬으로 이어졌다.

즉위교서에서 형법은 『대명률大明律』을 따를 것을 밝히고 곧바로 『대명률직해』를 간행하였다. 조선 건국의 주역인 정도전은 『조선경국전朝鮮經國典』을 저술하였다. 『주례周禮』의 육전체제를 기본으로 조선의 현실에 맞게 정비하고, 국가를 다스리는 요지를 설명하며 조선이라는 국가의 토대를 제시하였다. 1397년(태조 6)에는 공적인 법전으로 정부의 조직이나 행정법규를 담은 『경제육전經濟六典』이 반포되었다.

새로운 법령이 쌓이고 수정하는 과정을 거치면서 당시까지의 모든 법을 종합하여 정리한 『경국대전經國大典』이 완성되었다. 조직적이고 통일적인 『경국대전』의 편찬으로 법치주의에 입각한 통치 규범의 체계가 확립되고, 조선의 고유한 법률을 성문화하여 향후 중국 법률의 지나친 영향을 제한할 수 있었다.

시대의 변화에 따라 『대전속록大典續錄』·『수교집록受敎輯錄』 등과 같은 법령집과 『속대전續大典』·『대전통편大典通編』·『대전회통大典會通』 등의 법전이 편찬되었다. 그러나 『경국대전』의 기본이념과 조문은 '선대의 임금이 만든 법祖宗成憲'으로 계속 이어졌다.

법전은 국가의 운영에 필요한 기본적인 제도와 규정을 담고 있다. 그러나 『경국대전』에는 국왕에 대한 규정이 없다. 국왕은 법령 규정의 대상이 아니라는 것이다. 상징적으로나 법령의 체제에서나 국왕은 입법과 사법, 행정과 정치 운영을 총괄하는 존재이다. 신진사대부들의 국왕의 정치적 역량 강화와 견제는 법률이 아닌 경연과 삼사라는 제도를 통해 이루어졌다.

국왕 만들기

경연은 기본적으로 국왕이 학문을 공부하도록 하는 제도이다. 조선의 국왕은 정치의 중심이자 일원적인 관료체제의 정점에 있는 존재였다. 법률을 초월한 국왕에 대해 제도적으로 언론기관인 삼사로서 공론을 통한 견제를 하였다. 동시에 경연을 통하여 국왕의 자질을 완성하고 정책을 토론하는 장을 마련하였다.

유학, 특히 성리학적 사상을 가진 사림士林들은 수기치인修己治人의 논리에 따라 국왕에게 자신의 수양을 통하여 사사로움을 제거하고 공정함을 추구할 것을 요구하였다. 이를 위해 신하들은 국왕의 학문 수양을 강조하고 경연에서의 소통과 교육을 통해 군주의 역할을 가르치려고 하였다.

경연은 중국 한漢나라에서 시작되어 당唐·송宋을 거치면서 제도가 정비되고 강의 교재도 체계화되었다. 경연은 고려에서부터 도입되었으나 제도적인 정비와 함께 본격적으로 운영된 것은 조선이었다. 조선의 경연은 제도를 넘어 '경연 정치'라고 할 정도로 중요한 정치협의기구이자 소통 창구로서의 역할을 하였다.

경연 제도는 세종 대를 거쳐 성종 대에 정비가 이루어졌으며 이후 운영의 차이가 있기는 하지만 큰 틀은 비교적 그대로 유지되었다. 참여하는 관원은 세 명의 정승들이 영사領事를 겸직하고, 대신들이 지사知事와 동지사同知事를 겸직하였다. 경연 운영의 핵심인 참찬관參贊官은 승지와 홍문관 부제학弘文館副提學이 맡았다. 시강관侍講官, 시독관侍讀官, 검토관檢討官, 사경司經, 설경說經, 전경典經 등의 관직은 홍문관의 관원들이 담당하였다.

경연은 특별한 사유가 없는 한 매일 실시하였는데 하루에 세 번 또는 두 번을 열었다. 경연을 하는 시간에 따라 조강朝講·주강晝講·석강夕講이라고 하였으며 이 외에도 임시로 강연관을 불러서 여는 소대召對와 야간에 실시하는 야대夜對가 있었다.

경연에서 강의하는 교재는 경전인 사서四書와 오경五經, 역사서인 『자치통감資治通鑑』 등이 기본서였다. 그 밖에 『성리대전性理大全』·『근사록近思錄』·『심경心經』·『대학연의大學衍義』·『국조보감國朝寶鑑』 등도 사용되었다. 수업은 전날 배운 내용을 복습하는 것으로 시작되었다. 강의 방식은 한 사람이 교재의 원문을 읽고, 번역과 설명을 하고, 이후 왕이 질문을 하고 다른 참석자들이 보충하여 설명하는 방식으로 이루어졌다.

강의가 끝난 뒤에는 국왕과 참석자들이 정치 문제를 협의하였으므로 경연은 정책기구의 역할을 하였다. 특히 대신과 대간이 참석하는 조강의 역할이 더욱 컸다. 교재에 대한 강의와 토론은 그대로 당시의 다양한 이슈에 적용되었으며 신하들은 이를 통해 국왕을 비판하기도 하였다.

국왕은 일방적으로 가르침을 받는 것이 아니라 함께 공부하며 질문하였다. 국정 논의에서도 국왕은 신하들과 함께 자신의 의견을 피력하고 논쟁하였다. 경연의 방식이나 참여 관원, 교재의 선정과 국정 논의에서 국왕의 동의와 승인이 매우 중요하였다. 경연이라는 제도의 효율적인 운영에는 신하들의 역할과 함께 국왕의 의지도 크게 작용하였다. 따라서 조선후기 왕권이 강화되자 중기까지 공론을 주도하며 경연을 통해 국정에 참여하던 산림山林의 영향력이 줄어들고 국왕이 경연을 주도하기도 하였다.

조선시대 폭군과 혼군으로 각각 평가받는 연산군과 광해군은 경연에 소홀한 대표적인 왕이었다. 연산군은 병을 핑계로 경연에 빠지고 연회에 참석하거나, 자신 대신 내시에게 수업을 받게 하기도 하였다. 광해군 재위 15년 동안 경연이 열린 날은 10여 일이다. 광해군은 병이나 날씨를 핑계로 경연은 빠지고 중죄인을 심문하는 친국親鞫에는 열심히 참여하여 비판을 받았다. 경연을 소홀히 한 연산군과 광해군이 독단적으로 정국을 운영하였고, 결국 반정反正을 통해 권력에서 물러났다는 사실은 경연의 중요성을 상징한다. 이와는 달리 성군으로 평가받는 성종은 재위 25년 동안 9,000회가 넘는 경연을 실시하였는데, 이는 주당 평균 7회 정도로 매일 한 번의 경연에 참석한 꼴이다.

경연은 중국과 고려에도 존재하는 제도였다. 조선은 이를 적극적으로 활용하고 제도화하였다. 경연을 통하여 신하들은 국왕에게 군주의 역할과 의무를 가르치며 이상적인 군주상을 제시하였고, 국가 운영에서 국왕의 자의적인 권력 행사를 견제할 수 있었다. 경연은 국왕을 교육하는 장이자 국왕과 신하가 국정 방향과 현안에 대해 설득하고 조정하는 역할을 하였다.

관료가 되는 길

조선의 관료 선발 방법에는 지원자의 실력을 시험으로 증명하는 과거科擧, 가문의 배경에 의해 선발되는 음서蔭敍, 누군가의 추천을 받아서 관직에 나아가는 천거薦擧 등이 있었지만, 주로 과거 시험을 이용하여 관료가 선발되었다.

과거시험은 문과·무과·잡과가 있었다. 문과는 문관 선발 시험으로 지원자의 학술적인 소양과 문장 제술 능력을 평가하였다. 무과는 무관 선발 시험으로 병서에 대한 지원자의 이해 및 무예 실력을 평가하였다. 잡과는 통역, 의학, 천문·풍수·점복, 형률과 관련한 관리를 선발하는 시험이었다.

고려 때에는 본인의 능력과 상관없이 가문의 배경으로 관리를 선발하는 음서가 더 성행하였고, 무과는 1390년(공양왕 2)부터 실시되어 고려에는 아무런 영향이 없었다. 조선에서는 음서를 통한 관직 진출에 제약이 있었는데, 사헌부·사간원·홍문관·예문관의 직책에는 오를 수 없었고, 2품 이상 관리의 자제들로 제한되었다. 따라서 과거시험이 관료 선발에 절대적인 역할을 하였다.

문과는 소과와 대과가 있는데, 소과는 생원시와 진사시로 나누어졌다. 이 안에 각각 초시와 복시가 있었는데, 초시는 각 지방에서, 복시는 한양에서 치러졌다. 합격자는 각각 100명이었고, 초시와 복시 사이에 학례강學禮講이라는 중간시험이 있었다. 합격자에게는 합격증서인 백패白牌를 주었다. 대과는 문신을 선발하는 시험으로, 초시·복시·전시의 3단계가 있었다. 초시는 성균관의 관시館試, 한양의 한성시, 지방의 향시鄕試로 나누어져 있었고, 복시는 한양에서 치러졌다. 초시와 복시 사이에 전례강典禮講이라는 중간시험이 있었다. 합격자는 각각 33명이고, 왕 앞에서 치러지는 전시를 통해 순위를 결정하였다. 갑과 1등이 장원이었다. 합격자에게는 합격증서인 홍패紅牌를 주었다. 무과 역시 초시·복시·전시의 3단계가 있었다. 잡과는 초시·복시의 2단계로 시험이 치러졌다. 시험은 보통 3년마다 한 번씩 시행하였는데, 이를 식년시式年試라고 하였다.

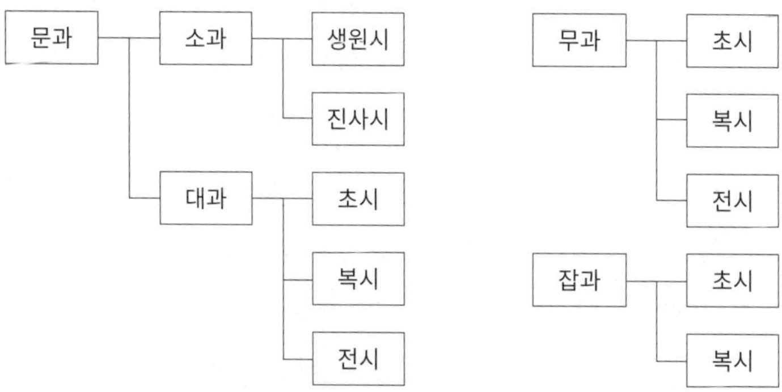

조선시대 과거 제도

이 외에 비정기시험으로 증광시增廣試·알성시謁聖試·별시別試·정시庭試 등이 있었다. 증광시는 국가의 큰 경사가 있을 때 실시되었고, 알성시는 왕이 봄가을에 성균관의 문묘에 참배한 후 명륜당明倫堂에서 주로 성균관 유생을 대상으로 하여 실시되었다. 별시는 국가의 보통 경사가 있을 때 실시되었는데, 예고 없이 진행되어 한양과 그 근처에 거주하는 양반의 합격률이 훨씬 높을 수밖에 없었다. 정시는 제술 하나로 치러졌으며, 선조 이후 독자적인 시험으로 승격되었다.

조선의 지배층인 양반兩班의 원래 의미는 '두 개의 반'으로 '문반'과 '무반', 즉 관료이다. 따라서 관료에게 주어지는 혜택은 원래 관직자 본인만 받을 수 있었지만, 경제적으로 여유가 있는 양반들과 이들의 자손들은 과거시험 준비를 잘하여 대를 이어 관료가 될 수 있었다. 양반들은 관료예비군이자 경제적으로 풍족한 이들로, 자신들을 다른 계층과 차별화하였다. 따라서 조선에서 지배층으로 살아가기 위해서는 관료가 되어야 했다.

조선초기에는 과거 합격자가 한양 쪽에 집중되어 한양 출신이 전체 합격자의 절반쯤 차지하였다. 17세기에는 수적으로 한양과 지방 사이의 격차가 줄어들었으나, 정기적인 식년시는 지방 출신, 비정기적인 시험은 한양 출신이 중심이 되었다. 18세기 이후 식년시는 관료 선발이라는 고유의 기능을 상실하였고 지방 유생을 위한 시험으로 바뀌었으며, 비정기적인 시험이 전국을 포괄하게 되었고 한양 쪽의 문과 합격자가 급격히 증가하였다. 한양과 지방의 정치·경제·사회·문화 등 모든 방면에서의 격차가 심화되는 '경향분기京鄕分岐'의 흐름 속에서 한양 쪽의 사족들은 지방 출신과 구분하기 위해 '경화사족京華士族'이라 하였다.

조선의 과거는 관료 선발 방식으로서 절대적인 중요성을 지녔고, 양반 지배층을 더욱 두텁게 하는 데에 기여하였다. 그뿐만 아니라 생원과 진사라는 국가적 학위를 공인해 주는 구실도 담당하였다.

조선후기로 갈수록 과거시험 합격자는 증가하였지만 관직은 한정되어 있었고, 문과를 통한 관료 선발이라는 의미는 퇴색하였다.

즉, 관료의 임명에서 한양과 지방의 차이가 더욱 심화되어 과거에 합격하고도 관직에 임용되지 못하는 경우가 많았고, 정당한 방법으로 과거에 합격하는 것도 어려워졌다.

『경국대전』에는 응시자의 협책挾冊, 차술借述과 대술代述, 문제 누설과 공모, 감독 태만에 대한 처벌 규정이 있었고, 『속대전續大典』에는 시험장에 마음대로 들어가는 것, 시험지를 바꿔치기하는 것, 난동을 부려 시험장을 파장罷場시키는 것, 시험지를 대신 써 주는 것 등에 대한 처벌 규정이 있었다.

1818년(순조 18) 이형하李瀅夏는 과거의 8가지 부정행위를 지적하였다. ① 차술차작借述借作은 남의 글을 베끼거나 남이 글을 대신 지어 주는 것이다. ② 수종협책隨從挾冊은 시중드는 사람들이 책을 가지고 시험장에 들어가거나, 응시자가 직접 가지고 들어가 베껴 쓰는 행위이다. ③ 입문유린入門蹂躪은 시험장에 아무나 들어가는 것이다. ④ 정권분답呈券分遝은 답안지를 바꿔서 제출하는 행위이다. ⑤ 외장서입外場書入은 시험장 밖에서 답안을 미리 써서 들어가는 것이다. ⑥ 혁제공행赫蹄公行은 시험관이 문제를 응시자에게 미리 가르쳐 주거나 응시자가 시험관과 짜고 자신의 답안지를 알아볼 수 있게 하는 행위이다. ⑦ 이졸환면출입吏卒換面出入은 시험장을 경비하는 관리들이 응시자에게 답을 알려 주는 것이다. ⑧ 자축자의환롱字軸恣意幻弄은 답안을 마음대로 조작하고 농간을 부리는 행위이다.

이 밖에 시험을 볼 때 응시자뿐만 아니라 선접군, 거벽巨擘, 사수寫手가 한 접(팀)이 되어 함께 시험장에 들어가는 경우도 있었다. 선접군은 먼저 시험장에 들어가 시험문제를 빨리 볼 수 있는 곳이나 답안지를 빨리 낼 수 있는 곳에 우산이나 막대기를 세워 자리를 잡았고, 거벽은 전문적으로 과거 문제를 풀었으며, 사수는 답안지의 글씨를 대신 써 주었다.

과거가 점차 공정성을 잃게 된 것은 왕과 양반의 정치적 의도가 깊이 개입되었기 때문이다. 비정기 시험을 많이 증설하여 합격자를 많이 배출하여 양반에게 유리하게 하였고, 왕은 실추된 왕권을 회복하는 도구로 삼았다. 양반 중에서도 소수의 가문과 사람들만 살아남았고 나머지는 경제적인 뒷받침이 없으면 도태되었다.

과거는 조선에서 큰 역할을 하였다. 첫째, 왕권 안정과 중앙집권적 통치 체제 강화에 영향을 미쳤다. 둘째, 과거를 통해 문치주의가 강화되었다. 셋째, 많은 인재가 과거를 통해 등장하였다. 넷째, 과거는 사회적 변동에 일정한 영향을 미치면서 교육에 자극을 주었다. 다섯째, 과거는 유교화에 큰 영향을 끼쳤다.

신분과 계급

조선의 신분제는 법적으로 양천제良賤制였다. 양인은 국가의 공민으로 교육을 받고 과거시험을 볼 수 있는 보편적인 권리를 인정받았고, 국가에서 부과하는 조세·공납·군역·요역 등을 부담할 의무가 있었다. 천인은 대체로 국가나 개인에게 예속된 노비로, 주인에게 노동력이나 그 대가를 제공해야 했다. 천인은 양인처럼 과거에 응시할 수도 없고 관리가 될 수도 없었으며, 같은 죄를 짓더라도 양인보다 무거운 처벌을 받았다.

고려 때의 백성들은 지방의 향리들이 부여한 역을 담당하였기에 이들은 고을의 백성이었다. 그러나 고려후기 원元에서 성리학이 들어오면서 백성이 나라의 근본이라는 민본民本 이념을 국가적 차원에서 실현하는 것을 목표로 하게 되었고, 국가에서 각 고을의 백성들을 파악하기 시작하였다. 이는 국가에 의무를 지닌 대상을 모두 양인으로 파악하여 이를 적극적으로 국가 체제 내에 끌어들이려는 노력 속에서 나타난 역사적 현상이었다. 조선 초에는 노비가 아닌 사람은 모두 양인으로 파악하였고, 그 결과 양인의 수가 증가하여 국가 재정을 안정화하는 데에 기여하였다.

양인은 다시 양반과 중인, 평민으로 나누어 볼 수 있는데, 이것은 법제적 신분이 아닌 사회 통념적 계급이다. 양반은 신분적으로 주어지는 기득권이 거의 없었기 때문에 현실적으로 과거 합격이 중요하였고, 과거에 합격을 해야 자신의 지위를 상승·유지할 수 있었다.

조선후기에는 한양에 거주하는 소수의 양반들이 정치 권력을 장악하였다. 따라서 지방의 양반은 자신들에게 제도적으로 보장된 것이 많지 않아서 자신의 지위와 세력을 유지하기 위해 과거시험에 합격하는 것을 목표로 삼는 것이 아닌 다른 활동을 하였다. 비슷한 입장의 가문들끼리 힘을 합치기 위해 혼인 등을 이용하였고, 한 가문 안에서의 연대를 강화하기 위해 조상 현창과 문중 활동 등을 통해 사회적인 결속을 하면서 향촌 사회에서 지도층으로서의 위치를 이어 가며 자신의 신분을 계속 유지하였다.

중인은 양반 아래에 있는 계층이다. 기술직 관료는 국가의 업무를 담당하는 사람들로 잡과를 통해 선발되었지만, 문무 관료보다 지위가 낮고 승진에도 제한이 있었다. 따라서 서얼이나 양인 자제들이 주로 하였다. 또한 여러 관서에 근무하는 서리나 지방 관아 소속의 향리도 중인들이었다.

조선후기에는 중인층도 자신의 사회적 지위를 높이기 위해 노력하였다. 서자는 영조와 정조 때에 통청운동으로 관직 진출이 허용되었고, 철종 때에 서자의 청요직 진출이 완전하게 허용되었다. 기술직 중인 중 역관은 청나라나 일본과의 무역으로 많은 재산을 모았고, 새로운 문화 수용의 주체로 활동하였다. 지방 향리의 경우 특정 가문이 향촌 사회를 주도하게 되었고, 자신뿐 아니라 자손의 사회적 지위 향상을 위해 노력하였다.

평민은 국가에 국역을 담당해야 하는 의무가 있었다. 법적으로는 양인이어서 과거에 응시하여 관료가 될 수 있었지만, 이들 대다수는 생계를 유지하기도 힘들었다. 대부분 농업에 종사하였고 일정 기간 동안 군역을 졌다. 또한 전세·공납·요역 등 각종 세금을 부담하였다.

조선후기에는 양반층이 일부 증가하였다. 이들은 경제적으로 여유가 있었던 중인 및 평민으로 사회적 지위 및 신분의 상승을 위해서 노력하여 양반이 되기도 하였다. 그러나 양반은 법적인 신분이 아니라 사회적 관념의 산물이었기에 양반과 같은 대우나 인정을 받기 쉽지 않았다. 반면 정치적·경제적인 이유 등으로 인해 몰락하는 양반도 있었다. 이들은 향반鄕班이나 잔반殘班이 되어서 양반의 지위는 유지하였지만 제대로 된 대우를 받지 못하였다. 따라서 이 시기에는 신분이 끝까지 유지되는 경우도 있었지만, 신분 자체가 뒤섞여 혼란스러운 상황이 나타나기도 하였다.

천인인 노비는 사회의 가장 최하층이었다. 노비는 크게 공노비公奴婢와 사노비私奴婢로 나눌 수 있는데, 공노비는 국가 혹은 공공기관에 소속되어 있는 노비이고 사노비는 개인에게 소속된 재산이었다. 한 번 노비가 되면 대를 이어서 노비가 되었고, 부모 중 어느 한쪽이 양인과 혼인하더라도 그 자녀는 모두 노비가 되었다. 노비는 예속된 존재였지만 주인과 따로 사는 외거노비는 주인과 함께 사는 솔거노비보다 자유로웠다. 외거노비는 자신의 의무인 신공만 주인에게 납부하면 평민과 다름없이 생활할 수도 있었다. 자신의 재산을 소유할 수 있어서 자신의 자녀들에게 재산을 나누어 줄 수 있었으며, 속량贖良이라는 자신의 몸값이나 자신을 대신할 노비나 자신의 몸값을 지불하는 공식적인 절차로 노비에서 벗어날 수도 있었다.

1731년(영조 7) 종모법의 제정으로 노奴와 양인 여성 사이에서 태어난 자녀는 어머니의 신분을 따라 양인이 되었고, 이후 공·사노비 모두 줄어들었다. 공노비의 신공과 양인의 군역이 각각 1필로 동일해졌고, 공노비를 유지하는 것이 현실적으로 의미가 없게 되어 1801년(순조 1) 내시노비가 혁파되었다. 또한 사노비의 지속적인 감소로 인해 1886년(고종 23) 노비세습제가 폐지되었고, 1894년 신분제가 폐지되면서 노비는 법적으로 사라졌다.

— 김영나·송석현

생각 더하기

조선에서 권력을 견제하는 제도는 어떻게 만들어졌을까?

참고문헌

권내현, 「조선 후기 신분 변동론 그 이후」, 『조선시대사학보』 105, 2023.
박현순, 『조선 후기의 과거』, 소명출판, 2014.
정요근 외, 『고려에서 조선으로 – 여말선초, 단절인가 계승인가』, 역사비평사, 2019.
차미희, 『조선시대 과거시험과 유생의 삶』, 이화여자대학교출판부, 2012.
한국사연구회 지음, 『시민의 한국사』 1, 돌베개, 2022.

2. 민생을 위한 과학과 기술

하늘을 보고 시간을 알려 주다

옛날부터 밤하늘에서 벌어지는 신비로운 천문 현상은 많은 사람의 관심사였다. 특히 전통시대의 통치자는 관상수시觀象授時의 임무를 진 사람으로서 하늘의 변화에 민감했으며, 이를 해석하여 통치 지배의 정당성을 확보하거나 미래를 점치곤 했다.

조선 왕조가 개국한 지 4년이 되던 해(1395년), 조선에서 새로운 천문도를 제작했다. 조선을 건국한 태조太祖 이성계李成桂는 권근權近, 유방택柳方澤 등에게 고구려의 별자리 그림을 계승한 〈천상열차분야지도天象列次分野之圖〉를 만들도록 했다. 〈천상열차분야지도〉는 12차의 분야에 차례로 별자리를 배열한 그림을 말한다. 모두 1,467개의 별이 그려져 있다.

조선에서 기상 업무와 천문학 연구를 담당한 기관은 관상감觀象監이다. 조선의 관상감은 고려의 서운관書雲觀을 계승하여 설치되었으나, 전문적인 관측을 위하여 천문 관측대를 설치하는 등, 보다 조직화된 기구로 정비되었다. 재상災祥과 역일曆日을 알리는 역할을 했고, 역서曆書를 발간하였으며, 일식과 월식 등의 천문 현상을 예보했다.

역법曆法은 천체 운행의 원리를 계산하여 시간을 구분하고 날짜의 순서를 매기는 것을 말한다. 여기에는 별의 이동, 일·월식의 주기를 계산하는 일 등이 포함된다. 일찍부터 역법이 발달한 곳은 아라비아다. 아라비아의 기술은 실크로드를 통해 중국으로 전해지고, 몽골 제국元으로 이어졌으며, 이는 고려로 전해졌다.

달력을 만드는 일은 선진적인 기술로, 우리나라에서는 오랫동안 중국으로부터 달력을 받아서 썼다. 전통시대에 역曆을 주고받는 행위는 국가 간의 관계를 보여준다. 역대 중국 왕조는 다른 국가에 역을 하사함으로써 정치적 지배와 복종 관계를 확인했다. 역이 두 왕조가 서로 위계적인 관계임을 확인하는 매체로 활용되었던 것이다. 고려에서는 당나라의 선명력宣明曆과 원나라의 수시력授時曆을, 조선 초기에는 명의 대통력大統曆을 받아들였다.

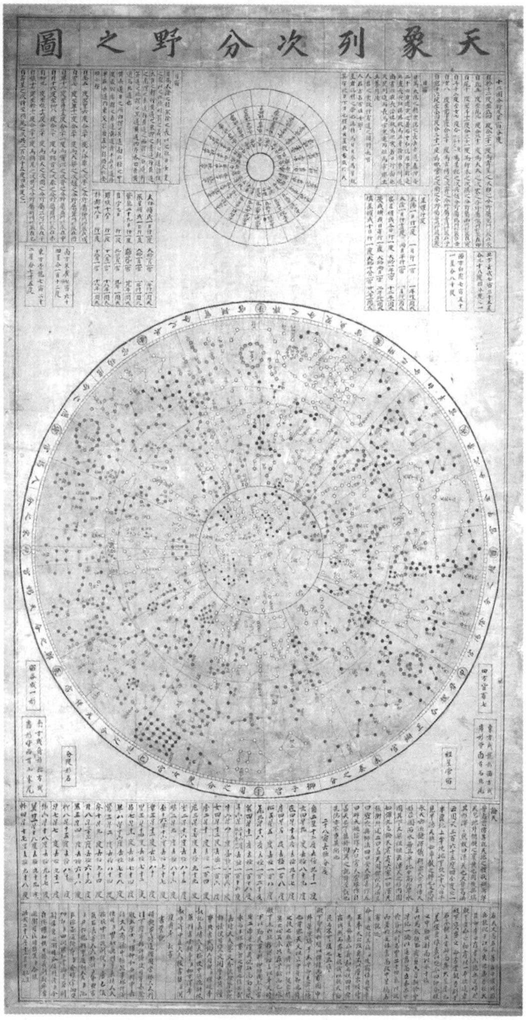

〈천상열차분야지도〉

하지만 중국 대륙과 한반도는 경위도상으로 거리가 있어서 자연스레 천체 운행의 관측이나 시간에서 차이가 났다. 그러므로 국내 사정에 맞는 역법이 필요했다. 이에 칠정산七政算이 탄생하였다. 칠정산은 세종世宗이 1431년(세종 13) 정흠지鄭欽之, 정초鄭招, 정인지鄭麟趾, 이순지李純之, 김담金淡 등에게 조선의 위도에 맞는 새로운 역법을 요구하면서 만

칠정산七政算
칠정七政이란 해, 달, 수성, 화성, 목성, 토성, 금성을 일컫는 말로, 천체의 운행을 정사政事에 비유한 것이다. 『칠정산』은 내편과 외편으로 구성되어 있다. 내편에서는 수시력授時曆을 이해하기 쉽게 해석하여 한양을 기준으로 해와 달, 행성의 운행을 설명하였다. 외편은 회회력回回曆을 연구하여 해석한 것이다.

들어졌다. 칠정산의 개발은 조선이 수시력과 대통력을 완전히 이해하고 새로운 역법을 고안해 낼 수 있는 수준에 도달했음을 의미했다.

그런데 시간이 지나면서 기존의 역법과 실제 현상 사이에 오차가 생겼다. 17세기에 중원의 새 주인으로 청淸이 등장하면서 새로운 국제 질서를 구축하고자 하였고, 이에 새 역을 반포하였다. 때마침 명말부터 중국에 들어와 있던 예수회 선교사인 탕약망湯若望(아담 샬)에 의해 새로운 서양식 역법인 시헌력時憲曆이 탄생했다. 1644년(청 순치 1)에 공식적으로 사용된 시헌력은 청의 새로운 국제 질서에 편입된 많은 국가에 적용되기 시작하였다.

1624년(인조 23) 관상감 제조 김육金堉은 조정에 시헌력을 사용할 것을 건의하였다. 김육의 건의 이후 조선은 10년 동안 시헌력을 습득하기 위해 많은 노력을 했고, 1634년(효종 4)에 비로소 시헌력을 공식적으로 사용하게 되었다. 그 이후에도 시헌력을 완벽히 익히기 위하여 관상감 관원을 청에 보내어 배워 오도록 했다. 1744년(영조 20)에는 새롭게 편찬한 『역상고성후편曆象考成後編』을 기준으로 역법을 변경하였다.

200여 년 동안 조선의 역법으로 기능하였던 시헌력은 1894년(고종 31)부터 태양력(그레고리력)을 사용하기로 결정함에 따라 그 임무를 마쳤다. 그럼에도 시헌력은 여전히 우리의 달력 속에서 음력이라는 이름으로 존재하며 설날이나 추석 등 우리의 명절을 알려주고 있다.

시간을 알려 주는 일도 통치자의 중요한 임무 중 하나였다. 지금처럼 분초 단위의 세밀한 시간은 아니더라도 제사나 의식을 치르는 기준이 될 시간은 필요했으며, 여러 일상을 누리기 위해서도 시간은 긴요했다.

인류가 최초로 시간을 재기 위해 만들었던 장치는 해시계이다. 가장 초보적인 형태는 막대기를 세워 놓고 시간에 따른 해 그림자의 길이를 통해 시간을 알아내는 방법이었다. 고대 문명이 일찍부터 발달했던 이집트, 메소포타미아, 그리스, 중국 등에서 이 같은 해시계를 사용하였다. 우리나라에 현전하는 해시계 가운데 가장 오래된 유물은 경주의 서라벌 경주성터에서 출토된 화강암판 해시계이다. 고구려나 백제에서도 시계를 담당한 관직이 있었다는 기록도 있다.

조선의 대표적인 해시계는 앙부일구仰釜日晷이다. '앙부'는 가마솥 모양을 의미하며 '일구'는 해시계라는 뜻이다. 앙부일구는 세종이 과학자들에게 원元나라의 곽수경郭守敬이 만든 앙의仰儀를 본따 해시계를 만들라고 명함으로써 제작되었다. 앙부일구는 대로변에 두어서 사람들이 오가면서 시간을 볼 수 있도록 설치한 대중 시계였다. 다양한 개량형도 존재하는데, 휴대용 해시계인 현주일구懸珠日晷, 정남향을 맞추어 시간을 재는 정남일구定南日晷 등이 있다. 시헌력 도입 이후에는 새로운 계산법에 맞춘 신법지평일구新法地平日晷가 제작되기도 하였다.

앙부일구가 민생을 위한 대중 시계의 역할을 했듯, 다양한 과학기물이 백성들을 위해 제작되었다. 예를 들어 측우기測雨器는 강수량을 측정하기 위해 개발된 우량계이다. 주로 농사를 지었던 당대의 사람들에게 비는 매우 중요했으므로 강우량을 정확히 읽어 내는 것은 대단히 의미 있었다. 덧붙여 조선의 측우기는 세계 최초로 국가 단위로 표준화된 기상측정기구라는 의의도 지닌다.

다만, 해시계는 날씨가 나쁘면 사용할 수 없다는 단점이 있었다. 반면 물시계는 기술이 복잡하지만 날씨와 무관하게 사용할 수 있었다. 조선에서는 1398년(태조 7)에 경루更漏가 개발되었는데, 물시계로 시간을 측정하면 그 결과를 사람이 종을 직접 쳐서 시간을 알리는 방식을 사용했다. 세종 대에 개발된 자격루自擊漏는 중국과 아라비아의 시계 기술을 도입하여 독창적으로 만든 물시계로 물의 부력 원리를 이용하여 자동으로 시보 장치를 울리도록 만든 기계식 시계였다.

자연재해, 조선을 덮치다

최근에 발생한 COVID-19의 전 세계적 유행은 우리의 많은 일상을 바꿔 놓았다. 유례없는 전염병 사태에 인류는 전 세계 사람들의 건강과 사회의 안정을 위하여 다양한 방안을 고안하였다. 과거에도 인류는 재해가 발생할 때마다 피해를 최소화하고 다시 일상으로 돌아가기 위해 노력했다. 중세의 서유럽에서 흑사병이 유행했을 때도 까마귀 가면을 쓴 의사가 환자를 구하기 위하여 바삐 움직였고, 다양한 복지 제도가 만들어졌다. 현재 우리의 위기 대응 역시 역사적 경험에 근거하여 이루어진 것이다. 앞으로도 우리는 예상하지 못한 다양한 위기들을 직면할 것이다. 그때마다 과거 인류가 어떻게 재해에 대처하고 수습했는지 확인하는 것은 필수일 것이다.

지금과는 달리 기상학이나 지질학이 발달하지 않았던 전통시대에는 자연재해의 원인을 신이 내린 벌이라고 해석하거나 누군가의 원한이 만들어 냈다고 여겼다. 전통시대의 동아시아에서는 동중서董仲舒(B. C. 179~B. C. 104)가 고안해 낸 재이론災異論을 기반으로 재해의 원인을 찾았다. 재이災異는 자연재해를 포함해 당시 설명할 수 없는 현상을 총칭하는 단어로, 전통시대에서는 국가의 위기이자 해소해야 하는 것으로 인식하였다. 또 재해로 인한 흉작은 백성의 몰락이나 국가의 존망存亡과 깊게 연관되었다.

한 무제漢武帝의 주문으로 동중서는 재이의 원인과 인사人事의 관계를 구명하고자 하였고, 그 결과 천인감응론天人感應論이 탄생하였다. 이는 인간의 다양한 행위가 재앙을 불러일으킨다는 것인데, 주로 통치자의 부덕不德이나 실정失政이 가장 큰 원인이 된다고 해석한다. 이 이론을 통해 통치자는 지배의 정당성을 얻음과 동시에 선정善政을 베풀어야 하는 당위성을 지니게 되었다.

조선은 철저히 유교식 재이론에 입각하여 재해에 대응한 나라였다. 재해를 사라지게 하는 것은 임금의 중요한 임무였다. 따라서 미재책弭災策은 경연經筵에서도 자주 다뤄지는 주제이기도 했다. 임금은 재이를 불러들인 죄인이므로 정전正殿을 피하고[避殿], 반찬 수를 줄였다[減膳]. 또한 사회적으로 음악을 금지하였으며撤樂, 억울한 죄인이 없는지 재조사하도록 했다[冤獄審理].

그 가운데서도 가장 중요한 행위는 구언求言을 통해 현시점의 국가가 어떤 사회·경제적인 문제가 있는지, 임금은 어떤 잘못을 하고 있는지를 확인하는 것이다. 재이가 발생하면 임금은 자책하고 벌어진 재앙을 해소하기 위하여 여러 사람들의 지혜를 얻고자 구언교를 내렸다. 임금의 구언 요청에 답하여 올리는 것을 응지소應旨疏라고 하는데, 전·현직 관직자는 물론, 향촌의 선비들까지 글을 쓸 수 있는 모든 사람이 현시대의 문제에 대해 올릴 수 있는 상소였다. 또한 어떠한 내용이 담기더라도 죄를 적용할 수 없다는 원칙이 적용되었다. 한 번 구언이 내려지면 많은 응지소가 올라왔다.

재해로 인한 피해가 발생하면 무엇보다도 직접 백성을 구제하는 것이 가장 중요했다. 조선에서 재해의 피해가 확인되면 구휼 행정의 총괄을 위한 특별 임시 기구가 설치되었는데, 바로 진휼청賑恤廳이다. 진휼청은 원래 필요할 때만 설치되었다가 평상시에는 폐지되었으나, 17세기에는 갑작스러운 기후변화로 인하여 재해가 자주 발생하자 상설되는 경향이 보인다.

각 지역에서의 구휼은 관찰사나 수령의 몫이었다. 한 도의 총책임자인 관찰사는 각각의 지방관에게 재해의 피해가 어느 정도인지, 어떤 구휼 정책이 시행되어야 하는지를 조사하여 조정에 보고했다.

재해의 피해가 확인되면 다양한 방식의 구휼 정책이 시도되었다. 환곡還穀을 지급하여 당장의 급함을 해결할 수 있도록 도왔고, 빈민들이 모인 곳에 죽소粥所를 설치하여 굶주림을 해소해 주었다. 구황서적이나 구황작물을 보급하거나 각종 세금을 줄여 주거나 면제해 주었다. 재해가 감당할 수 없을 정도가 되면 국가는 민간과 그 책임을 나누기도 했다. 사정이 넉넉한 이에게 곡식을 내어 주기를 요청하였으며, 경우에 따라 관직을 내려 주는 납속책納粟策을 실시했다. 오갈 곳 없는 빈민을 거둘 것을 권장하기도 하였다.

불안한 마음을 달래기 위한 의례도 이루어졌다. 가뭄이 길어지면 국가에서는 기우제祈雨祭를 지냈다. 중앙에서는 임금이나 그의 대리자가 제주祭主가 되었으며 지역사회에서는 지방관이 그 역할을 대신했다. 겨울 가뭄이 길어지면 기설제祈雪祭를, 장마가 길어지면 기청제祈晴祭를, 지진이 일어나면 해괴제解怪祭를 지냈다. 의례의 시행은 현대의 시각으로는 의미 없는듯 보일 수 있겠지만, 백성들을 위로하고 재해가 없어지길 바라는 마음을 전하는 기능을 했을 것이다.

국토와 세계를 이해하다

21세기 현재, 우리는 구글맵이나 네이버 지도 등을 통해 세계와 우리나라의 모습을 확인하고, 나사의 위성사진을 보면서 지구가 둥글다고 이해한다. 하지만 인터넷이 없던 전통시대에는 어떻게 세계와 국토를 파악했을까? 이 장에서는 이 질문에 대해 세계 - 우리나라 - 우리 고을로 나누어서 대답해 보도록 하겠다.

조선시대 사람들의 세계 인식 관점으로는 세 가지를 들 수 있다. 첫 번째는 '하늘은 둥글고 땅은 네모지다'고 생각하는 천원지방天圓地方 관념, 두 번째는 중국을 문화적인 세상의 중심으로 생각하는 중화적 세계관, 세 번째는 세계 지도를 통해 보는 객관적 세계관으로 들 수 있다. 조선시대 사람들은 천원지방 관념을 기본으로 하되, 중화적 세계관과 객관적 세계관을 중심으로 세계를 이해하였다.

첫 번째 관념인 천원지방은 중국에서 유래한 것인데, 중국 사람들은 하늘에 떠 있는 북극성의 움직임을 관찰하면서 하늘이 둥글다고 파악하였고, 계절에 따른 변화를 보고 땅은 네모지다고 파악하였다. 천원지방의 관념은 조선 사람들의 일상 속에서도 깊이 자리 잡았다.

두 번째로 중화적 세계관을 살펴보자. 중화적 세계관은 중심에 중국이 위치하고中華 그 주위에 이민족이 거주하는 동심원적 구조로 이루어져 있다. 조선은 중국을 문명적 중심 국가이자 황제국으로 사대하고 자신들을 동이東夷로 칭하면서 중국의 선진 문화를 수입하였다.

세 번째 세계관은 세계 지도를 통해 본 지리적 세계관인데, 이 시각은 고지도를 통해 확인할 수 있다. 우선 15세기에 만들어진

〈혼일강리역대국도지도〉에서 세계관을 확인할 수 있다. 이 지도는 지금의 세계 지도와는 완전히 다른 모습을 보여 준다. 우선 중국이 지도의 한가운데를 차지하고, 그 오른편에 한반도가 그려져 있다. 왼편에는 유럽과 아프리카가 아주 간략하게 표시되었다. 이 지도의 지리적 세계의 범위는 중국을 중심으로 조선과 일본, 동남아시아가, 서쪽으로는 황허가 시작하는 성수해, 북쪽은 만리장성과 위쪽의 사막까지 그려져 있다.

이 지도는 아라비아 지도학을 이어받은 원나라의 지도와 이택민의 〈성교광피도〉, 청준의 〈혼일강리도〉와 조선의 지도, 일본의 〈행기도〉 등을 합쳐서 편집한 것이다. 이 지도는 중화적 세계관에 입각해서 한반도와 중원 대륙이 중심에 강조되어 있고 일본과 유럽, 아프리카의 모양을 확인할 수 있다. 이는 13~14세기 원 제국의 문화 교류가 적용된 결과로 볼 수 있다.

이러한 지리적 세계관은 17세기에 들어온 서양 선교사들에 의해 변화를 맞게 되었다. 예수회 소속 선교사 마테오 리치가 1582년 중국에 도착해 서양의 과학 지식과 천주교의 교리를 전파하고자 노력하였다. 그 노력 중 하나가 서구식 세계 지도의 제작이었는데, 서구식 세계지도는 중국이 가졌던 중화적 세계 인식에 충격을 줄 수 있는 수단으로 활용되었다. 1602년에 이지조가 마테오 리치가 그린 지도를 6폭의 〈곤여만국전도〉로 간행하였다. 이 지도를 시작으로 중국에서는 세계 지도를 계속해서 증보·개정하였다. 이 세계 지도들은 동아시아 지식인들에게 큰 영향을 미쳤다.

세계에 대한 이해를 지도로 확인했다면 우리나라, 우리 고을에 대한 이해는 지리지로 확인할 수 있다. 지리지란 넓은 의미로는 지리에 관한 서적 전체를, 좁은 의미로는 특정 지역에 대한 종

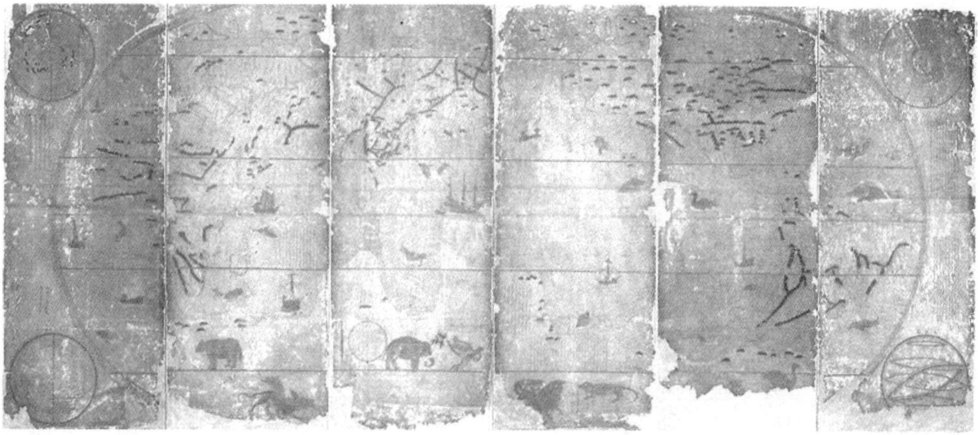

〈곤여만국전도〉

합적이고 총체적인 기록을 지칭한다. 조선 초에는 국가가 주도해 많은 지리지가 편찬되었다. 세종 대에 『세종실록지리지』, 『팔도지리지』가, 성종 대에 『동국여지승람』, 중종대에 『신증동국여지승람』이 편찬되었다. 세종 대에 편찬된 지리지 2종은 행정과 경제, 군사와 관련된 내용이 주를 이루었다. 이것은 조선 초에 통치 질서 확립의 기초 작업으로 국가의 현실을 파악하는 것에 중점을 두었기 때문이다.

『동국여지승람東國輿地勝覽』은 국가의 연혁을 써서 왕조의 내력과 왕위의 정통성에 대한 인식을 높이는 한편, 역대 임금의 능침을 강조해 왕위를 높이고 명신名臣과 효자, 열녀를 서술해 유교적 통치 기반을 강조하였다. 16세기에 『신증동국여지승람』이 편찬된 이후 1757년(영조 33)에 『여지도서』가 편찬되었다. 전국 지리지를 다시 편찬하고자 한 시도는 숙종 초반부터 이루어졌다. 김석주를 중심으로 『신증동국여지승람』을 보강해 '증보여지승람'을 편찬하고자 하였다. 하지만 '증보여지승람'은 편찬 인력의 부족과 재정 부담으로 완성할 수 없었다.

1757년(영조 33)에 『여지도서』가 편찬되었는데 이것은 『신증동국여지승람』과 '증보여지승람'을 편찬하던 때 마련해 둔 읍지를 참조해 작성되었다. 『여지도서』는 『신증동국여지승람』에는 없었던 채색 지도와 도로, 세금에 대한 각 조항을 각 지역 지리지 앞머리에 서술했다. 이것은 『신증동국여지승람』이 편찬된 후 새롭게 대두된 지리지 편찬 경향을 반영한 것으로 보인다. 조선 조정에서는 수차례에 걸쳐 지리지를 편찬하며 국가를 지역별로 자세히 이해하고자 하였다.

각 지방별로 지리지가 편찬되었는데, 이것을 읍지邑誌라 부른다. 이 읍지는 17세기에 가장 활발하게 편찬되었는데, 현존하는 최초의 읍지는 함안군(경남 함안군)의 정보를 담은 『함주지咸州誌』로 1587년(선조 20) 당시 수령이던 정구鄭逑(1543~1620)가 편찬한 것이다. 『함주지』가 편찬된 지 5년 만에 임진왜란이 발발하였다. 임진왜란 이후 함안에 돌아온 사대부들은 『함주지』의 기록을 바탕으로 지방 사회를 복원하고자 하였다. 사대부들과 지방관들은 자신의 고향이나 자신이 수령으로 있는 곳의 읍지를 편찬하는 것을 주요 임무로 삼았다.

사대부와 지방관을 중심으로 읍지가 활발하게 편찬되기 시작하였다. 경상도의 읍지를 예로 들어 보자면 안동의 『영가지』(1602), 상주의 『상산지』(1617), 진주의 『진양지』(1632) 등이 있다. 이들 읍지는 모두 『함주지』의 체계를 모범으로 삼았지만 일관된 체계는 없다. 각 지방마다 특색이 다르듯이, 읍지도 각 지방의 특색에 맞게 편찬됐기에 지방의 특성을 잘 보여 주는 목차와 내용으로 구성되었다.

기록의 나라 조선, 지식을 나누다

한국의 세계 기록 유산 중 가장 많은 부분을 차지하는 시대는 언제일까. 바로 조선시대이다. 조선 사람들은 500여 년의 시간 동안 각자의 기록을 꾸준히 남겼는데, 『조선왕조실록』과 같은 국가의 기록부터 『난중일기』와 같은 개인의 기록까지 그 종류가 다양하다. 조선의 기록 문화는 조정 외에도 개인과 사회 공동체 등에서도 빛을 발했다.

조선시대 지식인들은 중국에서 선진 기술이 담겨 있는 책을 가져와 공부하고 조선의 풍토에 맞춰 기술을 개량하였다. 조선의 지식인들은 다양한 방면에서 선진 문물을 수입했는데, 과학 기술·정치 사상·역법 등 다양한 분야에 걸쳐 있었다. 중국에서 가져온 각종 선진 문물 중 사회에 가장 큰 영향을 미친 것은 '성리학'이었다.

성리학이 조선 사회에 자리 잡고, 각종 선진 기술이 담긴 서적들이 중국에서 수입되었다. 수입된 지식을 통해 조선의 지식 세계는 확대되었다. 이렇게 중국의 선진 문물을 받아들여 조선의 새로운 지식 체계를 만든 대표적인 사례가 한글 창제이다. 한글은 세종이 직접 만들었는데, 원에서 발전시킨 언어학을 이해한 후 만들어진 문자였다. 세종은 성리학의 민본 의식에 따라 백성들에게 교화를 펼치고 백성들이 자신의 뜻을 표현하는 데 적합한 문자인 한글을 발명하였다.

한글은 언어학의 심도 있는 이해를 바탕으로 만들어졌으며 독창성이 뛰어난 문자였음에도 불구하고 당시 한문의 보조적인 역할만 하였다. 한글은 한문을 풀이하는 수단으로 활용되었는데, 『용비어천가龍飛御天歌』나 『월인천강지곡月印千江之曲』, 각종 불경의 번역에 사용되었다. 사서삼경과 『소학』 등 성리학 서적의 해석에 적극 활용되어 언해본이 출판되었다. 한글은 조정이나 양반보다는 일반 기층 백성들과 여성들에게 주로 이용되었기에, 조정에서는 한글로 국가 정책을 널리 알리고자 하였고 궁궐 여성들과 일반 여성들도 한글을 적극적으로 사용하였다.

조선에서는 책을 통해 다양한 지식을 공유하였다. 조선전기에는 조정이 주도해 서적을 간행하였고 조선후기로 갈수록 사대부들의 주도 아래 각종 문집이 간행되었다. 조선전기 조정이 백성들에게 나누고자 한 지식들은 다양했다. 조선 조정은 책을 다양하게, 대량으로 출판하기 위해 출판 기술을 발전시켰는데, 금속활자가 그 대표적인 예이다.

목판인쇄와 금속활자
목판인쇄는 글자를 새긴 목판에 먹을 발라 인쇄하는 방식이며, 금속활자는 판 위에 밀랍으로 활자를 붙여 인쇄하는 방식이다. 목판은 잘 닳지 않아서 대량 인쇄에 유리했지만, 수정이 어렵고 보관 중 목판이 갈라지는 등 관리가 어렵다는 단점이 있었다. 금속활자는 쉽게 닳긴 했지만 수정이 용이하고 보관하기 편하다는 장점이 있어서 다품종 소량 인쇄에 유리하였다.

기존의 목판인쇄로는 많은 서적을 간행할 수 없고 비용이 많이 든다는 한계점을 인식한 태종은 동활자 주조를 명했다. 동활자를 주조해 많은 종의 서적을 인쇄하고자 하였기 때문이다. 그 결과 1403년에 계미자癸未字가 주조되었다. 태종은 계미자로 14종의 도서를 간행하였다. 세종은 즉위 후 계미자의 인쇄 속도가 느린 한계점을 보완하기 위해 1420년 경자자庚子字를 주조하였다. 경자자는 계미자보다 크기가 작고 글자가 박력 있어서 아름다운 활자로 알려져 있다. 1434년 세종은 경자자를 다시 개주해 갑인자를 완성하였다. 갑인자로 72종의 도서가 간행되었는데, 특히 과학 기술 관련 서적이 다수 간행되었다. 이처럼 조선 초의 금속활자는 서적과 지식의 확산에 크게 기여하였다.

조선 조정에서 출판한 책들은 다양했는데, 크게 나눠 보자면 성리학과 관련된 경서와 역사서, 정치와 관련된 의례서와 법전, 백성들의 실제와 관련된 교화서, 의서, 농서 등이 그것이다. 경서로는 사서四書와 삼경三經 등을, 사서로는 『사기』, 『춘추』 등 중국 역사서를 비롯해 『동국통감』 등의 한국 역사서도 간행하였다. 국가 의례서로 『국조오례의』나 『국조상례보편』 등이 출판되었고, 『대명률』, 『경국대전』 등 법 집행과 관련된 서적들도 간행되었다.

백성들을 위해 『삼강행실도』와 같은 교화서를 반포하였다. 『삼강행실도』는 글을 모르는 백성들을 위해 출판된 책으로 유학의 대표 윤리 강령인 삼강오륜에 관한 것이다. 『삼강행실도』는 중국과 우리나라의 역사 속에서 충·효·열의 삼강을 잘 실천한 예를 뽑아서 간추린 사례집이다. 앞면에는 삽화를 삽입하고 뒷면에는 한문과 한글을 모두 실어 한문을 모르는 사람, 한글도 모르는 사람 모두 접근 가능하도록 만들었다. 농서로 간행된 『농사직설』은 중국의 농사 기술에 조선 농부들의 경험담을 더하여 기록한 것으로 당시 조선의 농사 방식을 확인할 수 있다. 의학서로 나온 『향약집성방』은 우리나라 풍토에 맞고 주변에서 쉽게 구할 수 있는 약재로 민간에서도 쉽게 치료할 수 있게 하겠다는 의도에서 나온 서적이다.

출판 문화는 점차 중앙에서 지방으로 사대부에게 퍼져 나갔다. 지방 행정의 중심지였던 감영에서는 조선전기부터 목판으로 서적을 대량 출판하였다. 감영의 출판 문화는 점차 종가, 학맥과 같은 사회 공동체와 개인에게 전파되었다. 이렇게 출판 문화가 개인에게까지 전파된 것은 사림의 성장과 깊은 관계가 있다. 사림은 지방에 사회적·경제적 뿌리를 두고 있었는데, 이들은 향촌사회의 안정을 위해 향약과 향회를 실행하였다. 향회를 통해 만들어진 지역 사회의 공론은 지방 행정에 반영되었고 지역 사회를 토대로 공론을 형성하였다. 이 공론은 중앙의 붕당정치에도 영향을 미쳤다. 이렇게 지역 사회의 공론이 형성되는 과정에서 지역 공동체의 기록과 유산이 중요해졌고 그 결과 사회 공동체와 개인의 서적 출판이 점차 증가하게 되었다.

사회 공동체와 개인이 출판한 서적은 크게 선대 조상의 문집, 일기류를 들 수 있다. 문집은 주로 저자가 사망한 후 집안 후손에 의해 간행되었는데, 목판 인쇄가 주를 이루었으며 19세기에 그 숫자가 더 늘어났다. 특히 경상도 지역에서 간행된 문집은 1200종 이상으로 전국적으로도 큰 비중을 차지하였다. 문집에는 주로 생전에 남긴 시, 편지, 일기, 상소문 등이 수록되었다. 일기류 서적도 조선에서 널리 전파되었다. 조선 사람들은 주로 전쟁이나 피란, 혼례, 상례 등 개인의 인생에서 큰 변화를 맞이하는 기점을 일기로 기록해 남겼다.

— 하서정·설현지

생각 더하기

1. 과학 기술의 발달이 조선시대 사람들에게 끼친 영향은 무엇일까?
2. 성리학은 과학 기술의 발달과 어떤 연관성이 있을까?

참고문헌

구만옥, 『조선후기 과학사상사 연구』, 혜안, 2004.
박성래, 『한국과학사상사』, 책과함께, 2012.
양보경, 「18세기 지리서·지도의 제작과 국가의 지방지배」, 『응용지리』 20, 1997.
오상학, 『한국 전통 지리학사』, 들녘, 2015.
원재영, 「조선시대 재해행정과 17세기 후반 진휼청의 상설화」, 『東方學志』 172, 2015.
이재두, 『조선후기 읍지 편찬의 계보』, 민속원, 2023.

3. 장가가고 시집가고

장가가는 남자

조선시대 가족의 범위와 성격은 전기와 후기가 크게 다르다. 조선전기의 가족 및 친족제도에서 상속이나 제사 관행은 조선후기와 차이가 있다. 조선전기는 고려시대 이래로 사람들의 일상생활에 작동하였던 불교식 생활의례가 일반적으로 통용되었다. 조선이 건국되면서 국가는 성리학적 의례질서를 구체적으로 제시하고, 국가와 민간에서 시행하도록 하였다. 조선전기는 국가가 설계한 새로운 의례가 시행되는 과정이었다. 이 시기의 가족 및 친족 질서에서 통용되던 의례는 전통적인 의례와 성리학적 의례가 공존하였다.

이 시기의 가족 및 친족 관계는 혼인에서 '남귀여가혼男歸女家婚'의 형식에서 볼 수 있다. 남자가 여자의 집으로 장가를 가는 혼인 관습은 친족의 범위와 제사 및 재산의 상속 방식 등 여러 관습에서 비롯되었고, 서로 영향을 주었다. 즉 부부, 아들과 딸, 친손과 외손이 함께 관계를 만들어 가는 형태였다. 대체로 양계兩系 혹은 양측兩側적 친족 관계라고 한다. 이런 친족 관계에서는 아들과 딸에 대하여 균분상속과 윤회輪廻 혹은 분할分割 봉사奉祀 그리고 외손外孫 봉사가 보편적으로 통용되었다.

그래서 여성은 혼인을 할 때, '간다'와 '온다'라는 말이 모두 통용되었다. 반면 남성은 '장가간다'라고 표현하는 것이 일반적이다. 어디로 간다는 말일까. 처가로 간다는 말임이 틀림없다. 이런 방식은 19세기 이전까지 지속된 일반적인 관행이었다. 조선시대 부부는 아내의 집에서 혼례를 하고 짧게는 1년 남짓부터 길게는 3년 동안 처가에서 살았다. 이 기간에 출산과 양육은 신부의 집에서 이루어졌다. 이것은 당시 사대부들의 일상생활을 기록한 개인의 일기와 편지 등에서 확인할 수 있다. 조선시대 대표적인 관료인 이이李珥(1536~1584)가 외가가 있는 강릉에서 태어나고 자란 것은 당시에는 일반적인 생활방식이었다.

이와 같이 남성이 여성의 집에서 혼인하고 아내의 기반에 머물러 지내던 생활방식은 가족 관계에 반영되었다. 딸과 사위는 아들과 며느리와 같은 범주에서 인식하였고, 친손과 외손은 모두 같은 자손으로 여겨졌으며, 부부와 부모 그리고 자녀와 내외손자녀는 각기 대등한 관계에서 생활하였다. 이런 가족 및 친족 관념은 상속과 제사, 족보의 기록 방식을 두고 보면 18세기 후반 이후와 차이가 분명하다. 이것은 호칭에도 반영되어서 가족 구성에서 부계와 모계, 처족의 호칭에 차등이 없었다. 게다가 이성異姓 친족들 사이의 연대는 사회적으로 중요한 역할을 하였다.

균등하게 상속하는 권리와 의무

이런 조선전기의 가족 및 친족의 모습을 잘 보여 주는 지점이 제사와 재산 상속 관행이다. 이이의 외조모 용인 이씨가 재산을 상속할 때 작성한 문서에서 당시의 재산 상속과 제사 관행을 볼 수 있다.

이이의 외조모 용인 이씨[신명화申命和(1476~1522)의 아내]는 다섯 딸에게 남편과 자신의 재산을 상속하였다. 이씨의 부친은 생원 이사온李思溫이고 모친은 최응현崔應賢의 딸이다. 이씨는 부모에게 상속받은 재산과 남편 신명화의 재산을 모두 정리해서 다섯 딸에게 균등하게 분배하였다. 외손자 현룡見龍(이이의 어린 시절 이름)에게는 제사를 지내는 몫[奉祀]으로 서울 수진방壽進坊(현재 서울 종로구 수송동과 청진동 일대)에 있는 집과 전답을 상속하였고, 또 다른 외손자 운홍雲鴻에게는 분묘를 돌보는 몫[拜墓]으로 강릉 북평촌에 있는 집과 전답을 분배하였다.

이 상속 문서는 16세기 후반 재산 상속의 방식과 제사 관행을 보여 준다. 당시 재산 상속은 균등분배를 원칙으로 하고 있음을 알 수 있다. 그리고 신명화 부부처럼 아들이 없는 경우는 외손자에게 제사와 분묘를 관리하도록 하면서 그 대가로 재산을 상속하였다. 이것은 아들이 없는 경우 외손자가 제사를 설행[外孫奉祀]하는 대표적인 사례이다. 강릉의 오죽헌을 용인 이씨의 외손자 권처균權處均이 상속받아서 소유한 데서 이런 사정을 볼 수 있다.

용인 이씨의 상속 문서는 앞부분이 훼손되어서 작성된 시점을 정확하게 알 수 없지만, 1541년에 출생한 외손자 운홍에게 상속하였고, 1561년에 사망한 이이의 아버지 이난수(이원수로 개명)의 이름과 서명이 있는 것으로 볼 때 1541년에서 1561년 사이에 작성되었다. 상속 문서를 작성할 때는 상속받는 당사자인 다섯 명의 사위가 모두 문서를 작성하는 데 참여해서 서명하였다. 부모의 재산은 자녀에게 균등하게 분배하고, 제사를 설행하는 의무 역시 이에 상응하게 분담하였다. 자녀균분상속은 『경국대전經國大典』에 규정된 상속 원칙이었다.

1611년(광해군 3) 4월 초 1일 이황李滉(1501~1570)의 손자이자 이준

李寯의 자녀 이안도李安道(1541~1584) 등 다섯 남매는 아버지 이준의 장례를 치른 후에 함께 모여서 재산 상속을 마무리하였다. 이 상속은 상속인이 사망한 후에 이루어진 특별한 상속이다. 사연이 있다. 1583년 7월 이준이 별세하고 삼년상을 마친 1586년 2월에 다섯 남매가 모여서 문서를 작성하였는데, 형제 가운데 관직 생활을 하는 사람이 있어서 참석할 수 없었고, 이어서 1592년에 전쟁이 발생하면서 상속 문서의 초고만 작성한 채 26년이 지났다. 그래서 상속을 확정할 때에는 다섯 남매 가운데 이미 세상을 떠난 이도 있었다. 이준의 다섯 남매는 장남 이안도, 장녀 박여의 처 이씨, 차남 이순도李純道, 차녀 김용의 처 이씨, 삼남 이영도李詠道였다. 1611년 문서를 작성할 때는 이안도 부부, 장녀 이씨 부부, 차남 이순도는 이미 고인이 되었기 때문에 이안도 부부의 몫은 사위 금개琴愷가 대신 참여하여 확인하였고, 장녀 이씨 부부의 몫은 장남 박성범이 대신 확인하였다. 상속 문서는 각 1장씩 다섯 장을 작성하였다. 현재 남아 있는 문서는 그 가운데 차녀 김용의 처 이씨가 받은 문서이다. 문서를 작성하는 일[筆執]은 김용의 아들 김시주가 하였다.

이 상속 문서는 당시의 상속 관행을 보여 준다. 우선 자녀균분 상속이다. 다섯 남매가 노비와 전답, 집[家舍]을 균등하게 분배하였다. 그리고 아버지 이준의 유언을 토대로 장남에게는 할아버지 이황을 비롯한 선조의 제사를 받드는 몫으로 노비와 전답을 더 주었다. 이 역시 『경국대전』에 규정된 승중자承重子에게 더 상속한다는 내용에 부합한 것이다.

여기서 주목할 또 하나의 지점은 제사 설행의 방식이다. 아들과 딸이 제사를 돌아가며 지내거나 분할해서 지내는 방식은 우리가 생각하는 조선시대의 제사 관행과 다르다. 그러나 재산을 상속받은 자녀는 부모에 대한 제사 의무를 담당하는 것이 당시의 일반적인 관행이었다. 대체로 자손들이 인근 지역에 모여 사는 경우에 자녀는 돌아가면서 선조의 제사를 모셨다. 이에 반해 자손들이 분가해서 거주지를 이동하거나 돌아가며 제사를 모시기 어려운 경우는 분할해서 제사를 지내기도 하였다. 이런 제사 관행은 상속과 거주 방식에서 비롯된 것이었다. 그리고 재산을 상속하는 과정에서도 상속 대상이 되는 노비와 전답의 소유 경위를 구분하였다. 이를테면 아버지로부터 상속받은[父邊] 노비, 어머니로부터 상속받은[母邊] 밭과 같이 재산의 유래를 상속 문서에 명시하였다.

이런 친족 관념은 18세기부터 변화가 나타난다. 18세기 후반에는 장자우대長子優待, 자녀차별男女差別, 동성불혼同姓不婚, 이성불양異姓不養으로 요약할 수 있는 현상이 나타난다. 이른바 성리학에 기반한 가부장적 친족 체계로의 전환이었다. 17세기 후반을 기점으로 변화하는 조선후기 친족 관계의 골격은 내외친이 망라되는 친족 관계에서 적장자를 중심으로 하는 부계 친족으로 전환이었다. 양측이 대등한 범위에서 권리와 의무를 공유하던 방식은 점차 약화되고 부계 친족을 중심으로 거주와 생활이 편성되면서 부계 친족의 결속이 강화되는 현상이 나타나기 시작하였다. 이를 통해서 새로운 친족 결합의 다양한 현상이 나타났다.

이런 친족 관념의 변화는 자녀균분상속에서 장남우대 혹은 아들우대 상속으로 변화하고, 족보를 발간하되 동성친족의 범위가 넓고 상세하면서 사위와 외손자 등 이성친족의 범위와 내용이 간략해지는 현상으로 나타났다. 부부에게 자녀가 없는 경우 동성친족 가운데 양자를 하는 경우가 증가하고, 동성친족을 중심으로 거주지와 분묘의 위치가 조정되면서 하나의 마을에 동성친족이 모여서 거주하는 현상이 나타났다. 아래에 보이는 재산 상속에서 17세기 후반 사대부들의 고민과 변화의 현상이 보인다.

> 우리나라의 종법宗法이 오래전에 무너져서, 여러 자손이 윤행하는 것을 사대부 집안이 모두 규례로 삼고 있으니 이는 바꿀 수 없는 것이다. 여자는 출가한 다음에는 곧 다른 가문의 사람이 되어 지아비를 따르는 의리가 무겁다. 그러므로 성인이 예의를 제정함에 등위를 낮춘 것이다. 그런데 정情과 의義가 모두 가벼워져, 세간의 사대부 집안에서 제사를 사위의 집안에게 윤행하는 경우가 종종 있다. 항상 보면, 사람들의 사위와 외손 등이 제사를 미루거나 빠트리는 경우가 많다. 비록 하더라도 제물이 정결하지 않거나 예의가 공경스럽지 않아 도리어 행하지 않는 것만 못하다. 우리 집에서는 일찍이 이 일을 선조에게 물어보고 정하였고, 우리 형제가 헤아려 정한 지 이미 오래된바, 사위나 외손의 집안에서 제사를 윤행하지 않는 것을 세세토록 법식으로 삼았다. 아버지와 자식의 정과 의리가 비록 남녀의 차이는 없지만, 생전에 봉양하는 도리가 없고 사후에 제사를 행하는 의례가 없는 즉, 어찌 유독 토지와 노비만 남자와 균등히 나누어 줄 수 있겠느냐. 여자는 토지와 노비를 3분의 1만 나누어 준다. 이는 정과 의리에 있어서 전혀 불가할 것이 없으니, 여자 및 외손들은 어찌 감히 이 뜻을 어기고 분쟁할 마음을 품겠는가. 이 글을 보면 그 뜻을 미루어 좋은 의미를 알 수 있으니, 누가 보통의 규례와 다르다고 하면서 불가하다고 하겠는가. 종가의 자손이 가난하고 잔약해지기 때문에 제사를 빠트리는 것은 오히려

일어날 수 있는 일이다. 만약 이를 준행하지 않고 윤행한다면, 기꺼이 우리의 자손이라고 말하겠는가.●

●
「김명열 전후문기傳後文記」(1669년, 57×76㎝, 부안 김씨 대종회 소장, 『고문서집성 2 -부안 부안 김씨편-』, 한국정신문화연구원, 1998, 581~582쪽)

위 문서는 1669년 김명열이 두 동생과 함께 작성한 것이다. '전후문기傳後文記'는 일종의 유서이며 재산 상속 문서의 성격이 있다. 김명열 형제는 제사와 재산 상속에서 새로운 원칙을 분명하게 하기 위해서 문서를 작성하였다. 이는 부친과 여러 차례 상의하였고, 부친이 사망한 후에 거듭 논의한 결과였다. 그들이 마련한 원칙은 부모의 제사는 딸들이 지내지 말고, 아들들만 번갈아 지내도록 한다는 것이었다. 그리고 재산 분배에 이것을 반영하여 출가한 딸은 재산의 1/3만 지급하였다. 부모의 애정은 자녀에 차이가 없지만, 딸이 혼인한 후에 남편의 기반으로 옮겨 생활하면서 부모의 거주지에서 멀어지게 되자 제사를 성실하게 이행하지 못하는 경향이 있었다. 그러니 의무를 이행하지 않는 것에 대해 상속을 줄이는 것으로 대책을 마련하였던 것이다.

기존에 해 오던 자녀균분상속은 내외친족이 동등한 범주에서 역할을 하는 관행에서 비롯되었다. 사회·경제적인 측면에서 보면 균분상속은 혼인하는 지역 범위가 넓고, 지역과 중앙의 사대부들이 서로 교류하는 경우가 많으며, 토지를 개발하여 점유하는 방식이 빈번한 시대에 적절한 방식이었다. 균분상속의 방식은 처가와 외가를 이용하여 성장하는 사대부들의 활동을 뒷받침하면서 중앙과 지방 사이의 인적·물적 자원의 교류에 기여하였다.

그러나 17세기 후반에 이런 상황에 적지 않은 변화가 일어났다. 변화의 경향은 제사를 위한 재산의 비중이 증가하고, 딸에게 상속하는 몫을 줄이고, 서자녀에 대한 상속을 없애는 것이었다. 결국 제사를 담당하는 아들의 역할을 강조하고, 이에 상응하여 재산 상속을 확대하는 방식으로 전개되었다. 이런 변화는 여러 가지 이유에서 비롯되었다. 첫 번째는 성리학적 의례질서가 보편적으로 시행되면서 의례는 장남 한 사람이 주관하는 경향이 나타났다. 두 번째는 사대부들의 사회·경제적 규모가 줄어들면서 자구책이 필요하였다. 이 배경에는 왜란과 호란도 적지 않은 역할을 하였다. 50여 년에 걸쳐 발생한 거듭된 전쟁으로 사회 불안과 위기 상황이 가중되었다. 전쟁과 같은 위기 상황은 가부장을 중심으로 가족 및 친족 관계가 편성되는 데에 영향을 주었다.

족보의 간행과 수록 정보의 변화

18세기 이후 가족 및 친족 관계에서 변화의 현상은 여러 분야에서 확인된다. 그 가운데 하나가 족보의 기재 방식이다. 조선후기의 족보는 16세기 사대부들의 족보와 차이가 있다. 우선 자손을 기록하는 방식이다. 16세기의 족보는 아들과 딸의 출생 순서에 따라 기재하였다. 그러다가 18세기 이후의 족보는 현재 우리가 흔히 보는 것과 같다. 먼저 아들을 출생 순서대로 기록하고, 그 뒤에 딸을 기재하였다.

모계母系나 처계妻系는 부계父系와 마찬가지로 직계를 모두 기록하였다. 이를테면, 이 시기에 작성된 안동권씨나 문화류씨의 족보는 해당 성씨의 비율이 수록된 인원의 10% 정도에 불과한 '독특한' 족보이다. 엄밀한 의미에서 부계와 모계는 모두 동등한 친족의 범주로 인식하였다. 그런가 하면 별도의 내외손보나 처가보가 편찬되는 경우도 있었다.

현대인들은 이 시기 딸과 외손녀 사위가 한 집안의 족보에 기록된 것을 이해하기 어렵겠지만, 앞에서 설명한 재산과 제사의 상속에서 자녀균분상속과 윤회봉사가 가능했던 것도 이런 친족 관념에서 가능하였다. 아울러 아들이 없는 경우는 딸이 집안을 이어 가거나 사위나 외손이 제사를 거행하고 분묘와 가옥을 지키는 경우가 특별한 사례가 아니었다.

그러나 18세기 이후의 족보는 모계나 처계의 범위가 간략해졌다. 그리고 자녀를 기록하는 순서가 아들을 먼저 기록하고 딸을 기록하는 방식이 두드러지게 나타났다. 아들이 없는 경우는 가까운 친족 가운데 한 사람을 지정해서 부부의 제사와 집안의 계통을 이어 가는 '입후봉사入后奉祀'의 사례가 크게 증가하였다.

이에 따라 과거에 동일 친족의 범위에 속하였던 외족과 처족의 범위는 줄어들었다. 족보에 기재된 것을 기준으로 보면, 한 집안에서 자녀의 수가 2남 2녀라고 상정하였을 경우에 18세기 이전에는 증조부모(1)-조부모(4)-부모(16)-자녀(64) 등이 모두 기재되는 방식이었다. 그러나 18세기 이후 시기에는 증조부(1)-조부(2)-부(4)-자(8)로 변한다. 자녀 세대만을 예로 들어 비교하면 부계와 모계의 양계 친족을 아울러 기록하는 방식으로 64명이 기재되다가 8분의 1 수준, 즉 8명이 기록되는 것으로 그 범위가 크게 줄어들었다.

조선시대 여성들은 족보 기록에서 남자들과 동등한 권리가 보장되었다. 현재 남아 있는 족보 가운데 가장 오래된 『안동권씨성화보』(1476)는 자녀를 출생한 순서로 기재하였고, 딸을 기록할 때는 여부女夫라고 쓰고 사위의 성명을 기록하였다. 딸이 재혼하는 경우 후부後夫라고 하고 재혼한 남편의 이름도 기록하였다. 1600년에 간행된 『진성이씨족보』는 자녀를 출생 순서대로 기재하였고, 자녀의 자손 즉 친손과 외손을 함께 기록하였다. 그러나 19세기에 간행된 『진성이씨세보』는 아들을 먼저 기록하고 딸은 뒤에 기록하였으며, 외손은 기재하지 않았다. 대신 며느리의 아버지 정보는 상세하게 기록하였다. 족보에 기재한 혈족의 범위는 좁아진 반면, 부부의 정보를 중심으로 기록하였다.

이는 18세기 이후에 가족과 친족의 의미와 결속의 범위가 본질적으로 달라졌다는 것을 의미한다. 동성동족 중심으로 가족 및 친족 관념이 재구조화하였다. 이와 함께 동족 내에서도 계파를 구분해서 '중시조' 혹은 '파조'를 중심으로 결속하는 친족 조직이 등장하는 경향이 나타난다. 다양한 범위에서 조직된 동성동족의 친족 조직은 '문중'이라는 이름으로 나타난다.

종회宗會를 조직하고 종학宗學을 운영하는 마을

'문중'은 18세기 이후에 등장하는 동성친족 조직이다. 문중은 친족 사이의 결속 범위나 친소 관계를 담은 용어이고, 조선후기라는 특정 시기에 등장하며, 시대의 상황을 구체적으로 담은 역사적 산물이다. 조선후기 문중의 활동은 18세기 후반에서 19세기 전반에 두드러지는 사회적 현상으로 파악된다. 문중 조직과 활동은 사대부들의 사회·경제적 기반이 변화하면서 위기에 대한 대응 방식으로 평가되기도 한다.

조선후기에 '문중'의 범위는 다양하였다. 오늘날 연구에서도 문중 활동이 다양한 범위에서 이루어졌다고 본다. 조선후기 문중 활동의 여러 양상은 몇 개의 당내친堂內親이 연계된 혈연 공동체이면서 생활 공동체인 동성마을에서 이루어지는 종계宗契나 문중계門中契를 중심으로 하는 활동이 대표적이다. 다른 측면에서는 입향조나 중시조 혹은 파조를 정점으로 군현 범위에서 혼인과 혈연으로 연계된 여러 구성원들이 연계하여 이루어지는 활동이 있다.

각각의 문중은 대외적으로는 선조를 추숭하고, 효자나 열녀와 같이 조선 국가의 지배 이데올로기에 부합하는 인물에 대한 표창, 억울한 죄명으로 사회적 평가를 받은 선조에 대한 구명 활동, 사망한 선조에 대한 국가의 추가적인 포상 요청 등 선조의 행적을 재평가받기 위한 활동을 주로 하였다. 그리고 내부적으로는 친족의 기반을 확인하고 구성원들의 유대를 강화하기 위해서 족보를 간행하거나, 동성마을을 중심으로 하는 종회宗會를 조직해서 입향조나 계파의 시조의 묘소와 재실을 건립하였다. 이 시기에 문중은 여러 세대에 걸쳐 선조들의 분묘[先塋]가 모여 있는 선산先山을 지키기 위한 활동을 위주로 하였다. 선산을 지키기 위한 규약을 제정하거나, 공동의 재산을 마련해서 노비와 전답을 마련하고 재실이나 문중서당 같은 조직이나 기구를 건립하고 운영하였다. 그리고 선조의 업적을 부각시키기 위해서 문집을 발간하거나 비석을 건립하고 서원이나 사우를 건립하는 경우도 있었다.

조선후기 문중 활동이 활발하게 되는 배경이 바로 동성마을이다. 조선전기에 나타난 내외친족 관념과 자녀균분상속의 승계 방식에서 각 마을의 구성원들은 성씨가 다른 내외손이 함께 거주하였다. 이들은 가옥과 전답이 같은 마을 혹은 지역에 섞여 있고, 선조의 분묘와 활용하는 산림이 같은 지역에 있으면서 공유하고 공생하는 방식이었다. 대체로 2개 혹은 3개의 이성친족이 인근에 거주하면서 혈연과 지연에 근거하여 동족의 유대를 유지해 갔다.

그러나 18세기 이후에 친족 관념이 장남 혹은 아들을 중심으로 변화하면서 18세기 후반이 되면 거주하는 마을에서 구성원의 성씨가 변화하는 경향이 나타난다. 대체로 동성동족이 모여 사는 방식이었다. 동성마을은 종가宗家를 중심으로 결속하고, 이런 결속력을 바탕으로 사회·경제적인 우위를 유지하려고 도모하였다. 동성마을은 조선후기에 다양한 문중 조직과 활동의 중심이면서 기초 단위로 존재하였다. 이 결속력을 바탕으로 특정 성씨가 마을의 주도권을 장악하였다. 이 과정에서 이전 시기에 이해를 같이 하였던 이성친족이나 먼 선조의 후손들은 지위를 잃어버리게 되었다. 간혹 이들은 같은 사회·경제적 기반을 두고 우위를 차지하기 위해 경쟁자가 되기도 하였다.

동성친족의 조직이 강하면 여타 구성원들과 경쟁에서 우월한 지위를 차지할 수 있었고, 영향력을 상실한 성씨는 점차 마을 조직에서 배제되거나 이탈하였다. 이런 과정은 마을이 특정 성씨를 중심으로 운영되는 현상을 가속화하였다. 경상도 지역에서 안동의 하회마을이나 경주의 양동마을은 그 대표적인 사례이다.

안동하회마을(국가민속문화재)은 풍산 류씨가 600여 년간 대대로 살아온 동성마을이다. 조선시대 유학자 류운룡柳雲龍(1539~1601)과 임진왜란 때 영의정을 지낸 류성룡柳成龍(1542~1607) 형제가 태어난 곳으로도 유명하다. 하회마을에 풍산 류씨가 세거하기 이전에는 허씨許氏와 안씨安氏가 먼저 생활하였다. 하회마을에는 "허씨 터전에 안씨 문전에 류씨 배판"이란 말이 전래되고 있고, 하회탈의 제작자가 '허도령'이었다는 구전口傳이 있으며, 강 건너에 허정승許政丞의 묘가 있어 지금도 해마다 류씨들이 벌초를 하고 있다. 1642년에 작성된 『동원록洞員錄』에는 류씨 이외에 소수의 허씨와 안씨安氏가 마을의 구성원으로 기록되어 있다. 이렇게 가족 및 친족 관계가 변화하면서 100여 년 이상의 시간 차이를 두고 형성된 동성마을은 각종의 문중 활동을 하는 기본 단위이면서 중심 무대가 되었다.

사대부들은 동성마을을 단위로 서원과 사우를 건립하여 자제들을 교육하였다. 18세기 후반에서 19세기 전반에 지역 사회에서는 서원이 크게 증가하였다. 이 서원은 단일 성씨 혹은 소수의 성씨가 건립을 주도하였고, 선조 가운데 가장 주목할 만한 대상을 선정하여 제사를 모시면서 추가적으로 그의 후손들을 함께 제사하고, 문중의 각종 활동을 하는 무대로 사용되기도 하였다. 이런 현상은 19세기 후반에 매우 성행하였다.

특정 성씨가 다수를 구성하는 마을을 기반으로 교육을 위한 기구를 만든 것은 이른 경우 17세기 후반에 그 사례를 볼 수 있다. 충청도 논산에 있는 파평 윤씨 종학宗學의 사례가 있다. 1625년(인조 3) 윤순거尹舜擧(1596~1664)는 자녀와 내외척, 처가의 자녀들을 교육하기 위해 학당을 설립하였다. 당시에 윤순거는 사촌 동생 윤원거尹元擧(1601~1672)와 동생 윤선거尹宣擧(1610~1669)와 논의하여 종약宗約과 가훈을 마련하고, 친족 조직을 구성하면서, 가장 먼저 자녀들을 교육하는 공간을 마련하였다. 이렇게 '파평윤씨종학당坡平尹氏宗學堂'을 건립하였다. 공동의 재산을 마련하여 책과 각종의 기물을 마련하고, 윤순거 자신이 초대 당장이 되어 초기 학사 운영의 기반을 마련하였다. 이렇게 시작된 종학은 1910년까지 운영되었는데, 일반 서원이나 서당과 다르게 집안의 자손들을 교육하기 위해서 교육 목표와 교육 과정을 두고 학칙을 만들어서 운영하였다.

자손을 교육하기 위해서 학당을 설립하고 운영하는 것은 18세기 이후에 더욱 활발하였다. 이것은 조선의 국가 운영방식에 관계되어 있었다. 조선시대 사대부가 과거에 합격한 후에 관직생활을 하는 것은 자신은 물론이고 친족을 포함하여 집안 전체의 영광이었다. 가족 및 친족 질서는 국가의 운영방식과 관계되는 측면이 있었다. 과거에 합격하여 집안의 위상을 높이고, 지역 사회에서 우월적인 지위를 차지하며, 이 지위는 구성원들이 공유하였다. 이 때문에 친족을 단위로 자녀들을 교육하고, 과거에 합격하고 관직생활을 하는 인물을 중심으로 친족이 결속하였다.

18세기 후반 이후에 서울 집중 현상이 심화하면서, 지역 사회에서 거주하는 사대부들이 관직에 진출하는 사례가 현격하게 줄어드는 경향이 있었다. 이후 사대부들은 지역을 기반으로 우월한 지위를 유지하기 위한 대응으로 서원이나 사우를 세우고, 관직 이력이 있는 선조와 자신의 관계를 확인하는 각종의 활동에 열정적이었다. 이런 현상에 대해서 정약용은 "사적인 사우 건립의 폐단이 날마다 새로이 나타나고 달마다 심해져서 백 리 되는 고을에 수십 개소에 이르렀다."라고 하면서 "한 가문에 부자, 형제간에 효행 같은 일로 서열을 세워서 한 서원에 12~13인의 위패를 늘어놓기도 한다."라고 비판하였다.

18세기 후반 이후에 경쟁적으로 문중 활동을 하면서 각 지역에 서원과 사우가 들어서는 현상은 지역 사회에서 우월한 지위를 유지하고자 하는 사대부들의 열망에서 비롯되었다. 이것은 사대부들이 연대하고 결속하는 방식이 변화하면서 나타나는 현상이었다. 18세기 이전에 내외친족이 함께 연대하고 결속하던 친족 질서는 전쟁과 사회 변화를 거치면서 동성친족을 중심으로 재편성되었다. 이들은 친족 내부의 결속을 강화하면서 지역 사회에서 우월한 지위를 유지하려고 하였다. 이것은 결국 지역 사회 사대부들의 경쟁으로 이어지면서 조선 사회를 유지하던 근본적인 질서의 변화로 이어지게 되었다.

— 김정운

생각 더 하기

1. 조선시대의 가족 및 친족질서에 대한 오해는 무엇일까?
2. 조선시대의 가족에서 여성은 어떤 역할을 하였을까?

참고문헌

강나은, 「조선후기 족보의 여성 정보 등재 추이와 그 의미 - 安東權氏族譜(1476~1907)를 중심으로-」, 『한국사론』 67, 2021.

김정운, 「17세기 경상도 사족의 혼례 방식」, 『한국사상사학』 56, 2017.

김정운, 「조정趙靖(1555~1636)의 일기를 통해 본 전쟁 속 일상과 가족」, 『영남학』 76, 2021.

문숙자, 「조선후기 균분상속의 균열과 그 이후의 상속관행」, 『국학연구』 39, 2019.

장병인, 『조선전기 혼인제와 성차별』, 일지사, 1997.

장병인, 『법과 풍속으로 본 조선 여성의 삶』, 휴머니스트, 2018.

전경목, 『고문서, 조선의 역사를 말하다』, 휴머니스트, 2013.

4. 융화되고 충돌하는 동아시아

조선의 외교관들, 사신

14세기 후반에 원이 쇠락해지면서 동아시아의 국제질서는 혼란 속에서 붕괴되었다. 새 왕조로 탄생된 명은 민간의 대외교류를 금지하고 국제교류를 국가 간의 것으로 한정하면서 원과 다른 동아시아의 국제질서를 실현하고자 하였다. 명은 주변국의 국왕을 책봉하여 자신 중심의 화이질서로서 주변 국가의 행동을 규제하였다. 주변국은 명 황제에게 정기적으로 사신을 보내 공물을 바침으로써 이 국제질서에 편입되어 자국의 안보와 중국과의 교류를 도모하였다.

중화주의中華主義
조선에서 중화中華란 혈통과 국가를 넘어선 보편적 문명이었다. 따라서 명明이 중화를 제대로 구현하고 있는지 평가하기도 하였다. 명·청 교체 이후 중화의 문화적인 측면을 강조하면서 자신들이 곧 중화를 계승하여 구현하고 있음을 주장하였다. 조선에게 중화란 국가와 사회, 개인이 지향해야 하는 보편적인 문명이자, 문명국가로서의 자긍심이었다.

조선은 건국 이래 중화사상을 바탕으로 명과 일본과의 외교관계를 사대교린이란 정책으로 하였다. 조선은 명 황제의 책봉을 받아 명과의 관계를 천자와 제후 간의 군신관계로 간주하고 이를 토대로 공존을 도모하였다. 다른 한편 조선은 주변 세력들에 대해서 자신 중심의 안정적인 관계를 확립하고자 하였다. 일본과 다원적 통교 형태를 통해 평화로운 관계를 수립함으로써 왜구 문제를 해결하고자 하였다.

동아시아 책봉조공체제는 17세기 전후 임진왜란과 병자호란 등 큰 변동에 따라 다소의 변화가 생겼지만 기본적인 틀이 유지되어 갔다. 오랫동안 유지되었던 책봉조공체제의 외교형태는 사행

使行이며, 국가 사이의 교섭과 교류는 주로 사신使臣의 왕래를 통해서 이루어졌다. 사신은 평화로운 동아시아 국제관계를 유지하는 데에 큰 역할을 하였다.

조선은 개국 후 지속적으로 중국에 사신을 파견하였다. 조선전기 명에 파견된 사신은 흔히 조천사朝天使라고 부른다. 천자를 알현하러 가는 사신을 의미한다. 이에 비해 조선후기 청에 파견된 사신은 청의 수도인 연경에 간 사신이란 의미로 연행사燕行使라고 부른다. 조선은 청을 오랑캐로 보고 천자국天子國으로 인정하지 않아 청을 멸시하였기 때문이다.

사행의 최우선 임무는 국왕의 뜻을 담은 외교문서의 전달이었다. 이 외에 사신은 다양한 외교활동을 전개할 수 있었다. 우선 사신은 북경에서 거행한 각종 의례에 참여하였다. 조선은 정기적으로 중국에 사신을 파견해야 했는데, 이때 파견된 사신은 절사節使라고 불렀다. 절사는 중국의 의례에 참가하는 것이 목적이고 중요한 정치적 의미를 가졌다. 절사는 대명 관계에서 정조사正朝使·성절사聖節使·천추사千秋使·동지사冬至使 등이 포함되며, 대청 관계에서 1645년부터 순치제順治帝의 요구로 절사 사절을 합쳐 모두 정조正朝에 보내기로 하였다. 이러한 정례 사행을 삼절겸연공사三節兼年貢使라 불렀다.

사신은 부여받은 외교 임무를 완수하기 위해 비공식적인 활동도 전개하였다. 1574년에 성절사 박희립朴希立 일행은 만력제萬曆帝의 탄신 축하를 위해 파견되었는데 명의 『황명조훈皇明祖訓』과 『명회전明會典』에 수록된 조선 종계의 오기를 개정할 것을 달성하기 위해 예부와 교섭하였다. 결과적으로 일행은 새 회전을 편찬할 때 반드시 수정하도록 하겠다는 예부 상서의 약속을 받아 냈다.

사신은 사행 도중에 각종 외교정보를 수집해야 하였다. 사신은 귀환 뒤에 사행 과정에서 수집한 외교 정보를 정리하여 보고서를 승정원을 통해 국왕에게 올려야 했다. 국왕은 이들을 별도로 인견하여 보고를 듣기도 하였다. 조선·중국 관계의 변화에 따라 조선 사신의 대중국 인식과 관심사는 달랐다. 17세기에 조선은 청을 적대시하고 청의 멸망을 기대하고 있었다. 때문에 사신들은 청의 지방 통제가 안정되어 간 상황이라도 청의 불리한 상황을 위주로 전달하는 경우가 있었다. 그리고 청의 민심 동향이나 풍속에 대해서도 비판적인 시각이 우세하였다.

18세기에 들어서면서 조·청 관계는 비교적 안정기에 들어갔으며, 청의 실상을 더 객관적으로 파악하는 경향이 있었다. 정조 대에는 청에 호의를 표시하기 위하여 별도로 진하사나 사은사를 파견하는 경우가 증가하였다. 조선 사신은 청의 문물을 선진 문물로 인정하면서 청 문화를 받아들이려고 노력하였고, 이러한 노력은 북학北學으로 나타났다.

조선은 왜구 문제를 해결하기 위해 일본에도 사신을 파견하였다. 처음에 보빙사報聘使·회례사回禮使 등으로 불리다가, 15세기 초반에 통신사라는 명칭이 정착되었다. 통신이란 믿음을 통하여 양국 간 신뢰 관계를 굳건히 하자는 것이다. 조선에서는 1596년까지 19회에 걸쳐 일본에 사신을 파견하였다. 양국의 통신사 외교는 임진왜란 이후 중단되었다.

임진왜란 이후 조·일 국교는 도쿠가와 이에야스의 지속적인 국교 회복 요청으로 재개되었다. 1607년 조선은 도쿠가와의 요청에 응답하여 피로인 쇄환을 주요 목적으로 하는 '회답겸쇄환사回答兼刷還使'를 파견하였다. 회답겸쇄환사의 파견은 쇼군의 국서에 대한 회답에 한하는 1회성 성격을 띠었다. 조선은 이때의 사신 파견을 기회로 일본의 정보를 탐문하기도 하였다.

1636년 인조는 다시 일본에 통신사를 파견하였다. 당시 조선은 후금의 공격을 걱정하고 있었고 명으로부터 후금에 공동으로 대응하자는 압박도 받았다. 명·청 교체라는 국제관계의 급변 속에서 조선은 북쪽의 전쟁 위기를 고려하여 일본과 우호 관계를 유지할 필요가 있었다. 17세기 중반까지 조선은 일본에 통신사 파견을 통해 교린외교를 유지하였다. 17세기 말 이후는 조·청 관계의 안정으로 조·일 관계도 더욱 안정되게 된다. 그 결과 통신사의 정치적인 의미는 점차 감소하여 파견 명분도 '쇼군 습직 축하'의 일종으로 정착되었다. 통신사는 문화적으로 선진 문물을 전달하는 창구로서의 역할이 강화되었다.

사신들의 브이로그, 사행 기록

우리는 여행으로 외국을 갈 때 사진이나 동영상을 찍는가 하면 브이로그로 정리하기도 한다. 사행의 기회로 낯선 외국을 갈 수 있었던 조선 사람들도 열심히 자기 기록을 남겼다. 공식 임무를 맡은 조선 사신은 외국을 다녀온 후에 의무적으로 조정에 보고서를 제출하였다. 이 외에 자제군관을 포함하는 모두 사행원들은 개인적인 관심사에 집중하여 사적 기록을 남겼다.

조선중기까지는 대명 사행과 관련된 기록이 '조천록朝天錄'류가 많았고, 조선후기에는 대청 사행과 관련된 기록이 '연행록燕行錄'류가 다수를 차지하였다. 조천록은 시문詩文에 중점을 둔 경우가 많다. 연행록의 경우는 산문의 형식으로 자신들의 연행 체험을 묘사하는 기록들이 대거 등장하였다.

17세기 조선은 청을 오랑캐의 나라로 여겨 멸시하던 분위기였다. 연행록에서도 청의 운영 문제를 지적한 내용들이 종종 보인다. 18세기에 들어서면서 조선은 점차 청의 중국 지배를 기정사실로 받아들이고, 사행원들은 청의 문화·문물을 객관적으로 관찰하여 청의 문물을 수입하는 데에 적극적이었다. 그 때문에 이 시기 연행록의 양이 크게 늘고, 청에 대한 묘사도 자세하게 되어 있다. 대표적으로 거론되는 연행록은 김창업金昌業의 『노가재연행일기老稼齋燕行日記』, 홍대용洪大容의 『을병연행록乙丙燕行錄』, 박지원朴趾源의 『열하일기熱河日記』 등이다.

사절단의 일반적인 일정을 살펴보면 중국으로 떠난 사행원들은 서울을 출발하여 의주에 도착한 후 대체로 5일에서 10일 정도 머물렀다. 중국에 가지고 갈 방물方物을 기다려야 했고, 간혹 날씨 문제로 압록강을 건널 수 없었기 때문이다. 압록강은 사행원들이 고국을 떠나 타국으로 가는 소회를 자극하기도 하였다. 압록강을 건넌 사행원들은 130리 정도 떨어진 청의 첫 관문인 책문柵門까지 가는 데 보통 이틀 소유하였다. 여기서는 방물을 다시 점검하여 조선과 중국의 국경 검문소 역할을 하고 있었다. 이후 산해관을 지나야 했는데 산해관은 화이華夷의 경계라는 의미이다. 18세기 이후에 문화적 경계로서의 산해관은 사라지고 오삼계에 대한 소회와 보편적인 삶의 어려움을 논하는 장소가 되었다.

두 달여의 노정을 거쳐 북경에 도착하면 사행원들은 매캐한 석탄 냄새 때문에 고통을 받았다. 조선에서는 나무를 주 연료로 썼기 때문에 석탄 냄새가 생소하였다. 일반적으로 조선 사행원의 숙소는 회동관이었으나 각종 사정으로 시기에 따라 달라지기도 하였다. 중국의 규정에 따르면 사행원은 예부나 궁궐로 가는 상황이 아니면 숙소에 머물러야 하였다. 사신은 숙소에서 개시開市에 참여하여 각종 물품을 구입하고 환술, 동물 공연 등을 관람할 수 있었다.

그러나 명은 조선의 요구로 1534년부터 조선 사신의 북경 관광을 공식적으로 허락하였고, 관광 가이드나 해설사를 제공하여 사행원의 관광을 관리하기도 하였다. 이때 조선 사신들이 대부분 필수적으로 방문한 곳은 국자감, 천단天壇, 역대 제왕묘歷代帝王廟 등이다. 청의 문금門禁 정책이 17세기에 엄격하였다가 18세기에 느슨해지면서 사행원들은 자유롭게 숙소에 출입하였고 화려한 유리창琉璃廠, 서양과 관련된 천주당 등 여러 곳을 방문하여 중국 문인이나 서양인과 교류하기도 하였다.

조선 사절단은 보통 북경에 머물렀다가 본국으로 돌아왔다. 1780년 박지원 일행은 처음으로 열하에 다녀왔다. 박지원의 연행록 서명을 '열하일기'라고 지은 것은 여기에서 비롯되었다. 1780년 박지원은 건륭제의 70세 생일을 축하하기 위해 파견된 진하겸사은정사進賀兼謝恩正使 박명원朴明源의 자제군관으로 따라갔다. 그는 홍대용, 박제가朴齊家 등의 영향으로 이미 청의 문물에 관심을 많이 가지고 있었다.

『열하일기』는 6월 24일 압록강 도강渡江부터 8월 20일 열하에서 북경으로 돌아온 날까지만 노정이 기록되고 있다. 박지원 일행은 6월 24일 압록강을 건넜고, 8월 1일에야 북경에 도착했다. 그런데 예상하지 못한 상황이 발생하였다. 건륭제가 열하에서 열릴 자신의 70세 생일 축하연에 조선 사절단을 불렀던 것이다. 박지원 일행은 열하에 있는 피서산장의 존재를 알고 있었지만 북경까지만 가서 축하의 뜻을 전달하면 된다고 생각했다. 조선은 1645

년부터 만수절에 청에 별도의 축하 사절을 파견하지 않았는데, 이 때 특별히 진하사를 파견하였던 것이다. 조선 사신이 처음으로 열하에서 황제의 생일 축하연에 참여하게 한 것은 청의 예우라고 할 수 있다.

일본에 파견된 통신사행원도 개인적인 이유로 각종 사행 기록을 남겼다. 18세기 이후 통신사행을 통한 문화교류가 활발해지면서 사행기록의 작성 주체가 더욱 다양해졌다. 삼사뿐만 아니라 제술관製述官 이외에 군관 등 하급신분도 일본 사행기록을 저술하였다. 다양한 작성 주체는 자신의 직임에 따라 일본에 대한 관심사가 달랐다. 삼사는 일본의 국정 정보에 시선을 두었고, 제술관과 서기書記 등 문사는 시문창화 같은 문화교류를 담당해서 일본인과의 문화교류나 일본문화에 대한 기록을 남겼다. 역관의 경우는 사행의 일정과 진행과정, 일본 경제에 주의를 기울였다.

18세기에는 이전의 통신사행을 통해 일본에 대한 정보와 지식이 축적되었으며, 기존의 인식을 넘어 일본을 하나의 객관적인 실체로 인정하여 자세한 정보 수집의 대상으로 인식하는 변화가 나타났다. 연암일파燕巖一派의 한 사람이었던 원중거元重擧는 1763년의 통신사행에 서기로 발탁되어 사행하던 중 일본 문인과 활발하게 교류했으며, 귀국 후에는 사행 기록인 『승사록乘槎錄』과 『화국지和國志』를 남겼다.

『승사록』은 일기 형식으로 기술되어 있으며 통신사행의 목적, 폐단과 개선점에 대한 내용이 기록되었다. 『화국지』는 단순한 견문록이 아니라 일본 전반을 아우르면서 총체적으로 기술한 책이다. 원중거는 사행 도중의 견문과 양국의 서적을 바탕으로 하여 일본의 전반적인 실상을 분석하였다. 그는 일본의 우수한 산업기술과 문명 성장을 인정하였지만, 일본을 유학의 교화 대상으로 보아 여전히 일본에 대한 우월감을 가지고 있었다.

위기의 한반도

전쟁 없는 세상은 존재할까? 전쟁이 인류에게 백해무익하다는 것은 모두가 알지만, 전쟁은 끊임없이 발생하고 있다. 전쟁은 단 한 국가의 의지만 있어도 발생할 수 있기 때문이다. 조선에서도 마찬가지였다. 조선이 개국한 지 200여 년 동안 크고 작은 분쟁과 무력 충돌은 있었으나, 나라의 존망을 뒤흔들 만한 전쟁은 발생하지 않았다. 그 후, 100년 사이에 조선을 뿌리째 흔드는 전쟁이 두 차례 발생하였는데, 바로 임진왜란과 병자호란이다. 두 차례 전쟁은 많은 사람의 목숨을 앗아 가고, 삶의 터전을 짓밟았으나, 조선에 사는 그 누구도 전쟁에 동의한 사람은 없었다.

임진왜란은 16세기 말 세계 최대의 전쟁으로, 약 7년 동안 전쟁에 동원된 인원이 70만 명으로 추산될 정도로 큰 규모의 국제 전쟁이었다. 참전국의 숫자나, 전쟁의 규모, 전후의 영향을 고려했을 때, 동아시아 역사상 유래를 찾기 힘든 국제 전쟁이었다. 1592년 4월 13일 9개의 부대로 편성된 약 15만 명의 일본의 군사가 한반도에 상륙하여 빠르게 진군하면서 전쟁이 시작되었다.

조선군은 왜군의 빠른 북진 속도에 속수무책으로 괴멸되는 상황에 이르렀다. 서울이 함락되고, 임금인 선조가 의주까지 파천播遷하면서 전쟁은 일본의 승리로 귀결될 것 같았다. 그러나 조선의 관군은 빠르게 재편되었고 각 지역에서 의병義兵이 봉기하였다. 관군과 의병이 합세하여 요충지를 차지하고, 왜군의 진군을 저지하면서 전쟁은 새로운 국면을 맞이하였다.

전쟁 상황이 더욱 큰 전환을 맞이한 지점은 명군明軍의 참전이었다. 1592년 8월경에 10만 명군 파견이 결정되었고, 1593년 1월 조·명 연합군이 평양성을 수복하고, 그해 4월에는 한양에서 일본군이 퇴각하면서 전쟁 국면은 강화 교섭으로 전환되었다. 강화 교섭은 명과 일본 간의 교섭으로 진행되고, 조선은 침략한 일본에 대한 강한 반감으로 강화 교섭을 반대하였다.

강화 교섭은 결렬될 수밖에 없었다. 교섭 테이블에 앉은 각국의 입장은 너무나 동상이몽이었기 때문이다. 명은 자국 방어를 우선시하고 더 이상의 경제적 손실을 막기 위한 것이 목적이었으나, 일본은 조선을 침략한 이 전쟁을 국내에 승리한 전쟁으로 선전하기 위한 것이 목적이었다. 그래서 일본은 조선의 왕자를 포로로 삼고 경상도 일부 영토의 소유권을 승전의 전리품으로 요구하였다. 따라서 강화 교섭은 결렬될 수밖에 없었다.

강화 교섭의 실패는 재침략으로 이어졌다. 강화 교섭 중에 소규모 전투는 발생하였으나, 대규모 전투로는 이어지지 않았다. 하지만 강화 교섭이 결렬되면서 1598년 일본의 재침략이 시작되었다. 하지만 전쟁은 곧바로 종식되었다. 바로 도요토미 히데요시豊臣秀吉가 사망했기 때문이다. 도쿠가와 이에야스德川家康를 필두로 철수 교섭이 진행되며 전쟁은 끝마치게 되었다.

임진왜란은 동아시아 질서를 전면적으로 재편하는 폭풍이 되었다. 일본은 침략전쟁을 주도하였던 도요토미 정권이 붕괴하고 1603년 도쿠가와 막부가 개설되면서 국내 정치 체제가 재편되었다. 명의 경우는 막대한 전쟁 비용을 소모하면서 국내의 혼란이 중첩되어 만주에서 커지던 여진족 세력을 억제하고자 하였다. 결국, 14세기 이후 동아시아 질서를 주도하던 명은 멸망하고, 청이 중원의 새로운 지배자가 되었다. 조선은 국가가 멸망하지는 않았으나, 국토가 전쟁터가 되어 삶의 기반이 황폐해지는 지경에 이르면서 국내의 크고 작은 혼란을 마주하게 되었다. 이 전쟁에서 승자는 없고 패자만 남은 셈이었다.

임진왜란의 영향으로 기존의 동아시아 질서가 붕괴되는 동시에 후금이라는 새로운 패권국이 등장하는 조짐이 나타나면서 또 다른 파란이 야기되었다. 우리나라는 패권국 간의 힘겨루기에서 선택을 할 수 없는 위치에 놓여 있다. 현재에도 그렇고 과거에도 그랬다. 조선은 중화질서로 표방되는 명나라와 새로운 패권국으로 성장하는 청나라의 틈에서 명과의 관계를 유지하면서도 청과의 우호적인 관계를 유지하는 것을 목표로 세웠다.

홍타이지皇太極의 칭제稱帝 선언으로 조선은 전쟁의 소용돌이 속으로 휘말리게 되었다. 명나라가 아직 건재한 상황에서 명의 최대 조공국인 조선은 홍타이지의 칭제에 동참할 수 없었다. 1635년 4월 11일에 열린, 홍타이지의 완전무결해야 했던 황제 즉위식은 조선 사신의 참석 거부로 인해 미완의 황제 즉위식으로 귀결되었다. 홍타이지는 이를 외교 문제로 비화시켰고, '조선 정벌'을 실현해야만 비로소 자신의 '칭제'를 완성할 수 있었다. 그리고 그 과업을 자기 손으로 달성하기 위해 친정親征을 단행하였다.

홍타이지는 강이 얼어붙는 엄동설한의 한겨울을 기다려, 1636년 1월 대군을 이끌고 조선으로 향하였다. 청군의 1차 전략은 서울을 곧바로 기습하여 인조를 한양 도성에 가두는 것이었고, 2차 전략은 고속으로 진군하여 통과하는 작전이었다. 조선은 산성 중심의 방어 전략을 채택하였기 때문에 전투 없이 통과하는 청군을 저지하지 못하였다. 청의 선봉 부대는 600여 리의 거리를 사흘 만에 진군하여 서울에 도착하였다.

청군의 빠른 전진으로 인조는 강화도까지 갈 새도 없었기 때문에 남한산성으로 파천하였다. 인조를 서울 도성에 가두는 것에 실패하면서 청군의 1차 전략은 절반만 성공하였다. 곧장 전략을 수정하여 남한산성을 포위하기 시작하였다. 조선의 조정에서는 남한산성에서 근왕병을 모집하였지만, 청군에 의해서 철저하게 차단되었다. 남부의 근왕병은 청군에게 선제공격을 받거나, 기습공격을 받으며 각개 격파되었고, 청군의 포위 작전은 완성되었다.

조선의 근왕병이 차례로 격파되었지만, 세자와 왕실 가족은 강화도로 피난에 성공하였기 때문에 그곳을 최후의 보루로 여겼다. 천혜의 요새, 강화도는 어떻게 하루 만에 함락된 것일까? 청군은 조선군이 주둔하고 있던 광성진이 아닌 염하수로의 갑곶 나루로 작은 배를 타고 도해渡海하였다. 청군이 도해할 때, 조선의 수군은 조류의 변화 때문에 북상 자체를 할 수 없었다.

누가 청군에게 조석·조류 시간대를 알려 준 것일까? 고려가 40여 년 동안 몽골에 항전할 수 있었던 강화도가 이때 전투 한 번 없이 하루아침에 함락된 것은 그곳에서 고기잡이하며 살던 귀화 여진인이 조석·조류 시간 정보를 청군에게 제공하였기 때문이다. 이로써 청군은 해상에서 청군을 저지하고자 했던 조선 수군의 계책을 완전히 피해 갈 수 있었다. 강화 협상을 둘러싼 조선과 청의 줄다리기는 강화도의 함락 소식에 끝나 버려 인조는 농성을 포기하고 출성出城을 결정하였다. 강화도라는 마지막 희망을 잃으면서, 결국 청과의 강화를 받아들일 수밖에 없었다. 홍타이지는 명나라의 최대 조공국인 조선의 항복을 얻어 내면서 미완의 황제 즉위식을 완성할 수 있었다.

전쟁 속에서 살아남기

우리는 지금까지 전쟁의 발발과 전개, 결과에 주목했다. 그래서 전쟁을 찬란한 승리나 모멸적인 패배의 역사로만 기억하고 있다. 전쟁 속에서 살아남고자 했던 사람들의 의지나, 전쟁을 경험한 사람들의 삶에 미친 영향에는 그리 눈길을 주지 못하였다. 여기서는 전쟁이 불러온 참극과 전쟁 속에서 살아남고자 했던 사람들의 무던한 노력을 살펴보고자 한다.

1592년 4월 13일 왜군의 선박이 부산진 앞바다로 상륙한 소식은 당일에 대구에도 전해졌다. 대구 부사는 군사 소집 명을 내렸고, 그 소식은 대구에 거주하는 사람들에게도 전달되었다. 대구 읍성을 닫고 방어 태세를 갖추었으나, 4월 21일에 일본군이 들이닥쳤고 사람들은 본격적인 피난길에 올랐다. 대부분의 대구 사람들은 일본군을 피해 팔공산으로 달아났다. 팔공산은 지형이 험해 일본군을 피하기에 적합한 곳이었다.

간신히 일본군의 총구는 피했으나, 이제 먹고사는 문제가 남아 있었다. 직접적으로 전투에 희생된 인원만큼 먹을 것이 없어 굶어 죽는 사람들이 속출하였다. 일본군과의 전투가 소강 상태에 접어들자, 대구 사람들은 본격적으로 식량을 확보해 가기 시작했다. 대구에 거주하던 사대부인 서사원徐思遠은 매일 농사 경영에 힘을 쏟았다. 하양에 있는 전답에 콩을 심고, 읍내에 위치한 밭에 김을 매면서 날마다 농사에 매진하였다. 또 주변에 있는 도토리도 주워 모으며, 식량 부족을 해소해 갔다. 주변 지역의 지방관이나, 대구에 주둔한 명군에게 식량을 조달받기도 하였다.

전쟁 중에서도 사람들은 자신의 일상을 지켜 가길 염원하였다. 그 일상에서 가장 중요하게 여긴 것이 바로 제사였다. 효孝를 실천하는 것은 생활화되어 있었으며, 그들의 삶에 가장 중요한 가치로 자리 잡고 있었다. 그렇기 때문에 전쟁 중에도 제사를 지내는 것은 소홀히 할 수 없는 문제였다. 전쟁으로 인해서 제수祭需를 마련하기 어려웠으나, 간소하게라도 제사를 이어 갔다.

전쟁은 많은 이들에게서 가족까지 빼앗아 갔다. 피난길이나 피난 생활 중에 죽은 가족을 위한 상례喪禮 또한 지켜야 하는 일상 중 하나였다. 죽음의 위기와 경제적인 여유가 없는 상황임에도 불구하고 각자의 사정에 맞게 사망한 가족에 대한 의례를 충실히 행하였다. 피난 중에도 상례에 필요한 제기祭器를 짊어지고 다니면서, 제사를 지냈다. 이들이 지키고자 했던 것은 그들의 일상이었다. 전쟁으로 많은 것을 잃었으나, 자신이 영위하던 일상은 잃지 않기 위해 무던히 노력하였다. 그것이 전쟁이 끝난 후에 다시 살아갈 수 있는 주춧돌이 되기 때문이다.

전쟁의 상처는 쉽사리 회복되지 않았다. 자신의 삶을 송두리째 빼앗긴 사람들에게 더욱 그러하였다. 바로 전쟁에서 포로로 끌려간 사람들이었다. 특히, 병자호란 당시 청군에게 사로잡힌 사람들에게 전쟁은 더욱 가혹하였다. 전쟁은 한겨울에 발생하였다. 혹독한 추위 속에서 포로가 된 사람들은 얼어 죽을 위기에 처해 있었다.

청군은 포로가 행군 중에 주변 고을의 주민과 접촉하는 것을 철저하게 금지했다. 혹시라도 탈출을 시도하는 것을 차단하기 위한 조치였다. 하지만 고향을 떠날 수 없었던 자들은 목숨을 걸고 도망을 시도하였다. 행군이 지체되면 이를 기회로 삼아 사람들은 도망을 시도하였다. 청군은 도망을 시도한 포로뿐 아니라 다른 포로까지 살해하며 보복하였다.

포로 중 여성의 경우, 그들이 겪는 고통은 더욱 처참하였다. 청군은 남성보다 여성을 사로잡길 더욱 선호하였다. 여성들은 청군을 피해 자살하는 경우도 속출하였다. 강화도가 함락된 후, 그곳의 여성들은 청군에게 잡혀 능욕당할까 염려되어 지위고하를 막론하고 바다에 뛰어들어 자살하였다. 청군에게 붙잡힌 경우에 수용 기간을 거쳐 심양으로 이동하는 과정에서 겪는 고통은 남성과 여성이 큰 차이는 없었다. 하지만 여성 포로들에게는 심양에서 또 다른 고통이 더해졌다.

여성 포로는 전리품이 되어 청군 장병의 첩이 되었다. 청군의 첩이 된 여성들은 본처에게 핍박받으며 다시 한번 참혹한 고통을 겪었다. 조선인 여성에게 끓는 물을 뿌리거나, 심한 고문을 가하는 것이 문제가 되었고, 홍타이지가 신료들에게 공개적으로 경고하기까지 하였다. 청에서 삶을 지속하는 경우도 있었으나, 포로 가운데는 도망에 성공하거나, 속환贖還되어 조선으로 돌아온 사람도 적지 않았다. 하지만 심양에서 조선으로 돌아오는 길도 고통의 연속이었다.

죽을 고비를 넘기고 조선으로 돌아온 여성 포로의 삶에는 또 다른 수난이 더해졌다. 사대부가의 여성에게 정절을 잃었다는 이유로 시댁으로부터 버림받게 되었다. 속환되어 돌아온 사대부가의 여성과 남성의 이혼 문제는 조정에서 논란이 되었다. 인조는 조선으로 돌아온 여성과 이혼하는 것도, 그 여인을 버리고 재혼하는 것도 허락하지 않았다. 하지만 여성의 시댁에서는 실절失節을 이유로 이혼을 주장하였고, 결국에는 청에서 돌아온 여성과 이혼이 허락되었다. 죽음의 위기에서 살아 돌아온 여성은 국가와 가족에게 버림받는 처지가 되었다.

— 권은나·리샤오칭

생각 더 하기+

1. 왜 중국과 조선은 조공책봉체제를 선택하였을까?
2. 병자호란은 왜 일어났을까?

참고문헌

구범진, 『병자호란, 홍타이지의 전쟁』, 까치, 2019.
김경록, 「朝鮮時代 朝貢體制와 對中國 使行」, 『명청사연구』 30, 2008.
동북아역사재단 한국외교사편찬위원회, 『한국의 대외관계와 외교사 – 조선 편』, 동북아역사재단, 2018.
손승철, 『조선통신사, 타자와의 소통』, 경인문화사, 2017.
정재훈, 『18세기 조선이 만난 문명』, 그물, 2023.
정해은, 「임진왜란기 대구 수령의 전쟁 대응과 사족의 전쟁 체험」, 『역사와 경계』 98, 2016.
한명기, 『정묘·병자호란과 동아시아』, 푸른역사, 2017.

5. 조선, 자기 모습을 드러내다

조선의 건국, 문화를 이끌다

고려高麗말 안향安珦(1243~1306)을 통해 원元의 성리학 서적이 보급되고, 성리학에서 중요시하는 사서四書가 고려의 과거 과목으로 채택되었다. 또한 원에서 과거에 합격한 이제현李齊賢(1287~1367), 이색李穡(1328~1396) 등이 고려로 돌아왔으며, 성균관成均館이 중창되어 이색 등이 성균관 대사성大司成을 맡고 정몽주鄭夢周(1337~1392), 정도전鄭道傳(1342~1398) 등이 교관을 맡게 되면서 지식인 사회에 성리학이 확산되었다. 이와 같이 고려말에 성리학을 수용하고 이를 학습하면서 성장한 지식인을 신진사대부라고 부른다. 이들은 고려말의 여러 가지 혼란과 문제를 해결하는 데에 성리학이 큰 역할을 할 수 있을 것으로 생각하였다.

고려후기는 국제질서의 변동과 내부의 사회적 모순으로 인해 혼란스러운 시기였다. 몽고의 침략과 원 제국의 지배, 홍건적과 왜구의 침략과 약탈은 고려 사회를 위태롭게 만들었다. 하지만 고려 내부의 정치적인 혼란과 권문세족의 대규모 토지 점탈 등은 이에 대한 제대로 된 대응을 하지 못하도록 만들었다.

신진사대부는 성리학을 기반으로 정치구조와 통치 방식 등 국가체제 전반을 재정비하고자 하였다. 이들은 원 간섭기에 성리학을 받아들인 이후 현실 개혁에 대해 큰 관심을 보였다. 불교나 도교로 인한 폐단의 개혁을 주장하는 것에서 나아가 불교와 도교 자체를 이단으로 비판하기 시작하였으며 성리학을 국가이념으로 하는 국가체제를 구상하였다. 정도전의 『불씨잡변佛氏雜辨』, 『심문천답心問天答』, 『조선경국전朝鮮經國典』 등이 대표적이다. 한편 권근權近(1352~1409)은 『입학도설入學圖說』이나 『오경천견록五經淺見錄』 등으로 성리학을 이해하고 해설하는 작업도 하였다.

이후 이들은 나아가 조선朝鮮이라는 새로운 왕조 국가를 건국하였다. 새로운 국가는 새로운 이념과 정치를 백성에게 전달하고 건국의 정당성을 설득하고자 하였다. 이러한 설득에는 사회·경제적인 재분배가 가장 중요한 것이었지만, 문화 역시 설득하는 데에 큰 힘을 가지고 있었다. 고려말에 수용된 성리학은 조선이라는 국가를 설계하는 데에 큰 기틀이 되었으며, 중국 원元·명明의 제도나 문화 역시 다양한 분야에서 조선의 밑바탕이 되었다.

국가체제는 고려의 국제를 계승하고 원·명의 법제를 수용하면서도 조선의 현실을 반영하여 구축하였다. 국가체제의 구상에는 정도전이 『주례周禮』의 육전체제六典體制를 기반으로 조선의 현실에 맞게 정리한 『조선경국전』이 기본이 되었으며, 이후 조준趙浚(1346~1405) 등에 의해 『경제육전經濟六典』 등의 법전도 편찬되었다. 『조선경국전』과 『경제육전』은 모두 원의 법전인 『경세대전經世大典』을 참고하여 저술한 것으로, 원의 영향을 알 수 있는 부분이다. 또한 형전刑典의 경우는 명의 『대명률大明律』을 수용하여 당시 국제정세의 변화와 시왕지제時王之制를 반영한 것이라고 할 수 있다. 이후 법전은 수차례 증보와 개정을 통해 성종 대에 『경국대전』으로 집대성되었다.

원·명의 영향은 수용하면서도 이를 조선 나름대로 해석하여 자기 정체성을 드러내는 것은 문화적인 측면에서도 확인된다. 성리학을 국가이념으로 내세운 조선에서는 신진사대부를 중심으로 성리학을 중시하였으며, 사회·문화적으로 이를 전파하고자 하였다. 먼저 연등회, 팔관회 등의 불교 의례를 폐지하고 성리학의 이념에 맞춰 국가 및 민간의 의례를 정비하고자 하였다. 국가의례의 경우, 『세종실록오례』, 『세종실록오례의』를 거쳐 『국조오례의』로 정비되었으며, 『주자가례』를 보급하였다. 또한 백성의 교화를 위하여 유학의 기본 윤리인 삼강오륜三綱五倫을 그림과 글로 정리한 『삼강행실도』, 『이륜행실도』 등도 편찬하였다.

조선은 국가이념인 성리학에 기반하여 문화를 만들어 가면서도 '동국東國'이라는 관점의 자기 정체성을 실현하는 모습도 보였다. 가장 대표적인 것이 훈민정음, 즉 한글의 창제이다. 또한 지도와 지리서에 조선을 중심으로 세계를 이해하는 경향이 나타나기 시작하였다. 조선 초에 제작된 세계 지도로 〈혼일강리역대국도지도混一歷代國都疆理地圖〉가 있다. 이는 원대의 세계지도를 참고하면서 우리나라와 요동, 일본을 넣어 보완하여 만든 세계지도이다. 또한 국초부터 양전量田과 주현州縣의 개정을 바탕으로 전국지도와 지리서를 제작할 필요성이 높아졌다. 이에 고을별로 일정한 항목을 정리한 『세종실록지리지世宗實錄地理志』가 편찬되었으며, 이를 바탕으로 『동국여지승람東國輿地勝覽』, 그리고 이를 증보한 『신증동국여지승람新增東國輿地勝覽』 등이 완성되었다. 전국 지도의 경우 세조 대 양성지梁誠之(1415~1482), 정척鄭陟(1390~1475) 등이 『동국지도東國地圖』를 만들었으며, 이는 후대 동국지도류의 원형이 되었다.

문학작품의 경우, 국가의 주도 아래 이전에 발표되었던 한문학

작품을 모아 『동문선東文選』(130권)을 편찬하였다. 이는 동국의 문장이 중국의 그것과 비교하더라도 뒤처지지 않는다는 자기 정체성의 표현으로 이해할 수 있다. 또한 『동문선』 이후 발표된 작품을 모아 정리한 『속동문선續東文選』(23권)이 편찬되기도 하였다. 역사서에서는 조선의 건국과 함께 『고려사高麗史』, 『고려사절요高麗史節要』 등 이전 왕조인 고려의 역사를 서술하였다. 또한 통사 형식의 역사서도 등장하였는데, 『동국통감東國通鑑』이 그것이다. 『동국통감』은 단군조선을 시작으로 잡고 삼국을 대등한 국가로 서술하였으며, 성리학적 역사 인식을 기준으로 한 사론史論을 통해 역사적 사건과 인물에 대해 적극적으로 평가하였다는 특징이 있다.

조선전기의 회화에는 왕공·사대부들과 함께 도화서의 화원이 큰 역할을 하였다. 왕공·사대부들은 중국의 다양한 화풍을 수용하면서도 이를 바탕으로 새로운 화풍을 만들어 내기도 하였다. 대표적인 인물로 세종의 아들인 안평대군安平大君(1418~1453)과 영응대군永膺大君(1424~1467)을 들 수 있다. 안평대군은 조맹부趙孟頫(1254~1322)의 송설체松雪體를 토대로 했던 당대 최고의 서예가였고 최대의 중국 서화 수장가였으며, 안견의 강력한 후원자이기도 했다. 영응대군은 왕실에 소장된 많은 서화를 문종으로부터 하사받아 엄청난 수장가가 되었으며, 그 역시 서화와 음악에 조예가 깊었다.

이들의 후원으로 조선초기 회화가 크게 발달하였으며, 대표적인 것으로 안견安堅의 〈몽유도원도夢遊桃源圖〉를 들 수 있다. 안견은 중국의 여러 화풍을 참고하였는데, 그중에서도 북송北宋의 곽희파郭熙派 화풍과 남송南宋의 마하파馬夏派 화풍을 조합하여 안견

나름의 화풍을 만들었다. 이후 안견의 화풍에 따라 중국의 소상팔경瀟湘八景을 그린 〈소상팔경도瀟湘八景圖〉, 〈사시팔경도四時八景圖〉가 유행하기도 하였다. 이 외에도 사대부 화가로 강희안姜希顔(1418~1465)과 강희맹姜希孟(1424~1483) 형제가 대표적이며, 강희안의 〈고사관수도高士觀水圖〉, 〈강호한거도江湖閑居圖〉 등이 유명하다.

조선의 서예는 원의 새로운 서풍을 받아들인 고려말의 전통을 계승하였다. 이전부터 전래되어 내려오던 왕희지王羲之의 왕희지체王羲之體는 여전히 조선의 대표적인 서체로서 자리 잡고 있었다. 또한 고려말에 유입된 원나라 조맹부의 송설체가 확산되어 크게 유행하였다. 안평대군과 집현전 학사들을 중심으로 송설체가 확산되었으며, 대표적인 작품으로는 안견의 〈몽유도원도〉에 제발을 쓴 안평대군의 「몽유도원도기夢遊桃源圖記」가 있다.

도자기는 조선전기까지 세계에서 중국와 우리나라만 생산할 수 있었다. 14세기 후반 왜구의 침입으로 인해 고려시대 주요 자기 생산지였던 서남부 연해안에 피해를 입으면서 그 지역의 장인들이 내륙으로 흩어지게 되었다. 이로 인해 자기의 품질은 떨어졌지만 생산지와 사용지가 확장되는 결과를 가져왔다. 15~16세기에 걸쳐 활발하게 제작된 것은 분청사기로, 그릇 표면에 흰색 화장토化粧土를 입히고 다양한 방식의 무늬를 넣은 것이다. 15세기 후반에 설치된 경기도 광주 사옹원 소속의 분원에서는 왕실에서 사용하는 최고급 백자를 생산함으로써, 백자의 유행을 이끌었다.

성리학, 모두가 지향하다

성리학性理學이 조선의 국가이념으로 채택되고 점차 보편화되어 사대부는 물론 민간에까지 퍼져 나가기 시작하였다. 하지만 조선중기는 원나라에서 수용한 관학화된 성리학만으로는 국가를 통치하는 데 한계가 있던 시기였다. 조선의 건국을 주도하였던 사대부들이 오랜 기간 권력을 독점하고 훈구세력으로 성장하면서 관료제의 모순이 나타났다. 또한 과전법의 붕괴와 지주제의 발달, 상품의 유통과 공납제의 모순, 군역제도의 붕괴 등 다양한 사회문제도 등장하고 있었다. 이에 새로운 학문 경향이 요구되었는데, 그때 주목된 것이 송대 주희의 성리학이다.

16세기 주희의 문집인 『주자대전朱子大全』이 조선에 보급된 이후, 조선의 많은 사대부들은 주자 성리학을 공부하기 시작하였으며 주희의 학문뿐만 아니라 그의 학문 태도나 삶의 방식까지 본받으려고 하였다. 이들은 주로 '사림士林'으로 지칭되었는데, 이들이 관직에 진출하기 시작하면서 훈구세력과의 갈등으로 수차례의 사화士禍를 겪었으나 점차 중앙 정치를 주도하기 시작하였다. 이들은 자신의 출신지 등에 지역적 기반을 두고 있으면서, 중앙의 정치는 물론 사회 전반에 걸쳐 자신들이 공부한 학문인 주자 성리학을 적용하였다.

사림은 주희의 『소학小學』과 『주자가례朱子家禮』를 성리학적 실천윤리로서 주목하였으며, 이를 학습하고 보급하여 성리학에서 지향하는 이상적인 인간상인 '성인聖人'이 되고자 노력하였다. 특히 『주자가례』의 관혼상제冠婚喪祭 의례는 사림들이 자신의 여건에 맞춰 변용하여 실행하였다.

성리학의 영향은 역사 인식에서도 드러나는데, 기자箕子에 관한 사림의 관심이 그것이다. 기자는 중국 은나라 사람으로 무왕武王에게 우禹의 정치 원칙을 가르쳤다고 전해지며(『서경書經』「홍범洪範」), 한반도로 건너와 기자조선箕子朝鮮을 세우고 백성을 교화하였다는 설화가 있다. 사림은 유교적 이상사회를 조선이라는 나라에 실현하고자 하였으며, 그 역사적 전통으로서 기자에게 주목하였다. 이에 윤두수尹斗壽(1533~1601)의 『기자지箕子志』, 이이李珥(1536~1584)의 『기자실기箕子實記』, 이정구李廷龜(1564~1635)의 「기자묘비명箕子墓碑銘」 등이 저술되었다.

특히 회화에서 주희의 학문태도와 삶의 방식을 따르고 주자 성리학을 실천하고자 하였던 사림들의 모습이 잘 드러난다. 주희는 말년에 무이산武夷山 아래에서 거주하면서 무이구곡武夷九曲을 경영하였는데, 16세기 이후의 사림 역시도 이를 모방하여 자신만의 구곡을 경영하기도 하였다. 이이의 고산구곡과 김수증金壽增(1624~1701)의 곡운구곡谷雲九曲은 자신이 직접 경영한 사례이며, 송시열宋時烈(1607~1689)의 화양구곡華陽九曲은 후학들이 주도하여 조성한 사례이다. 이들은 각각의 구곡에 시를 짓고 그림을 그렸으며, 이를 차운하고 감상함으로써 주자에 대한 자신들의 학문 지향과 각 학파 간의 결속을 확인하였다.

이러한 분위기는 조선전기의 팔경 문화를 구곡 문화로 바꾸어 놓았다. 조선전기에는 소상팔경의 경치를 시로 짓고 그림으로 그리는 문화가 유행하여, 지역의 경승지에 팔경八景을 붙이는 것이 유행하였다. 이후 조선중기 사림에 의해 주희의 무이구곡을 모방하는 문화가 성행하면서 각 지역에 자신만의 구곡을 경영하면서 시를 짓고 그림을 그렸다. 주희의 무이구곡에 직접 가볼 수 없는 아쉬운 마음에 다양한 〈무이구곡도〉가 그려지고 유통되었다. 또한 자신이나 스승의 구곡을 그린 그림도 유행하였는데, 이이의 고산구곡을 그린 〈고산구곡도〉, 김수증의 곡운구곡을 그린 〈곡운구곡도〉 등이 대표적이다.

〈송시열초상宋時烈肖像〉
국립중앙박물관 홈페이지 제공

한편 사림으로서 자신들의 정체성을 표현한 사대부 초상화가 등장하기 시작하였다. 조선전기에는 잦은 정치적인 변란으로 인해 다수의 공신이 임명됨에 따라 화원들에 의해 그려진 공신 초상화가 주를 이루었다. 조선중기부터는 국가에서 공신의 임명과 함께 하사하는 공신 초상화도 그려진 반면, 『주자가례』에 수록된 유건儒巾을 쓰고 심의深衣를 입은 사대부 초상화가 유행하기 시작하였다. 대표적인 사대부 초상화로서 〈송시열초상〉이 있으며, 이후 많은 사대부 초상화가 제작되었다. 사대부 초상화는 자신의 정체성을 강하게 드러내는 초상화라고 할 수 있다.

또한 사대부들은 자신들의 정체성을 서로 확인하고 결속을 다지고자 만남을 가지고 이를 그림으로도 남기기 시작하였는데, 이를 계회도契會圖라고 한다. 15세기의 계회도는 주로 산수 위주로 그려졌으며 계회 장면은 아주 작게 상징적으로만 표현된 반면 16세기 이후의 계회도에서는 점차 계회 장면이 부각되어 표현되기 시작하였다. 이기룡李起龍(1600~?)이 1629년(인조 7)에 그린 〈남지기로도南池耆老圖〉나 김홍도金弘道(1745~?)가 그린 〈기로세련계도耆老世聯稧圖〉가 대표적이다.

서예에서는 왕희지체와 송설체가 이어져 오는 가운데 점차 조선만의 서예를 만들어 가기 시작하였다. 성리학적 실천윤리로서

『소학』 등에 주목한 사림은 글씨에서도 근엄하고 단정한 것을 추구하였다. 이에 화려한 송설체보다는 근엄한 왕희지체를 익히려는 모습도 보이며, 조선전기부터 유행하던 화려한 송설체를 변화시켜 근엄하고 단정한 글씨체로서의 송설체를 만들어 나갔다. 이후 서예에서 조선의 고유색을 드러내는 새로운 글씨체가 등장하는데, 바로 한호韓濩(1543~1605)의 석봉체石峯體이다. 석봉체는 당시 국왕인 선조가 마음에 들어하면서 이후의 왕자나 종친 및 대소신료와 유생에 이르기까지 조선에서 크게 유행하기 시작하였다.

도자기에서는 조선전기 백자의 발달이 더욱 촉진되어 양질의 백자가 생산되고 청화안료로 그림을 그린 청화백자가 제작되기 시작하였다. 분청자기는 점차 백자화되어 가면서 구별이 어려울 정도로 도자기의 형태와 색이 닮아 가고 있었다. 16세기 후반과 17세기 전반에 일어난 두 차례의 전쟁은 도자기 제작의 어려움을 가져왔다. 사옹원의 분원조차도 제대로 운영되지 않는 상황이었으며, 특히 청화백자를 만드는 청화안료 확보의 어려움으로 인해, 철사안료로 대체한 철화백자가 활발하게 제작되었다.

자아를 찾아가다

16~17세기 왜란과 호란 두 차례의 전쟁과 명明·청淸의 교체는 동아시아에 큰 변화를 몰고 왔다. 그동안 명나라는 민족으로는 한족漢族, 지역적으로는 중원中原, 문화적으로는 중화中華라는 세 조건을 내세우면서 동아시아에서 중화 국가임을 자처하고 있었다. 만주족이었던 청나라는 17세기에 중원을 점령하고는 스스로 중화의 계승자이자 담당자임을 강조하면서 중화 국가가 되고자 하였다. 주변국인 조선이나 일본, 베트남에서는 청의 중화국 지위

를 인정하지 않는 분위기가 일어났으며, 이는 자기 정체성에 대한 고민으로 이어졌다.

이에 조선에서는 지식인들이 주체적으로 중화 개념을 재설정하고 조선이 중화 문화의 계승자임을 내세웠다. 본래 중화中華라는 것은 바로 중국을 가리키기보다는 중국에서도 가장 기준이 되는 이상사회를 가리키는 것이었으며, 그것은 왕도王道를 행했던 요순堯舜시대의 대동사회大同社會를 말하는 것이었다. 조선중화주의는 조선의 입장에서 화이華夷의 기준을 제시하고 중화가 가져야 할 조건을 설정하고 확보하여 중화로서 자임한 것이다.

이러한 자기 문화에 대한 긍정적 분위기 속에서 18세기 문화계 전반에서는 조선의 고유색을 드러내려는 경향이 강해졌다. 회화에서는 조선 산천의 아름다움을 소재로 하는 진경산수화眞景山水畵, 조선 사람들의 생활상을 그려 낸 풍속화風俗畵까지 다양한 경향이 나타났다. 역사학의 분야에서 동국의 역사인 동사東史에 대한 자각이 일어났으며, 조선의 국토에 대해 관심을 가지면서 지도와 지리지 등이 제작되었다. 이처럼 다양한 분야에서 조선의 자아를 찾는 작업이 진행되었다.

17세기 이후부터 명산대천을 유람하는 풍조가 일어났다. 사대부들은 명산대천을 유람하면서 자신의 소회를 글이나 그림으로 남겼다. 15세기에는 주로 시조를 통해 자신의 감흥을 표현하였다면, 16세기에 들어서면서는 기행문이나 일기 등 유람 일정과 자신의 소회를 구체적으로 쓰기 시작한다. 이후 유람에 화가와 동행하거나 자신의 유람을 그림으로 의뢰하여 기유도紀遊圖와 같은 그림을 남겼다. 이러한 경향과 함께 집안에 누워서 명산대천을 감상하는 와유臥遊를 목적으로 한 감상화가 유행하게 되었다.

18세기 초에 들어서면서 정선鄭敾(1676~1759)에 의해 진경산수화眞景山水畵로 거듭나게 된다. 정선은 명승명소·성읍관아 등 한양과 그 근교를 비롯하여 금강산과 영동의 동해안 일대, 영남 지방과 단양과 송도 지역의 빼어난 특정 경관들을 주로 그렸다. 또한 1734년(영조 10)에 그린 〈금강전도金剛全圖〉를 비롯한 금강내산의 총도總圖 또는 전경도 계통에서는 앙시仰視와 평시平視 등, 여러 시점의 경물들을 부감시의 이미지로 재구성하여 이 분야의 전형으로 확립시켰다.

17세기 초기부터 조선에 유입되기 시작한 명·청 대 각종 화보畵譜의 영향으로 남종화南宗畵의 전파가 가속화되었다. 그중에서 우리나라에 비교적 이른 시기에 들어온 것은 고병顧炳의 『고씨역대명공화보顧氏歷代名公畵譜』(1603), 『당시화보唐詩畵譜』(1620), 『십죽재서화보十竹齋書畵譜』(1627), 『십죽재전보十竹齋箋譜』(1644), 『개자원화전芥子園畵傳』(1679, 1701) 등이다.

우리나라에서 남종화가 크게 유행한 당시에는 그것을 하나의 화파라는 개념보다는 양식적인 개념에서 이해한 면이 강하였다. 그러므로 도화서圖畵署의 화원들이나 사대부 여기화가餘技畵家들이 모두 남종화의 양식을 답습하는 현상을 보였다. 김홍도金弘道(1745~?), 이인문李寅文(1745~1821), 김응환金應煥(1742~1789) 등 많은 화원화가들이나 이인상李麟祥(1710~1760), 강세황姜世晃(1713~1791) 등의 문인화가들의 산수화에서 남종화의 준법이나 구도를 빈번히 볼 수 있다. 이러한 현상이 하나의 시대 양식이 될 정도로 널리 성행하였다. 그중에서도 심사정沈師正(1707~1769)의 그림은 '조선남종화'라고 평가될 만큼 자신만의 독자적인 남종화 화풍을 이루었다.

『김홍도필풍속도화첩金弘道筆風俗圖畫帖』 중 〈무동舞童〉
국립중앙박물관 홈페이지 제공

한편 백성들의 삶을 그린 풍속화도 유행하기 시작하였다. 조선후기의 풍속화는 사농공상 등 다양한 계층의 생활상을 그린 것으로, 17세기 말의 숙종 연간부터는 주로 '속화俗畵'로 불렸으며, 풍속화나 이속화 등으로 지칭되기도 했다. 이러한 풍속화는 유교적 민본주의에 의거하여 조선초기부터 궁중 세화歲畵로도 제작된 〈무일도無逸圖〉와 〈빈풍도豳風圖〉·〈경직도耕織圖〉·〈농가십이월도農家十二月圖〉와 같은 전야풍속도 계열의 감계적인 그림이 주를 이루었다. 또한 한양의 도시적 위용과 번화상을 그린 성시풍속도나 왕실 및 관아의 각종 행사 장면을 담은 관아풍속도 등도 그려졌다. 17세기 이래로는 백성들의 일상적인 생활상을 그리는 풍조가 널리 나타났다.

이후 풍속화의 새 경향은 여항문인이나 그림 애호가 또는 수집가의 후원을 받으면서 화원화가들에 의해 정조 연간에 본격적으로 전개된다. 특히 이 시기의 풍속화는 정조正祖(재위 1777~1800)의 특별한 지원을 받았던 김홍도에 의해 주도되었다. 그는 각 계층 사람들의 일상사의 모든 것과 생업의 장면, 세시풍속과 통과의례 광경, 그리고 시정의 유희나 잡사에 이르기까지 다양한 소재를 풍류적인 정감과 흥취가 넘치는 모습으로 그렸다. 김홍도의 이러한 병풍류와 화첩류 풍속화풍은 화원화가들의 정형을 이루면서 김득신金得臣과 신윤복申潤福을 비롯하여 김양기金良驥·유숙劉淑 등으로 계승되었고, 민화에까지 영향을 미쳤다. 그중에서도 김득신은 김홍도의 화풍을 토대로 풍속화가로서 크게 활약했다.

서예의 경우 조선후기로 들어서면 이전 시기의 송설체나 왕희지체와는 다른 조선의 고유색이 강한 동국진체東國眞體가 출현한다. 동국진체는 독창성의 측면이 강조된 서체로서, 이서李漵(1662~1723)·윤두서尹斗緖(1668~1715)·윤순尹淳(1680~1741)·이광사李匡師(1705~1777) 등이 대표적이다. 그중에서도 이서와 이광사는 각각 자신의 서법을 정리한 「필결筆訣」과 「서결書訣」을 통해 서예에 대한 이론을 체계화하였다.

동국진체를 형성한 것은 이서에 의해서였다. 이서는 스스로의 사상에 입각한 새로운 서법 정립을 시도하였다. 이것이 전통적인 왕희지체를 바탕으로 미법米法을 부분적으로 수용한 형태이다. 동국진체는 이후 윤두서에게 전해졌고, 이는 다시 윤순尹淳에게 전해졌다. 윤순은 우리나라 역대 명필을 비롯하여 중국의 당·송·원·명시대의 서체를 연구하여 왕희지체로 절충·흡수하여 큰 발전을 이루게 되었다. 동국진체는 윤순의 서법을 계승한 이광사李匡師에 의해 완성되었다. 이광사는 기존에 유행하고 있는 왕희지의 서첩들이 모두 오래되고 변모를 거듭하여 왕희지 본색을 알아보기 어렵다고 생각하고, 전서·예서를 통해 심획心劃을 얻은 후 다시 왕희지의 서법으로 바르게 나갈 수 있다고 하였다. 그 과정에서 조선 고유색을 강조하였고, 윤순의 서법에 배어 있던 중국 서풍을 바로잡는 효과를 가져올 수 있었다.

백성, 문화의 주체가 되다

18세기 이후 사회는 기존의 신분제가 이완되고 계층 간의 이동이 활발해지면서 다양한 사회 변화가 일어났다. 16세기 이후 성리학으로 대표되는 사대부의 문화는 시간이 갈수록 점차 아래로 번져 나갔으며, 성장한 중인이나 서얼 등이 여항문화閭巷文化를 형성해 나갔다. 백성의 성장도 두드러졌다. 백성의 성장은 향회의 조직이나 민란 등으로 나타났으며, 백성 가운데서도 요호부민饒戶富民이 등장하면서 백성 나름의 다양한 민중문화를 만들어 나가기 시작하였다.

김홍도, 신윤복, 이인문, 김득기 등 정조 대 도화서 화원들의 활약이 순조 대까지 이어지기는 하였으나, 그들이 사망한 헌종대 이후부터는 도화서 화원의 침체기라고 할 수 있다. 김홍도의 아들인 김양기金良驥나 이한철李漢喆(1808~?), 유숙劉淑(1827~1873) 등이 이 시기 대표적인 도화서 화원이라 할 수 있지만, 대체로 김홍도의 화풍을 이어 나가는 정도였다. 국왕과 왕실의 지원 역시 정조 대와 같지 않아 도화서의 침체는 계속되었다. 이후의 도화서 화원은 장승업張承業(1843~1897)의 등장으로 잠깐 주목을 받았지만, 문인화풍이 유행하는 상황에서 그리 좋은 평가는 받지 못하였다. 장승업의 제자인 안중식安中植(1861~1919), 조석진趙錫晋(1853~1920)이 조선의 마지막 화원으로서 근대 화단을 이끌었다.

이러한 상황에서 홍대용洪大容(1731~1783), 박지원朴趾源(1737~1805), 이덕무李德懋(1741~1793), 박제가朴齊家(1750~1805) 등이 영조·정조 대 연행을 통해 청나라의 학문과 사상에 주목한 북학北學이 등장하였다. 이후 김정희金正喜(1786~1856)가 1809년(순조 9) 아버지 김노경金魯敬(1766~1840)을 따라 북경에 가서 당대 청나라의 학자인 옹방강翁方綱, 완원阮元 등과 교류하게 되면서 경학, 고증학, 금석학을 아우르는 새로운 학술사조를 이끌었다. 이후 권돈인權敦仁

(1783~1859), 신위申緯(1769~1845) 등이 사행을 다녀오면서 김정희가 이끄는 학술사조에 동조하였다. 이 외에 중인인 조희룡趙熙龍(1789~1866), 전기田琦(1825~1854), 이상적李尙迪(1804~1865), 허련許鍊(1809~1892) 등이나, 화원인 김양기, 이한철 등도 김정희의 영향을 받았다.

김정희를 중심으로 하는 추사 일파는 '문자향文字香 서권기書卷氣'의 문인화론을 철저하게 주장하였다. 이러한 경향에 따라 진경산수화나 풍속화는 쇠퇴하고 문자향 서권기가 풍기는 남종문인화풍의 산수나 난초, 매화 그림이 유행하였다. 서예에서도 김정희의 추사체의 영향력이 상당하였다. 추사체가 보편화되어 권돈인, 조희룡, 허련 등 김정희의 추사체를 따라하는 이들이 많았으며, 매화나 난초 그림에 화제를 곁들여 문인화풍의 멋을 더하였다.

이와는 별개로 19세기는 백성의 성장이 두드러진 시기이다. 마을에는 장승이 세워졌고 집집마다 민화民畵가 크게 유행하였다. 민화는 일찍부터 오래 잘 살고 싶은 사람들의 욕망이나 염원이 깃든 산물이었다. 사람들이 자신의 욕망이나 염원을 그림으로 표현하는 속에, 신앙이나 종교가 발달하면서 민중을 대상으로 하고 민중이 주체가 되는 것이 민화였다. 백성의 성장과 함께 민화가 폭발적으로 등장하는 시기가 바로 19세기였다.

민화는 백성 사이에서 유행하였으며 대부분 집에 병풍이나 족자 또는 벽에 붙여 감상하는가 하면, 자신들의 염원을 빌기도 하였다. 민화는 대체로 무명화가나 유랑화가들이 그렸으며, 창의성보다는 형식화된 유형이 인습적으로 계승되는 것이 특징이다. 다만 많은 사람에 의해 그려지고 소비되다 보니 그 표현만큼은 다양하게 나타났다. 다양한 유형으로 그려진 민화에는 한국적인 정서가 짙게 배어 있고 익살스러움과 소박함이 담겨 있으며, 대담하면서도 파격적인 구성과 색채 등 백성의 취향을 고스란히 반영하고 있다. 대부분 백성의 염원을 담았기 때문에 부귀나 명예를 상징하는 화조영모화花鳥翎毛畵나 장수를 상징하는 십장생도十長生圖, 글자의 의미를 나타내는 문자도文字圖, 책을 중심으로 호고好古적인 취향을 드러내는 책가도冊架圖와 책거리冊巨里, 성풍속 장면을 담은 춘화春畫 등이 있다.

— 이인복

생각 더 하기

1. 조선시대 문화의 자기화는 현재 한국문화에 어떤 영향을 주었을까?
2. 성리학은 조선의 문화를 어떻게 바꾸었을까?

참고문헌

안휘준 지음, 『한국회화사』, 일지사, 2000.
『조선이 사랑한 글씨 – 조선 500년 명필 명비 특별전』, 한신대학교 박물관, 2013.
최완수 외 지음, 『우리문화의 황금기, 진경시대』 1·2, 돌베개, 1998.
한국민족미술연구소 엮음, 『찬란한 우리 문화의 꽃, 진경문화』, 현암사, 2014.

6. 농사 짓고 세금 내기

농사는 나라의 근본

농사의 풍흉豐凶, 즉 수확의 성공과 실패는 나라의 운명과도 같다. '임금은 백성을 하늘로 여기고, 백성은 먹을 것을 하늘로 여긴다'는 말은 현재에도 민생과 물가 안정이 필요한 시기마다 입에 오르고 있다. 예로부터 나라를 다스리는 자는 백성을 배 불리기 위한 농사법을 끊임없이 고민할 수밖에 없었다. 수확의 성패와 인구의 증감은 세수稅收의 확보와 직결되고, 나아가 나라의 존망存亡이 달린 문제이기 때문이다. 신라의 우경법牛耕法이나 조선의 시비법施肥法과 모내기移秧法, 1970년대 통일벼의 도입 등이 그 결과이다.

농업이 주요 산업이던 조선의 고민은 농서農書를 편찬하고 보급하는 과정에서 살펴볼 수 있다. 농서는 농사의 가이드북이라 할 수 있는 책이다. 작물을 재배하는 기술, 재배 시기와 관련된 역법曆法, 이상기후와 같은 천재지변天災地變에 관한 설명 등이 담겨 있다. 세종은 조선 고유의 농서를 편찬하는 데에 관심을 기울였다. 1414년(태종 14)에 고려 때 원元으로부터 들여온 농서를 일부 수정하여 간행·보급하였으나 조선의 땅과 날씨에 알맞지 않았다. 1429년(세종 11)에 만들어진 『농사직설農事直說』은 국가가 주도하여 최초로 조선의 고유한 농사 경험을 정리한 농서라는 점에서 큰 의미가 있다.

농서 편찬의 전통은 15세기의 국가 주도에 그치지 않고 16세기 후반에 이르면 개인이 지역의 특색이 담긴 농법을 정리하는 것으로 이어졌다. 지역의 행정을 담당하는 수령守令이나 토지를 소유한 사족士族이 농서의 편찬자로 등장한 것이다. 임진왜란 때 의병장으로 활동한 유팽로柳彭老(?~1592)가 지은 『농가설農家說』은 전라도 옥과玉果 지역의 농법을 담고 있으며, 달마다 해야 할 농사를 규정한 월령식月令式 농서이다.

조선의 법전法典인 『경국대전經國大典』에는 수령의 일곱 가지 의무守令七事가 규정되어 있는데, 농업을 권장하는 '농상성農桑盛'이 가장 첫 항목에 놓여 있다. 고상안高尙顔(1553~1623)은 지례知禮와 함양咸陽의 수령을 역임하고 고향인 상주尙州로 돌아와 『농가월령農家月令』을 지었다. 사족인 고상안은 직접 농사를 지으며 지력地力 회복을 위한 비료肥料의 재료로 인분人糞의 활용을 강조하였다. '거름더미는 쌀더미'라는 말처럼 시비법의 도입과 발달은 고려시대까지의 휴한休閑 농경을 극복하고 연작連作 농법을 통하여 생산력의 발전으로 나아가는 밑거름이 되었다.

농업의 선진 지역은 문화의 선진 지역으로 발돋움하였다. 이중환李重煥(1690~1756)이 저술한 인문·지리서 『택리지擇里志』에는 '조선의 인재는 절반이 영남에서 나고, 영남의 절반은 선산善山에서 난다'는 말이 있다. 선산은 낙동강 물길의 중간에 위치하며 조선시대 주요 간선도로인 영남대로嶺南大路가 통과하는 고을이었다. 교통과 물류의 중심지에는 사람이 모이기 마련이다. 이뿐만 아니라 선산 지역은 모내기가 이른 시기부터 적용되던 곳이었다. 수전水田 상경常耕 농법인 모내기로 휴경休耕 농법의 한전旱田 농사보다 많게는 2배 이상의 생산량을 거둘 수 있었다. 선산은 많은 인구와 높은 생산력을 바탕으로 길재吉再(1353~1419), 김숙자金叔滋(1389~1456), 김종직金宗直(1431~1492), 김굉필金宏弼(1454~1504) 등 사림士林의 정통으로 여겨지는 인물들을 탄생시키며, 15~16세기 인재의 고장으로 불렸다.

16세기 경상도에 자리 잡은 모내기 농법은 17세기 후반 이후로 삼남三南에서 보편적인 농법으로 확대되었다. 그러나 모든 지역의 지형이 선산과 같이 큰 강을 낀 평야지대일 수는 없었다. 더구나 농사는 땅만 있다고 지을 수 있는 것이 아니라 어떻게 물을 꾸준하게 공급할 수 있을지가 더 큰 과제였다. 하물며 나라의 절반이 산지로 이루어진 땅이어서 물을 확보하는 것이 관건이었으며, 이를 위해 보洑를 설치하였다. 천방川防이라고도 불리는 수리水利 시설은 계곡이나 개울, 하천 등을 가로질러 물을 저장하는 둑이다. 이로 인하여 평야지대의 모내기 농법이 산간지대로 확산될 수 있었으며, 그에 따라 거주지도 평지의 읍내邑內에서 외곽의 산간이나 계곡으로 확대되어 갔다. 한 예로 신지제申之悌(1562~1624)가 의성義城 길부촌吉夫村에 쌓은 귀미보龜尾洑는 인근 마을까지 농수를 공급하였다.

농업이 주요 산업인 나라에서 농사지을 땅을 넓히는 일만큼 중요한 것은 없다. 국가의 입장에서 개간開墾을 통해 농경지를 확보하는 것은 세금을 거둘 땅이 많아지는 것을 의미하였다. 수령은 개간 면적이 고과考課의 평가 요소가 되면서 개간을 장려하였으며, 개간한 사람은 개간지의 소유를 인정받고 일정 기간 세금을 면제받을 수 있었기에 마다할 이유가 없었다. 16세기 이후로 간척干拓을 통한 농경지의 확대도 진행되었다. 해남 윤씨海南尹氏는

16세기부터 18세기까지 서남해 연안에 대규모 간척지를 개발하였는데, 노비奴婢나 토지를 소작小作하는 지역민이 공사에 주로 동원되었다.

조선후기 농업의 발달과 경작지의 확대를 통하여 토지 생산의 안정성이 확보되면서 넓은 농토를 경작하는 광작廣作이 보급되고 지주제가 강화되어 갔다. 17~18세기의 양반 지주는 노비를 활용하던 조선초기의 작개作介와 달리 토지가 없는 양인良人에게 소작권을 주는 병작竝作과 도지賭地로 농업을 경영하였다. 소작인은 경작 면적이 부족한 상황에서 농토를 집약적으로 경작하고 다양한 농작물을 재배하는 방법을 선택하였다. 그 결과 자급자족이 아닌 애초에 판매를 위한 상품 작물의 경작이 이루어졌다. 대표적으로 담배와 고추, 마늘, 생강, 인삼, 목화 등을 예로 들 수 있다.

한국 사람은 언제부터 매운맛에 눈을 뜨게 되었을까. 지금 우리가 주로 빨간 김치로 먹고 있는 김치는 18세기 이전만 하더라도 백김치에 가까웠다. 김치를 맵게 물들이는 고추苦草는 임진왜란을 계기로 조선에 유입된 것으로 알려져 있다. 기근飢饉 해결을 위한 구황救荒 작물인 감자와 고구마, 그리고 담배 역시 임진왜란을 전후로 조선에 들어왔다. 특히 담배는 17세기 초부터 널리 재배되기 시작하였다. 처음에는 '남령초南靈草'라는 약초로 이용되다가 점차 기호품으로 애용되면서 수요가 폭증하게 되었다. 담배는 모내기할 논이 없는 농부도 밭에 심기만 하면 돈 구경을 시켜 주어 농사꾼을 장사꾼으로 만들어 주었다.

논밭에서 장시까지

상품 작물로 생산된 물건들은 길 따라 물 따라 사람들이 많이 모이는 곳으로 옮겨졌다. 조선시대 대표적인 교통로는 땅 위의 도로와 강이나 바다에 배를 띄우는 조운漕運이 있다. 한양을 중심으로 주요 지역을 연결하는 육로는 크게 6개가 있었다. 6대로大路 가운데 의주대로義州大路와 영남대로嶺南大路는 각기 중국·일본 외교에도 중요한 길이기에 많은 물산이 오가는 길이었다. 동래東萊에서 한양으로 가려면 보름 정도 영남대로를 따라가야 했는데, 넘어가는 고개(조령·죽령·추풍령)에 따라 물길(죽령-단양 남한강)을 이용하기도 하였다.

도로와 물길은 대구를 사통팔달의 땅으로 만들어 주었다. 평야지대의 육로를 따라 동쪽의 경주 등으로 연결되었으며, 아래로는 부산으로부터 위로는 상주와 안동까지 낙동강 수로가 이어졌다. 도로와 물길은 운송에 들어가는 경비를 상대적으로 줄여 주었다. 경상도의 수운水運은 낙동강이 유일하였으며 대구 인근의 사문진沙門津이 중간 기착지 역할을 하였다. 낙동강을 통해 각지에서 올라온 물류는 대구에 한 차례 모였다가 가까이는 경북 내륙지방, 멀게는 한양으로 운송되었다.

농사꾼이나 물건 만드는 장인匠人이 생산한 물품을 판매·교환하는 장소가 장시場市이다. 장시는 15세기 후반에 일부 지역에서 열리기 시작하여, 16세기에 전국으로 확산하며 정기적인 시장으로 자리를 잡았다. 초기에는 시세 차익의 폐단을 우려하여 장시가 금지되었으나, 전쟁과 흉년을 극복하기 위한 구제救濟 방안으로 개설이 허락되었다. 한 달에 두 차례 열리던 장시가 거래 활동과 수요의 증가로 10일장이 되었다가, 16세기 후반이 되면 30~40리 거리마다 5일장으로 열렸다.

길 따라 물 따라 장시를 다니며 물건을 사고팔러 다니던 이들은 보부상褓負商이었다. 이들은 하루 거리 내에 개시일이 다른 장시들을 돌아다니며 물품을 유통하였기에 '장돌뱅이'라고 불렸다. 18세기 대구의 경우 2·7일에 읍내장邑內場, 3·8일에 화원장花園場, 4·9일에 범어장凡於場, 5·10일에 해안장解顔場●이 열렸기에 체력과 상품만 있다면 매일 장사를 할 수 있었다. 특히 현재 서문시장으로 불리는 읍내장은 한양의 시전市廛, 평양의 장시와 함께 조선의 3대 시장으로 발전하였다.

● 『동국문헌비고東國文獻備考』 권72, 「시적고 상市糴考上」, "○大丘邑內【二】, 花園【三】, 縣內【五】, 無怠【四】, 百安【五】, 凡於【四】, 梧桐院【四】, 豐角【四】, 解顔【五】."

대구의 상업이 발달한 요인으로는 교통뿐만 아니라 17세기 초 경상감영慶尙監營의 설치와 도시로의 발전을 들 수 있다. 통영統營 지역 또한 삼도수군통제영三道水軍統制營이 설치된 이후 군수 물품 외에도 상품 제작을 위한 공방工房이 증가하며 수공업의 중심지가 되었다. 대구는 감영의 설치로 경상도 행정의 중심지이자 사람과 물건이 모여드는 도시로 발전하여 상공업의 중심지가 되었으며, 읍성邑城 주변에 들어섰던 시장은 지금까지도 운영되고 있다.

강을 이용하여 장사하던 대표적인 이들로는 한양의 경강상인京江商人이 있는데, 한강을 통하여 경기·충청 일대에서 곡식과 어물, 소금 등을 유통하였다. 이들은 의주의 만상灣商과 평양의 유상柳商, 개성의 송상松商, 동래의 내상萊商 등과 함께 거상巨商으로 손꼽혔다. 이 거상들은 국가의 허가를 받아 상업을 생업으로 삼은 시전 상인과 달리, 전안廛案에 등록되지 않은 난전亂廛을 설치하거나 지역으로 진출하여 사상私商으로 활동하였다. 상인층의 등장 배경에는 세금 중 특산물을 납부하는 공납貢納과 그것을 대행하는 방납防納, 그리고 17세기 대동법大同法의 시행 등이 있다. 대외적으로는 16~17세기 왜란과 호란 이후 동래와 의주, 경원慶源과 같은 국경 지대에 국가 간 무역 창구로 설치된 개시開市(왜관·중강·북관

개시)가 있다.

'돈만 있으면 개도 멍첨지'라는 속담이 있다. 천한 사람도 돈이 많으면 정3품 당상관堂上官인 첨지僉知에 버금간다는 말이다. 조선시대 화폐는 동전의 형태가 일반적이었는데, 동전을 만드는 데에 필요한 구리는 왜관개시를 통하여 일본으로부터 수입되었다. 조선은 중국과 일본 사이에서 중개무역 형태의 공무역으로 차익을 취하다가, 18세기 청나라와 일본 간에 교역로가 설치된 이후로는 동래의 내상이 사무역으로 대일무역에서 이득을 취하였다. 동전은 누가 만들었을까. 조선시대에 경제를 담당하는 관서는 호조戶曹였지만, 군사 업무를 담당하던 병조兵曹 소속의 오군영五軍營에서도 동전을 만들었다. 훈련도감訓鍊都監과 어영청御營廳 등에 소속된 군인들은 한양과 왕실을 지키는 업무 외에도 동전을 만들거나 수공업에 종사하며 상인층이 되어 부를 축적하기도 하였다. 화폐가 유통되며 기존에 현물現物로 내던 세금을 동전으로 납부하는 금납화金納化가 진행되었다.

조선시대 사람들은 농업과 상업, 그리고 관직의 녹봉祿俸만으로 먹고살 수 있었을까. 생산과 소비 외에 조선의 경제를 구성한 또 하나의 요소는 조선판 기프티콘이라 할 수 있는 선물膳物이었다. 화폐 경제가 발전하지 않았던 시기에는 일상에 필요한 물건을 직접 만들거나 주고받는 것으로 생계를 유지하였다. 선물은 소소한 형태로 빈번하고 공공연하게 주고받았다는 점에서 뇌물賂物과는 다르다. 과일과 물고기, 술과 같은 음식부터 벼루와 붓, 종이 등의 문방구를 선물하거나 연말연시에는 달력, 더운 날에는 부채를 주고받기도 하였다. 중국 사행길에 오른 이들은 중국 관료에게 조선의 종이와 부채를 선물하고, 중국을 다녀오면서 최신

판 서책書冊이나 안경 등을 구해 동료나 친지, 가족에게 선물하기도 하였다.

국가가 망하더라도 백성에게 믿음을 잃을 수는 없다

"죽음과 세금 외에 확실한 것은 없다Nothing is certain but death and taxes." 영미권에서 널리 알려진 세금 관련 속담이다. 시대를 막론하고 국가가 존재하는 한 피할 수 없는 세금의 속성을 잘 표현하였다. 현대 국가나 과거의 국가 모두 세금을 거두었고, '소득이 있는 곳'에서 세금을 거두었다. 조선에서도 소득이 발생하는 모든 대상, 즉 상인商人·공장工匠·선박船舶·어염漁鹽·광산鑛山 등에 세금을 부과하였다. 그러나 가장 액수가 많고 중요한 세금은 농사짓는 토지에 대한 세금과 소득이 발생할 가능성이 있는 사람에 대한 세금이었다.

과거 동아시아 국가(한국, 중국, 일본)들의 세법稅法은 중국의 당唐나라에서 완성한 조租·용庸·조調를 바탕으로 하였다. 이 제도는 이미 한반도에서 삼국시대에 사용되었고, 고려를 거쳐 조선시대에도 기본 세법稅法으로 사용되었다. 조선시대에는 조租는 전세田稅, 용庸은 역役, 조調는 공납貢納으로 불렸다. 이 세법들은 조선초기에 정비되어 『경국대전』에 수록되었다.

전세田稅는 토지에 부과하는 세금이다. 조선초기의 전세 수취는 세종이 크게 개혁하였다. 세종이 개혁한 전세 수취 방법을 '공법貢法'이라고 한다. 우선 토지를 수확량에 따라 토지를 6등급으로 나누고(전분육등田分六等), 1결結의 생산량은 400두로 정하였다. 양전量田은 20년마다 하는 것으로 『경국대전』에 규정되었다. 세금은 해마다 풍흉에 따라 다른 액수를 거둬들였다. 풍년과 흉년의 등급은 9단계(연분구등年分九等)로 나누어 가장 풍년일 경우(상상) 20두, 이후 단계별로 2두씩 줄여 가장 흉년일 경우(하하) 4두를 거두었다.

역役은 사람에게 부과하여 노동력으로 수취하는 세금이다. 역은 '양정良丁'이라고 불리는 양반, 중인, 농민, 상인, 장인 등을 모두 포함한 16세에서 60세 사이의 남성에게 부과되었다. 양천제良賤制에서 사람이 아닌 존재로 취급된 천인과 실제 노동력을 제공하기 힘든 여성, 16세 이하의 어린이, 60세 이상의 노인은 역의 부과 대상에서 제외되었다. 역은 양인에게 부과되었다고 하여 '양역良役'이라고도 한다. 다만 이들 중 특수 업무에 종사하는 자들은 그 업무의 수행이 역役을 제공하고 있는 것으로 파악되었고, 실제 부담은 주로 농민들이 지게 되었다.

일반 양정이 수행하는 역은 군역軍役과 요역徭役이 있다. 군역은 군에 복무하는 것이고, 요역은 건축, 토목 공사에 노동력을 제공하는 것이다. 군역 대상자는 실제로 복무하는 정군正軍과 그를 지원하는 보인保人(봉족奉足)으로 구분하였다. 요역은 처음에 호戶의 남자 인원(인정人丁)을 계산하여 필요한 사람을 동원하였다. 그러다가 토지를 중심으로 개편하여 『경국대전』에는 토지 8결당 한 사람을 차출하고, 연간 6일을 동원하는 것으로 규정되었다.

공납貢納은 지방의 특산물을 납부하는 세금이다. 이 세금은 국가의 모든 토지는 왕토王土라는 관념에 따라 토산품土產品을 제공한다는 취지에서 마련된 제도였다. 다만 공납은 단순히 국왕을 위한 특산물만이 아니라 궁궐이나 중앙관청에서 소요되는 모든 물건을 현물로 직접 수취하는 제도였다. 즉 당시 국가는 필요한 물품을 전세로 거둔 쌀이나 콩으로 사는 것이 아니라 그 물품 자체를 직접 현물로 받았다. 공납으로 수취하는 물품은 지역 단위로 배정되어 민호民戶가 마련하여 납부하였다. 이 물품은 중앙의 각 기관으로 납부되었는데, 이렇게 중앙 기관이 지방에서 납부받을 공물의 종류와 수를 기록한 문서를 '공안貢案'이라고 한다.

제아무리 좋은 제도라도 시간이 지나고 환경이 변하면 문제가 나타나기 시작한다. 조선의 세금 제도도 시간이 지나자 여러 측면에서 문제가 발생하였고, 모든 세법에 대하여 대대적인 개혁을 시도하였다. 세종의 공법은 시대를 앞서간 매우 합리적인 제도였다. 그러나 시간이 지나자 운영상의 문제가 드러났다. 우선 20년마다 하기로 한 양전이 비용 때문에 제때 시행되지 못하여 토지 구획의 변화나 생산력의 변화가 장부에 반영되지 않았다. 더구나 연분의 판정과 운영이 복잡하여 하중下中이나 하하下下로 고정되었다. 임란 이후 조선 정부는 양전을 다시 실시해 토지를 새로 파악하면서 기존의 관례를 법제화하려고 시도하였다. 이에 1635년(인조 13) 전세를 전체적으로 4~6두로 고정하는 영정과율법永定課率法(영정법)이 제정되었다.

역役은 시간이 지나자 직접 노동력을 제공하는 대신 다른 사람을 고용하는 것을 선호하게 되었다. 사람들은 정군보다 보인이 되는 것을 선호하였고, 정군이 되더라도 다른 사람을 고용해 대신 보내는 것을 선호하였다(대립代立). 이에 군역은 군사를 동원하지 않고 대신 포를 받는 방군수포放軍收布가 유행하였고, 요역도 대상자가 직접 가는 대신 포를 납부하는 형태로 바뀌었다. 이렇게 되자 양역은 포를 납부하는 세금이 되었고, 17세기에는 양정 1인당 1년에 포 2필로 고정되었다. 이때 포 2필이 적은 부담이 아니라는 점과 역에서 빠져나가는 사람들이 많아, 세금 부담이 빠져

나가지 못한 사람들에게 전가된다는 문제가 지적되었다.

양역의 문제점을 개선하기 위해 이어진 여러 논의를 '양역변통론良役變通論'이라 한다. 논의의 결과로 1750년(영조 26)에 '균역법均役法'을 시행하고 균역청均役廳을 설립하였다. 이는 양역의 세금 부담을 반으로 줄여 양정 1인당 1년에 포 1필(돈으로는 2냥)을 거두는 법이었다. 균역법으로 인해 결손된 군사 재정의 보완책도 함께 시행되었다. 우선 중앙군 2만여 명을 감축하고, 기존에 궁방宮房에서 받던 어염세魚鹽稅를 균역청으로 돌렸다. 그리고 기존에 균역에서 면제된 사람들을 선무군관으로 지정하여 군사훈련 대신 포를 받는 선무군관포選武軍官布를 신설하였다. 이어서 장부에 누락되어 있던 은여결隱餘結을 조사하여 은여결세隱餘結稅를 신설하고 균역청의 소관으로 하였다. 이렇게 하여도 부족한 재원은 토지세에 추가하여 징수하였다. 균역세를 대신하여 추가된 토지세를 '결전結錢'이라 한다.

100년의 논의 1
양역변통론은 효종·현종 연간부터 시작되어 영조 대에 균역법으로 종결되었다. 논의 과정에서 군비를 아끼자는 소변통론小變通論에서 호戶마다 세금을 걷자는 호포戶布, 모든 사람에게 세금을 걷자는 구전口錢, 토지에 세금을 부과하자는 결포結布, 과거 미합격자들에게서도 세금을 걷자는 대변통론大變通論까지 제기되었다. 그러나 논의 과정에서 일단 부담부터 줄이자는 감필론이 대두하여 균역법이 시행되었다.

조선후기 가장 큰 세금 개혁은 공납을 전세화田稅化한 대동법이었다. 현물 납부는 특산품 지정부터 품질 유지·운반·납부 등 여러 과정에서 어려움이 많아서, 대리자를 통해 납부하는 '방납'이 16세기부터 성행하였다. 즉 상인이 특정 고을을 대신하여 한양의 해당 관서에 공물을 대납하고, 대금을 지방 고을에 요구하면, 해당 고을이 쌀을 거두어 지불하는 방식이 관례화되었다. 문제는 상인과 한양의 행정관서 사이에 유착이 발생하여, 고을에 요구하는 공물가貢物價가 크게 높아졌다는 것이다. 대동법은 관례를 정식화하여 공납가를 토지 1결당 12두로 거두는 세법이다. 다만 1년의 납부액을 고정했다는 점, 유치미留置米의 명목으로 지방관아의 경비를 마련했다는 점, 공납품을 대신 상납할 공인貢人에게 줄

100년의 논의 2
대동법은 광해군 대에 선혜법宣惠法이란 명칭으로 시험적으로 실시되었다. 1623년(인조 1)에 강원·경상·전라도에서 실시하였으나, 강원도만 남기고 철폐되었다. 이어 1651년(효종 2) 충청도, 1658년 전라도의 해읍海邑, 1662년(현종 3) 전라도의 산군山郡, 1666년 함경도, 1678년(숙종 4) 경상도, 1708년 황해도의 순으로 확대 실시되었다. 국경지대인 평안도·함경도는 제외되었다.

액수를 마련했다는 점이 기존의 방식과는 달랐다. 이에 납세자들의 부담을 줄이고, 정부 소요 물자를 공인·시인市人 등에게 조달함으로써 상품·화폐 경제 체제로의 전환을 가져오게 하는 계기를 이루었다.

조선후기 세제 개혁은 공통으로 각종 세금을 전세화하며 세액을 고정했다. 국가의 목표는 전세에 집중된 총 세액이 생산량의 1/10이 넘지 않도록 하는 것이었다. 결당 징수할 세입이 예측되자 조선 조정은 비총법比摠法을 시행하였다. 이 법은 세수 총액을 미리 정해 놓고 그것을 각 지방에 할당하는 세법이다. 이에 중앙 조정은 각 지역의 상황과 관계없이 매해 안정적으로 일정한 전결세田結稅를 확보할 수 있었다.

애절한 외침, 농민이 일어서다

19세기의 조선은 대내외적으로 어려움에 부닥쳐 있었다. 세금제도는 내부적 혼란을 일으키는 가장 큰 요소였다. 17~18세기의 세제 개혁은 조선 사회가 안정적으로 지속되며 문화를 꽃피운 큰 동력이었다. 그러나 시간이 흐르자 다른 문제가 나타났다. 19세기 세금 제도의 문제를 통칭하여 삼정三政(전정田政·군정軍政·환정還政)의 문란이라 한다. 이 모순의 최후는 납세자인 농민이 직접 제도 개혁을 요구하는 사태로 이어진다. 바로 19세기 중반의 민란이다.

전정은 전결세 징수를 위해 수반되는 일련의 모든 행정과 제도를 의미한다. 전결세는 토지에 부과되는 모든 세금을 총칭하는 말이다. 기존의 전세에 모든 세금이 지세화地稅化되면서, 1결당 세금 징수량은 40두 이상이 되었다. 더구나 비총제의 실시로 각 군현은 전세의 총액만 어떻게든 납부하면 되었고, 이에 면세 대상(재결災結)과 납세 대상(실결實結)을 정하는 과정에서 농간이 일어났다. 군현에서는 결렴結斂이라 하여 수취의 편의를 위해 모든 세금을 시가로 환산하여 토지에 부과하였다. 19세기에는 도결都結이라 하여 토지세를 직접 화폐로 거두고, 시세 차익을 노려 쌀이나 면포로 바꾸어 국가에 수납했다. 도결은 세수 부족분을 보충하는 수단이었다가 지방관의 농민 착취 수단으로 바뀌었다. 1862년 임술민란 당시 진주晉州의 결가結價는 결당 90냥이었는데, 농민이 요구한 결가는 70~80냥이었다. 지방관이 결당 10~20냥을 착취한 것이다.

군정軍政은 군역을 중심으로 한 군적軍籍(군역 대상자 명부)과 군보포軍保布를 거두는 군 행정과 군 재정을 의미한다. 군포는 균역법으로 1인당 1년에 1필로 고정되었다. 다만 19세기 기준으로 1포는 6두로, 결당 전세보다 많았다. 더구나 이 세금은 징수 과정에서 큰 문제가 있었다. 당시 군역 납세 대상은 50만 명 수준이었다. 이 세금도 비총법이 적용되어 총액이 고정되었다. 당시 신분제의 변화로 양인이 줄어들고 양반兩班이 계속 증가하자 실제 납세자가 줄어들었다. 여기에 총액을 맞추기 위해 지방 군현에서는 온갖 방법으로 군포를 거두어 총액을 맞추려고 하였다. 온갖 방법에는 대표적으로 이미 사망한 사람을 군적에 남겨 두어 주변인에게 계속 군포를 거두는 백골징포白骨徵布, 군역 대상 연령이 아닌 사람에게 거두는 황구첨정黃口簽丁·강년채降年債, 주변 사람에게 거두는 족징族徵·인징隣徵 등이 있었다.

환정은 환곡還穀에 관한 일을 말한다. 환곡은 춘궁기에 곡식을 대여해 주고 추수기에 회수하는 대민 구휼 제도이다. 환곡은 환자還上·공채公債·조적糶糴이라고도 불렸다. 비축된 곡식은 시간이 지나면 자연적으로 감소하며, 국가는 이를 대비하기 위해 빌려준 곡식[대여곡貸與穀]의 10%를 이자로 받는 제도를 시행하였다[모곡耗穀]. 16세기 중반이 되어 재정이 부족해지자 모곡을 회록會錄(호조의 회계장부인 회안會案에 기록하는 일)하자는 논의가 진행되어 임진왜란 이후부터 본격적으로 시행되었다. 양난 이후에는 3분모회록(이자로 받은 곡식의 10분의 3을 회록)이 시행되었고, 18세기에는 중반에는 전회록(전부를 회록)이 증가했다. 회록 시행 이후 모든 중앙 및 지방 관청에서 환곡을 재정 보조 수단으로 사용하였다(취모보용取耗補用). 원곡의 수와 관계없이 해마다 일정한 수입을 보장하기 위해서는 일정 부분 강제적 대여와 이자를 받는 취식取息이 불가피했다. 세금이 된 것이다. 환곡이 세금화되자 그 이자를 토지에 부과하여 받는 방식도 도입되었다. 또 원곡이 바닥나자 동전을 활용하는 전환錢還도 등장하였다. 이렇게 환곡은 본래의 취지를 잃은 데다가 세액마저 기존의 세금을 능가하였다.

1862년(철종 13) 임술민란이 일어나 삼정의 개혁을 요구하였다. 이에 조정은 삼정이정청三政釐整廳을 설립하여, 전정·군정은 민의에 따라 현황을 시정하고, 환곡은 폐기하고 결세로 통합하였다(파환귀결罷還歸結). 이때 비축된 곡식 236만여 섬 가운데 150만 섬을 항류곡恒留穀으로 하여 흉년에 대비하고, 반납 시 이자의 수취를 금지하였다. 그러나 이것은 미봉책에 불과하였다. 실제적인 조치는 흥선 대원군이 등장하고서야 이루어졌다. 그는 양전을 통해 은결을 찾아내 전결세의 편중을 개선하였다. 또 군정 개혁을 위해 호포제를 실시하였다. 환곡은 모두 폐지하고 마을 단위로 주민이 관리하는 사창제社倉制를 실시하였다. 그러나 기존의 세제 자체를 바꾸지는 못하였고, 더구나 경복궁 중건 사업 등을 이유로 부가세를 부과하여 반발을 초래하였다.

완전한 세제 개혁은 갑오개혁(1894) 때 이루어졌다. 이때 토지에 각종 명목으로 부과되었던 각종 세금을 모두 지세로 일괄하고, 곡물이나 포 등 현물로 받던 세금은 모두 화폐로 내게 하여 금납화하는 등 차등을 두어 거두었다. 이어 기존의 잡세들이 폐지되고 이후에는 주세·연초세가 만들어지는 등 근대적 세제가 시작되었다.

— 이재현·신주엽

생각 더 하기

1. 박지원의 『양반전』에서 드러난 조선사회는 어떤 모습일까?
2. 조선시대와 현재의 세금 징수 방식은 어떤 차이가 있을까?

참고문헌

염정섭·소순열, 『농업기술과 한국문명』, 들녘, 2021.
이정철, 『대동법, 조선 최고의 개혁』, 역사비평사, 2010.
정수환, 『조선후기 화폐유통과 경제생활』, 경인문화사, 2013.
정연식, 『영조 대의 양역정책과 균역법』, 한국학중앙연구원출판부, 2015.

새로 보는 韓國史 한국사

IV. 근대

1. 변화를 준비하는 사람들
2. ‘동화’라고 쓰고 ‘차별’이라 읽는다
3. 적응과 대응, 변화하는 식민지 조선의 일상
4. 식민도시 대구, 저항하는 대구 사람들

1. 변화를 준비하는 사람들

제국주의의 등장과 조선의 개항

19세기 후반부터 서양 열강은 적극적인 대외 팽창 정책을 추진하여 아시아, 아프리카 등지를 점령하였으며 이들 지역을 식민지로 삼았는데, 이를 '제국주의imperialism'라고 한다. '제국주의'는 19세기 후반부터 세계가 본격적으로 제국과 식민지로 분할되는 상황을 대표하는 용어로 등장하였다.

서양 열강은 산업 혁명의 진전에 발맞추어 값싼 원료 공급지와 생산물의 판매 시장 및 자국 내 자본의 투자처를 찾아 해외에 눈을 돌렸다. 식민지가 많을수록 자국의 위신이 높아진다고 여긴 서양 열강은 경쟁적으로 식민지 획득에 힘을 기울였다. 서양 열강은 '미개한' 비서양인을 '문명화'시킨다는 구실을 내세우며 자신들의 제국주의적 침략을 정당화하였다. 1800년경에 서양 열강은 세계 육지의 35퍼센트를 차지했지만, 1910년대 중엽에 이르러서는 대략 85퍼센트에 해당하는 지역이 그들의 지배 아래에 놓였다.

청도 서양 열강의 제국주의적 침략에 직면하였지만, 효과적으로 대응하지 못하여 반식민지 상태로 전락하였다. 영국은 청에 대한 무역 적자를 해소하기 위해 인도에서 생산한 아편을 청으로 밀수출하였다. 청은 아편의 유입에 따른 사회·경제적 문제를 해결하기 위해 임칙서를 광저우에 파견하였으며, 그는 영국 상인들이 들여온 아편을 몰수하여 폐기하였다. 영국은 이를 빌미로 삼아 청에 군대를 파견하였으며, 이른바 아편 전쟁이 일어났다(1840).

아편 전쟁은 영국 의회 내에서 '영국을 불명예로 빠뜨리는 전쟁'이라는 비판이 강하게 제기될 정도로, 파렴치한 전쟁이었다. 하지만 청은 영국의 우월한 해군력에 패배하였으며, 영국과 불평등 조약인 난징 조약을 체결하였다(1842). 청은 영국에 상하이 등 5개 항구를 개항하고 홍콩을 영국에 할양하였다. 이후 추가 조약을 통해 청은 영사 재판권과 최혜국 대우까지 영국에 인정하였다.

그러나 난징 조약 체결 이후에도 청과의 무역에서 기대했던 이익을 보지 못한 영국은 '애로호 사건'을 구실로 프랑스와 연합하여 다시 청을 공격하였다(제2차 아편 전쟁, 1856). 그 결과 청은 수도인 베이징까지 점령당하였으며 톈진 조약, 베이징 조약을 잇따라 체결하였다. 러시아는 베이징 조약을 중재한 대가로 연해주를 차지하였다.

미국은 일본에 접근하여 무력 시위를 벌인 결과 시모다, 하코다테의 개항 및 최혜국 대우가 규정된 미·일 화친 조약을 체결하였다(1854). 뒤이어 나가사키, 니가타 등의 추가 개항과 영사 재판권이 규정된 미·일 수호 통상 조약을 체결하였다(1858). 이를 통해 미국은 일본으로의 진출을 확대해 나갔다.

청과 일본이 서양 열강의 무력에 굴복했다는 소식이 전해진 조선에서는 위기감이 높아졌다. 이는 연해주를 차지한 러시아와 국경을 마주하는 상황에 직면하면서 심화하였다. 당시 고종을 대신하여 집권하던 흥선 대원군은 세도 정치로 인해 흐트러진 국가의 기강을 바로잡고자 세도 가문이 주도한 비변사를 사실상 해체하였다. 또한 양전 사업를 비롯하여 호포제와 사창제를 시행함으로써 '삼정의 문란'을 해소하는 데 힘을 기울였다. 아울러 그는 외세의 침입에 대응하고자 수군을 강화하고 해안 방어 시설을 확충하였다. 조선의 해안에도 이양선이라 불리는 서양 선박이 출몰하는 상황에서 서양의 군대가 언제 조선을 공격할지 모를 일이었다.

당시 조선에는 프랑스 신부들이 들어와 천주교 선교를 하고 있었으며, 천주교 신자는 날로 증가하는 추세였다. 흥선 대원군은 천주교에 관용적인 태도를 보이면서, 프랑스와 관계를 다져 러시아를 견제하는 데 도움을 받고자 하였다. 하지만 천주교를 사학邪學으로 규정하여 배척하는 조선 내의 여론이 높아지는 상황에서 흥선 대원군은 프랑스 신부와 조선인 천주교도를 체포하여 처형하였다(병인박해, 1866).

자국 선교사의 처형을 구실로 삼아 조선 정부를 위협해 문호를 개방하려 한 프랑스는 군대를 파견하여 강화도에 상륙하였다. 강화도는 한양으로 들어가는 수로의 길목이었기에 이곳을 점령하면 조선과의 협상에서 유리한 위치를 차지한다고 판단한 것이다. 하지만 정족산성 등지에서 벌어진 전투에서 조선 군대가 완강히 저항하자 프랑스 군대는 모두 철수하였다(병인양요, 1866). 미국은 조선이 제너럴셔먼호 배상금 지급과 통상 조약 체결 요구에 호응하지 않자 1871년 강화도에 함대를 파견하였다. 미국 군대는 강화도에 상륙하여 초지진과 덕진진, 광성보를 함락하였으나, 흥선 대원군은 끝까지 미국과의 통상 수교를 단호히 거부하였다.

메이지 유신 이후 막부 체제를 무너뜨리고 새로운 체제를 수립한 일본 메이지 정부는 조선과 관계를 재정립하고자 하였다. 메이지 정부는 일본 정치체제의 변동을 알리는 서계書契를 조선에 보냈지만, 흥선 대원군은 그 내용과 형식을 문제로 삼아 수용하지 않았다.

1873년 고종은 자신이 직접 정치하겠다는 친정親政을 선언하고 정치 일선에 나섰다. 고종은 일본의 변화를 인정하고 일본과의 외교적 마찰을 피해야 한다는 박규수의 주장을 수용하고, 관리들에게 일본과의 협상을 지시하였다. 고종을 비롯한 일부 관료들은 서계 접수 자체를 거부해서는 안 된다는 의견을 주장하였지만, 조정의 대다수 관료는 새로 제출된 서계에도 '대일본大日本', '황상皇上' 등과 같은 용어가 그대로 사용되고 있음을 지적하고 접수 거부를 주장하였다.

이에 일본은 1875년 '운요호 사건'을 일으켜 초지진을 공격한 후, 영종도에 상륙하여 조선인을 살상하였다. 일본은 강화도에 대규모의 군대를 파견하는 한편, 전쟁 준비에 박차를 가하였다. 고종은 박규수를 중심으로 한 관료의 통상 주장과 청의 개항 권고에 따라 일본과의 교섭을 지시하였다. 이에 따라 1876년 강화도에서 조·일 수호 조규가 체결되었으며, 부산·원산·인천이 개항되는 결과를 낳았다. 조·일 수호 조규에 이어 체결된 조·일 수호 조규 부록과 조일 무역 규칙에 따라 개항장에 일본인 거류지(조계)가 설정되었으며, 일본 화폐의 유통 등이 허용되었다.

개화 정책의 추진과 갑신정변

조·일 수호 조규를 체결한 조선은 일본에 수신사修信使를 파견하였다. 평소 서양의 제도와 문물, 과학에 관한 서적을 수집하여 공부해 온 고종은 수신사를 통해, 급격하게 변화하고 있는 일본의 사정도 파악하고자 하였다.

또한 조선은 1880년 개화 추진 기구인 통리기무아문을 설치하였다. 이에 고종은 개화 정책에 필요한 자료와 정보를 수집하고 인재 양성을 도모하고자 1881년 조사시찰단 파견을 단행하였다. 당시는 김홍집이 가지고 온 『조선책략』으로 인해 갈등이 일어나고 전국 각지의 유생들이 조선 정부의 개화 정책을 비판하는 목소리를 높이고 있었다. 이에 고종은 시찰단원 대다수를 '동래부 암행어사'로 임명하고 일본으로 가는 길목인 부산으로 보냈다.

조사시찰단의 규모는 전문 시찰 위원인 조사와 그의 수행원, 통역으로 구성되었는데, 조사 12명을 포함하여 총 60여 명으로 구성되었다. 조사들은 각기 문부성, 외무성, 사법성, 공부성, 외무성, 대장성과 같은 일본의 주요 관청과 군사·세관 등을 전문적으로 조사·시찰하는 임무를 부여받았다. 미국과의 수교에 관한 외교 업무도 이들의 업무에 포함되었다. 조사들은 대체로 양반 명문가 출신으로 주로 고종 가까이에서 국정에 참여한 이들이었다. 이들은 약 3개월간 나가사키·오사카·교토·고베·요코하마 등지의 산업시설을 시찰하였다.

조사시찰단이 수집해 온 자료는 통리기무아문의 기구 개편에 활용되었으며, 조사들은 통리기무아문을 비롯하여 각종 개화·자강 기관에 임용되어 자신의 전문적 지식을 활용하였다. 조사들이 작성한 자료는 일반인에게 유포되지 않았지만, 개화파 인사를 비롯하여 지식인층의 인식체계와 세계관 확장에 영향을 주었다. 요컨대 조사시찰단이 조선에 전한 근대적 지식과 문물 및 조사들의 활동은 일련의 개화·자강운동을 일으키는 촉매로 작용하였다.

조선의 개화 정책에 대해 보수 유생들은 '위정척사衛正斥邪 운동'을 전개하며 반발하였다. 이러한 움직임은 구식 군인과 한양의 하층민 사이에서도 증대되었다. 쌀·콩과 같은 곡물이 대거 일본으로 유출되어 곡물 가격이 상승하였으며, 5군영이 2영으로 통합되는 과정에서 많은 구식 군인들이 실직하였다. 게다가 신식 군대인 별기군만 우대하는 풍조 속에서 구식 군인들에게는 급료도 제대로 지급되지 않았다.

조선 정부는 1882년 중순에 13개월 만에 1개월분의 급료를 구식 군인들에게 지급하였다. 하지만 급료로 지급된 쌀은 규정에 미치지 못하는 양이었을 뿐만 아니라 상당 부분 겨와 모래로 채워져 있었다. 이에 격분한 구식 군인의 일부는 폭동을 일으켜 별기군의 일본인 교관을 살해하고 일본 공사관을 공격하였다(임오군란). 한양의 하층민까지 이 폭동에 가담하면서 군란의 규모는 더욱 커졌다. 구식 군인들이 궁궐에 난입하고 왕비가 도피하는 상황에 이르자 고종은 흥선 대원군에게 군란의 수습을 위임하였다.

다시 집권한 흥선 대원군은 군란의 수습을 내세우며 통리기무아문과 별기군을 없애고 5군영을 부활시켰다. 하지만 조선에 군대를 파병한 청은 흥선 대원군을 군란의 책임자로 지목하여 톈진으로 압송하고 무력으로 군란을 진압하였다. 일본으로 도피했던 일본 공사는 군함과 병력을 이끌고 조선에 돌아와 배상금 지급, 일본 공사관의 경비병 주둔 등을 내용으로 하는 제물포 조약을 체결하였다(1882). 청은 임오군란 직후부터 조선에 군대를 주둔하고 조선의 내정과 외교 문제에 적극적으로 간섭하였다. 또한 조선과 조·청 상민 수륙 무역 장정을 체결하여 조선에 대한 영향력 강화에 힘을 쏟았다.

임오군란 이후 청의 내정 간섭이 강화된 상황에서 김옥균, 박영효, 서광범 등과 같이 일본의 메이지 유신을 모델로 삼아 서양 과학과 기술 이외에도 사상과 제도까지 적극적으로 수용하자는 인물들(급진 개화파)의 불만은 증대되었다. 이들은 청의 간섭으로 인해 정부의 개화 정책이 제대로 추진되지 못하는 현실을 강력하게 비판하였다.

김옥균은 일본에 건너가 차관을 도입하여 조선의 개혁에 필요한 자금을 확보하고자 하였다. 하지만 일본의 소극적인 태도로 차관 도입이 실패로 돌아가자 급진 개화파의 입지는 위축되었다. 이러한 상황에서 청이 베트남을 둘러싸고 벌어진 프랑스와의 대립으로 조선에 주둔한 병력 일부를 철수하였다. 급진 개화파는 이를 기회로 삼아 정변을 모의하면서 구체적인 실행 계획을 수립하였다. 일본은 조선 내에서 자국의 경쟁 상대인 청을 내몰기 위해 일본 군대를 동원하고 차관 도입을 도울 것을 약속하였다. 급진 개화파는 일본의 지원을 의심하면서도 그를 활용하기로 하였다.

급진 개화파는 1884년 10월 17일(양력 12월 4일) 우정총국 개국 축하 행사를 이용하여 정권을 잡는 정변을 일으켰다(갑신정변). 급진 개화파는 고종의 승인을 받고 왕실의 종친과 온건 개화파까지 아우르는 새 정부를 구성하였다. 또한 문벌의 폐지, 지조법地租法 개혁, 순사 제도 수립, 재정의 일원화 등의 내용이 담긴 개혁 정강을 발표하였다.

그러나 급진 개화파의 개혁 구상은 청군의 개입으로 인해 3일 만에 끝이 났다. 일본은 약속과 달리 급진 개화파를 지원하지 않고 군대를 철수하였다. 한양의 일부 주민들은 갑신정변을 주도한 급진 개화파를 친일파로 인식하고 공격하였다. 급진 개화파의 일부 인사는 청군에게 죽임을 당하였으며, 김옥균·박영효·서재필 등은 일본으로 망명하였다.

급진 개화파는 당시 조선 사회의 대다수를 차지하는 농민들이 바라는 토지 소유 문제의 해결을 개혁 정강에 내세우지 않은 채 일본의 무력 지원을 받으려 하였다. 이러한 이유로 갑신정변은 일반 백성을 비롯하여 고종과 대다수 관료의 지지를 받지 못하였다.

근대 개혁 운동과 대한제국의 수립

개항 이후 외국 공산품의 유입으로 국내 수공업은 위축되었으며, 일본으로 대량의 곡물이 이출되는 상황에서 곡물 가격이 크게 올랐다. 조선 각지에서는 농민들의 항쟁이 꾸준히 일어나는 가운데, '인내천人乃天'·'시천주侍天主'로 대변되는 평등사상을 내세운 동학東學은 농민들의 고통을 달래고 이들을 결집하는 구심체로 성장하였다. 몰락 양반 출신인 최제우가 1860년에 창시한 것으로 알려진 동학은 '나라를 돕고 백성을 편안히 한다'는 보국안민輔國安民, '폭정을 제거하고 백성을 구한다'는 제폭구민除暴救民을 강조하였다.

동학의 교세가 커지자 조선 정부는 '세상을 어지럽히고 백성을 속인다'는 혹세무민惑世誣民의 명목으로 1864년 최제우를 처형하였다. 그 영향으로 동학은 잠시 교세가 위축되기도 하였으나 제2대 교주 최시형을 중심으로 교단이 재정비되고 교세가 성장하였다. 이에 동학교도는 1892년과 1893년에 공주, 삼례, 한양, 보은 등지에서 교주 최제우의 억울함을 풀고 동학에 대한 탄압을 중지해 달라는 시위를 전개하였다(교조 신원 운동). 대규모의 시위에도 불구하고 동학은 합법화되지 못하였다. 하지만 그 과정에서 동학의 활동은 종교적 성격에서 정치·사회 개혁적 성격으로 변모하였다.

이러한 가운데 전라도 고부에서는 전봉준을 주축으로 하여 군수 조병갑의 학정에 저항하는 고부 농민 봉기가 일어났다(1894). 조선 정부가 조병갑을 파면하고, 새로 임명된 군수 박원명이 농민들의 요구에 수긍하는 태도를 보이자 농민들은 해산하였다. 그런데 해당 사건을 조사하기 위해 파견된 안핵사 이용태가 봉기 참가자를 색출하여 가혹하게 처벌함으로써 반발을 초래하였다.

이에 전봉준 등은 전라도 무장으로 옮겨 1894년 3월 손화중, 김개남 등과 봉기하면서 창의문을 선포하였다. 이는 이른바 제1차 동학 농민 운동의 신호탄이었다. 이들이 이끄는 농민군은 곧이어 고부 관아를 점령한 뒤 고부 백산에 진을 쳤다. 백산에 '호남창의대장소湖南倡義大將所'를 설치한 농민군은 '안으로는 탐학한 관리의 머리를 베고 밖으로는 횡포한 강적强敵의 무리를 내쫓기 위해서' 봉기한다는 격문을 발표하였다.

동학 농민군은 전라도 감영군은 물론 경군에 승리를 거두어 1894년 4월 27일(양력 5월 31일) 전주성을 점령하였다. 이에 정부는 청에 군사적 지원을 요청하였으며, 청의 군대는 5월 5일 아산만에 도착하였다. 조선의 정세를 주시하던 일본은 이번 기회에 자신들의 영향력을 확대하기 위해 5월 6일에 인천에 군대를 상륙하였다. 이에 조선 정부는 청·일 양군의 철수를 요구하는 한편, 농민군과 타협에 나서 5월 8일(양력 6월 11일) 양측 사이에 전주 화약에 체결되었다. 정부는 동학 농민군이 요구한 신분제의 폐지, 조세제도의 개혁 등을 이행한다는 약속을 하였다.

일본은 조선을 개혁한다는 구실을 내세워 조선 정부의 철병 요구를 거부하였다. 이에 조선 정부는 교정청을 설치하여 농민군의 요구를 수용한 자주적인 개혁을 추진하기 시작하였다. 하지만 일본은 군대를 동원하여 경복궁을 점령한 뒤, 흥선 대원군을 섭정으로 하는 김홍집 내각을 구성하였다. 이와 동시에 일본은 청일 전쟁을 일으켰다.

이러한 과정에서 김홍집 내각은 군국기무처를 설치하고 궁내부 설치, 과거제 폐지, 8아문제 실시, 신분제와 노비 제도 폐지, 재정의 일원화, 도량형 통일 등을 내용으로 하는 갑오개혁을 추진하였다. '군국기무처의 개혁에 백성들이 손뼉을 치고 기뻐했다'는 기록이 보여 주듯 이 개혁은 조선의 근대적 변화를 추진하는 중요한 사건이었다.

일본군의 경복궁 점령과 청일 전쟁 발발에 위기를 느낀 농민군은 1894년 9월 전라도 삼례에서 제2차 봉기를 일으켰다. 이 봉기에는 전라도 농민뿐만 아니라 충청도와 경상도 지역에 기반을 둔 동학 세력도 합류하였다. 일본군을 몰아내기 위해 한양으로 향하던 농민군은 공주 우금치에서 일본군에 맞서 치열한 전투를 벌였지만, 화력의 열세로 인해 패배하였다. 동학 농민 운동은 갑오개혁은 물론 민중의 사회 개혁 운동에 영향을 주었다. 또한 의병 활동의 추진력으로 작용하여 반침략 항일 투쟁의 역사적 기반이 되었다.

일본은 청일 전쟁에서 승리한 이후 랴오둥반도를 할양하려 했지만 러시아·프랑스·독일 3국의 간섭으로 무산되었다. 이에 일본은 조선 내에서 약화한 자국 세력을 만회하기 위해 배일 정책을 주도한 왕비를 시해하는 사건을 일으켰다(을미사변, 1895).

이후 고종은 러시아 공사관으로 거처를 옮기는 이른바 아관 파천을 단행하였다(1896). 아관 파천 이후에 창립된 독립 협회는 만민 공동회를 개최하여 러시아의 내정 간섭과 이권 침탈을 규탄하였으며 고종의 환궁을 요구하였다. 또한 신체의 자유, 언론·출판·집회·결사의 자유를 위한 자유 민권 운동을 전개하였다. 독립 협회는 법률의 개정 및 폐지 등의 권한을 갖진 의회 설립을 추진하였으며, 고종도 이에 동의하였다. 하지만 독립 협회가 공화제를 시행한다는 모함에 고종이 독립 협회를 강제 해산함으로써 실제 설립으로 이어지지는 못하였다.

고종은 러시아 공사관에 머무는 동안 경운궁을 증축하여 1897년 2월 환궁하였다. 그해 8월에는 연호를 '광무光武'로 바꾸었으며, 10월에는 환구단에서 황제 즉위식을 거행하고 대내외에 대한제국을 선포하였다. 대한제국은 우선 국방력의 강화에 주력하여 군대를 증강하였으며, 신식 무기를 대거 도입하였다. 다음으로 조세 수입을 늘리고 근대적 토지 소유권을 확립하기 위해 양전 사업과 지계 발행 사업을 추진하였다. 아울러 각 분야에서 근대적 회사의 설립을 지원하였으며, 근대 기술의 도입을 위한 유학생의 파견과 각종 학교의 설립에 힘을 기울였다. 또한 대한제국은 1899년 청과 대등한 입장에서 통상 조약을 체결하는 등 외교 활동에 적극 나섰다. 그러나 개혁의 진행에 필요한 재원이 크게 부족한 상황에서 러일 전쟁에 따른 정세의 혼란이 가중되었기에 개혁은 꾸준히 이어지기 어려웠다.

국권 피탈과 조선 민중의 저항

1904년 러일 전쟁을 일으킨 일본은 군사 전략상 필요한 지점을 이용하기 위해 대한제국에 한일 의정서 체결을 강요하였다. 또한 러일 전쟁 중이던 1904년 8월 대한제국과 이른바 제1차 한일 협약을 체결하여 메가타 다네타로를 재정 고문으로, 미국인 더럼

스티븐스를 외교 고문으로 초빙하게 하였다. 메가타는 이후 대한제국 화폐 제도가 문란하다고 주장하면서 '화폐 정리 사업'을 단행하였다. 이를 통해 메가타는 일본 제일은행권을 대한제국의 법정 화폐로 사용하게 하였다. '화폐 정리 사업'은 대한제국의 재정과 금융이 일본에 예속되는 결과를 가져왔다.

일본은 1905년 7월에는 미국과 이른바 가쓰라-태프트 밀약을 맺어 대한제국에 대한 일본의 독점적 지배권을 인정받았다. 같은 해 8월에는 제2차 영일 동맹을 체결하여 대한제국에 대한 일본의 특수한 이익을 보장받았다. 뒤이어 9월에는 러시아와 포츠머스 조약을 체결하여 대한제국에 대한 일본의 지배권을 재확인하였다. 미국, 영국, 러시아로부터 대한제국에 대한 배타적 권리를 인정받은 일본은 1905년 11월, 외교권 박탈과 통감부 설치를 골자로 하는 이른바 을사조약 조인을 강제하였다. 조약 성립에 필요한 절차를 완전히 무시한 채 일본이 강압한 '을사조약'은 문서의 제목조차 존재하지 않았다. 따라서 당시 언론에서는 이를 '늑약勒約'이라 표현하고 강하게 비판하였다. 고종 또한 꾸준히 국제 사회에 '을사조약'이 무효라는 사실을 알렸으며 이는 '1907년 헤이그 특사 사건'으로 극대화되었다.

일본은 대한제국이 외교권이 없는 상태인데, 특사를 파견한 것은 '조약'을 위반한 것이라 비난하며 친일 대신들을 동원하여 고종을 강제 퇴위시켰다. 곧 일본은 1907년 7월 한일 신협약(정미 7조약)을 강제로 체결하여 정부 고위직에 일본인을 앉히는 작업에 착수하였다. 동시에 대한제국의 군대를 해산시켰다.

1909년 7월, 대한제국의 사법 및 감옥 사무를 모두 일본 정부에 위탁한다는 내용의 '기유각서'를 체결한 일본은 대한제국 공권력의 마지막 보루였던 사법권마저 박탈하였다. 1910년 5월 말 제3대 통감으로 부임한 데라우치 마사타케는 1910년 8월 22일 대한제국의 강제 병합을 성사시켰다. '을사조약'의 사례처럼 이것도 위임, 조인, 비준의 단계를 거치지 않았으며, 순종은 해당 문서에 서명하지도 않았다. 훗날 순종은 1926년 붕어崩御 직전에 남긴 유언에서 "지난날의 병합 인준은 일본이 역신逆臣의 무리와 더불어 제멋대로 만들어 제멋대로 선포한 것이며 나의 한 바가 아니다."라며 병합을 거부했다는 사실을 분명히 밝혔다.

일본의 국권 침탈에 저항한 대한제국 민중의 활동은 크게 의병 활동과 애국 계몽 운동의 형태로 전개되었다. 의병 운동은 을미사변과 단발령에 분노한 유생과 민중들이 1895년 직후에 일으키면서 본격화되었다. 초기 의병(을미의병)은 이소응, 유인석과 같이 위정척사 사상을 가진 유생들이 주도하였다. 유생 의병장들은 아관 파천으로 친일 정권이 무너지고 고종이 해산 명령을 내리자 자진해서 부대를 해산하였다.

을미의병이 해산한 뒤 한동안 잠잠하던 의병 투쟁은 '을사조약'의 체결로 다시 점화되었다. 최익현, 민종식 등이 조직한 의병 부대가 세력을 떨쳤으며, 평민 출신 의병장 신돌석의 활약이 두드러졌다. 신돌석의 활동은 일반 민중들의 적극적인 의병 투쟁 활동을 고양한 동시에 평민 의병장의 출현을 촉진하였다.

항일 의병 투쟁은 1907년 8월 군대 해산을 계기로 새로운 전기를 맞이하였다. 군대 해산 조치에 저항한 대한제국 군대는 한양을 비롯한 각지에서 일본군과 격전을 벌였으며, 상당수는 의병 대열에 참여하였다. 해산 군인의 합류로 의병의 전투력은 강화되었으며, 의병 항쟁은 일본에 대한 전쟁의 양상을 보이며 전국으로 확산하였다. 또한 이전보다 다양한 사람들이 의병에 참여하였으며, 의병 부대의 규모도 커졌다.

1907년 후반에 들어서면서 의병 투쟁은 양적·질적으로 크게 발전하였다. 대규모의 일본군이 자리 잡은 도시와 일본군이 철저하게 감시하는 철도 주변 지역을 제외하고 의병이 일어나지 않은 지역이 없을 정도였다. 이러한 가운데 1907년 12월 이인영을 총대장으로 하는 '13도 연합 의병'이 결성되어 서울을 공격할 계획(서울 진공 작전)을 세웠다. 경기도 양주에 집결한 연합 의병은 1908년 1월 허위를 선봉으로 삼아 서울을 향해 진격하였으나 동대문 밖 30리 지점에서 일본군에게 패퇴하였다. 이후 부친상을 당한 총대장 이인영이 의병 부대에서 이탈하여 귀향함으로써 진공 작전은 구심점을 상실하였다. 이후 일본은 의병에 대한 대대적인 공격에 나섰다. 살아남은 의병들은 만주, 연해주 지역으로 활동 무대를 옮겨 일본에 대한 항거를 이어 나갔다.

한편에서는 점진적인 실력 양성을 통해 국권 회복을 도모하자는 움직임이 나타났다. 이러한 입장에서는 학교, 신문, 잡지를 통한 민중 계몽을 중시하였으며, 산업 진흥을 통한 경제적 실력 양성에 매진하였다. 1904년 보안회는 황무지 개간권 요구를 내세운 일본의 토지 침탈을 반대하는 운동을 전개하여 그 목적을 달성하였다. 1905년 조직된 헌정 연구회는 입헌군주제를 지향하는 활동을 전개하였으며, 헌정 연구회를 계승하여 1906년에 창립된 대한 자강회는 교육개발과 식산흥업을 통한 자강을 표방하였다. 하지만 대한 자강회는 고종 강제 퇴위에 반대하는 운동을 추진하다가 강제로 해산되었다. 일본의 탄압으로 합법적인 운동마저 어려워지자 계몽 운동가들은 신민회를 조직하였다(1907). 일본의 탄압을 피해 비밀 결사 조직의 형태로 운영된 신민회는 대성 학교, 오산 학교를 비롯한 여러 학교를 세워 청소년 교육에 힘을 기울였으며, 태극 서관과 자기 회사를 운영하여 경제적 실력 양성 운동 또한 전개하였다. 또 일부 인사들은 만주 서간도 지역의 삼원보로 이주하여 독립운동 기지를 개척하고 신흥 강습소(신흥 무관 학교)를 설립하였다.

— 최현우

생각 더 하기

1. 조사시찰단이 작성한 시찰기의 내용과 그 역사적 의미는 무엇일까?
2. 갑신정변, 동학 농민 운동, 갑오개혁, 대한제국의 개혁 노력을 어떻게 평가할 수 있을까?

참고문헌

김태웅, 『뿌리 깊은 한국사 샘이 깊은 이야기 6 근대』, 가람기획, 2013.

김태웅, 『어윤중과 그의 시대』, 아카넷, 2018.

동북아역사재단 편, 『한일 조약 자료집(1876~1910) – 근대외교로 포장된 침략』, 2020.

박윤덕 외, 『서양사 강좌』, 아카넷, 2020.

연갑수 외, 『한국근대사 1 – 국민 국가 수립 운동과 좌절』, 푸른역사, 2021.

최현우, 「日帝强占期 朝鮮總督府 官僚의 歐美 視察과 調査 活動」, 서울대학교대학원 박사학위논문, 2020.

허동현, 「1881年 朝士視察團 硏究: 日本 見聞報告書의 內容을 中心으로」, 고려대학교 대학원 박사학위논문, 1993.

2. '동화'라고 쓰고 '차별'이라 읽는다

일본 식민지배의 변칙성

식민지배는 곧 외부 식민자들이 현지의 토착 권력을 대체하고, 과세, 사법, 경찰, 군사, 대외 부분을 장악한 지배체제를 구축하는 것을 말한다. 일본의 식민지배의 틀은 영국·프랑스 등 서구 모델에 대한 모방과 재가공·조립을 통해 형성되었지만, 식민지배의 권한과 성격 면에서 매우 큰 차이가 있었다.

식민지 통치의 두 전형으로는 크게 영국의 자치 방식(간접통치)과 프랑스의 동화 방식(직접통치)을 꼽는다. 자치 방식은 식민지를 제국의 영역 내에 묶어 두면서도 본국과는 별개의 실체로 인정하고 제한적이지만 식민지 의회의 존재를 인정했다. 이와 달리 동화 방식은 식민지를 본국에 통합하여 동질화를 강제하고, 본국 정부에 권력이 집중되는 중앙집권 방식으로, 식민지 의회가 존재하지 않고 다만 식민지에서 선출된 소수의 의원을 본국 의회에 파견하는 형식을 취했다. 요컨대 식민지의 입법과 예산 심의·의결을 중심으로 하는 식민지 의회의 존재 여부 또는 본국에 파견된 식민지 의원의 발언권이 가장 중요한 관건이라 할 수 있다.

식민지 의회의 존재 여부와 연동되는 중요한 사안은 식민지 총독의 권한이었다. 자치 방식이라 해도 식민지 의회(입법, 예산심의)와 식민지 총독(거부권)이 상호 견제할 수 있는 장치를 설정하고 최종 결정권자를 제국 정부로 함으로써 식민지 권력이 비대해지는 것을 막았다. 동화 방식에서 총독은 거칠게 말하면 임명권자에 종속되는 고위직 행정 공무원이라 할 수 있다.

일본은 동화주의 방식을 채택했다. 프랑스 혁명 정신에 입각하여 '공화주의'를 주창한 프랑스가 자랑스럽게 내세운 동화주의는 제국과 식민지 간의 대등한 관계, 즉 '평등'과 '대의정부'라는 신념을 앞세웠지만, 그 신념은 실제로는 식민지 차별을 정당화하는 논리로 역기능했고, 억압적이고 군사적인 성격을 띠었다. 그런데 유력한 군부 장성 출신들이 역대 총독을 거쳐 간 조선의 동화주의 통치 방식은 프랑스의 원안보다 더 억압적이고 군사적이었다.

일본의 식민지배 양상이 서구 모델과 무엇이 어떻게 왜 다른지를 검토함으로써 일본 식민지배의 특질을 규명하는 것이 이 글의 목적이다. 나아가 같은 일본 식민지 내에서도 대만과 조선에 대한 통치 방식의 차이를 비교·검토함으로써, 조선 통치에 대해 보다 구체적인 특질을 드러내고자 한다. 우선 횡橫적 비교로서 대만과 조선에 대한 통치를 총독의 권한, 경찰제도의 운용, 식민지 공업화 양상을 통해 살펴본다. 다음으로, 종縱적 비교로서 본래의 서구 모델 대비 특징적이고 중대한 변용을 나타내는 초등교육 중심의 공교육체제, 그리고 가장 변칙적 운용으로 식민통치에 악용된 사법체계에 대해 살펴보고자 한다.

프랑스의 동화주의와 일본의 동화주의
한·일 병합 직후 제국과 식민지가 '대등하다'는 동화주의의 개념에 선뜻 동의할 수 없었던 일본은 우선 조선인의 신분을 같은 '국민'이되 '시민권'은 없는 프랑스-알제리식 방식을 따랐다. 그런데 프랑스는 공화주의의 이식 정도와 동화 수준에 따라 수차례 국적법 개정과 선거제도 개편으로 점차 시민권(참정권)을 개방하고, 식민지 의회를 구성하는 방향으로 개선하였다. 일본은 3·1운동이라는 거대한 민족적 저항에 부딪히자 황급히 자문 성격의 지방의회 구성과 식민지 교육체제의 소폭 변화로 소위 '문화정치'를 내세웠다. 문화정치와 함께 등장한 구호인 '내선일체內鮮一體'의 뜻은 '내지와 조선이 하나'라는 것이지만 실제로는 조선인에게 대등한 권한을 개방하기는커녕 반민족적 동질화를 강조하면서 조선어 사용 금지와 창씨 개명, 황국신민서사를 강요하는 등 악명 높은 민족말살적 반동화주의로 역행했다.

총독권, 경찰제 운용, 식민지 공업화

3년 위임입법 대만 총독 vs. 무소불위 조선 총독 — 1895년 첫 식민지인 대만 영유를 놓고 사법체계의 근간을 짤 때에, '식민지가 곧 '천황의 식민지'라면, 천황의 칙령이 그대로 식민지에 적용되어야 한다'는 법 적용 원칙의 문제를 놓고 일본 지배층은 고민에 빠졌다. 본국과 식민지가 '동등한 권한'을 누려서는 안 되기 때문이었다. 영국과 프랑스에서 초청한 법률고문들은 ① 식민지에 총독을 파견하고, ② 총독 직속의 의회를 구성하여 입법권을 부여하되, ③ 제국 의회의 법률 심의를 거칠 것을 제안했다. 자치 방식과 동화 방식이 절충된 방안이었다. 그러나 근대 체제 도입 당시부터 의회주의가 취약했던 일본은 의회의 법률 심의 과정을 배제하고 대신 식민지 총독에게 3년 기한의 '위임입법권'을 부여하는 것으로 절충했다. 즉 대만 법률은 3년마다 제국 의회의 승인하에 갱신 과정을 거쳐야 했다. 1921년에 '3년 기한'은 철폐되었지만, 총독의 율령 제정 행위는 처음부터 자연히 위축되었고, 1923년부터 민법과 상법을 포함한 많은 일본 법률들이 대만으로 확대되었다.

그런 한편 대만의 입법권이 제한적이고, 결국 본국 헌법이 대만에 적용되는 것이라면 헌법이 보장하는 참정권의 획득 운동, 즉 '식민지 의회 설립 운동'이 일어났다. 해방되기까지 15년 동안이나 지속된 이 운동은 끝내 실패했지만, 참정권과 같은 주권 운동이, 반식민지 운동이 훨씬 강했던 조선이 아닌 대만에서 제기되었다는 것은 눈여겨볼 만한 대목으로 꼽힌다. 이에 대해 조선은 식민지 의회나 참정권 확보 등의 국내 통치에는 관심이 없고 오직 '독립'만을 지향했다는 것, 즉 처음부터 총독부를 합법적이고 정당한 정부로 받아들이지 않고 잠시 국권을 탈취당한 공백 상태로 간주하고 있었다는 해석이 가능하다.

1910년 강제 병합으로 조선이 일본의 식민지가 되었다. 조선총독은 입법, 사법, 행정을 다 틀어쥔 자율적 권한 행사자로서 대만은 물론, 영국이나 프랑스의 총독과는 전혀 다른 권한을 행사했다. 초대 총독 데라우치寺內正毅는 조선 사법체계에서 아예 제국의회의 개입 가능성을 전면 차단하고 군부 통치의 성격을 대폭 강화했다. 요컨대 식민지 조선의 총독부는 입법, 사법, 행정이 한 사람에게 집중된 '일원적' 행정부 자체로 거대한 관료기구였다. 이러한 절대적 행정부 우위 통치의 부정적 유산이 해방 이후에도 지속되는 '과대정부'의 경향 또는 연성독재와 관련된다는 분석이 있다.

식민지 정부가 가진 권력의 크기는 식민지의 규모와 중요성에 의해 결정되었다. 조선 총독부는 일본의 5개 식민지 총독 중 최고의 지위와 권력을 누렸다. 1919년 이전까지 조선 총독을 감독할 수 있는 명확한 법적 권한을 가진 존재는 천황뿐이었다. 조선 총독의 위세가 어느 정도인지는 제국 중앙정부의 관제 개혁에 반대하여 별도의 조직법을 고집했던 사례에서도 알 수 있다. 1929년 일본의 관제 개혁으로 식민지를 관할하는 척무성拓務省이 만들어졌을 때, 모든 식민지 정부들은 그에 맞추어 식민지 관제 개정을 실시하였지만, 당시 조선 총독 야마나시 한조山梨半造는 조선 총독이 일본 총리나 척무성에 종속된다는 표명을 허용하지 않았다. 1942년 대동아성大東亞省 신설 때에도 다른 식민지들과 달리 조선 총독부에 대한 사무총리는 일본 국내 통치에 해당하는 내무성이 담당했다.

우리는 여기서, 왜 조선에 대해서만 유달리 식민지배의 권한과 성격이 달랐는지 질문을 던질 필요가 있다. 우선 조선의 영토와 인구 규모가 크고, 인접 식민지로서 잠재적 실익이 큰 식민지였다는 점, 그리고 전쟁과 교류의 두 양상으로 점철된 두 국가 간의

거대한 관료기구, 인구 대비 420:1의 압박 행정

1930년대 중반 2천2백만 명의 조선인을 통제하기 위해 일본은 5만 2천 명의 일본인 관료를 고용했다. 비슷한 시기 3억 4천만 명 인구의 인도 통치에 고용된 영국인은 1만 2천 명이었다. 인도에서 영국인 관료의 비율은 인도 인구 대비 28,000:1이었지만, 조선 인구 대비 일본인 관료의 비율은 420:1이었다. 70배 가까운 차이를 확인할 수 있다. 직접통치를 표방함에 따라 더 많은 인력이 요구되었던 프랑스 식민지와 비교해도 일본의 관료조직은 두드러지게 방만한 것이었다. 프랑스령 서아프리카에서 현지인 대비 프랑스인 관료의 비율은 27,000:1이었고, 나이지리아의 경우 54,000:1이었다. 요컨대 서구 열강인 영국, 프랑스에 비해 일본이 조선에서 보여 준 식민통치는 70배의 밀도를 가진 압박 통치였다.

역사적 관계가 있었다는 점, 무엇보다 오랜 민족국가로서 조선이 '결코 만만치 않은' 상대라는 일본 지식인층 내부에서의 여론이 강하게 작용했다는 점 등을 들 수 있다.

민간 전통질서를 절충한 대만 경찰 vs. 헌병경찰의 장기지속, 민족분열 통치의 선두인 조선 경찰 — 식민지 총독의 정치가 대민 행정의 가장 밑바닥까지 침투되는 경찰제도 운용 면에서도 대만과 조선의 경우는 달랐다. 처음에는 무력 진압을 위한 군대가 들어오고, 군의 헌병경찰로 거점 방어 및 초기 치안을 확립하고, 점차 경찰이 군대를 대체하고, 이후 식민지 인구로 경찰 인원을 충원하는 것까지는 대체로 비슷했다. 그러나 토착 인구를 경찰에 흡수하고 운용하는 방식에서 대만과 조선은 현저히 다른 모습을 보였다.

1910년, 대만 총독부는 늘어나는 치안 재정 부담과 인력 수급 문제를 해결하기 위해, 대만 내에 청나라 때부터 전통적으로 내려오던 치안 및 질서 조정기구인 보갑제保甲制와의 결합을 도모했다. 마을마다 10가구를 1갑甲, 10갑을 1보保로 하고 보갑마다 주민들이 선출한 지도자가 있었다. 총독부는 이들이 경찰 행정 업무의 풀뿌리에 해당하는 역할을 맡도록 설정했다. 이들은 마을의 전출과 전입, 가호 수를 보고하고, 전염병 차단 및 공중보건 활동을 선도하고, 아편 근절 및 마을 공공건설 동원에도 앞장섰다. 공권력의 범주에 들지 못했고, 지역 공무원들과 경찰의 감시하에 있었던 데다가, 무보수였음에도 불구하고, 보갑제는 순탄하게 이어졌으며, 토착민들이 느끼는 공권력에 대한 거부감이 현저히 경감되었다는 측면에서 식민정부는 효과를 본 셈이다.

조선은 강제 병합되기 전인 1910년 6월 24일 '경찰사무위탁에 관한 각서'를 통해 경찰제도가 최종적으로 일본으로 이관되었다. 통감부 시기부터 상주하던 조선주차군 헌병이 치안경찰로 승계되었다. 러일전쟁 시기, 무시무시한 위용을 자랑하면서 반도에 상륙한 무장 군인들이 조선인들에게는 공포의 대상이었고, 그들이 1907년 의병 진압에서 보여 준 잔혹함은 더욱 큰 공포를 각인시켰다. 1907년 7월 1일 조선 주둔 헌병의 병력이 부족해지자 도입된 '조선인 헌병보조원 제도'는 상황을 더욱 악화시켰다. 지방 곳곳마다 의병 추적과 관련자 색출에 나설 때, 일본인 헌병보다 조선인 헌병보조의 악행이 조선인들에게는 더 가혹한 고통을 안겼다.

대만에서 헌병경찰제도가 민간경찰로 전환된 것은 점령 4년 만인 1899년의 일이었다. 조선의 데라우치 총독은 '미개인primitive people을 통제하는 데에는 경찰보다는 헌병이 낫다'는 생각을 노골적으로 드러냈다. 조선에서는 3·1운동 전까지 군부의 막강한 권력하에 헌병경찰제가 10년 동안 유지되었다.

3·1운동 후 1920년에야 경찰제도는 보통경찰제로 전환되었다. 필요인력 1만 명 중에서, 3,000여 명은 일본인, 5,000여 명은 조선인으로 충원되었다. 기존의 헌병보조나 경찰보조에 있던 조선인들이 경찰로 승격되면서 추후 친일세력의 주축을 이룬 것은 조선인에게 매우 협소하게 주어진 공무원(보통시험) 진입 기회와 승진에 대한 치열한 경쟁과 맞물린 측면이 있었다. 경찰의 수는 1911년 6,222명에서, 1919년 1만 4,000명으로 증대되었다. 전국 250개 경찰서와 2,504개 면에 2,500개 이상의 주재소가 배치되었고, 1면 1주재소마다 일본인 경찰 1명과, 조선인 순사 1명 또는 순사보조를 두었다. 총동원기인 1941년에 경찰은 약 6만 명으로

늘어나 한국인 400명당 1명꼴이 되었다.

당시 경찰의 역할은 첩보 수집, 의병 토벌, 검사 사무 대리, 범죄 즉결, 민사 소송 조정, 집달리 업무, 학교 및 서당 시찰, 산림 감시, 어업 단속, 징세 조사 등 대민 행정을 망라했다. 크고 작은 이익관계에서부터 범죄 즉결 및 소송에까지 막강한 영향력을 행사하는 경찰이 인구 400명당 1명꼴로 압박 행정을 수행했던 한국은 일종의 경찰행정국가였다. 식민지 시기, 가장 약자인 식민지민들에게 가장 가까운 억압적 권력은 먼 거리의 총독이나 고위 공무원이 아니라 하루에도 몇 번씩 장마당에서, 면사무소에서, 오가는 길거리에서 부딪히는 '순사'에게 있었다.

식민지 수출경제 대만 vs. 군수공업 병참기지 조선 — 일본은 식민지 경제정책의 첫 단계로서 토지와 세금제도를 정비한 다음, 관세와 통화제도를 일본에 통합시키는 방식을 채택했다. 대만과 조선의 통화(각각 대만은행권과 조선은행권)는 구별되었지만 모두 일본은행권과 1:1의 고정환율로 교환성이 유지되는 엔円 계열 통화였다. 식민지와 본국 간의 관세 장벽을 없애고, 통화 교환비율을 동일하게 설정한 조치는 세계 식민지 실태와 차이를 나타내는 부분이었다. 이러한 일련의 경제적 동화 정책은 식민지 경제를 일약 일본에 대한 완전 개방 상태로 만들어, 자본 및 노동력의 이동이 촉진되는 현상을 낳았다. 이때 일본으로부터 유입된 대량 민간 자본을 이용하여 총독부는 철도, 항만, 도로, 창고, 은행 등 사회간접자본 중심으로 투자했고, 이는 더 크고 안정적인 수익성으로 일본의 민간 투자자에게 보상되었다.

식민지 시기 동안 대만과 조선에는 대규모 일본인 공장과 그 아래 소규모 민족자본의 공장, 그리고 그 하부 구조로서 수많은 가

내공업의 양태로 공업이 형성되었다. 초기에는 일본 국내 산업과 경쟁품목이 애초부터 배제되었지만, 제1차 세계대전이 미친 영향으로 공업체계에 일차적인 변화가 생겼다. 세계의 절반이 전쟁에 돌입했을 때 중국과 다른 아시아 국가에 생긴 수출 공백을 일본은 영리하게 공략했다. 그 결과, 식민지에는 일본 국내 제조업과 연결되는 수직 하청 기반 시설이 들어섰다. 1914년부터 1918년까지 한국의 산업 생산 지수는 150퍼센트 증가했다. 총독부 통계에 따르면 1911년 대비 1920년의 공장 수는 252개에서 2,087개로, 자본액은 10,613,830엔에서 160,744,378엔으로, 고용자 수는 14,575명에서 55,279명으로, 생산액은 약 1,960만 엔에서 1억 7천9백만 엔으로 증가했다(자세한 내용은 [표 1] 참조). 그러나 이러한 생산 지수 증가가 식민지민들에게 직접적 이익으로 연결되는 것이 아니라, 하청 구조의 상부를 점령한 일본 자본가들에게 이익이 돌아가는 구조였다는 점을 염두에 둘 필요가 있다.

이제, 구체적으로 대만과 조선의 공업화 양상을 검토해 보자. 대만의 경우는 처음부터 제당 가공 중심의 수출경제 구조를 형성했다. 이는 대만에 존재해 오던 전통적 농산물 가공업이 있었던 데다, 일본의 설탕 수입 확대를 막으려는 '수입 대체 정책'이 맞아

[표 1] 조선의 공장 현황

year	Number of Factories	Capital	Employees				Value of Output
			Japanese	Korean	Foreign	Total	
End of 1920	2,087	160,744,378	7,108	46,200	1,971	55,279	179,318,501
End of 1911	252	10,613,830	2,136	12,180	259	14,575	19,639,655

* 출처: 조선 총독부, *Annual Report On Reforms And Progress In Chosen*, 1920.

** 식민지 통계는 조선 총독부의 정부 통계에 근거한다는 한계가 있음을 전제해 둔다. 총독부의 행정 통계 외에, 이 글에서 인용되는 통계 및 경제지표 분석은 Samuel Pao-San Ho의 "Colonialism and Development: Korea, Taiwan, and Kwantung"을 참조했다(in Ramon H. Myers and Mark R. Peattie, ed., *The Japanese Colonial Empire, 1895-1945*, Princeton University Press, 1984).

떨어진 경우였다. 당시 일본 무역수지 적자의 50%가 설탕 수입 때문이었다. 일본은 대만에서 사탕수수 재배를 장려하는 한편, 수입 설탕에는 높은 관세를 부과했다. 자연히 일본 자본가들이 대만으로 건너가 설탕 생산은 물론 제당 가공 산업을 구축하기 시작했다. 그 외에는 소수의 제조업과 전력산업이 전부였다. 1929년 통계에 따르면 대만 자본의 4분의 3 이상이 일본인 소유였다(제당산업 72%, 광업 및 제조업, 전력산업 91%). 수출무역으로 식민지 대만은 일찍부터 재정 독립을 이루고, 1920년대까지 높은 경제성장률을 보였다. 그러나 1930년대에 들어 총부가가치가 높지 못한 농산물 가공 산업의 한계로 인해 성장이 정체되었다.

조선은 일본의 경공업 산업화를 부양하기 위한 쌀 공급지로 출발했다. 따라서 1920년대까지 조선의 공업화는 산미 증식 운동과 관련한 소수 공업과 정미업 정도에 그쳤고 농업 성장이 유관 공업으로 발전해 갈 수 있는 연계성도 약했다. 1930년대는 공업 및 산업 정책의 분기점이 되었다. 1931년 만주사변으로 일본의 대륙 팽창이 노골화되자, 조선 총독은 일선만 블록을 구상하고 북선에 잠재된 자원 개발을 위한 촘촘한 수송망 구축과 거점별 공업단지의 형성, 일본 대자본의 특혜적 개발을 보장하는 정부 차원의 대규모 전력사업 확충을 대대적으로 벌였다. 일본 본국 또한 산업 성장의 속도와 패턴에 영향을 미치는 새로운 광업 및 대규모 제조업을 장려하기 위한 식민지 개발 자금 대여에 소극적이지 않았다. 이는 산업 부문에 대한 초기 투자이기도 했지만, 무엇보다 세계대전의 경험을 통해 학습된, 전시전략물자 축적에 대한 욕구가 가장 중요한 동기였다. 압록-두만강 연안의 삼림 벌채 및 가공, 북부 고원지대의 아마포 생산, 북동부 연안의 정어리 가공

경화유, 흥남 질소 비료 공장 등 대규모 화학공단, 평양 및 근교의 대규모 철강 및 제련, 텅스텐, 카바이트 등 광공업 생산 기반 등은 평시 생산라인이 전시 생산라인으로 전환될 때 필수적이고 결정적인 전쟁물자의 축적 기반이었다.

1927년부터 1937년까지 조선의 광업 부문 실질 부가가치는 연평균 19%로 증가했다. 전략물자와 연관되는 화학, 금속 및 기계 부문의 발전은 1926년에서 1929년 사이에는 26%에 불과했지만, 군수공업화로 전환된 1938년에서 1940년 사이에는 제조업 총생산의 44%를 차지했다. 그러나 식민지의 산업화는 광범위하지 않았다. 1939년 당시 조선의 대규모 공장(200인 이상)은 전체 공장 수의 1%를 약간 상회했지만 당해 연도 공업총생산의 3분의 2를 차지했다. 일본인 소유 대공장이 금속산업 생산의 88%, 화학산업 생산의 76%를 차지했다. 이 대기업들은 수많은 소규모 하청 시설로 둘러싸여 있었다. 당시 공장(5인 이상 근로자를 고용한 기업) 통계에 따르면 총자본의 91%가 일본인 소유였다.

이러한 식민지의 공업 발전은 1930년대 본국 일본의 공업 성장에 중요한 바탕이 되었다. 식민지의 대공장들은 상당한 정부 보조금과 세제상 특혜 및 무역 보호를 받음으로써, 그리고 식민지의 저렴한 원료와 값싼 노동력을 바탕으로 하여, 서구와의 경쟁에서 살아남을 수 있었다. 결론적으로 1930년대 조선의 식민지 공업화 과정은 한 국가의 장기 지속을 전제로 한 체계적인 발전에 따른 것이 아니라 일본 대자본가들의 수익 구조와 종국에는 전쟁 동원을 위한 편의적이고 폭력적인 자원 약탈을 우선으로 한 것이었다.

나아가 식민지 기간 내내 공산액 추이에서 농업 생산액이 절반

산업화 모델 평가
식민지 산업화 모델에 대한 다양한 평가가 있다. 한국과 대만, 아일랜드 등의 비약적 경제성장지수 또는 국민 일인당 구매력 지수(PPP)가 옛 제국 시절 본국의 지수를 앞지를 때 해외의 유수한 경제신문들은 앞다투어 '식민지가 본국을 앞지른다'는 분석 기사를 쏟아 냈다. 항간에는 한국과 대만의 사례를 들어, 영국과 프랑스의 식민지 어디에도 이러한 산업화를 이룬 모델이 없다는 점이 강조되기도 한다. 그러나 여기에는 등치비교가 불가능한 차이점이 몇 가지 있음을 정리해 둘 필요가 있다. 첫째, 일본의 대륙 팽창이 한국의 공업화 수요를 창출한 점, 둘째, 식민지 한국이 본국과 수직 하청구조를 이루는 인접 식민지로서의 장점을 지녔던 점, 셋째, 본국과 식민지 간 수송 시스템이 증기선과 철도로 연결·완비되는 영토 크기의 수준을 갖춘 점, 넷째, 한국인의 높은 교육열로 인해 20세기 제조업이 필요로 하는 대량의 교육받은 인구를 갖춘 점, 다섯째, 민족국가로서의 의식이 뚜렷한 한국인들이 식민지 시절에 끊임없이 저항운동을 펼친 점, 여섯째, 해방 후 정치·경제적 조건이 다른 나라들과 상이하였던 점 등을 들 수 있는데, 여기에는 향후 더 많은 토론이 필요하다.

이상을 차지한 현실에서 식민지 '공업화'라고 규정하는 것은 무리한 설정이라는 점을 지적할 필요가 있다. 총부가가치액 기준 공업생산은 1918년 8%에서 1930년대 전반 20%, 그리고 1940년 31%로 상향되었지만, 군수공업화로 인한 생산액이 최고조에 달한 1940년대에도 생산액의 절반 이상이 농업 부문이었고, 공업 외 부문의 성장이 공업화를 부양하는 현실이었다.

근대교육의 허상

일본 제국주의 시기, 교육은 곧바로 국방과 연결되는 국가적 과제였다. 교육은 국민을 위한 지식을 공급하는 것이 아니라 제국 존립에 필요한 국민을 '언제든지 동원하고 국민의 의무를 강제할 수 있도록' 기초교양을 주입하는 것이었다. 나아가 식민지 교육정책은 '천황제의 순량한 신민 양성'을 목표로, 중등 이상의 지식인이 아닌 철저히 하급 초등교육과 노무 수급에 초점을 둔 것이었다.

민족주의 교육이나 식민지 체제 밖의 사상 및 교양교육이 가능한 사립학교는 탄압받았다. 1908년 사립학교령 발령과 함께 공교육체제로 전격 전환되면서 가난한 민족주의 사립학교들은 최종 유예시한인 1923년 무렵 거의 다 문을 닫았다. 공교육체제 안에서도 중등 이상의 상급교육은 철저히 제한되었다. 일제말, 보통학교 취학률은 43%에 달했지만, 초급교육 졸업자의 3.8%만이 중등학교로 진학했다. 1924년 설립된 경성제국대학의 졸업생 중 조선인의 수(1929~1941년 기준)는 총 1846명 중 627명으로 1/3 수준이었다. 식민지 전 시기를 통틀어 조선인 고등교육 인구수는 전 학생 수의 0.2%에 불과했다.

초등교육을 중심으로 한 식민지 교육정책의 대강을 검토해 보면 다음과 같다. 1910년 한일 강제 병합과 함께 발령된 '조선교육령'(1911년 제1차 교육령) 시기는 '시세와 민도에 적합한 간이하고 실용적인 교육'을 표방한 시기로 4년제 학교가 주를 이루었다. 교과는 수신(윤리)·국어(일본어)·조선어 및 한문·산술 등 초보적 내용과 하층 직업 교육에 적합한 실습 위주로 구성되었다. 그러나 1910년대 보통학교는 조선인들에게 외면당했다. 취학률은 극히 저조하였고, 공무원들이 학생을 모집하는 풍경까지 벌어졌다. 1920년대에는 보통학교 지원이 확대되었다. 결정적인 분기점은 3·1운동이었다. 거국적 민족운동을 경험한 조선인들은 누구나 자녀들을 학교에 보내려 했고, 특히 여학생의 취학률이 두드러지게 성장했다.

> 취학 아동의 증가는 실로 놀랄 만한 것이었다. 소요(3·1운동) 이전에는 면장·경찰서장이 극력 취학을 권유해도 정수의 취학 아동을 얻는 것은 극히 어려웠다. 그런데 사건 후 일변하여 학교는 문전성시가 되었다.●

● 조선총독부 학무과장을 지낸 松村松盛의 회고. 「變り行く朝鮮の姿」, 『朝鮮統治の回顧と批判』, 1936.

1922년 2월 '조선교육령 개정'(제2차 교육령)으로 '삼면일교제'(3개 면마다 1개 학교)가 설정되고, 보통학교 교육연한이 4년제에서 6년제로 연장(역사·지리 등 인문적 교과를 도입)되었으며, 초등교육의 확대로 교사 수급이 긴급해짐에 따라 조선인을 위한 사범학교 신설도 허용되었다. 삼면일교제로 보통학교를 늘리자 역설적으로 입학 지원율은 더욱 높아져서, 마침내는 보통학교 입학 시험까지 등장했다. 조선인들은 기금을 모아 보통학교 설립 운동을 벌였다. 민족주의자들이 설립한 '조선교육개선회'가 발언권을 높이며 교육 여론에 영향력을 행사한 것도 이때였다.

1930년대 보통학교의 팽창은 일제의 파시즘화와 연동되는 것이었다. 삼면일교제로도 충당이 되지 않는 교육 수요에 떠밀리듯 '일면일교제' 정책이 서둘러 시행되었다(1929~1936년 '조선 총독부의 일반 국민 교육 보급 진흥에 관한 제1차 계획').

1937~1942년의 '제이차 조선인 초등교육 보급 확충 계획'('제2차 계획')은 '일면일교제'가 완수된 이후에도 실질적인 취학률이 25% 정도에 그치자, 학교 기금 상당 부분을 조선인에 전가하는 방식으로 보통학교 확대를 도모했다. 실제 1940년의 경우 입학 지원자 465,683명에 합격자는 301,041명, 취학률은 64.6%로서, 여전히 입학을 지원하는 아동의 1/3은 보통학교에 취학할 수 없는 현실이었다. 1942년 12월, 마침내 '의무교육제' 실시 계획이 발표되었다(1946년부터 실시 예정). 이는 태평양전쟁이 한창이던 당시, 식민지 징집 확대를 도모하기 위한 당근책이자, 최소한의 국민교양을 주입하기 위해 고안된 정책이라고 할 수 있다.

요컨대 식민지 시기 조선인 교육 통계를 보통학교 중심으로 보면, 1910년대 취학률은 5%를 넘지 못하였지만, 3.1운동 후인 1924년 14.7%, 1938년 33.2%, 1942년 47.7%까지 올랐다. 그러나 이러한 초등교육 통계는 역으로 초등교육 이상은 철저히 제한된 식민지 교육의 이면과 실체를 보여 주는 것에 지나지 않았다(자세한 내용은 [표 2] 참조).

유럽의 식민지 교육이 상업적 노동시장과 연결되는 소수의 중등교육기관을 중심으로 발달한 데 반해 조선에서 초등교육기관이 팽창한 것은 이례적 현상이었다. 초등교육은 매우 광범위한 행

[표 2] 조선인과 (재조)일본인의 교육기회 차이(학생 수는 인구 만 명당 인원수)

범주	연도	조선인 학생 수	일본인 학생 수	비고
초등교육	1912년	28명	898명	32배
	1920년	64명	1,265명	19.7배
	1930년	250명	1,360명	5.4배
	1942년	697명	1,379명	1.9배
중등교육	1912년	2명	65명	32.5배
	1920년	4명	169명	42배
	1930년	15명	373명	24.8배
	1942년	34명	520명	15.2배
고등교육	1920년	0.3명	7명	23.3배
	1930년	1명	35.2명	35.2배
	1942년	2명	47명	23.5배

* 출처: 오성철, 『식민지 초등교육의 형성』(교육과학사, 2000), 128~132쪽 참조.
** 오성철은 1930~40년대 『국세조사』 통계에 근거하여 전체 인구 대비 학령아동의 인구를 14.4%로 적용하고, 학령아동 수 대비 재학생 수를 추출하여 취학률을 계산하였다. 초등교육의 경우에는 지속적인 팽창으로 민족적 격차가 점차 줄어들지만, 중등교육과 고등교육의 기회는 조선인에게 거의 제공되지 않았다.

정 역량과 재정이 요구되는 대규모 사업이었기 때문에 영국과 프랑스도 소수 중등교육에만 투자했다. 평균보다 높은 교육 시설을 갖추고 있었던 프랑스령 서아프리카에서도 1930년대 초등학교 입학률은 4% 미만에 그쳤다. 산업화와 경제 발전의 속도에 따라, 잘 훈련되고 국가의식이 투철한 군대를 확충할 필요성이 대두한 것이 교육 수준의 향상과 초등교육 확대를 설명하는 새로운 근거가 되었다. 특히 프랑스, 일본, 프로이센 모델이 모두 정부 보조금에 의한 공교육체제였는데, 이것이 '전쟁'과 깊은 연관이 있다는 연구결과가 있다. 이런 맥락에서 식민지 조선의 초등교육 중심 체제는 식민지의 내적 동화 작업, 노무 수급을 위한 하급교육, 그리고 전쟁 시기 국민 동원을 위한 교육에 따른 것이었다고 평가할 수 있다.

사법 질서의 악의적 변칙

19세기 말에서 20세기까지 세계 식민지 실태는 고도화된 관료 조직과 사법 통치에 기반한 것이었다. 식민지 사법 통치는, 식민지의 저항을 법에 따라 차단하고, 그로써 진압에 들어가는 사회적 비용을 절감하며, 식민지 '룰rule'을 폭력적으로 그리고 반복적으로 강조하면서 끝내 체제 순응을 유도해 낸다는 측면에서 효율적이었다. 그러나 피식민의 입장에서는, 사법justice, 즉 정의가 본국과 식민지 사이에 차등 적용되고 격심한 불평등을 합법화하는 장치로 활용되었다는 점에서 그 '정의'는 '정의'일 수 없었다. 본국의 법에 의용되는 식민지법이나 제도는 악의적으로 변용되고 필요에 따라 임의 조립되어, 법 조항 사이의 충돌과 부조화가 발생했고, 그 충돌과 부조화에 대한 해석과 적용 또한 차등적이었다. 가장 대표적인 사례가 검찰권한의 강화였다.

1880년 일본의 「치죄법治罪法」과 1890년 「형사소송법」에서 검사와 사법경찰관은 '현행범·준현행범'의 경우에 한해 '특별처분'으로 피고인과 증인을 '신문'하고 조서를 작성할 수 있다고 규정했다. 당시 검·경찰의 수사를 지휘하고, 구속영장 발부나 기소 여부까지 판단하는 것은 예심판사였다. 검사는 경찰 수사에 기초한 사건을 검토하여 예심판사에게 보내고 공소를 제기·유지하는 등 중계자 몫만 맡았다. 그런데 일본의 형사소송법이 식민지 조선으로 건너오면서, 검사의 권한이 종래의 법령을 넘어 파격적으로 강화되었다. 조선 총독부가 1912년 발령한 '조선형사령'은 검사에게 현행범이 아니라 해도 "급속한 처분이 요하는 때"에는 공소제기 전에 영장을 발부해 검증, 수색, 물건 압수를 하거나 피고인·증인을 신문할 수 있도록 규정했다(제12조).

조선형사령 1912. 4. 1. 시행 (조선총독부령 제11호, 1912. 3. 18. 제정)
제12조 ① 검사는 현행범이 아닌 사건이라 하더라도 수사 결과 급속한 처분을 요하는 것으로 인정되는 때에는 공소 제기 전에 한하여 영장을 발부하여 검증·수색 물건을 차압하거나 피고인 증인을 신문하거나 감정을 명할 수 있다. 다만 벌금·과료 또는 비용 배상의 언도를 하거나 선서를 하게 할 수 없다.
출처: 국가법령정보센터(https://www.law.go.kr/lsInfoP.do?lsiSeq=67431&viewCls=lsRvsDocInfoR#rvsTop)

요컨대 종래의 예심판사의 권한이 일부 검사에게 주어지면서 검사가 공판 전 절차의 지배자로 등장하도록 규정했다. '판사'라는 고등인력이 본국에서도 충당되기 쉽지 않은 현실에서 식민지마다 변칙적으로 판사-검사-경찰로 조금씩 권한 양도가 일어나는 사례가 드물지 않았다. 검사에게는 20일 이내의 피고인 구류도 허용되었다. '급속처분'에 의한 강제수사권이 보장되자 일단 체포부터 하고, 온갖 고문과 회유로 자백을 받아 내고, 그 자백에 기초하여 증거를 수집하는 관행이 자리 잡았다. '급속처분'에 대한 판단 근거는 별도로 규정되지 않았다. 검사의 임의적인 판단에 맡겨진 이러한 '급속처분' 조항은 식민 통치의 필요와 요구에 따라 얼마든지 악의적으로 적용될 가능성이 높은 반인권적인 조항이었다. '급속처분' 조항은, 식민지 조선에는 형사령 첫 등장부터 바로 전격적으로 적용된 것이지만, 일본에는 헌법 제정(1899년) 이후 23년이 흐른 뒤 1922년에나 등장했다. 그만큼 반헌법적이고 저항이 예견되는 사안이었다.

법률 제정의 본 취지를 벗어난 변칙적 예심 제도 또한 식민지에서 악용된 대표적 사례이다. 일본이 제도적 모델로 채택한 프랑스 형사소송법의 핵심은 '소추(공소제기)-수사(예심)-재판의 분리 원칙'에 있었다. 프랑스 법전이 기본적으로 프랑스 혁명 후 시민주권의 행사에 기반하여, 모든 사회질서를 새로이 규정하려는 시도에서 출발했으며, 무엇보다 어디로든 권력이 집중되는 것을 막는 견제장치를 가장 중요시했다는 점을 기억해 둘 필요가 있다.

예심 제도는 1880년 일본 「치죄법治罪法」에 도입되었고, 1890년 「형사소송법」에도 규정되었다. 그러나 이 예심 제도가 식민지 조선에서 본 취지와는 전혀 다른 방향으로 변칙 적용되었다. 즉 수사 단계에서 법정 구류 기간을 넘기면서도 혐의를 특정하지 못하면, 이들을 일명 '미결수'로 넘겨 무기한으로 피의자를 구금하는 엉뚱한 사태가 속출했다. 사회적 이목이 집중된 사안이나 특히 항일운동에 연루된 사상범들은 의도적으로 예심으로 돌려서 미결수로 3년 정도 재판도 없이 붙잡아 두기도 했다. 기소 남발을 막고, 권력의 독점을 방지하기 위해 도입된 예심 제도가, 장기 미결 남발로 변칙되면서, 식민지민들에게는 더욱 실질적인 고통을 안겼다. 미결수로 장기 구금된 식민지 청년들에게 그 시간들은, 그동안 쌓은 학업은 쇠퇴하고, 미래 경력을 위한 준비 시간은 곱절로 요구되는 고통을 안겼다. 생계를 책임진 가장이 혐의도 분명치 않은 채로 몇 년씩 구금되어 있는 동안 가정은 파탄을 맞았다. 무죄하게 허비한 시간과 육체적 소모에는 그 어떤 보상도 없었다.

수사와 기소 다음에는 공판 절차가 따른다. 식민지 시기 공판은 어땠을까? 조선형사령에서 공판절차는 수사-기소-예심에 부속된 절차로서의 위상밖에 지니지 못했다. 법정에서 이루어져야 할 피고인·증인 등에 대한 변호인 신문은 통역이 필요하다는 구실로 거절되기 일쑤였다. 부득이 통역이 동원되는 경우라 해도, 향후 법적 책임을 따질 수 있는 근거인 '선서'는 요구되지 않았다. 통역 자체의 공정성 또한 기대할 바가 되지 못했다.

검사와 변호사의 신문이 허용되지 않은 재판은 서면 심리를 위주로 하는 '조서재판' 관행으로 굳어졌다. 수사 과정에서 작성되는 피의자신문조서, 진술서 등이 '조서'에 해당했다. 거칠게 말하면, 신문조서는 강제 수사에서 받아 낸 '자백'을 바탕으로 하고, 자백은 대체로 '고문'을 통해 확보되었다. 이러한 '조서'들이 '증거'로서 법적 효력을 지닌다는 판결은 식민지 사법의 현실에서 가장 반인권적인 것이었다. '1924년(개정) 조선형사령'은 수사기관에서 작성한 각종 조서를 '법령에 의하여 작성된 신문조서'의 지위로 인정했다. 오늘날까지도 공판주의보다는 '신문조서의 법적 증거력' 재고를 요청하는 일부에서의 논의가 완전히 사라지지 않고 있다.

— 박보영

생각 더 하기

1. 일본의 식민통치 방식의 특징은 무엇일까?
2. 식민지 시기 교육이 오늘날에 미친 영향은 무엇일까?

참고문헌

강만길 외, 『한국사』 13–16, 한길사, 1994.

문명기, 「대만과 조선의 식민지근대의 격차 – 경찰 부문의 비교를 통하여」, 『중국근현대사연구』 59, 2013.

오성철, 『식민지 초등교육의 형성』, 교육과학사, 2000.

정근식·이병천 공편, 『식민지 유산, 국가 형성, 한국 민주주의』 1, 책세상, 2012.

Ramon H. Myers and Mark R. Peattie, ed., *The Japanese Colonial Empire, 1895–1945*, Princeton University Press, 1984.

3. 적응과 대응, 변화하는 식민지 조선의 일상

군대 문화의 탄생

"남자는 군대를 다녀와야 어른이 된다."라는 말은 증조할아버지 세대에서부터 지금 강의를 듣는 여러분들에 이르기까지 한국인이라면 그 찬반 여부와 관련 없이 모두 한 번쯤은 들어 봤을 문장이다. 일종의 성인식처럼 군사교육을 이수한 남성만이 당당한 기풍을 가진 번듯한 어른이 될 수 있다는 것이 이 문구의 주요 골자이다.

그런데 현대사회에서 이 문장은 군 가산점 문제에서부터 병사들의 복지 및 처우 문제에 이르기까지 젠더와 세대를 가로지르는 다양한 갈등들을 양산하고 있다. 과연 남성만이 이 사회의 주체인가? 그리고 군사교육을 통해 어른이 되어야 할 병사들에게 어떤 수준의 훈련이나 편의가 제공되어야 하는가?

이 절의 목표는 여러분들이 위의 질문들에 대해 섣불리 입장을 정하기 이전에 한국 사회의 구성원으로서 남성과 군대를 둘러싼 갈등들을 역사화해 보는 것이다. 다시 말해 "남자는 군대를 다녀와야 어른이 된다."라는 문구는 언제부터 만들어졌으며, 왜 우리 사회에서 이토록 회자되는 어구가 되었을까? 하는 질문에 대해 탐구해 볼 것이다.

19세기 말과 20세기 초, 전 세계에는 군사주의적 문화와 관행이 팽배했다. 17세기 베스트팔렌 조약에서 처음으로 국가만이 전쟁과 같은 주권활동을 수행할 수 있다고 천명한 이후 유럽은 프랑스 혁명, 산업혁명을 거치며 총력전 체제와 근대적 관료제, 그리고 효율적인 통치 및 관리 체제들을 모두 군사문화와 결부시켜 상상하고, 발전시켜 왔다. 그리고 유럽과 북미 지역의 압도적인 군사력이 이들의 식민지 경영을 뒷받침하게 되면서, 남성중심적이고, 인종주의적인 군사주의 개념들이 다윈의 사회진화론과 결합되었고, 곧바로 군사주의적인 남성성은 곧 문명과 주권을 영위할 수 있는 사람과 국가들의 표상으로 여겨졌다.

일례로 1905년 가쓰라-태프트 밀약으로 일본의 한국 식민지 획득을 승인한 미국은 이미 1898년 필리핀을 식민지로 획득하는 과정에서 "미개한 필리핀인들에 대한 전쟁을 계속하여 이 오도된misguided 생명들의 눈이 피를 충분히 흘려 다시 맑아지도록 해야 한다."라며 당위성을 선전하기도 했다. 그리고 프러시아의 야전사령관 헬무트 본케나 프레드리히 본 베 또한 전쟁이 신의 섭리 중 하나이자 자연법의 근간이라 주장했을 뿐만 아니라 생물학적 발전을 위한 혹독한 투쟁의 첫 단초라 보았다. 심지어 예일대학의 사회학 교수 윌리엄 섬너 또한 군사주의적 가치와 다윈의 진화론을 결합해 전쟁이 인간 존재의 근본적인 조건인 무한경쟁을 의미한다고 주장하기도 했다.

따라서 19세기와 20세기 제국주의자들은 이 전쟁수행 능력과 승전을 통해 자신들의 우위를 입증하며 식민통치를 정당화하려 했고, 피식민자들은 이들이 설정해 놓은 근대문명적인 인간상과 국가상에 부합시켜 제국주의 침탈에 저항하기 위해 스스로를 변화시켜 나가고 있었다. 그리고 조선인들은 이러한 세계질서에 적응하고, 또 이미 제국이 되기 위해 군사주의적인 관념들에 더 깊이 빠져 있던 일본의 침탈과 식민 통치에 대응해야 했다.

3·1 운동의 열기가 가신 지 4년이 지난 1923년 7월 8일, 『동아일보』의 필진들은 "조선중등학교의 병식兵式 교련 실시: 유약한 학생기풍을 쇄신하라"라는 제목의 논설을 게재했다. 조선총독부가 군사훈련을 학교에 도입하려는 의도를 다 알 수는 없지만, 조선의 아이들에게 교련은 꼭 필요한 과목이며 이를 일본인 학교에만 도입하는 차별을 없애고, 조선인 학교에까지 도입시켜야 한다는 것이 그 논조였다. 다음은 이와 관련한 내용이다.

> 국민체육의 관점에서나 군사지식을 고취시키는 데 교련은 매우 적절한 과목이다. 일본의 중등학교에서도 수십 년 전부터 그 과목을 도입했는데, 조선의 각 중등학교에서도 당연히 시행해야 한다. … 그간 이와 같은 필요성을 무시하고 또 제도상의 차별을 두는 것은 (조선총독부의) 차별주의 정신에서 배태된 것이었다. 이제 차별철폐주의를 표방하는 문화정치의 체면이 교련의 도입에 달려 있다. … 중등학교에서 도입하는 교련의 성질은 상무常武 정신과 체육보건의 배양에 있고, 또 과거로부터 이어져 온 조선 학생들의 문약文弱의 폐단을 개선하기 위한 것이다. … 우리 학생들의 유약한 기풍을 쇄신, 진작하기를 간절히 바란다.●

● 「조선중등학교의 병식교련 실시, 유약한 학생기풍을 쇄신하라」, 『동아일보』, 1934. 7. 16.

이처럼 『동아일보』 필진들은 조선총독부가 교련 과목을 조선인 학교에 도입할 것이란 소문을 듣고, 이를 조선에도 도입시키기 위해 분주히 움직였다. 이들은 과거로부터 이어져 온 조선 학생들의 문약한 기풍을 쇄신하기 위해서는 교련 수업 도입이 필수적이라고 보았다.

사실 식민지 시기 이전부터 한국인들은 서구 열강들이 중국과 조선을 잠식해 오는 방식들을 끊임없이 연구했고, 또 일본이 열강들과 함께 제국으로 성장해 나가는 과정을 1910년의 국권 피탈로 뼈저리게 경험하고 있었다. 이를 토대로 1881년 조사시찰단으로 일본에 파견된 어윤중에서부터 근대 한국 역사학의 문을 연 신채호와 박은식에까지 이르는 당대 지식인들은 국난을 극복하기 위해 온 국민들이 무를 숭상하는 상무정신을 겸비해야 한다고 결론 내리기도 했다. 이들은 서구 열강들이 온 지구를 잠식하는 동시에 아시아와 아프리카가 주변화되는 가장 큰 이유로 군사력과 그에 기반한 상무적인 문화를 손꼽았다.

당시 어른들이 보기에 이제 식민지 조선은, 그리고 식민지 시기에 태어나거나 자란 조선의 아이들은 이전의 문약한 기풍을 벗어나 군국주의적인 기풍을 담지한 어른으로 자라나야 했다. 이후 조선인 학교에서의 교련 과목 시행은 1928년 조선총독부가 관공립 대학, 전문학교를 시작으로 이후 고등, 중등학교로 확대되었다. 그러나 교련은 일제 식민 통치의 일환이기만 한 것이 아니었다. 이미 1920년부터 배제고등보통학교 학생들은 교련 도입을 위해 동맹 휴학을 진행했고, 1924년 서울시의 사립학교장들 또한 보성학교 강당에 모여 일본 본토와 동일한 군사교육 도입을 촉구하기도 했다.

일본의 제국주의 통치 아래에서 조선인들의 상무정신은 일제에 의해 유인되거나 또 강제적으로 동원되기도 했다. 부모들의 바람과 세계적으로 순환하는 상무적인 기풍 속에서 몇몇의 조선인 청년들과 학생들은 자신들의 청춘을 군관학교에서 보내기로 선택했다. 비록 그 학교들은 일제의 육군사관학교와 만주군관학교, 그리고 중화민국의 황포군관학교나 중앙군관학교 등으로 다양했지만, 이 학교들을 선택한 조선인들의 동기와 배경은 바로 그들이 추구했던 상무적인 문화 및 기풍과 밀접하게 연관되어 있었다.

한편 조선총독부는 아시아·태평양 전쟁이 발발한 뒤 조선에서도 1942년에 징병제 실시가 확실시되면서 학생과 청년들을 실전에 투입시킬 수 있는 예비전력으로 더 군사화하려 했다. 그러면서 중등학교에서 대학교에 이르는 장기 훈련 계획을 세우고 각 단계별 연계성을 강조하기도 했다. 그리고 부정기적인 군사교련이 아니라 매년 수업시수와 야외훈련 일자를 확정하도록 했다. 아울러 실제 군대처럼 주특기 훈련을 추가하고, 장교가 배속되지 않은 학교에는 군관계자 입회하에 사열을 진행하는 등 조선인들을 강제적으로 징병하기 위한 일련의 준비들을 확립해 놓고 있었다.

이후 일본 중앙정부가 징병제 실시를 확정하면서 중등학생과, 전문학생, 그리고 각지의 청년훈련소 생도들을 대상으로 한 군사훈련은 1943년 학도지원병 모집과 이들의 우선적인 전선 배치로 이어졌다. 학도병이나 징병의 경우엔 확실히 생명에 대한 위협이 징용보다도 컸다. 따라서 경성 하왕십리 출신의 이○영(1922년생)과 같이 1943년 학도병 동원 후 개성을 거쳐 사할린 등지로 이동하는 과정에서 탈출을 시도한 경우도 빈번히 보인다. 그리고 가장 유명한 저항 사례로는 학도병 출신으로 중국전선에 배치되었다가 7개월간 2,500km를 걸어 충칭 대한민국 임시정부로 망명한 한국의 지성 장준하 『사상계』 주필, 김준엽 고려대 총장 등이 있다.

'남자는 군대를 다녀와야 어른이 된다'는 명제는 식민지 시기를 전후하여 한국인들이 국권 피탈의 원인을 찾고, 또 새로운 국제 질서를 이해하기 위한 몸부림이 집합된 문장이었다. 그러나 오늘날 생각해 봐야 할 점은 과연 남성들이 스스로에게 부여한 상무적인 기풍들이 지금의 현대사회에도 여전히 유효한지, 그리고 '어른'은 과연 군대를 나온 남성만이 될 수 있는 것인지, 마지막으로 이러한 시대를 거쳐 온 기성세대들과 어떻게 소통하며 한국의 미래를 함께 상상해 볼 수 있을 것인지에 관한 것이다.

요동치는 결혼관과 근대적 이혼 제도

2010년대 이후 한국에서 이혼율이 꾸준히 증가하면서 '돌싱'이라는 신조어와 함께 이혼과 관련한 다양한 문화적·시사적 콘텐츠들이 양산되고 있다. 특히 통계청에 따르면 한국에서 하루에 300쌍의 부부가 이혼 도장을 찍고 있는데, 이러한 현상에 따라 "과연 이혼은 사회의 건전한 가족 기풍과 출산율을 저해하는 악습인가, 아니면 진실되고 자유로운 사랑에 기초한 가족을 형성하기 위한 권리인가?"라는 논쟁이 촉발되기도 했다.

사실 이혼에 대한 논란은 식민지 시기부터 한국 사회에 자리매김하고 있었을 뿐더러 그 논의 또한 당시 계몽되고 교육받은 신여성들만의 전유물이 아니었다. 오히려 이혼이란 민법제도는 조선의 지식인 남성들과 전시체제기 일본 제국이 강조하고 있던 모성애와 여성이 가정을 지켜야 한다는 당위를 넘어 구여성들이 신여성과 바람난 남편의 폭력과 박대로부터 자신의 삶을 찾으려는 기도였다. 남성들이 스스로를 상무적인 기풍으로 쇄신하기 위해 일제의 교련 교육이나 사관학교를 활용했던 것처럼, 당시 여성들 또한 근대 민법을 활용해 식민지 조선에 적응하며 또 스스로를 지키기 위해 대응하고 있었다.

따라서 여기서는 그간 계몽되고 교육받은 신여성들의 전유물로만 인식했던 여성들의 법적 권리를 구여성들의 관점에서 새롭게 생각해 볼 것이다. 특히 전통적인 가치관과 조금 더 자유로운 근대적인 연애관이 처음으로 부딪쳤던 식민지 조선의 일상을 통해 전통적인 현모양처와 독립적인 여성상이 어떻게 이혼이란 제도를 통해 교차했는지 살펴보고, 앞으로 여러분들이 꾸려 나갈 연애와 결혼에 대해 역사적으로 생각해 볼 단초를 제공하고자 한다.

1910년 조선을 강제로 합병한 일제는 1912년 조선민사령을 공포하고, 친족 및 상속에 대해서는 식민지의 관습에 따를 것을 규정했다. 일제가 조사한 조선의 관습에 따르면 이혼은 칠거·삼불출의 원칙에 의해 수행되거나 삼불거에 의해 보호되었지만, 원칙적으로 아내는 이혼을 청구할 수 없었으며, 협의 이혼이 인정되지 않았고, 또 궁극적으로 백성들이 이혼을 신고하거나 이에 대해 관청이 허가하는 절차 자체가 없었다.

그러나 조사된 관습과 달리 식민지 조선에서는 이미 협의 이혼이 통계로 집계되기 시작했는데, 1910년 3,897건이던 이혼 건수가 다음 해에는 5,621건, 또 그다음 해에는 9,058건으로 증가했으며, 1917년과 1918년에는 1만 건을 상회했다. 그리고 일본식 재판소에서 진행되는 이혼소송 또한 이 시기에는 335건으로 격증했으며, 그 소송의 원고 또한 압도적으로 여성이 많았다. 이러한 시류에 따라 재판소에서는 1915년 여성의 이혼청구권을 최종적으로 인정했는데, 장모를 폭행한 남편을 상대로 아내가 제기한 소송에 대해 고등법원이 아내의 청구권을 인정한 것이 그 판례였다.

이에 따라 여성들은 배우자가 중혼을 하거나 범죄를 저질렀을 때, 그리고 본인과 직계존속에 대해 더 이상 동거할 수 없는 정도의 학대 또는 모욕을 자행했을 때, 3년 이상 생사가 분명하지 않을 때 이혼할 수 있는 법적 근거를 획득했다. 물론 바람과 관련해 여성들은 간통을 한 사실만으로도 이혼을 당할 수 있었던 반면, 남성들은 간음죄에 의해 구형까지 받아야만 여성들에게 이혼을 청구할 권리가 발생할 수 있었다. 그러나 이와 같은 불평등에도 불구하고 당시의 이혼 소송은 확실히 여성들에 의해 적극적으로 활용되고 있었다.

1933년 9월 10일 『조선일보』 기사에서는 당시 이혼 소송과 관련하여 유산계급에서는 남자가 여자를 배척하는 것이 많고, 무산계급에서는 여자가 경제 조건을 문제로 이혼을 진행시키고 있다고 보도했다. 이처럼 이혼 소송은 경제적 능력이 있는 중상층 신여성에만 국한된 제도가 아니었다. 우리가 구여성이라 일컫는 하층 여성들 또한 자신의 비용과 노력을 들여 합의 이혼을 추진했고, 결혼생활 내내, 그리고 이혼 후에도 지속되는 남편들의 학대를 법적 권위들을 통해 중단시키고자 했다.

당시 소송비용은 재판소에 출두할 여비와, 소장 작성을 위한 대서료, 그리고 이혼 소장에 첨부할 인지료 등을 합해 10원 정도가 들었다. 그리고 총독부에 따르면 1930년대 초 제사·고무 공장 여성 노동자의 월급이 평균 약 12원 70전이었는데, 이는 평균 여성 노동자들의 한 달 봉급, 또는 미숙련 여성 노동자들의 두 달 이상의 월급이 소송비용이었음을 보여 준다. 다시 말해, 이혼 소송은 근대 교육을 받은 신여성들의 전유물이 아니었으며, 일반 대다수 여성들 또한 자신들의 권익을 보호하기 위해 많은 시간과 비용을 들여 향유하고자 했던 제도였다.

근대의 자유결혼·이혼론은 일본 유학을 통해 새로운 사상을 흡수한 유학생층이 1910년대 중반 이후 가족개혁론의 일부로서 주창하기 시작했다. 이들은 문명개화를 이룩하기 위해 종래의 유교적 가족윤리 전반에 대해 비판을 가하며 개인의 자유와 애정에 근거한 새로운 가족구성을 모색했다. 부모의 압박으로부터 벗어나 개인의 자율적 선택에 근거한 결혼과 이혼을 옹호하였다는 점에서 자유결혼·이혼론은 원칙적으로 남녀 모두에게 해방적인 것이었다.

그러나 이와 같은 근대적 연애관을 주창한 신지식층 남성은 모두 조혼이나 부모들끼리의 합의에 의해 구여성들과 가정으로 얽매인 이들이기도 했다. 따라서 자유연애·결혼을 통해 신여성과 새로운 부부관계를 수립하고자 했던 이들의 바람은 결국 구여성들과의 강제 이혼이라는 폭력을 동반하기 쉬웠다. 신지식층 남녀의 자유 연애 및 결혼의 부산물로서 출현한 1920~30년대의 '자유이혼'은 구여성에게 단순히 해방으로만 다가오지 않았다. 오히려 자신들의 기존 권리를 박탈하는 과정이었다.

이제 구여성들에게는 애정 없이 학대받는 삶으로부터 벗어나거나 전통적인 본처라는 지위를 고수하고, 남편이 부재한 가정을 수호하는 모순적인 선택지만이 놓여 있었다. 따라서 구여성들은 민법상 이혼 사유가 충족되지 않은 점을 들어 끝까지 이혼을 거부해 본처의 지위를 고수하려 했지만, 시간이 지날수록 허울뿐인 본처라는 지위를 벗어던지고 새로운 삶을 모색하려는 이들이 나타나기 시작했다. 특히 구여성들이 신여성과 바람난 남편의 소박과 배척에 대항해 위자료를 청구한 소송은 1920년대 후반부터

1930년대에 꾸준히 증가했다.

이와 같은 아내들의 이혼 청구는 남편의 횡포에 대한 고발이자, 새로운 이상적 가정을 만드는 데 무식한 아내는 자격 미달이라며 책임을 떠넘긴 남편에게 축첩과 학대에 대한 책임을 묻는 행위였다.● 일례로 경성부 인사동에 사는 김례현은 민계호와 혼인생활을 하던 중 자신이 신교육을 받지 못했다는 이유로 남편이 다른 여성과 중혼하고 자신을 학대하자 이혼 및 위자료 청구소송을 제기한 바 있으며, 1938년 박인녀-한창호의 이혼 소송은 아내의 동의 없는 축첩이 이혼의 사유가 된다는 새로운 판례를 낳기도 했다.

● 소현숙, 『이혼 법정에 선 식민지 조선 여성들: 근대적 이혼 제도의 도입과 젠더』, 역사비평사, 2017, 241쪽.

일부 신여성들의 자유연애가 불륜이나 또 다른 폭력으로 이어졌던 반면, 오히려 구여성들이 이혼 청구를 한 모습은 이들이 스스로 말하지 않더라도, 실질적인 신여성상에 부합했다. 변화하는 혼인관의 격동 속에서, 그리고 남성중심적인 사회가 계속 작동하던 상황에서 신여성들은 자유로운 사랑을 찾아 조강지처 구여성들의 다음인 제2의 부인이 되는 모순이 지속적으로 발생했다. 이러한 악순환을 끊어 내고 자신들의 쌈짓돈을 모아 이혼 소송을 진행한 구여성들은 당시 전통적인 현모양처상에도, 제국주의적인 모성애의 상징에도 국한되지 않는, 사랑에 기초하지 않은 결혼을 실질적으로 끊어 낸 근대적 여성이기도 했다.

식민지에 꽃피는 욕망

비록 개항기의 잠깐의 자주적 근대화 이후 조선인들은 일제를 통해 근대화를 수용했지만, 그 열망과 선망은 일제에 저항하기 위해서건, 아니면 스스로를 문명적인 근대인으로서 표상하기 위해서건 꾸준히 지속되었다. 앞서 살펴봤던 신여성들은 양장, 구두, 양산, 숄, 단발 등으로 근대의 상징을 나타냈고, 남성들 또한 중절모, 시계, 벨트, 멜빵 등으로 자신들이 서구식 근대사상과 의식을 수용한 지식인임을 드러냈다.

이러한 계층이 피어난 곳은 도시의 아스팔트 위였다. 노점상이나 극장, 백화점, 카페를 중심으로 도시민 지식인층 사람들이 서로 교류하는 장이 형성되었고, 또 그 속에서 유행가와 영화, 스타들이 탄생하기도 했다. 또한 일본의 중심, 도쿄의 긴자거리를 쏙 빼닮은 경성, 대구, 부산 등의 식민지 근대도시에서 우리가 흔히 말하는 경양식 레스토랑이 탄생했고, 우리가 지금 흔히 가정에서 먹는 일본식 서양요리인 돈가스의 조리법들이 유행하기도 했다. 여기서는 식민지 근대화를 통해 형성된 도시라는 공간과 그 속에서 어떤 문화가 자리 잡게 되었는지를 살펴보고, 우리가 지금 소비하는 현대 문화와 연결해 보고자 한다.

개항기 한성의 전반적인 위생사업을 전개하고, 전신과 전철을 개통했던 조선의 노력은 일제의 병합에 의해 좌절되었다. 남촌의 일본인 거주지와 북촌의 조선인 거주지가 극명하게 나뉘었으며, 남촌에 즐비한 백화점과 상점가들을 따라 북촌의 조선인들이 제국의 화려함을 유람하고, 부러워하는 식민도시공간이 형성되었다. 특히 위생과 관련해서도 일본인들이 운영하는 여관이 조선인들의 것보다 청결하며 더 근대적이라는 광고 수사들이 난무하기도 했다. 이러한 상황은 대구에서도 마찬가지였다. 이미 개항기부터 대구읍성의 북성을 허무는 데 성공한 거류일본인들은 경부선을 건설하면서 대구 시내 북쪽에 대거 자리 잡기 시작했고, 이 공간을 중심으로 주변 지역 조선인들을 도시체계에 편입시키고 있었다.

도시화가 진척되고, 또 이 공간에 사람과 상품이 교통망을 통해 이동하기 시작하자 근대 자본주의 여가문화가 일상에 자리 잡기 시작했다. '모던 보이', '모던 걸', '샐러리맨'들이 도시의 거리를 거닐었고, 인력거에서부터 버스, 자동차에 이르는 교통수단들이 거리를 메워 나갔다. 전반적인 일상 반경의 증가에 따라 도시의 소비를 촉진시키는 새로운 공간들이 생겨났다. 1930년대 서울 진고개에 자리 잡은 유명 일본인 카페들 — 하쿠바白馬, 라디오, 앤젤 등의 간판들과, 북촌의 종로, 낙원 등의 조선인 카페는 당시 도시의 유흥, 오락문화를 상징하는 것들이었다.

당시 큰 공장에 근무하는 노동자의 하루 임금이 1원 15전가량일 때, 경성의 전차와 버스 요금은 5전이었고, 커피는 10전에서 15전, 맥주는 한 잔에 40전을 받았다. 비록 대부분의 조선인 민중들은 이 거리를 향유하지 못하고 관람만 하며 지나쳤지만, 이 공간을 향유하던 지식인들은 근대 유흥, 오락문화를 소비하며 또 대중문화를 탄생시키기도 했다.

도시화를 통한 소비문화 확산과 축음기, 라디오, 영사기 등 대중매체의 등장은 대중문화의 성장을 획기적으로 촉진시켰다. 이런 성장에 힘입어 1934년, 잡지 『삼천리』는 축음기를 상품으로 걸고 유행가와 신민요를 부른 남녀 레코드 가수에 대한 인기투표를 실시하기도 했다. 1920년대 중반까지만 해도 전통음악이나 찬송가, 서양음악만이 주로 녹음되어 왔던 사실을 상기하면, 대중가요의 유행은 더욱 비약적이었다.

이와 같은 음반시장의 성장을 견인한 곡은 1926년 일동 축음기 회사의 윤심덕이 부른 〈사死의 찬미〉였다. 당시 우리나라의 대표적인 인텔리 신여성이었던 윤심덕은 조선총독부의 관비생으로 일본에 유학하여 일본의 관립음악학교에서 공부하면서 대표적인 신극 단체인 토월회 배우로 활동한 바 있던 소프라노 전공자였다. 또한, 이 곡은 와세다 대학을 졸업하고 토월회의 중심적인 멤버였던 극작가이자 애인이었던 김우진과 함께 현해탄에 투신하기 직전에 취입한 곡이었기에 신파적인 가수의 근황이 가사와 결합하여 폭발적인 인기를 모을 수 있었다.

한편 영화에서의 신파적인 감성은 식민지라는 시대적 상황과 조선인들의 한恨의 정서가 맞물리며 폭발적인 인기를 구가했다. 기존의 신파연극은 19세기 후반부터 일본에서 유행하던 신극의 한 형식이었고, 일본 대중소설의 복사판이었기에 한국인들의 정서를 직접적으로 반영하지는 못했다. 그러나 1919년 신파극단 신극좌의 운영자이자 배우인 김도산이 단성사 주인 박승필과 함께 〈의리적 투구〉를 개봉한 이래 1939년 이명우 감독의 〈사랑에 속고 돈에 울고〉에 이르러 떠들썩했던 신파영화의 인기는 현재 한국 아침드라마의 인기에서도 유추해 볼 수 있다.

한편 영화산업의 발전은 세속적인 스토리와 감정의 과잉, 상투적인 해피엔딩으로 끝나는 신파를 넘어 민족주의와 사회주의를 내포한 리얼리즘 조류를 등장시켰다. 특히 1926년 〈아리랑〉의 개막은 3·1운동 이후 민족 해방을 위한 문화계의 역량이 예술에 반영된 극적인 예시이기도 했다. 그리고 사회주의 계열 또한 1927년 안종화를 중심으로 한 조선영화예술협회에서 영화 〈유랑〉을 제작하여 무산계급 농민들의 계급투쟁 과정을 묘사하기도 했다. 그러나 여기에 대응해 조선총독부는 1934년 활동사진영화취체규칙, 1940년 조선영화령을 공포하여, 식민지 당국 외에 여타 세력들이 식민지 조선에 대한 이미지와 상상을 제공하는 것을 법적으로 규제해 나갔다. 이른바 전시선전 영화들이 당시의 상영관들을 지배해 나가기 시작했다.

— 신동일

생각 더 하기

식민지 시기 조선 사람들의 일상문화가 현재에 미친 영향은 무엇일까?

참고문헌

단국대학교 동양학연구소 편, 『(개화기에서 일제강점기까지) 한국 근대 의식주와 일상의 제도』, 단국대학교 출판부, 2010.

부경역사연구소 편, 『강의실 한국사』, 선인, 2021.

서울역사편찬원장 이상배, 『일제 말기 경성지역의 강제동원과 일상』, 서울역사편찬원, 2020.

소현숙, 『이혼 법정에 선 식민지 조선 여성들: 근대적 이혼제도의 도입과 젠더』, 역사비평사, 2017.

역사문제연구소 기획, 『미래를 여는 한국의 역사』 5, 웅진씽크빅, 2011.

Eckert, Carter, *Park Chung Hee and Modern Korea: The Roots of Militarism, 1866–1945*, Harvard University Press, 2016.

Shin, Dongil, “To Realize Our Decolonization: South Korea’s Deployment of Troops to Vietnam,” *International Journal of Korean History*, Vol. 27 No.1, Feb. 2022.

4. 식민도시 대구, 저항하는 대구 사람들

한반도에 식민도시는 어떻게 만들어졌을까?

세계는 인공지능시대를 맞이하고 있으며, 한국의 경우 인구의 80% 이상이 인프라와 문화시설 등이 잘 갖추어져 있는 도시에 살고 있다. 한국의 대표적인 대도시는 서울, 부산, 대구, 인천, 대전, 울산 등이다. 이러한 대도시는 어떻게 만들어졌을까. 그 기원을 살펴보면, 조선시대부터 대도시였던 것은 서울과 평양, 대구뿐이며, 다른 도시들은 일제강점기나 해방 이후 급속하게 건조建造된 도시들이다.

식민植民이라는 것은 '백성을 심는다'는 뜻이다. 식민지에도 점령지에도 식민도시를 만들 수 있다. 제국은 다른 나라에 자국 국민들이 거주할 수 있도록 식민도시를 만들었다. 자본주의적 식민도시의 기원은 19세기 영국, 미국, 프랑스 등 서양 세력이 중국, 일본, 한국 등에 조계租界를 만들고 거류하면서부터 유래되었다고 할 수 있다. 당시 열강들은 불평등조약을 통해 식민도시를 점령지나 식민지에 만들 수 있었다. 한반도에 식민도시를 만든 것은 대체로 세 시기로 나누어 살펴볼 수 있다.

제1시기는 한반도에 외국인 거류지가 만들어진 시기로서, 강제 개항된 1876년부터 한국이 국권을 빼앗긴 1910년까지라고 할 수 있다. 동아시아 3국의 경우, 중국은 1842년 영국이, 일본은 1854

년 미국이, 한국은 1876년 일본이 각각 함포를 이끌고 와 강제적으로 조약을 맺었다. 그리고 광둥廣東, 요코하마横浜, 부산釜山 등에 조계租界라 하여 외국인 거류지를 만들었다.

한국의 경우는 일본 정부가 1875년 운요호雲揚號 함대 격추 사건을 빌미로, 당시 조선 정부에 요구하여 1876년 조일수호조규朝日修好條規를 맺은 것이 그 계기이다. 이후 영국, 미국, 러시아, 독일, 프랑스, 이탈리아 등 세계 열강들도 잇따라 조선 정부와 조약을 맺게 되었다. 이 조약들로 인해 부산항을 비롯하여 인천항, 원산항, 군산항, 마산항 등에도 조계가 만들어졌으며, 외국인에게 각종 개발 이권과 치외법권이라는 특권을 주게 되었다. 그 결과 한반도에 우리의 법이 적용되지 않는 지역이 생겨나게 되었다.

또한 열강들은 수도 서울(당시 한양)과 평양에도 개시장을 만들어 외국인들의 특권을 유지할 수 있도록 하였다. 외국인들은 거류민단과 상공업단체를 만들어 자신들이 거주하고 있는 공간을 중심으로 시가지계획을 시도하여 근대적인 인프라 시설을 갖추었다. 그 가운데 일본 정부의 식민정책하에 일본인들이 가장 적극적이었다. 거류지에는 행정관청, 금융기관, 학교, 조합, 소방시설, 유곽 등을 설치하였고 그들이 이주하여 살기 좋은 도시 즉 식민도시를 만들어, 일본인들이 이주하도록 유인하였다.

그런데 일제의 거류지 정책과 함께 추진된 전략 중 가장 주목할 만한 것은 일제의 불법 토지점유와 군사시설 설치이다. 이것은 러일전쟁 가운데 한국이 그 소용돌이에 휘말려 식민지로 전락하는 중요한 계기가 되었기 때문이다. 당시 국제법에서 '거류지 10리 넘는 토지를 사지 못한다'는 규정이 있었다. 하지만 일제는 이를 무시하고, 농상공부 장관 민영기나 하자마 후사타로迫間房太郎

와 같은 부동산 업자를 활용하여, 한국인 명의를 빌려 땅을 사들이는 수법을 썼으며, 남해의 진해만과 같이 전략적 군사요충지에 군사시설을 만들었다. 이것은 명백한 국제법 위반이었다. 결국 일본은 이 군사시설에서 러시아의 발틱 함대를 침몰시킴으로써 전황의 우위를 가져갈 수 있었다. 이때 조성된 것이 부산과 마산의 요새지대였다. 이러한 전략적 중요성으로 인해 일제는 1876년에 공식 인구가 백여 명에 불과하던 부산항을 일본인 전관 거류지로 개발하게 되었다. 부산항은 전통도시 동래 쪽으로 영역을 확장하였고, 강점 이후에는 전통도시 대구를 누르고 전국에서 두 번째로 인구가 많은 도시가 되었다.

학계에서는 일제가 식민도시를 만든 패턴에 대하여 여러 의견이 갈리고 있다. 가장 정론으로 거론되고 있는 것은 '민족별 분리 거주설'이다. 특히 부산, 인천과 같이 개항장 거류지에서 대도시로 성장한 도시가 이러한 형태를 띠고 있었다. 하지만 식민 지배가 장기화될수록 잡거하는 경향을 막을 수는 없었다. 이에 비해 전통도시 대구나 전주 같은 곳은 개항장보다 늦게 일본인들이 거주하였기 때문에 분리 거주보다는 '민족 잡거설'로 보는 것이 타당해 보인다.

제2시기는 일본인 중심 식민도시로 전환하는 단계로서, 1910년 8월 한국을 강제 병합한 이후부터 1934년 조선시가지계획령이 발효되기 이전 시기이다. 도시계획의 주요 포인트는 개항장이나 전통도시를 망라하고 일본인이 많이 사는 거류지를 중심으로 식민도시로 전환시키는 단계이다. 특징적인 것은 1914년부터 행정구역을 통폐합하거나, 도청을 이전하는 수법으로 기존의 전통세력을 소외시키고, 일본인이 많이 거주하는 새로운 시가지에 힘을 실어 주는 전략이다. 대표적인 경우는 진주에서 부산으로, 공주에서 대전으로 도청을 이전한 것이다. 이후 도청 소재지를 위주로 철도, 도로 등 도시 인프라를 구축하였다. 또한 익산(당시 이리)과 같이 군산과 전주의 중간지대에 철도역을 만들고 신시가지를 만들어 일본인을 대거 이주시키거나, 평양과 대구 같은 전통도시의 부성 안으로 일본인이 들어갈 수 있도록 하여 외곽을 중심 시가지로 만드는 방법을 동원하였다.

제3시기는 일제의 침략 전쟁을 위한 대륙병참기지라는 위치 속에서 식민도시를 군사기지화하는 단계이다. 일제는 1931년 만주사변을 시작으로 1945년 8월 패망할 때까지 동북아시아는 물론 동남아시아, 태평양의 여러 섬까지 점령지를 확대하였다. 이때 일제는 중국을 침략할 때는 한반도를 전진병참기지로, 동남아시아, 태평양제도를 침략할 때는 후방병참기지로 활용하였다. 병참기지를 만들기 위해, 1934년 조선시가지계획령을 발효하여 전국 43개 지역을 대상으로 식민도시화하려고 하였다. 하지만 이는 계획대로 되지 않았고, 주로 나진, 부산, 경인 지역, 대구, 청진 등 군사적 거점을 중심으로 시가지를 개발하는 방책을 썼다.

변화가 가장 심했던 것은 1941년 12월 7일 일제의 진주만 습격 이후 미국, 영국, 러시아 등이 참전하면서부터였다. 총독부는 도시계획을 축소하고. 군사항공기지와 도로, 병참시설을 만드는 것에 총력을 기울였다. 특히 항공전航空戰이 주요 전력이 됨으로써, 북부를 관동군에게, 남부를 조선군에게 맡기고, 남부 지역에만 김포, 대구, 김해 등 22개의 군사 항공 비행장을 확대하거나 새로 만들었다.

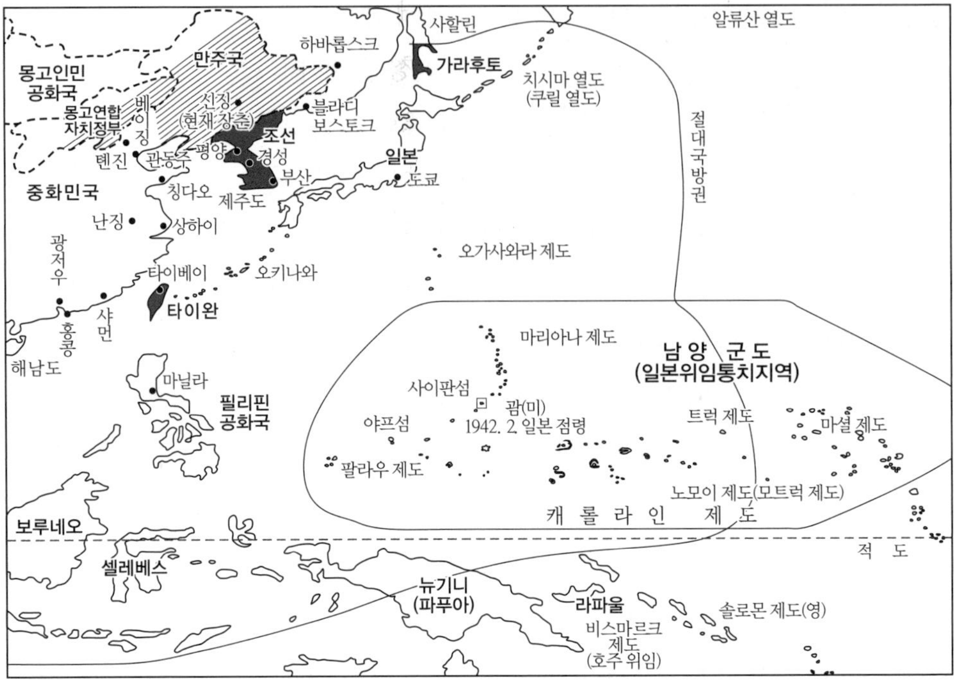

1940년대 일본제국의 세력권
출처: 坂本悠一,『帝国支配の最前線: 植民地(地域のなかの軍隊 7)』, 吉川弘文館, 2015.

제3시기 남부 지역의 군사 항공 배치 실태

경기도	제1항공부대 경성, 제2항공부대 김포, 제3항공부대 용산, 제4항공부대 시흥, 제5항공부대 수원, 제22항공부대 평택
경상도	제8항공부대 김천, 제10항공부대 금호, 제11항공부대 대구, 제12항공부대 울산, 제13항공부대 밀양, 제14항공부대 삼천포, 제15항공부대 부산, 제16항공부대 해운대, 제19항공부대 진주, 제20항공부대 사천
충청도	제6항공부대 조치원, 제7항공부대 대전
전라도	제9항공부대 군산, 제17항공부대 담양, 제18항공부대 목포, 제21항공부대 제주

출처: 육군성陸軍省, 〈남조선주요병단배비요도南朝鮮主要兵團配備要圖〉, 1945에서 작성(일본 방위성 방위연구소 소장)

1920년대에 만들어진 동촌의 대구공항도 이때 군사항공기지로 전환하였는데, 일본 정부는 1940년부터 야마구치현의 오쓰키小月 군사항공기지와 매일 왕복할 수 있도록 조치하였다.

이렇게 일제는 1876년 이래로 1945년 패망할 때까지, 한반도에 식민도시를 만들어 일본인들을 이주시키고 강력한 제국주의로 나아가기 위하여 활용하였다. 식민 초기에는 일본인들이 사는 거류지를 중심으로 시가지를 개발하였고 도시에서 가령 한 평에 1원이던 지가는 100원으로 상승하면서, 지가 상승에 따른 개발이익은 소수의 일본인과 발빠른 소수 한국인들에게 돌아갔다. 만주사변 이래로 1945년 패망하기까지는 후방병참기지로서 활용하기 위하여 주변의 전략적 요충지를 중심으로 시가지를 개발하였다.

이처럼 일제의 한반도 개발은 식민지라는 특수성을 이용하여 일본인 중심으로 이룬 개발이었다는 것을 알 수 있다. 총독부는 법령에 그 목적을 '주민의 행복을 위한 것'이라고 쓰고 있지만, 실질적으로는 '일제의 군사기지화를 위한 수단'에 불과하였다는 것을 각종 사료를 통해 명확하게 알 수 있다. 철도 부설, 전기·도로 개설, 건축 등 겉모습만을 보고 '일제가 한반도를 근대화해 주었다'고 말하는 것은 일제가 바라는 것으로서, 그들의 속셈을 깊이 있게 통찰하지 못함으로써 저지르는 한계라고 볼 수 있다.

대구에 식민도시는 어떻게 만들어졌을까?

그렇다면 전통도시 대구에는 어떻게 식민도시가 만들어졌을까. 대구는 조선시대 이래로 경상도의 행정·군사·문화의 중심지로서 기능하였다. 이는 특히 1601년 경상감영이 상주에서 이전하면서 본격화되었다. 1598년 도요토미 히데요시豐臣秀吉가 조선을 침략하였을 때 대구를 일본의 대륙 침략을 위한 군사적 거점 중 하나로 활용하면서 대구의 지정학적 중요성이 더욱 크게 부각되었다.

대구는 부산항을 비롯하여 경상도의 여러 중소 도시들과 전라도, 충청도를 연결하는 군사적인 네트워크의 중요한 축이었다. 이러한 배경하에서 대구는 서울, 평양과 함께 3대 도시 중 하나가 되었다. 그런데 일본인들이 이주해 들어오면서, 대구는 점차 식민도시로 바뀌어 갔다. 전통도시 대구의 식민도시화는 개항장인 부산이나 인천과는 달리 민족별 잡거 형태로 전개되었는데, 대구부성 안에 새로운 도로를 만들고 시가지를 개발하여 일본인들이 차지하는 형태로 진행되었다. 대체로 3시기로 나누어 파악할 수 있다.

제1시기는 전통도시 대구에 초기 일본인들이 금정錦町 일대에 살던 시기에서 성곽을 부수는 시기까지이다. 금정은 현재의 대구역 앞 일대로서, 1898년 시즈오카현静岡県 출신 히자쓰키膝付와 무로室 등이 정착한 이래 후쿠오카현福岡県, 야마구치현山口県, 도쿄도東京都 등지에서 몰려왔다. 일제는 러일전쟁을 수행하기 위해 부산–대구–서울–평양–신의주를 잇는 경부선을 만들었고, 대구부성 밖에 설치한 대구역 주변에는 물자 수송과 관련된 시설들을 만들고 관련 상업으로 돈을 벌기 위하여 많은 일본인들이 몰려들었다.

대한제국이 일제의 완전한 식민지가 되기 이전에 통감부와 대구이사청이 대구의 중심부를 정복한 방법은 대구군수 박중양과 결탁하는 것이었다. 일본은 국제전쟁을 통해 식민지를 획득하였는데, 1894년 청일전쟁으로 타이완臺灣을 식민지로 얻었고, 1905년 러일전쟁으로 대한제국을 이른바 '보호국'이라 했지만 실질적인 점령을 할 수 있었다. 이 을사늑약 이후, 통감부와 대구이사청을 대구에 설치하였으며, 일본인들은 대구군수 박중양과 결탁하여 대구부성大邱府城의 성곽을 철거하는 수법을 썼다. 그 성곽 자리에 동성로. 북성로, 남성로, 서성로를 만들고, 일본인들이 정착하여 살 수 있는 기반을 만들어 나갔다.

제2시기는 1910년 한국 강제 병탄 이후부터 1937년 중일전쟁 이전까지이다. 이 시기는 권력을 잡은 일본인들이 부성 안을 장악하던 시기로서, 일본인 3,487호, 12,603명이 정착하여, 전체 대구부 인구의 3분의 1을 차지하여 권력까지 장악한 시기이다.

일본인들은 대구부성 안에 있던 많은 감영 건물들을 없애고, 대구부청, 경북도청 등 관청과 우체국, 식산은행, 미나카이三中井 백화점 등 새로운 유럽풍 건물들을 종로 일대에 만들었다. 도심의 도로변에는 주로 일본인들과 일부 조선인들의 상점이 들어섰고, 골목 안으로는 대체로 조선인이 사는 집들이 즐비한 상황이었다. 행정중심지였던 경상감영 일대는 일본인 중심의 도심으로 변화하였다.

다음 그림을 보면 대구부성이 변화된 상황을 알 수 있다. 이때 상공업에서도 상당한 변화를 겪게 되었다. 현재도 대구는 섬유도시로 잘 알려져 있지만, 이 시기에도 전국 섬유 생산량의 80% 이상을 대구에서 생산하였다. 하지만 주로 일본인들이 섬유산업의 주류를 형성하고 있었다. 섬유는 일제가 제국주의화하는 데 결정적인 역할을 한 효자 상품이다. 원래 섬유산업에서는 영국 제품이 '넘버원'으로 여겨졌지만, 1930년대가 되면 일본이 세계의 면방직 공업을 제패하게 된다.

이러한 배경하에서 대구에서 일본인들은 특산으로서 섬유산업에 주력하였다. 일본에서 생사 생산 분야에서 가장 유명한 가타쿠라片倉제사를 육군보병제80연대 바로 옆에 만들었고, 대구제사, 조선방직 대구 공장 등 이름 있는 섬유 공장들이 속속 설치되

18세기 후반의 대구
출처: 정황鄭榥, 대구달성大邱達城(영남대학교 박물관 소장)

대구역 남쪽 중앙통(중앙로) 도로 개설 후
(대구근대역사관 소장)

었다. 하지만 새로운 산업을 주도한 것은 거의 정착한 일본인들로서, 그들이 취한 개발 이익이나 산업 이윤은 불평등한 구조를 점차 심화해 갔다는 점을 인식해야 할 것이다. 대구의 전통 상인들은 새로운 이윤 구조 속에 들어갈 수가 없었는데, 일부 한국인들 중 앞으로의 정세를 잘 파악한 사람들은 새로운 도심으로 이전하여 은행업이나 상업 활동을 전개하였다. 대체로 친일 한국인들은 금융 지원 특혜를 받는 등의 방식으로 살아났지만, 태궁상점 등 독립운동 자금을 지원하던 기업들은 폐업 위기에 내몰렸다.

이렇듯 대구 식민도시 형성의 특징은 전통 부성府城 안에 새로운 도심을 만드는 것이었고, 일본인들이 이곳을 점거함으로써 일부 한국인들이 정·경 유착하여 새로운 식민권력으로 등장하였다는 점이다.

이러한 가운데 식민지 지배가 장기화되면서 대구의 조선인 관료들이나 상인들도 자본가화하는 경우가 늘어났다. 정재학은 조선신탁은행, 조선항공주식회사 등에 대주주와 중역을 겸임하였고, 사업 수완이 좋았던 이병철도 인교동에 삼성상회를 세우고 만주로 쌀과 식료품을 팔아서 현재의 삼성그룹의 토대를 만들었다.

또 특징적인 것은 일제가 대구를 군사도시화하기 위하여 육군보병제80연대를 설치하였고, 주변의 칠곡, 영천, 포항, 경주, 부산 등에 군대를 설치하여 군사적으로 연계하는 작업을 하였다는 점이다. 이 조치는 일본인의 생명과 재산을 지키는 역할을 하고, 제국주의 전쟁에서 유수부대를 만들어 안정적인 병력을 보급하려는 데 따른 것이었다.

한편 대구에 신시가지가 형성되면서 근대적인 시설들이 들어섰음에도 불구하고, 한국인들의 상권은 그대로 유지되고 있었다는 점이 특징적이다. 특히 대구의 서문시장은 전국에서도 3대 시장으로서, 수많은 인파가 몰려들어 상업이 활발한 지역이었는데, 이곳의 상권은 주로 한국인들이 장악하고 있었다. 하지만 점차 일본인들도 이곳에 들어와 상권 경쟁을 하게 된다.

제3기는 일제의 항공 전쟁 확대로 인한 대구 군사 항공기지 구축 시기로서, 대구부의 영역과 항공기지가 확대되는 시기이다. 앞서 말했듯이 일제는 한반도를 대륙병참기지로 만들기 위하여 시가지계획령과 조선공업화정책을 추진하였다. 또한 일제는 미국과 영국, 중국, 러시아 등 적국과의 결전을 위하여 한반도에 항공부대를 전략적으로 집중 배치하기 위한 방편으로 도시계획을 활용하였다.

대구는 영남의 주요 거점으로서 지방정치의 중심지이고 행정·군사·산업·경제의 중심이었기 때문에 도시계획을 적극적으로 추진하였는데, 대구를 중심으로 천안, 경주, 통영, 안동 등 지방의 중심지와 연결하는 것이 골자였다. 종래 교과서에는 북한 지역의 개발 위주로 서술되고 있는데, 새로 발굴된 자료와 연구를 통해 남부 지역에도 병참기지를 만들기 위해 대구, 부산, 경성, 인천 등을 개발하였다는 것이 현재 명확하게 드러났다.

대구 시가지계획은 1965년 인구를 예상하여, 대구부 및 성북면 2개 동, 달성면 7개 동, 수성면 13개 동 등 합계 1면 22개 동을 대상으로 수립하였다. 총면적은 약 2천만 평으로, 대구부 당시 면적의 7.3배에 해당하며, 계획인구 1인당 거주 가능 면적은 137m^2로 결정하였다. 대구의 공업지대, 주택지대의 조성 결정 내용은 다음과 같다. 주요 목적은 도심 외곽을 개발하여 섬유산업, 전기산업 등을 육성하는 것이며, 대구군사항공기지를 확대하는 것이었다.

1938년 조선총독부朝鮮總督府 고시 제765호

공업용지: 1,930,000평, 대구부 칠성정, 금정錦町2정목, 침산정,
원대동, 비산동, 평리동, 조야동, 노곡동 각 일부

주택경영지: 680,000평, 침산정, 원대동 각 일부

※ 1940년 7월 22일. 1943년 2월에 연기

한편 대구 시가지계획이 군사성을 띠는 것은 1937년에 일본의 육군성이 작성한 공문 '대구 도시계획에 따른 군용지 관리환의 건'을 통해 알 수 있는데, 이 자료는 육군성대일기류陸軍省大日記類에 편성되어 있으며, 현재 일본 방위성 방위연구소가 소장하고 있다.

대구 시가지계획 가로망의 특징은 1939년에 개정된 도면을 보면 알 수 있는데, 대구 비행장 도로와 남쪽으로 이어지는 육군 연대까지 도로를 최우선적으로 추진하기 위해 개정하였다. 대구의 도심 부분은 대구역을 중심으로 사각형으로 시가계획구역이 지정되었고, 시가지 도로망은 가운데 십자로를 중심으로 격자형으로 형성하는 것이었다. 그리고 대구역에서 중앙로를 따라 내려와 육군보병제80연대와 연결되는 군사도로망이 계획되었고 패전 시까지 추진되었다.

이 시기에 일본참모본부는 세력권 전체에 항공로를 개설하게 되었고, 한반도에도 주요 병대를 배치하였다. 태평양전쟁으로의 전선戰線이 변화함에 따라 영남 지역 일대의 전략적 위치는 더욱 중요하게 되었다. 이에 따라 동촌의 대구비행장을 확대하고 항공로와 도로를 정비하는 것이 대구 도시계획의 중요한 골자가 되었다. 육군성의 요청에 따라 경북도로관리사업소에서 대구비행장 노선을 설계·추진하였으며, 총독부가 각 도를 통할하여 관리하는 것이었다.

그런데 주목해야 할 것은 일제가 육군보병제80연대-대구역-대구군사공항을 잇는 이 작업에 일반인은 물론 학생들까지 동원하였다는 점이다. 그들은 동원한 노동력으로 군사도로를 만들고, 비행장을 넓혔으며, 동굴 진지를 구축하고, 수류탄과 군복을 만들었다.

1945년 미국을 비롯한 연합군이 파죽지세로 일본 본토를 공격하자, 부산까지 관할하던 대구의 군사지대는 부산요새지대로 분리되었다. 부산요새지대는 김해를 비롯하여 부산, 마산, 진주, 사천 등을 아우르는 군사지대였다. 이에 따라 이 일대의 도시계획에서도 이를 반영하여, 수영과 김해, 진주, 사천의 비행장을 정비하거나 새로 만들고, 항공로와 도로를 정리하는 것으로 바뀌었다.

이렇게 일제의 전쟁이 아시아·태평양전쟁으로 확전되면서, 일본 본토가 연합군의 공격 대상이 되었고, 이로 인해 한반도 남부 지역은 주요 전략지로 부각되었다. 육군성은 전략적으로 한반도 남부 지구의 도시계획과 군사기지를 관리하였다. 한반도 남부에는 수도인 경성과 대구 두 곳뿐이었다. 대구 주변의 주요 요새로는 부산요새, 여수요새, 제주요새를 설치하였기 때문에 그만큼 대구 군사지대의 후방기지로서의 역할은 막중하였다. 대구군사항공기지에는 일본의 오쓰키小月와 이어지는 항공수송로를 개설하여, 국책기업이 운영하도록 하였다.

요컨대 식민 행정기관인 조선총독부는 대구부성大邱府城 안에 새로운 도심을 만들고 일본인을 대거 식민하였다. 또한 기간산업인 경부선 대구역과 육군보병제80연대, 대구군사항공기지를 연결하여 거점 식민군사도시를 만들었다. 총독부는 대구에 일본인의 터전을 만들기 위해 친일 성향의 한국인 군수를 활용하였고, 대구에 만들어진 식민도시는 정책적으로 한국인을 차별하고, 자본주의적 격차사회를 형성하는 구조로 만들어졌던 것이다. 개발이익은 대구에 정착한 일본인이나 개발에 참여한 일부 한국인 옛 서리들이 가져가는 구조가 만들어졌다. 이러한 식민도시 만들기 양상은 부산이나 인천에 개항장을 중심으로 새로운 도심이 만들어진 형태와는 상당히 다른 패턴이다.

저항하는 대구 사람들 - 대한제국을 멸망 위기에서 구하라

한국은 지정학적 위치 때문에 당시 청국, 러시아, 일본 등이 서로 점령하기 위하여 각축을 벌이던 곳이다. 이에 1,300만 원이라는 거금의 국채 때문에 대한제국이 붕괴될 위기에 봉착하였다. 1907년부터 동래와 대구의 상인들이 국채보상운동을 시작하였고, 전국적으로 확산하게 된 계기는 대구광학회의 사장 김광제와 부사장 서상돈이 궐기문을 내걸었던 일이다.

한국인들은 1997년도 IMF 사태 때 금 모으기 운동을 하여 외환위기를 극복하였는데, 약 90년 전인 1907년에는 국채 1,300만 원을 갚기 위한 운동에 고관대작은 물론 기생, 걸인에 이르기까지 20만 명 이상이 참가하였다. 하지만 일본의 한국통감부를 통한 방해 공작과 여러 가지 원인으로 인해 결국 국가 위기를 극복하지 못하고 대한제국은 패망하게 되었다.

대구에서는 대동광문회를 조직하여 전직 군수 박해령을 중심으로 움직였다. 운동에 참여한 인사들로는 전직 군수 등 관리들과 계몽운동가, 부호들이 많이 참여하였다. 그리고 운동을 주도한 김광제는 서울로 가 국채보상총합소와 국채보상연합회에서 간부로 활동하였고, 서상돈은 대구는 물론 경북국채보상회를 이끌면서 많은 사람들이 이 운동에 동참할 수 있도록 독려하였다. 또한 성주와 고령, 칠곡 지역에서는 이승희, 김창숙, 이두훈을 비롯한 한주학파가 주체적으로 단연상채소를 만들어 활동하였으며, 이승희는 경남국채보상회의 회장으로도 활동하였다.

그런데 이들 중 일부는 정미7조약으로 대한제국의 외교권에 이어 군사권, 사법권까지 박탈당하자, 국내에서의 공개적인 활동에 한계를 느끼고, 비밀결사조직에 가입하였으며, 간도, 블라디보스토크 등으로 옮겨 가 독립운동을 전개하였다.

친일과 반일, 목숨을 걸고 대항한 대구 사람들

1910년 8월 29일 한국은 완전히 식민지가 되었다. 주권을 빼앗긴 한국 사람들은 일제가 지배하는 세상에 내몰렸다. 일제는 이른바 '치안을 유지한다'는 명목으로 경찰과 군대, 헌병 등을 확대하였다. 이 과정에서 1907년에 결성된 비밀결사 신민회는 국내는 물론 국외까지 대항 세력으로써 건재하였다. 그런데 일제는 이른바 '105인 사건'을 만들어 신민회 회원들을 대대적으로 체포하고 고문하여 독립운동 세력의 뿌리를 뽑고자 하였다. 일본인들은 식민도시를 만들어 세력을 형성하였고, 그 과정에서 자신들의 권력을 유지하기 위하여 한국인들을 포섭하였다. 새로운 권력인 친일 쪽으로 줄을 서서 한몫 차지하려는 한국인들도 늘어났다. 대표적인 인물로는 관계官界의 박중양, 경제계의 이병학, 서봉조, 정재학 등을 들 수 있다.

이들은 지역 유지로서 다양한 형태로 총독부 집권세력의 지배정책에 협조하였다. 3·1운동으로 전 대구부민들이 일제에 항거하고 있을 때는 자제단을 만들어 한국인들의 독립운동 의지를 무마하려고 하였다. 이에 대한 대가로 각종 개발 이익을 얻을 수 있는 정보를 받았으며, 총독이나 부윤府尹(지금의 시장)의 보증으로 대출을 받아 기업의 대주주나 중역으로 군림하였다. 중일전쟁 이후 전시체제기에는 전쟁을 위한 물자를 조달한다는 명목으로 총독부에 비행기를 헌납하였고, 학생들을 강제로 동원하기 위한 의식화 작업을 가족과 지역민들에게 실시하였다.

대부분의 대구 사람들은 나라를 잃고 이민족의 지배를 받는 고통을 겪어야 했다. 그 가운데 엄혹한 현실 앞에서도 나라를 구하기 위해 목숨을 걸고 결심한 사람들이 나타났다. 이러한 의식을 가진 학생들과 대구부민들은 비밀결사를 중심으로 운동을 이어 나갔다. 국채보상운동 이후 비밀결사 활동을 하던 세력에 대하여 경찰들은 전국적으로 대대적인 주모자 소탕을 벌였으며, 강제병탄 이후에는 이른바 '105인 사건'을 날조하여 의식 있는 지도자들을 형무소에 가두었다.

주목되는 것은 대구가 국채보상운동의 발상지이면서, 독립운동의 발상지라는 점이다. 대표적인 단체로 광복회, 달성친목회, 혜성단 등을 들 수 있다. 광복회는 1915년 음력 7월에 달성공원에서 결성되었는데, 박상진을 총사령으로 하여 조국의 독립을 위하여 결성된 단체이다.한편 1919년 3월 1일에 3·1운동이 일어나고 5일 뒤인 3월 6일에 서문시장에서 만세운동이 벌어졌다. 대구의 3·1운동은 학생계, 종교계, 유림계 등 여러 방향에서 전개되었다. 학생운동은 계성학교(계성중·고), 교남학교(대륜중·고), 신명여학교(남산중, 신명여고) 등 한국인이 많은 학교 중심으로 궐기하는 상황이었으나, 이후 거의 모든 학교의 학생들이 만세운동에 참여하였다. 종교계는 개신교에서 제일교회 이만집 목사를 중심으로 교인들이 만세운동에 참여하였는데, 계신교 운동은 서울과 대구, 경북이 연결되어 추진되었다. 이것은 서울의 대구·경북 책임자인 이갑성이 세브란스 의전 학생 이굉상을 대구로 보내 독립선언서 200매를 이만집 목사에게 전달했다는 사실을 보면 알 수 있다. 불교계에서는 팔공산에 있는 동화사 승려들이 주변의 지역민들과 함께 독립만세운동에 참여하였다. 그리고 유림계에서는 '파리장서운동'을 통해 독립을 향한 의지를 세계적으로 알리려고 하였다. 하지만 세계 열강들은 냉담하였다. 한국이 일본으로부터 독립하려는 것을 받아 주는 국가는 거의 없었다.

일제는 대구의 3·6운동 이후 독립운동단체나 독립운동가를 탄압하는 정책에 혈안이 되었다. 혜성단에 대한 탄압과, 이른바 '조선국권회복단' 사건 관련자에 대한 탄압이 대표적이다. 먼저, 혜성단彗星團은 계성학교의 김수길 등이 이끄는 단체였다. 이 단체는 윌슨 대통령이 제창한 민족자결주의에 힘입어, 독립을 위해 힘을 모으자는 유인물을 살포하였고, 상점 문 닫기 운동과 더불어 친일 관료 규탄 활동을 벌였다. 결국 이해 7월에 단원 11명이 체포되어 징역을 선고받았다. 이른바 '조선국권회복단' 사건으로 조사받은 사람들은 실형을 선고받지는 않았지만, 운동가들이 독립활동하는 것을 감시하고 탄압받았다는 사실은 분명하다.

이러한 가운데서도 보이지 않는 곳에서 비밀결사 활동이 지속·확대되고 있었다는 점을 주목해야 할 것이다. 일제의 맹종 주구들이 사욕에 사로잡혀 매국과 친일 행각을 벌이고 있을 때, 수많은 독립운동가들이 국내는 물론 간도, 상하이, 블라디보스토크, 로스앤젤레스 등에서 일제의 탄압에 맞서 독립을 위해 군자금을 모으고 학생들을 교육시키고 지도자를 양성하고 있었다. 의열단 활동은 국내와 중국에서 전개되었는데, 대구의 대표적인 독립운동가이자 민족시인인 이육사는 1925년부터 의열단 활동을 하면서 17번이나 투옥되었고 수인번호 264를 자신의 필명으로 삼았다. 그는 1944년 1월 16일 40세의 나이로 감옥에서 생을 마감하였다.

1945년 8월 15일, 대구에서 살던 일본인들은 모두 일본으로 귀환하였다. 그런데 광복을 맞이하자마자 미군정이 들어서고 한국 전쟁이 벌어지면서, 대구에는 친일 행위를 한 사람들과 반일 행동을 한 사람들 간의 갈등이 여전히 남아 있었다.

'근로가 곧 교육'이라는 거짓말

1938년부터 전국의 학생들은 학도근로동원본부와 학교를 통해 조직적이고 강제적으로 근로를 동원당하였다. 당시 학교는 조선총독부 학무국 소속으로서, 조선교육령을 개정하여 학생들의 근로 동원 기간을 점차 확대하는 수법을 썼다. 특히 1944년 4월부터는 아예 수업을 철폐하고 이른바 '근로가 곧 교육'이라고 하면서 학생들을 근로에 동원하였다. 대구는 당시에도 교육도시로서 대구의학전문학교, 대구사범학교 등 전문대학과 계성학교, 교남학교, 경북공립고등여학교(경북여고), 대구고등보통학교(경북중·고), 신명여학교, 대구상업학교 등 유수의 학교들이 많이 건립되었다.

또한 일제는 대구를 군사 거점 도시로 활용하였기 때문에, 일반인들은 육군보병제80연대와 육군기상관계소, 특설경비대 등에 군인과 군속으로 강제 동원되었다. 학생들은 군대의 지휘하에 경북학도총력대의 연합 훈련에 동원되었고, 그중 여학생들은 군인들을 위문한다는 명목으로 각종 행사와 근로 활동에 동원되었다.

또한 대구가 대륙병참기지로 기능함에 따라, 학생들은 일반인들과 함께 군인들에게 식량을 제공하기 위해 농사를 지어야 했고, 섬유공장과 철공장 등에서 군복과 수류탄을 만들었다. 나아가 대구군사비행장-대구역-육군보병제80연대를 잇는 도로 개축 및 확장 공사에 동원되었으며, 비행장의 항공기·무기 은폐시설과 물자 비축을 위한 동굴 파기 작업을 하였다.

계성학교 학생들은 농장에 끌려가 일하던 중 숙사를 탈출하여 시내로 가다가 교사들에게 붙잡혀 다시 돌아가 일을 하기도 했다. 교남학교 학생들은 노동 동원에 불만을 품고 있던 중, 일본인 학생과 싸움이 붙었는데 결국 한국인 학생만 구타를 당하고 퇴학을 당하였다. 경북공립고등여학교 학생들은 학교 안에 설치된 농장에 비료로 쓰기 위하여 〈월월화수목금금〉이라는 노래를 부르면서 '분뇨통'을 날랐다고 한다. 당시 학교에는 총력대가 설치되었으며, 교장을 총력대장으로 하여 교사와 학생까지 망라하는 학도 동원 체제가 가동되었다. 학생들은 '근로가 곧 교육'이라는 기만적인 학교 시책하에서 일만 시키는 일제와 학교 교사들에 대하여 분노를 꾹꾹 누르면서 속으로 불평하고 있었다.

결국 이는 학생들이 일제의 전쟁과 강제 동원 체제를 반대하는 원동력으로 작용하였고 독립을 해야 한다는 강한 의지를 품게 하였다. 대구사범학교 학생들은 비밀결사 문예부를 결성하였고, 1940년 12월에는 조형길, 김병욱 등이 비밀결사 무우원無憂園을 조직하여 실력을 양성함으로써 독립하여 행복한 나라를 건설할 것을 지향하였다. 이들은 학교 졸업 이후에도 군자금을 모금하고, 해외 독립운동 세력과 연대하며, 기관지를 발간하는 등 지속적으로 활동하였다.

대구상업학교에서도 학생들이 태극단을 조직하여 서로의 사상을 공유하고 일제 체제를 비판하는 등 조직 활동을 전개하였다. 결국 일본 경찰에게 발각되어 주요 조직원들이 체포되었으며 형무소에 갇혔다. 전쟁에 동원되는 식민지의 국민으로서 전국이 감옥소라 할 만큼 엄중한 상황이었지만, 그마저도 1평짜리 좁은 감옥에 갇혀 학생으로서 누려야 할 교육권조차 빼앗기고 생명을 빼앗기기도 하였다.

우리의 살 길, 외교에 주목해야

일제의 식민지 지배로 인해 한국 근대사는 극심한 굴절을 겪게 되었다. 특히 제국은 식민도시를 자신들의 침략 거점으로 만들기 위하여 건설하였으므로 식민성을 강하게 띠기 때문에 '근대화=성장'이라는 등식으로 말할 수 없다. 일본인들이 지배하는 사회를 만들기 위한 식민도시의 개발이었다는 인식에 기반하여 역사를 정확히 봐야 할 필요가 있다. 우리는 역사에서 많은 것을 배울 수 있지만, 이러한 과거사가 현재에도 계속되고 있다는 점을 주목해야 할 것이다.

19세기 이래 근대로 들어오면서 한반도는 미국, 중국, 일본, 러시아 등 강대국 사이에서 한국인들은 수많은 전쟁의 소용돌이에 휩싸여 있었다. 이러한 한반도의 위치 때문에 현재도 남북 간의 휴전상태가 계속되고 있고, 유사시 미국에 전시작전통제권이 종속되어 있으며, 우리나라 경제에서 큰 비중을 차지하는 미·중·일 수출무역도 크게 영향을 받는 등 강대국들의 막강한 영향력은 계속 이어지고 있다. 또한 동아시아에서 독도는 군사기지로서 아주 중요한 위치에 있기 때문에 일본은 계속 독도를 분쟁지로 만들고 있다. 대구에는 K2가 위치해 있으며, 이는 경상도의 군사기지와 연계되어 있는데, 독도를 방위하기 위해서도 중요한 요충지로서 기능하고 있다.

우리가 관심 있게 지켜봐야 할 것은 남북 간의 회담뿐만 아니라, 해외 강대국들 간의 회담이다. 북미회담, 미중회담, 미일회담,

러일회담, 러중회담, 유럽과의 각종 회담 등이 부지불식간에 우리의 삶에 커다란 영향을 미치고 있다. 대한민국 국민으로서 저마다 일상에서 자신의 일을 묵묵히 수행하면서도 강대국들이 무슨 일을 하고 있는지 잘 지켜보며 국제정세의 변화에 역동적으로 대처해 나가야 할 것이다.

— 김경남

생각 더 하기

1. 일제의 식민도시 만들기와 강제동원의 상관관계는 무엇일까?
2. 대구의 독립운동가들은 어떻게 국내외 독립운동가들과 연계하여 활동하였을까?

참고문헌

국채보상운동기념사업회, 『대구항일 독립운동사』, 그린애드, 2023.
김경남, 『일제하 식민도시건설과 자본가』, 선인, 2015.
김경남, 「아시아태평양전쟁기 대구의 시가지계획과 군사기지화 정책」, 『영남학』 78, 2021.
데이비드 하비 지음, 초의수 옮김, 『도시의 정치경제학』, 한울, 1996.
한중일3국공동역사편찬위원회, 『미래를 여는 역사』, 한겨레출판, 2012.

V. 현대

1. 우리가 살고 있는 분단체제, 그 기원과 형성
2. 산업화와 도시화, 그 빛과 그림자
3. 민주주의를 향한 여정
4. 국가폭력의 구조와 치유를 위한 노력

1. 우리가 살고 있는 분단체제, 그 기원과 형성

38선은 어떻게 획정되었을까?

1945년 8월 10일 미국 국무부·전쟁부·해군부 조정위원회State-War-Navy Coordinating Committee의 두 대령은 상부로부터 긴급한 명령을 하달받았다. 한반도를 분할할 적절한 경계선을 설정하라는 것이었다. 이들은 내셔널 지오그래픽National Geographic 지도를 펼쳐 놓고 북위 38도선으로 경계선을 그었다. 지리적·자연적 구분이나 기존의 행정 구획 따위는 무시된 채 일직선으로 그어진 경계선은 단 30분 만에 획정劃定되었다.

1945년 8월 미·소의 군사분계선으로 지도상에 그어진 38선은 미·소 양군의 한반도 분할 점령을 거쳐 남북의 국경선으로 변모해 갔다. 분단정부의 수립과 전쟁을 거쳐 남한과 북한의 지리적 단절, 이념적·정서적 단절을 상징하기도 하였다. 한반도 분단의 출발점, 38선은 왜 그어졌을까? 우리가 맞이한 해방은 왜 단일한 독립국가 건설로 이어지지 못하고 분단으로 귀결되었을까?

1910년 일본에 강제 병합된 후 한인들은 국내에서는 물론이고 만주, 연해주, 중국, 미국 등 전 세계 곳곳에서 해방의 그날을 위해 치열하고 끈질기게 투쟁을 이어 갔다. 그러나 그토록 열망하던 해방은 아쉽게도 우리 민족의 직접적인 쟁취가 아닌 연합국의 대일전對日戰 승리의 결과 이루어지게 되었다. 그래서였을까. 즉각적인 독립을 기대하고 당연시 여긴 한국인들과 달리, 미국과 소련 등 연합국은 전후 한국 문제 처리에 관해 다른 구상을 하고 있었다.

제2차 세계대전을 거치며 세계 최강대국의 지위를 차지한 미국은 전후 자국 중심의 새로운 국제질서를 구축하고자 했다. 이를 위해 우선 제국주의 국가들의 식민지 분할 점령과 세력균형 체제라는 구질서를 타파할 필요가 있었다. 이를 위해 미국이 고안한 식민지 처리 방안이 다자간 국제 신탁통치●였다. 미국은 전 세계 곳곳에 산재해 있는 각국의 식민지들에 신탁통치를 실시함으로써 이를 점진적으로 해체하려 했다. 영국이나 프랑스 등 연합국이 보유한 식민지도 예외는 아니었다. 그러나 기존 체제의 유지를 강력히 바라던 영국, 프랑스의 반대로 신탁통치는 결과적으로 패전국의 식민지 처리에만 적용하기로 되었다. 이에 따라 패전국 일본의 식민지 한국도 신탁통치의 주된 대상이 되었다.

● 유엔헌장에 규정되어 있는 신탁통치는 유엔의 위임을 받은 국가가 일정한 지역을 통치하는 제도를 말한다.

한국에 대한 신탁통치 실시는 미국의 루스벨트Franklin Roosevelt 대통령이 1943년 3월 이든 영국 외상과의 회담에서 정식으로 제안했다. 같은 해 11월 말에 열린 카이로 회담에 참석한 연합국(미국, 영국, 중국)은 한국을 '적당한 절차를 거쳐in due course' 독립시켜 줄 것이라고 발표하였다. 전후 한국의 독립을 보장받았으나 그것은 한국인들이 바라던 즉각적인 독립이 아닌, 신탁통치를 거친 후의 독립이라는 것이 명확해졌다.

1945년 2월 얄타 회담에서 루스벨트는 소련의 스탈린에게 전후 한국에 대한 신탁통치 실시와 소련의 대일전對日戰 참전을 제안했다. 참전의 대가로 만주에서 옛 러시아가 갖고 있던 이권 양도, 남부 사할린과 쿠릴열도의 할양 등도 약속하였다. 이미 일본의 패색이 짙은 시점이었지만 루스벨트는 일본의 완강한 저항으로 전쟁이 쉽사리 끝나지 않을 것으로 예상했다. 루스벨트는 소련을 참전시켜 전쟁을 최대한 빨리 마무리 짓고, 전후 소련과의 협조를 통해 미국 중심의 세계질서를 구축하고자 구상했던 것이다. 그러나 다른 한편으로 사회주의 국가인 소련의 대일전 참전이 동북아시아에 미칠 정치적 영향력을 걱정하지 않을 수 없었다. 이에 따라 미국은 대비책으로 군부가 중심이 되어 연합국 공동점령·공동시정 방침 또는 분할 점령안을 마련했다. 1945년 7월 중순 원폭 실험에 성공한 미국이 8월 초 서둘러 이것을 일본에 사용한 것도 대일전쟁을 조기에 종결하여 소련의 대일전 참전에 따른 보상과 그 영향력을 최소화하려는 의도가 컸다.

1945년 4월 루스벨트 사망 이후 집권한 트루먼은 소련과의 협력에 부정적이었다. 그런데 일본 히로시마와 나가사키에 대한 원자폭탄 투하를 전후하여 한반도를 둘러싼 정세는 미국의 예상보다 빠르게 변화하였다. 소련은 8월 8일 일본에 선전포고를 하고 약속했던 대로 대일전에 참전해, 신속하게 만주와 한반도 북부로 진공해 들어왔다. 일본은 마침내 8월 10일 '천황제 유지'를 조건으로 '즉각적인 무조건 항복'을 요구한 포츠담 선언을 수용하겠다는 의사를 연합국 측에 전달했다. 전쟁이 끝난 것이다.

그때까지 미국과 소련은 전후의 한반도 문제에 대해 구체적인 외교적 합의까지는 이르지 못한 상황이었다. 당시 소련군의 진군 속도로 봤을 때 미국은 소련군이 전 한반도를 점령한 상태에서 다시 소련과 협상 테이블에 마주 앉을 가능성이 컸다. 이 시점에서 미국이 소련의 전 한반도 점령을 저지하기 위해 제안한 것이 바로 38도선을 경계로 한 분할 점령이었다. 소련도 미국의 제안에 순순히 동의했다. 38선은 이와 같이 일본이 예상보다 이르게 항복함에 따라 급작스럽게 획정되었다. 앞서 언급한 것처럼, 한반도에 대한 분할 점령안 또한 미국이 한반도 문제에 대해 마련한 여러 대비책 중 하나였다.

그토록 바라던 해방과 함께 찾아온 38선 획정과 미·소의 분할 점령은 수천 년에 걸쳐 하나의 역사 공동체, 정치 공동체를 일궈 살아온 한국인들에게 어떤 의미로 다가왔을까? 38선과 미·소의 분할 점령은 표면상 일본군의 무장 해제를 위한 군사 작전상의 편의를 위해서라고 설명되었다. 그러나 1945년 말 일본군의 무장 해제가 완료되고 난 후에도 38선은 여전히 존속했다. 한반도 분할 점령의 두 주체인 미국과 소련이 한반도 문제에 관한 합의안을 도출하고 이것이 실행에 옮겨지지 않는 한, 38선은 사라질 수 없는 운명이었다.

이제 막 일본 제국주의의 지배에서 벗어난 한반도의 앞날은 오로지 한국인들의 의지와 행동에 따라서 결정되지는 않았다. 그것은 한반도를 군사적으로 점령한 두 강대국인 미국과 소련의 강력한 규정력 아래에 놓이게 되었다. 일제강점기 국내외에서 독립운동을 전개했던 다양한 정치세력들도 해방이 되자 한반도로 모여들었다. 이들이 각기 다른 이념과 방략에 입각한 국가건설운동을 벌이게 되면서 한반도 내부의 상황은 더욱 뜨겁고 복잡해졌다.

오보誤報가 불러온 신탁통치 파동

1945년 12월 27일 자 『동아일보』 1면에 게재된 기사 하나가 한국인들의 격앙과 분노를 자아냈다. "소련은 신탁통치 주장, 소련의 구실은 38선 분할 점령, 미국은 즉시 독립 주장"이라는 제목을 단 이 기사는 당시 모스크바에서 진행되고 있던 삼국 외상 회의에 관한 것이었다. 일본의 식민통치에서 벗어난 지 채 반년도 되지 않은 때에 날아든 이 소식에 한국인들은 또 다시 외세의 지배를 받게 될 것이라 여겨 즉각적으로 반대 운동에 나섰다.

이상하지 않은가? 분명 위에서 우리가 살펴본 바에 따르면 신탁통치는 미국이 제2차 세계대전이 끝나기 전부터 구상하고 있던 전후 한국을 비롯한 식민지 문제 처리 방안이었다. 그런데 이 기사 제목은 이와는 정면으로 배치되는 것이다. 결론부터 이야기하면 이 기사는 오보誤報였다. 그러나 오보가 불러온 파장은 한국 사회의 정치적 대립 구도를 재편하고 정국의 주도권을 뒤집을 만큼 막대했다.

일본 패망 후 미군과 소련군은 각각 38도선 이남과 이북에 진주했다. 두 나라 모두 현지에서 자국에 우호적인 정부를 수립하는 것을 목표로 했으나 점령 정책에는 차이가 있었다. 미군은 점령 후 군정청을 설치해 남한을 직접 통치하였다. 미군정은 한국인들의 자주적인 국가 건설 활동을 일절 인정하지 않았다. 해방 후 미군 진주 전 서울에는 여운형·안재홍이 중심이 된 건국준비위원회(건준, 후에 인민공화국으로 개편)가, 각 지역별로도 건준 지부(후에 인민위원회로 개편)가 조직되어 치안 유지와 함께 행정상의 공백을 메우고 있었다. 그러나 미군은 미군정만이 남한의 유일한 정부임을 선포하며 좌익 계열의 인민공화국도, 중국 충칭重慶에서 귀국한 임시정부에 대해서도 정부 자격을 인정하지 않았다. 해방 후 봇물 터지듯 터져 나온 변화를 향한 한국인들의 열망과 활동도 역시 인정하지 않았다. 친일 경찰을 그대로 유임시키거나 오히려 승진시키는 미군정의 조치들은 대다수 한국인들의 격렬한 반발을 불러왔다.

소련군은 38선 이북에서 한국인들이 조직한 인민위원회에 행정권을 점차 이양하고 간접적으로 영향력을 행사하는 점령 정책을 구사했다. 당시 전후 복구 작업으로 한반도 문제에 적극적일 수 없었던 소련의 상황, 인적·물적 자원의 부족으로 인한 직접 통치의 어려움 등이 작용한 결과였다. 더 결정적인 요소는 한반도 내 정세에 대한 소련의 인식이었다. 당시 소련은 해방 직후 한국의 내부 정세가 혁명적이고 급진적이라고 보았다. 정치세력 간의 역학관계 또한 전체적으로 좌익세가 강한 형국이었다. 때문에 소련이 군이 직접 개입하지 않더라도 장차 소련에 우호적인 정부가 수립될 것이라고 판단했던 것이다. 그러나 소련이 38선 이북의 상황을 전면적으로 방임한 것은 아니었다. 소련군은 인민위원회에 치안권과 행정권을 넘겨주기 전 공산주의자들이 인민위원회를 주도할 수 있도록 조직을 재편하였다. 소련군의 북한 점령 정책은 '자국에 우호적인 정권 수립'이라는 확고한 원칙에 입각해 실시되었다.

이렇듯 미군과 소련군이 각각 자국의 이해관계에 부합하는 체제를 구축하고 정치세력을 양성하는 가운데, 1945년 12월 16일 모스크바에서 그때까지 미해결된 전후 문제들을 논의하기 위한 회담이 열렸다. 12월 17일 미국 측이 소련 측에 미·영·중·소 4개국이 참여하는 신탁통치 실시와 그 기한을 최소 5년 이내에서 최대 10년까지로 할 것을 제안했다. 소련은 이 제안을 검토한 후 12월 20일 '선先 정부 수립, 후後 신탁통치', 그리고 신탁통치 실시 기한을 5년으로 하는 안을 제출했다.

두 나라 간의 협의를 거쳐 최종 타결된 '한국에 관한 결정(모스크바 삼상회의 결정서)'의 주요 내용은 다음과 같다. 첫째, 한국에 임시

정부를 수립한다. 둘째, 임시정부 수립을 원조하기 위해 미·소 양국 점령군 대표자들로 구성되는 공동위원회를 설치한다. 셋째, 공동위원회는 수립된 한국 임시정부의 참여하에 최대 5년 기한의 신탁통치 방안을 작성·제출한다. 넷째, 2주일 이내에 미소공동위원회를 소집한다.

미·소의 최종 합의안은 미국이 제안했던 원안과 차이가 있었다. 신탁통치 실시 전 한국에 임시정부를 수립한다는 조항이 제1항에 배치되었고, 신탁통치 실시 기한도 최대 5년으로 단축되었다. 또 임시정부와의 협의를 거쳐 신탁통치를 실시한다고 했으므로 유엔 헌장에 규정된 신탁통치와도 차이가 있었다. 이 결정은 신탁통치를 선호하는 미국의 입장과 좌익세가 우세한 당시 한반도 상황에서 자국에 우호적인 정부 수립을 통해 이해관계가 더 용이하게 관철될 수 있으리라고 판단한 소련의 입장이 절충 또는 교묘히 배합된 것이었다. 미국 측이 그들의 원안을 고집하지 않고 소련과 타협할 수밖에 없었던 근저에는 신탁통치에 대한 한국인들의 강한 거부감, 즉각적인 독립에 대한 한국인들의 열망이 자리 잡고 있었다. 모스크바 삼상회의 결정서는 즉각적인 독립과 자주적 정부 수립을 바라던 한국인들의 바람을 충족시키는 안은 아니었다. 그러나 38선을 사이에 두고 한반도를 분할 점령하고 있는 미국과 소련이 한반도 문제 해결 방안으로 합의하여 도출한 유일한 방안이라는 점에서 의의가 있다고 할 수 있다.

한국의 '임시정부 수립'과 '5년 기한의 신탁통치'를 골자로 하는 이 삼상회의 결정서는 1945년 12월 28일 정오(한국 시각 오후 6시) 모스크바에서 공식 발표되었다. 미군정을 통해 결정서 전문이 공식적으로 국내에 전해진 것은 12월 29일이었다. 『동아일보』를 통해 삼상회의에 관한 문제의 보도가 나간 것은 12월 27일, 게다가 임시정부 수립이라는 조항은 빠진 채 현지의 논의 상황을 정반대로 보도한 명백한 오보였다.

12월 28일 오후 국내에서는 충칭임시정부(충칭임정)의 주도 아래 벌써 '신탁통치반대국민총동원위원회'가 설치되면서 반탁운동이 본격적으로 시작되고 있었다. 해방 공간을 뒤흔든 격렬한 반탁운동을 촉발시킨 것은 사실상 삼상회의 결정서 내용이 아니라 12월 27일 자 『동아일보』 기사였던 것이다. 이 기사가 나간 직후에는 좌·우익을 막론하고 대다수 한국인들이 신탁통치 반대 운동에 나섰다. 소련이 신탁통치를 주장했다는 보도로 촉발되었던 만큼 반탁운동은 처음부터 반소반공反蘇反共의 성격을 가지고 있었다.

1946년 1월 초 모스크바 삼상회의 결정서의 핵심이 임시정부 수립과 '국제적 후견'의 성격을 띤 신탁통치라는 소련의 설명을 받아들인 조선 공산당을 비롯한 좌익 계열이 이른바 삼상회의의 결정에 대한 '총체적 지지'로 입장을 선회하였다. 그때부터 '반탁'을 주장하는 측과 '삼상회의 결정 절대 지지'를 외치는 측의 물리적 충돌을 동반한 치열한 대립·갈등이 격화되었다. 우익의 반탁운동 세력은 '총체적 지지'를 외치는 좌익 측을 '찬탁세력'이라 칭하며 매국노, 민족반역자로 몰아 공격하였다. 일본의 식민 지배에서 갓 해방된 한국에서 매국노, 민족반역자는 친일부역자에 다름 아니었다. 그런데 이제 신탁통치 파동의 와중에 매국노, 민족반역자는 반탁운동에 가담하지 않는 이들, 즉 좌익세력을 가리키는 말이 되어 가고 있었다.

반탁운동 세력에는 해방 후 매국노·민족반역자로 지탄받던 친일부역자들이 다수 포함되어 있었다. 이들은 신탁통치 파동을 거치며 '반탁 투사'이자 애국자로 행세하였다. 신탁통치 파동은 국내 정치세력 대립의 성격을 민족 대 반민족의 대립 구도, 즉 일제 통치에의 협력 여부에 따라 나누던 것에서 좌·우익의 대립 구도로 바꾸어 놓았다. 더 나아가 좌·우익 간의 역학관계를 역전시키는 계기가 되기도 했다.

당시 남한을 직접 통치하던 미군정은 본국의 외교적 입장과 상반되는 보도가 나가고 이로 인해 신탁통치 파동이 벌어지는 상황을 묵인·방조하였다. 반탁운동의 공격 대상은 미국이 아니라 소련이었고, 신탁통치 파동으로 조성된 정세는 미군정에게 불리할 것이 없었다. 반탁운동은 남한 내에서 반소反蘇 분위기를 고조시키고 미군정이 지원하던 우익세력의 영향력을 강화시켰다. 반면 좌익세력의 정치력과 대중에 대한 영향력을 크게 약화시켰던 것이다. 신탁통치 파동은 순식간에 남한 내 정세를 역전시켰다. 좌·우익의 분열·대립이 본격화한 것도 이때부터였다. 해방 직후 한국인들에게 정치세력을 판단하는 기준은 대체로 한 가지, 일본 제국주의에의 협력 여부였다. 민족 대 반反민족이라는 구도는 신탁통치 파동을 거치며 좌익 대 우익의 대립 구도로 바뀌어 버렸다. 그렇다면 이 기사는 도대체 어떻게 『동아일보』에 실리게 된 것일까?

관련 연구에 따르면 당시 미국 내에서 워싱턴이든 어디에서든 비슷한 시기에 발행되던 매체에는 이 같은 내용의 기사가 게재된 적이 없다. 그런데 후일 미국이 아닌 일본 도쿄에서 맥아더 사령부가 발행하던 『태평양성조기Pacific Stars and stripes』 1945년 12월 27일 자에 동일한 내용이 게재된 것이 밝혀졌다. 『동아일보』는 이 기사를 번역해 그대로 게재한 것일까? 아니면 『태평양성조기』와 동일한 취재원으로부터 이 기사를 받았던 것일까? 이 기사는 단순한 오보일까, 아니면 의도적인 왜곡일까? 이 문제는 아직까지 한국 현대사의 미스터리로 남아 있다.

냉전의 최전선이 된 한반도

찬·반탁을 둘러싼 격한 대립이 남한 내부를 휩쓸고 지나간 후인 1946년 3월 20일 제1차 미소공동위원회(이하 미소공위)가 덕수궁에서 개최되었다. 미소공위의 구체적 사업은 첫째, 조선의 정당·사회단체와의 협의에 의해 한국 임시정부를 수립하는 것, 둘째, 수립된 임시정부 참여하에 4개국 신탁통치 협약을 작성하는 것이었다.

그러나 미소공위는 출발부터 임시정부 수립을 협의할 정치세력을 선정하는 문제로 난항을 겪었다. 소련은 모스크바 삼상회의 결정에 반대하는 정당·사회단체, 곧 반탁운동 세력과는 협의할 수 없다고 주장하였다. 충칭임시정부를 필두로 하는 반탁운동 세력도 공동위원회 참여를 거부했다. 미국은 소련의 주장을 수용하지 않았다. 반탁 대열에 서 있는 대다수 우익세력을 배제한 채 좌익 정치세력만을 참여시켜 공동위원회를 운영할 수는 없었던 것이다. 미국은 표현의 자유를 구실로 반탁운동 세력을 포함해 참여를 희망하는 모든 정당·사회단체를 참여시켜야 한다고 주장했다. 양국이 끝내 이견을 좁히지 못한 채 미소공위는 5월 6일부터 휴회 상태에 들어갔다.

미소공위가 휴회된 후 남한 내에서는 미군정의 좌익세력에 대한 분열 공작과 탄압이 더 노골적으로 진행되었다. 이승만은 1946년 6월 3일 정읍에서 남한 단독정부를 수립할 의도를 공개적으로 드러냈다. 미소공위 휴회로 미·소의 협조에 의한 통일정부 수립이 난관에 부딪치고 단독정부 수립 노선이 표면화되자, 여운형과 김규식 등 중도파 인사들은 좌우합작을 통해 이 위기를 극복하고자 하였다. 북한에서는 소련군의 지원 아래 1946년 2월 북한 전역의 행정을 관장할 목적으로 임시인민위원회가 조직되었다. 북조선임시인민위원회는 '민주개혁'이란 이름 아래 토지개혁 등 독자적인 개혁 작업을 진행했다. 1947년 2월 최고 행정기관으로 김일성을 위원장으로 하는 북조선인민위원회가 구성되었다.

1947년에 접어들면서 미국의 대외정책은 크게 전환되었다. 제2차 세계대전 후 유고슬라비아, 헝가리, 폴란드 등 동유럽 지역을 중심으로 사회주의정권이 들어섰다. 미국은 소련과의 협조 노선을 버리고 공산주의 세력의 팽창을 저지하는 봉쇄정책을 채택했다. 1947년 3월 미국의 트루먼 대통령은 미 의회 연설에서 지중해 지구에서 공산주의사상 침투에 방어적 역할을 하고 있는 그리스, 터키에 차관을 제공하고 군사고문을 파견할 것을 선언했다. 이른바 냉전의 신호탄으로 불리는 트루먼 독트린이다. 그해 6월에는 서유럽 자본주의 국가의 경제 부흥을 지원하는 마셜 플랜이 발표되었다. 세계는 미국과 소련 두 나라를 양대 축으로 하는 자본주의 진영과 공산주의 진영으로 재편되고 있었고, 확연한 대립관계를 드러내 보였다.

1947년 5월 21일 휴회되었던 미소공위가 미국 측의 요청으로 재개되었다. 제2차 미소공위는 두 나라의 합의안을 실행에 옮기겠다는 의지에서 재개된 것이 아니었다. 대외정책 전환에 따라 미국은 한반도 문제를 다른 방식으로 해결하려 했다. 미소공위의 재개는 그에 앞서 소련과 합의한 모스크바 삼상회의 결정서를 '성공적으로 청산'하고 다음 단계로 나아가기 위한 명분 축적용이었던 것이다. 양측은 여전히 협의대상 문제로 충돌했고 이견을 좁히지 못했다. 미국의 대외정책은 이제 미국이 우위를 차지한 지역에서 소련의 팽창정책을 저지하는 방향으로 굳어져 가고 있었다.

제2차 미소공위가 난항을 겪는 가운데 8월 28일 미국이 소련측에 모스크바 삼상회의 결정서의 실천 논의를 위한 미·소·영·중의 4대국 회담 개최를 제안했다. 소련을 제외하고 미국에 우호적인 국가들로 이루어지는 회담 제안을 소련은 거부했다. 미국은 38선을 공산주의 세력 팽창을 저지할 극동방위선으로 고정하고 남한 단독정부를 수립하려는 정책을 유엔을 통해 수행하려 했다. 1947년 9월 17일 미국은 유엔총회에서 한국 문제를 논의할 것을 제안하였다. 소련이 거부했으나 9월 23일 유엔총회에서 한국 문제 상정안은 41 대 6으로 가결되었다.

9월 26일 미소공위 소련 측 수석대표 슈티코프는 미국에 1948년 초까지 미·소 양군이 동시에 철군할 것과 한국인이 유엔총회에 참석할 것을 제안했다. 미국은 이를 거부했다. 미국과 소련이 서로 상대방이 수용하지 않을 제안을 주고받은 것은 무엇을 의미하는가? 그것은 이제 두 나라가 합의한 한반도 문제 해결안, 즉 모스크바 삼상회의 결정에 따라 한반도 문제를 해결하는 것이 더 이상 불가능하다는 것을 양국 모두 인정하고 있었다는 것이다.

소련이 불참한 가운데 11월 14일 열린 유엔총회에서 미국이 제안한 유엔 감시하의 남북 총선거안이 가결되었다. 소련은 표면적으로 유엔헌장 제107조, "유엔은 제2차 세계대전 중의 적국에 대한 행위와 관련된 문제에는 권한을 갖지 못한다."라는 규정을 근거로 반대했다. ‘미국 외교의 뒷마당’으로 불릴 정도로 미국이 일방적인 주도권을 행사했던 당시의 유엔이 총선거를 관리하는 것 또한 소련 입장에서 불리했다. 북한보다 남한의 인구수가 더 많았기 때문에 인구비례에 따라 총선거가 실시된다면 결과적으로 남한이 정치적 우위를 차지하게 될 것이라는 현실적인 판단도 작용했다.

이제 한반도의 운명은 분단을 향해 치달아가고 있었다. 한반도의 절반을 점령하고 있던 소련이 총선거를 거부하고 있었기 때문에 유엔 결의안대로 한반도 전역에 걸쳐 총선거를 실시하고 통일정부를 수립한다는 것은 처음부터 불가능했다. 유엔 결의안은 본질적으로 사실상의 단독정부 수립안이었던 것이다.

유엔 결의에 따라 오스트레일리아, 캐나다, 중국, 엘살바도르, 프랑스, 인도, 필리핀, 시리아 등 8개국 대표로 남북 총선거를 감시할 유엔한국임시위원단이 구성되어 한국에 파견되었다. 이들은 1948년 1월 13일 소련의 반대로 입북을 거절당하자, 임무 수행이 불가능하다는 이유로 이 문제를 유엔 소총회에서 다루어 줄 것을 요청했다. 소총회는 1948년 2월 ‘가능한 지역만의 총선거’를 가결했다. 선거가 가능한 지역, 즉 남한에서만 총선거를 통해 정부를 수립한다는 것이었다.

남한 단독정부 수립이 가시화하자 이를 저지하기 위한 운동이 광범위하게 일어났다. 단선 저지 운동은 파업, 시위 등 물리적 수단을 동원한 방법으로 진행되기도 하고, 남북연석회의와 같이 정치적 협상을 통해 진행되기도 하였다. 그러나 결국 분단을 막는 데는 실패하고 말았다. 남한에서는 1948년 5월 10일 총선거 실시, 제헌국회 구성 및 대한민국 헌법 제정을 거쳐 8월 15일 대한

민국 정부가 수립되었다. 북한에서도 8월 21일 해주에서 남조선 인민대표자대회를 열어 남한 대표를 선출한 뒤 9월 초 최고인민회의를 구성하여 조선민주주의인민공화국 헌법을 채택하고 9월 9일 정부를 수립하였다.

이로써 한반도의 남과 북에는 각자 유일한 합법정부임을 주장하는 두 개의 정부가 수립되었다. 38도선을 경계로 한 미·소 양군의 분할 점령은 결국 분단으로 귀결되었다. 이는 곧 다가올 전쟁을 예고하는 것이기도 했다. 대한민국 헌법에는 대한민국의 국토가 한반도 전역에 미친다고 규정되어 있었으며, 국회에는 북한 5도 선출의 의원 의석이 유보되어 있었다. 조선민주주의인민공화국 헌법에 수도는 서울이고 임시 수도를 평양으로 한다고 규정되어 있었다. 자신만이 한반도의 유일한 합법정부라고 주장하고 상대방을 각각 미국과 소련의 괴뢰정권으로 간주하는 이상, 영토의 완전 지배를 성취하는 길은 정치적 수단이 아닌 군사적 수단의 동원, 곧 전쟁일 수밖에 없었다.

전쟁으로 귀결된 분단정부의 수립

38선이 처음 그어질 때 많은 사람들이 우려했던 미래는 현실이 되었다. 38선은 이제 남북의 군사분계선을 넘어 극동 지역에서 미국과 소련을 양대 축으로 고조되고 있던 냉전의 최전선이 되었다. 1948년 분단이 가시화되었을 때 그토록 많은 사람들이 분단을 막겠다고 나섰던 것은 무엇보다 전쟁에 대한 우려 때문이었다. 1948년부터 1950년까지 남북은 38선 부근에서 군사적 충돌을 반복했다. 이승만 정부는 북진통일을 부르짖으며 도발했고, 김일성·박헌영 등 북한 지도부는 몇 번의 시도 끝에 소련 스탈린의 전쟁 개시 승인과 중국 마오쩌둥의 지원 약속을 받아냈다.

1950년 6월 25일 북한군의 전면적인 남침으로 한국전쟁이 시작되었다. 내전으로 시작된 전쟁은 유엔과 중국이 개입하면서 국제전으로 변모했다. 이로써 한반도의 냉전冷戰은 열전熱戰으로 바뀌게 되었다. 전쟁은 누구도 승리하지 못한 채 1953년 정전협정停戰協定의 체결로 중단되었다. 남북의 경계선은 38선에서 휴전선으로 대체되었다. 전쟁으로 남북 전역에서 민간인을 포함해 수백만 명이 사망했고, 산업시설과 주택이 대부분 파괴되었다. 이 전쟁은 이념전쟁이었다. 점령 지역에서 벌어진 좌·우익 간의 학살과 보복은 사람들의 내면에도 깊은 상처를 냈다. 전쟁을 거치면서 남북 사이에는 같은 민족이라는 동질성보다 서로가 적이라는 적대감이 더 강하게 자리 잡아 갔다. 한국전쟁은 분단을 체제로 고착화하는 계기가 되었다.

한국전쟁의 근본적 원인은 한반도에 두 개의 국가가 수립된 것, 곧 분단이라고 할 수 있다. 정작 제2차 세계대전의 패전국이었던 일본은 분단되지도, 점령군의 직접 통치를 받지도 않았다. 일본의 식민지배로 36년간 고통받은 한반도는 왜 미·소 양군의 분할 점령을 거쳐 분단되었을까? 분단의 원인은 무엇일까? 분단을 막을 수는 없었을까?

통일의 당위성을 믿는 분위기가 강했던 시대를 지나, 오늘날의 젊은 세대들은 현재의 분단체제를 오히려 당위로 받아들이는 경향이 강하다. 지난한 과정을 거치면서 남과 북은 서로 교류·협력하며 공존하는 방안을 모색하기도 하였다. 전 세계적으로 미국과 소련을 양대 축으로 한 냉전체제가 끝난 뒤에도 한반도에서는 여전히 남북 간의 적대적 긴장과 일촉즉발의 충돌 위기가 반복되고 있다. 보다 안전하고 평화로운 삶을 누리기 위해 우리는 무엇을 어떻게 해야 할까?

— 김현주

생각 더 하기

1. 모스크바 삼상회의 결정에 대해 우리 민족은 어떻게 대처해야 했을까?
2. 오늘날의 분단 상황을 해소하는 방법은 무엇일까?

참고문헌

박태균, 『한국전쟁』, 책과함께, 2005.
서중석, 『사진과 그림으로 보는 한국 현대사』, 웅진지식하우스, 2013.
정병준 외, 『한국현대사 1: 해방과 분단, 그리고 전쟁』, 푸른역사, 2018
정용욱, 「1945년 말 1946년 초 신탁통치 파동과 미군정」, 『역사비평』 통권 62호, 2003.
정용욱, 『해방 전후 미국의 대한정책』, 서울대학교출판부, 2013.

2. 산업화와 도시화, 그 빛과 그림자

"서울은 만원이다!"

한국은 전쟁으로 산업시설 대부분이 파괴되고 자본과 자원이 부족한 상태에서 비약적인 경제발전을 성취했으며, 이는 '한강의 기적'이라고 일컬어졌다. 박정희 정부는 '정부 주도' 방식으로 수입대체공업보다 수출지향적 공업을 육성하고●, 분배보다는 성장을 우선시하는 '선先 성장 후後 분배'에 입각한 경제정책을 추진하였다. 이와 같은 내용을 담은 '경제개발 5개년 계획'●●은 1962년에 처음 발표되어 1996년까지 총 7차례에 걸쳐 추진되었다. 지속적이면서도 급속한 경제발전이 이루어지면서 인구이동과 도시화 등 다양한 사회 변화들이 나타났다.

공업을 중심으로 산업이 발전하면서 농촌에 살던 사람들이 일자리를 찾아서 도시로 대거 이주하는, 이촌향도離村向都 현상이 두드러졌다. 그 결과 농촌은 피폐해지고 도시화는 빠르게 진행되었다. 여러 도시 가운데에서도 서울로 유입된 인구가 가장 많았다. 물론 서울의 인구는 장기적으로 꾸준히 증가하는 추세에 있었다. 6·25전쟁을 겪으면서 한시적으로 인구가 감소한 적도 있으나 전후 복구 시기에 다시 전재민과 피난민들이 서울로 몰려들었고, 1960년대 이래 압축적 경제성장이 진행되면서 서울은 '제2의 팽창기'를 맞게 되었다.

●
박정희 정부는 수출산업단지를 조성하고 수출상품을 생산하는 기업에 수출보조금을 지원하였다. 그리고 '수출진흥확대회의'를 정기적으로 개최해서 기업인들과 함께 무역·투자 정책을 논의하였다. 1962년에는 대한무역진흥공사(현 대한무역투자진흥공사, 영문 약칭 KOTRA)를 설립해서 해외시장 정보를 기업에 공유하고 국내기업의 해외투자와 수출을 지원하였다.

●●
1962년 발표된 '제1차 경제개발 5개년 계획'은 5·16군사정변으로 집권한 군사정부가 주체적으로 작성한 것이지만, 미국의 사회과학자 로스토우(Walt Whitman Rostow, 1916~2003)가 주장하고 케네디 행정부가 채택한 저개발국 정책의 영향도 있었다. 로스토우의 근대화론은 미국이 저개발국들에 대한 경제원조를 확대하고 저개발국이 장기적인 경제계획을 마련할 수 있도록 지원해야 한다는 내용이었다. 그러한 저개발국의 장기경제계획은 국내자원을 동원하기보다는 외국자본을 적극 유치하고, 내수경제 활성화보다는 외국과의 교역을 강화해야 한다는 것이었다.

문제는 서울의 기존 도시 인프라만으로는 몰려드는 인구를 감당할 수 없었고, 서울은 그야말로 '초만원'의 상황이 되었다는 것이다. 1964년 2월 4일 국회에서 윤치영尹致暎 서울시장은 "서울로 이주하려는 사람은 서울시장의 전입 허가를 받아야 한다"는 '이주허가제'에 대한 입법 조치를 요구하여 파문이 일기도 했다. 이 제안은 실현되지 않았지만, 당시 서울의 인구문제가 그만큼 심각하다는 것을 드러내는 것이었다. 1966년 당시 인기를 끌었던 이호철李浩哲의 장편소설 『서울은 만원이다』는 1960년대 서울로 몰려들어 하루하루를 살아가는 사람들의 애환과 도시문제를 진솔하게 그려 냈다.

여러 도시문제 가운데 대규모 택지 개발, 교통망 확충, 생활환경 개선 등이 시급히 해결되어야 할 과제들이었다. 1962년 「도시계획법」과 「건축법」이 제정되어 도시계획의 법적 기반이 마련되었으며, 서울시는 『도시계획백서』를 발간하여 서울의 토지이용계획과 토지구획 정리, 교통, 상하수도, 주택 등 전반적인 도시 상황을 정리하였다. 1965년 윤치영 서울시장은 '시정10개년계획'을, 1966년 김현옥金玄玉 서울시장은 '대서울도시기본계획'을 발표하여 장기적이면서도 종합적인 도시계획을 수립하였다. 그 주요 내용은 도심 과밀화를 억제하고 도시기능을 분산시키기 위해서 신시가지를 개발하겠다는 것이었다.

이와 같은 계획들이 하나둘씩 실행되면서 서울의 모습은 빠르게 변모해 갔다. 먼저 서울의 행정구역이 2배 이상 확장되었다. 해방 이전 서울은 지금의 강북 지역 구도심과 그 주변 지역에 한정되어 있었지만, 1963년 양주, 광주, 시흥, 김포, 부천 지역 일부가 서울로 편입되었으며, 1973년에는 구파발 일대가 서울에 포함되어 오늘날 서울과 비슷한 경계를 이루었다. 1970년대부터 정부는 논밭과 과수원이 있던 한강 이남 지역, 즉 강남 지역을 집중적으로 개발하기 시작했으며, 심지어 강남 지역으로 인구 유입을 유도하기 위해서 강북 지역에 소재해 있던 '명문' 고등학교들을 대거 강남으로 이전시키기도 했다. 자녀들을 '명문' 학교에 입학시키려는 부모들은 강남으로 이사하거나, 이사할 형편이 안 되면 주민등록지만 '강남 8학군' 지역으로 옮겨 놓는 위장전입을 하기도 했다. 그 결과 강남은 서울의 신흥 중심지로 부상했고, 서울의 생활권은 크게 강북권과 강남권으로 나뉘게 되었다.

도로, 철도 등과 같은 사회간접자본도 서울을 중심으로 건설되었다. 판자촌이 있던 청계천에 복개공사가 이루어지고 그 위로 고가도로가 부설되었다. 1968년 1·21사태 이후 북악스카이웨이가 조성되고 남산터널이 개통되었다. 여의도에는 국회의사당이 신축되었으며, 한국증권거래소(현 한국거래소)가 이전하고 주요 은행 본점과 증권사들이 들어섰다. 한강변에는 자동차 전용 도로가 만들어지고 강을 건널 수 있는 다리들이 부설되었다. 1974년에는 서울지하철 1호선이 개통됨으로써 한국은 아시아에서 네 번째로 지하철을 개통한 국가가 되었다. 상하수도 보급과 하수처리장 건설도 대대적으로 이루어졌다. 1986년 서울 아시안게임, 1988년 서울 올림픽과 같은 대규모 국제 스포츠대회들이 열리면서 도시 건설사업은 촉진되었다. 이처럼 서울은 끊임없이 개발되고 팽창하는 과정을 겪었다. "서울은 항상 공사 중"이라는 말이 나돌 정도로 서울의 도시 경관은 크게 변화하였다.

서울에 편중된 개발정책은 서울의 인구 집중과 지역 간 불균형을 더욱 심화시켰다. 1960년 서울 인구는 244만 명이었지만,

1970년 543만 명, 1988년에는 1,000만 명을 기록할 정도로 짧은 기간에 서울의 인구는 폭발적으로 증가하였다. 꾸준히 증가해 오던 서울 인구는 2000년대 이후 극심한 저출생 현상과 높은 주거비 문제 등으로 정체·감소하기 시작했지만, 서울 주변의 분당, 일산, 평촌 등과 같은 신도시들이 건설되고, 이 도시들을 연결하는 광역철도가 놓이면서 서울을 중심으로 '수도권 생활권'이 만들어졌다. 그리고 전국 각지에 서울과 연결되는 고속철도가 만들어졌는데 이는 비서울 지역 주민들에게 서울로의 접근성을 제고시키기 위한 것이었지만, 다른 한편으로 서울로 사람과 돈이 유입되는 것을 더욱 심화시키는 결과를 가져왔다.

물론, 정부 차원에서도 서울 인구 증가를 억제하기 위한 정책적인 노력이 이루어졌다. 박정희 정부는 '대도시 인구 집중 방지대책'(1964)과 '대도시 인구 및 시책의 조정대책'(1969)을 발표하여 대도시의 무분별한 확산과 난개발로 인한 환경파괴를 방지하고자 했다. 1970년에는 '수도권 인구 과밀 억제에 관한 기본계획'을 수립하여 수도권 지역의 공장 신설과 증설을 규제하고자 했다. 1971년에는 도시의 무분별한 확장을 막고 녹지를 보존하기 위해서 서울 외곽에 '그린벨트'라고 불리는 개발제한구역이 처음으로 지정되었다. 그런데도 서울 인구 증가세가 그칠 줄 모르자, 1977~1979년에는 최후의 수단으로 임시 행정수도 건설이 구상되기도 했다. 당시 행정수도 이전 계획은 실현되지는 못했지만, 2000년대 들어서 노무현 정부가 '세종특별자치시' 건설을 추진하고, 이후 행정부처들이 세종에 이전함으로써 일정 부분 실현되었다고 볼 수 있다. 이와 더불어 정부는 수도권에 소재한 공공기관, 공기업들을 비수도권 지역에 조성된 혁신도시로 대거 옮겨서 국토의 균형발전을 이루고자 했다.

이러한 노력에도 불구하고 '서울공화국', '수도권공화국'이라는 말은 그치지 않고 있으며, 오히려 수도권으로의 쏠림 현상이 이전보다 더욱 심각해진 실정이다. 굴지의 대기업과 금융기관 본사 대부분이 서울에 자리하고 있고, 산업과 자본이 서울에 집중되면서 서울로의 인구 유입을 초래할 수밖에 없는 상황이다. '수도권 단극화(일극화) 현상'은 비수도권과 농촌의 '지역 소멸 위기'를 초래하며, 수도권에 살지 않는 주민들에게 상대적 박탈감을 주기도 한다. 비수도권 지역에서 살다가 서울에 가서 생활한다는 것은 일종의 '도전'과 '성공'의 의미로 이해되고, 서울·수도권을 떠난다는 것은 단순한 거주지의 이동이 아니라 사회적 의미에서의 '추방'이나 '도태'로 받아들여지기도 한다.

수도권 과밀화는 수도권 지역의 도심 혼잡과 높은 주택가격, 교통대란, 환경오염, 에너지 수급문제, 교육문제 등을 양산하여 수도권 주민들의 삶에도 부정적인 영향을 미치고 있다. 그리고 오늘날 급격한 출생인구 감소 원인의 하나로 수도권 집중 현상이 지목되고 있다. 이처럼 수도권 집중 현상은 한국 사회의 여러 문제들과 직·간접적으로 연관되어 있고 아직 해결되지 않은 과제로 남아 있다.

판자촌과 아파트공화국

2000년대 이전까지 주택보급률(일반가구수 대비 주택 비율)은 90%에 미치지 못했다. 산업화로 인구가 도시로 몰리면서 주택보급률은 더욱 낮아졌다. 도시에서는 일반주택에 서너 가구가 함께 사는 주거 형태를 쉽게 볼 수 있었다. 그리 크지 않은 집에 여러 가구가 살다 보니 '세 들어 사는 설움'이 사회적인 문제가 되기도 했다.

가난한 이주민들이 선택한 방법은 이전부터 서울에 정착한 사람들처럼 무허가 판잣집에서 거주하는 것이었다. 이러한 판잣집들은 '하꼬방'이라고도 했고, 판잣집들이 모여 이룬 마을은 흔히 '판자촌' 또는 '달동네'라고 불렸다. 판자촌이라는 명칭은 해방 이후 이북에서 내려온 월남인들이 임시 거처를 마련하고자, 미군들이 가지고 온 목재 조각과 깡통 등을 이용하여 집을 짓기 시작한 것에서 유래하였다. 판자촌은 대개 가파른 경사지나 야산에 있었는데, 달이 먼저 뜨는 동네, 달이 잘 보이는 동네라는 의미에서 달동네라고 불리기도 했다.

이러한 문제를 해결하기 위해서 서울시는 판자촌 주민들을 시 외곽 지역으로 이주시키는 정책을 추진하였다. 그 결과 1970년까지 서울 근교 20개 지역으로 43,000여 가구가 거주지를 옮겼다. 그중에서도 12만 명이 넘는 영세민들이 이주했던 '광주대단지'(경기도 광주군 중부면, 현 경기도 성남시)가 대표적인 사례였다. 하지만 이것은 도심에 있는 판자촌을 도시 주변부로 이전하는 미봉책에 지나지 않았다. 이주민들은 새로운 터전에서 일자리를 구하기 어려웠고 극심한 생활고에 시달렸다. 무엇보다 정부에서 제시한 이주 지역의 토지불하대금이 턱없이 높았으며, 이주민들이 보금자리를 마련한 광주대단지는 상하수도, 난방시설, 전기, 도로 등이 제대로 갖추어지지 않은 지역이었다.

1971년 결국 정부의 무분별하고 무계획적인 도시정책에 반발한 5만여 군중이 자신들의 생존권을 위해서 관공서를 습격했는데, 이것이 바로 '광주대단지사건'●이다. 광주대단지사건은 일회적인 사건이나 우발적인 집단행동이 아니라, 1960년대부터 진행

● 오랫동안 '광주대단지사건'으로 명명되었는데, 2021년 성남시는 광주대단지사건 50주년을 맞아서 그 명칭을 '8·10 성남(광주대단지)민권운동'으로 변경하기로 했다.

된 급속한 산업화의 부작용이 빚은 결과였다. 도시로 몰려든 하층민들이 열악한 환경에서 벗어나기 위해서 정부에 반기를 들었던 '항쟁'의 성격을 띠었다. 처음에 정부는 궐기한 주민들을 강경진압하려 했지만, 결국 이주민들의 요구를 전폭적으로 수용하는 것으로 입장을 선회하였다. 정부가 광주대단지를 '성남시'로 승격시키고 도시 인프라를 구축해서 주민들의 생활 개선에 힘쓰겠다고 약속함으로써 사태는 일단락되었다.

한편, 주택난을 해결하기 위해 등장한 새로운 주거 형태가 바로 '아파트'다. 대도시에 집을 지을 수 있는 토지가 부족하다 보니 주택 부족 문제를 해결하기 위해서 주거 밀도를 높이는 방안이 모색된 것이다. 요즘은 도시공간에서 아파트를 흔히 찾아볼 수 있지만, 한반도에서 아파트의 역사는 그리 오래되지 않았다. 1932년 서울 충정로에 처음으로 5층 아파트가 건축되었지만, 당시만 하더라도 아파트는 한국인들의 보편적인 주거 형태가 아니었다. 1962년 정부는 대한주택공사를 설치해서 아파트단지 건설에 앞장섰지만, 사람들은 처음에 '성냥갑'처럼 생긴 일자형 아파트에 대해서 선뜻 마음을 열지 않았다. 1970년 '와우아파트 붕괴 사고'가 발발하면서 부실공사 논란과 안전에 대한 불안감 때문에 아파트에 대한 사람들의 인식은 더욱 나빠지기도 했다.

그런데 1970년 중·상류층을 겨냥해서 만들어진 한강맨션아파트를 계기로 아파트에 대한 대중들의 인식이 바뀌기 시작했다. 국내 최초로 중앙공급식 보일러를 갖춘 한강맨션아파트는 사람들에게 아파트가 편리한 주거 공간이라는 생각을 가져다주었다. 이때부터 놀이터, 주차장, 정원 등 편의시설을 갖춘 대규모 아파트단지가 형성되었다. 강남 개발에 따라서 조성된 압구정동 아파트단지에는 부유층이 대거 거주함으로써 단지형 아파트는 '부촌', '고급'이라는 인식이 생겨났다. 고급형 아파트단지가 선호되면서 거주공간의 '서열화'와 '위계화'를 낳기도 했다.

이 과정에서 아파트는 부동산 투기의 상징으로 여겨지고 사람들의 투기 심리를 조장하는 수단이 되었다. 특히 아파트 위주의 주거문화가 정착하면서 아파트 거래가 활발해지고 주택 가치가 쉽게 계량화되면서, 아파트는 재산 증식 수단으로 각광을 받았다. 특히 서울 강남 개발 과정에서 부동산 투기가 집중적으로 일어났다. 부동산 투기를 위해 복덕방을 수시로 출입하는 상류층 부인을 의미하는 '복부인福婦人'이라는 신조어가 생겨나기도 했다. 1978년에는 고위공직자, 정치인, 법조인, 언론인, 기업인 등을 대상으로 고급아파트 특혜분양이 이루어졌다고 보도되면서 논란이 되었다. 이때 특혜분양을 받은 이들 중 적지 않은 수가 투기 목적으로 아파트 분양권을 전매했다고 알려져 사회적으로 큰 파장을 일으켰다. 이처럼 고도 경제성장 과정에서 아파트는 '부동산 불패 신화'의 도구이자 상징이 되었다.

1990년대 들어서 아파트는 한국인들의 보편적인 주거 공간으로 자리 잡았으며 한국 도시의 경관을 크게 바꾸었다. 주택 부족을 해결하기 위해서 아파트가 대대적으로 건설되었지만, 인구밀도가 높은 대도시 같은 경우에는 고층아파트들이 빼곡하게 들어서면서 답답한 도시 경관을 만들었다는 비판이 제기되기도 했다.

"우리는 기계가 아니다!"

1970년 11월 13일 낮 1시 30분, 청계천 피복시장 앞. 단정한 옷차림의 한 청년이 「근로기준법」이 실린 법전을 한 손에 꼭 쥔 채,

자신의 몸에 석유를 뿌리고, 불꽃을 당기는 순간… 그 청년은 "근로기준법을 준수하라! 우리는 기계가 아니다!"라고 외쳤다. 청년은 전신에 화상을 입은 채 병원으로 옮겨졌으나 끝내 돌아오지 못했다. 그날 그 청년의 분신은 이후 한국 사회와 노동자들의 삶에 큰 파장을 일으켰다. 그가 바로 "아름다운 청년 전태일"이다. 전태일의 죽음은 무거운 권위 속에서 숨죽이면서 살아가던 노동자들이 깨어나고, 노동조합의 민주성 회복을 기치로 내건 '민주노동운동'이 태동하게 된 계기가 되었다.

전태일은 1948년 8월 26일, 대구시 중구 남산동에서 태어났다. 6·25전쟁으로 가족 모두가 부산으로 피난했으며, 부산에서 아버지가 작은 봉제공장을 운영하던 중, 부도가 나면서 1954년 서울로 이사했다. 집안 형편이 어려웠던 전태일은 남대문국민학교 4학년을 다니다가 중퇴하고, 동대문시장에서 물건을 받아서 파는 행상을 했다. 1965년 17세의 나이로 청계천 평화시장의 학생복 제조회사 삼일사에 보조원으로 취직했고, 이듬해 통일사에서 미싱사로 근무했다.

당시 전태일이 일하고 있었던 청계천 평화시장과 인근의 동화시장, 통일상가에는 의류 관련 소규모 봉제공장들이 많이 있었다. 한 줌의 빛도 제대로 들어오지 않는 좁은 공장이었고, 어린 노동자들과 여성 노동자들이 어둑어둑한 형광등 아래에서 장시간 일했다. 의류업체 특성상 작업현장에는 먼지가 많았고, 이 때문에 노동자들이 폐 질환에 시달리는 경우가 많았다. 「노동법」과 「근로기준법」●이 존재했으나, 노동자들은 이러한 법에 대해 알 수가 없었고, 법에 의한 최소한의 보호조차 제대로 받지 못했다.

이때 전태일은 이들을 외면하지 않았고, 열악한 노동환경을 개

● 1953년 제헌 국회의원과 초대 사회부장관을 역임했던 전진한錢鎭漢의 주도로 「근로기준법」이 제정되었다. 8시간 노동제, 여성·소년에 대한 특별보호, 재해 보상에 관한 규정 등 노동자의 기본적 생활을 보장하기 위한 내용을 담고 있다. 그러나 1980년대 이전까지는 유명무실한 법률이라는 비판이 제기되었으며, 이 때문에 이후 여러 차례 법 개정이 이루어졌다.

선하는 일에 적극 나섰다. 그는 옆에서 일하다가 폐렴으로 직장을 잃은 여성 노동자를 돕다가 함께 해고되기도 했다. 이후 전태일은 재단사로 다시 취업했고, 노동자들의 근로조건을 개선하기 위한 노력을 계속했다. 1968년 그는 「근로기준법」의 존재를 알게 되었고, 이 법이 제대로 지켜지지 않고 있는 현실에 대해 문제의식을 갖게 되었다. 1969년 동료 노동자들과 '바보회'라는 단체를 조직하고, 평화시장 노동자들에게 「근로기준법」을 알리는 데 힘썼다. 이것이 고용주들에게 알려지면서 전태일은 잠시 평화시장을 떠나기도 했다. 하지만 다시 평화시장으로 돌아와 1970년 '삼동회'를 조직하고, 평화시장의 노동환경 실태를 조사하고, 노동청, 서울시, 대통령실 등에 진정서를 제출했다. 이러한 전태일의 활약상은 당시 언론에 보도되기도 했다.

전태일은 노동자들의 권익을 위해서 노동조합을 설립하고자 했으나, 행정당국의 비협조와 사업주들의 방해로 무산되었다. 그래서 전태일과 삼동회 회원들은 1970년 11월 13일 평화시장 앞에서 「근로기준법」 화형식을 벌여 노동자의 권리가 제대로 보호받지 못하는 현실을 알리고자 했다. 경찰의 단속으로 화형식이 무산될 위기에 놓이자, 전태일은 자신의 몸에 석유를 뿌리고, 라이터를 켜 몸에 불을 붙이면서 "근로기준법을 준수하라! 우리는 기계가 아니다!"를 외쳤다. 곧 전태일은 병원으로 옮겨졌으나, 어머니에게 자신이 이루지 못한 일을 부탁하고, 세상을 떠났다. 전태일全泰壹, '모두가 크게 하나 되다'라는 이름의 의미대로 그는 노동자들의 영원한 스승이자 벗이 되었다. 전태일 분신 사건은 1960~1970년대 성장을 우선시하는 정책에 가려진 노동 현실의 폐단에 정면으로 항거한 사건으로 1970년대 이후 노동자들의 저항정신을 불러일으키는 기폭제 역할을 했다.

1960년대까지 한국의 산업구조는 섬유, 가발, 신발, 의류 등과 같은 노동집약적 경공업의 비중이 컸다. 1970년대에 들어서면서 철강, 조선, 전자, 기계, 방산 등과 같은 중화학공업 중심으로 산업구조가 재편되기 시작했다. 그 결과, 1961년 4,100만 달러에 불과했던 수출액은 1971년 10억 달러를 돌파했으며, 1977년에는 100억 달러, 1979년에는 151억 달러의 수출액을 기록했다. 경제성장률은 제1차 경제개발 5개년 계획기(1962~1966) 7.8%, 제2차 계획기(1967~1971) 9.7%, 제3차 계획기(1972~1976) 10.1%를 기록했다.

이처럼 수출산업을 중심으로 경제발전이 이루어지면서 사람들은 낙후된 농촌에서 벗어나서 일자리가 있는 도시로 대거 이동하였다. 낯선 도시에서 새로운 삶을 시작한 사람들은 열악한 환경에서 힘든 노동을 했다. '공돌이', '공순이', '삼순이' 등으로 불린 어린 노동자들은 가족들을 부양하기 위해 도시에서 공장 노동자로, 버스 안내양으로, 남의 집 허드렛일을 하는 식모로 일했다.

노동자의 권익과 복지를 보장하기 위해서 1953년 5월 10일, 「근로기준법」이 제정되었지만 제대로 지켜지지 않았다. 노동자들이 「근로기준법」의 존재 자체를 모르거나 사업주들은 이를 알면서도 법 자체를 무시하기도 했다. 노동자들은 그저 열악한 환경에서 하루하루 힘겹게 살아갔다.

이처럼 1960~1970년대 노동 현실은 저임금, 장시간 노동, 열악한 노동환경 등으로 노동자들이 인간다운 삶을 보장받지 못한 것이다. 하지만 1970년 11월 27일, 전태일 분신 사건을 계기로 노동자 스스로가 노동 권리와 환경 개선에 대한 의지를 표출하기 시작했으며, 전태일이 활동한 청계천 평화시장에서 전국연합노동조합인 '청계피복노동조합'이 조직되면서 노동자들을 위한 민주노조운동이 시작되었다. 특히 봉제·가발·가방 등을 생산하는 공장에서는 여성 노동자들이 주도하여 노동조합을 조직하기도 했다. 1972년 동일방직, 원풍모방, 1975년에는 YH무역에서 여성 노동자들이 주축이 된 노동조합이 출범했고, 노동환경 개선과 임금 현실화, 근로시간 준수 등을 쟁취하기 위한 노동자들의 투쟁이 본격적으로 전개되었다.

의식주 생활 개선과 그 이면

1960년대 박정희 정부의 경제개발정책이 본격적으로 추진되면서 한국 사회는 전통적인 농업사회에서 근대적인 산업사회로 빠르게 변모해 갔다. 농촌 지역 청년들은 일자리를 찾아서 도시로 이주했으며, 거제, 구미, 여수, 울산, 창원, 포항 등에 산업단지가 조성되어 해당 지역들은 공업도시로 발전했다. 반면에 농촌 인구는 크게 줄어들어서 도시·농촌 간 격차는 커졌다. 그리고 전국적으로 도시화 현상이 두드러지면서 주택난과 도시 인프라 부족 등이 사회문제가 되었다. 이를 해결하기 위해서 정부는 신도시 건설과 대규모 아파트단지 조성, 지하철 건설과 도로망 확충 등과 같은 정책들을 마련하여 급속한 산업화와 도시화에 따른 사회문제들을 해결하고자 했다.

1950년대부터 농지개혁이 본격적으로 실시되면서, 땅이 없던 농민들은 적은 토지라도 가질 수 있게 되었다. 농지개혁 시행으로 소작제가 점차 소멸해 갔지만, 농촌 주민들은 여전히 경제적으로 큰 어려움을 겪고 있었다. 정부는 4H운동●을 전국 단위로 확대하여 농촌을 발전시키고 고미가高米價 정책을 실시해서 농가 소득을 늘리고자 했다. 1970년대부터는 새마을운동을 확산시켜 낙후된 농촌 지역을 개발하고 농촌 생활환경을 개선하고자 했다. 그리고 '통일벼'라는 다수확 신품종 벼를 개발·보급해서 식량의 자급자족을 달성하고자 했다. 하지만 정부 중심의 농촌 개선 사업의 한계와 병충해·냉해에 취약한 통일벼의 문제점, 물가 상승을 막기 위한 저곡가 정책 실시 등으로 도시·농촌 간 소득 격차는 크게 줄어들지 않았으며, 청년들은 진학과 취업을 이유로 도시로 대거 이주했다.

● '4H'는 지성(head)·덕성(heart)·근로(hand)·건강(health)을 의미한다. 19세기 미국에서 등장한 농촌진흥운동으로 미국 전역과 세계 각국에 전파되었다. 1947년 미군정기에 4H운동이 소개되었으며 1952년 '한국4H연맹'이 출범하였다. 이후 영농과학화, 농기계 교육운동, 농촌 청소년 지도사업과 같은 운동으로 발전하였다.

한편, 산업화와 함께 의식주 생활에도 많은 변화가 나타났다. 우선 1960년대 이후 의衣생활에 있어 이전과 비교할 때 크게 변화했다. 경제개발이 본격화되기 전에 사람들은 주로 질기고 오래가는 나일론으로 만든 블라우스를 입거나, 옷감이 부족해서 군복을 물들여 입기도 했다. 사회적으로 국방색 군복을 검은색으로 염색해서 입는 것이 권장되면서 염색 산업이 호황을 누리기도 했다. 1961년 정부는 사치 행위를 규제하고자 '신생활재건운동'을 추진했는데, 이때 남성은 작업복 스타일의 '재건복'을, 여성은 '신생활복'을 입는 것이 권장되었다. 1963년에는 기성복 생산이 이루어지면서 국내에서 처음으로 패션쇼가 열렸다. 맞춤복에 비해서 값싼 기성복은 빠르게 의류 시장을 잠식해 들어갔고 대기업들도 기성복 사업에 진출했다. 그리고 나일론·아크릴 등과 같은 다양한 합성섬유의 생산과 생산 기술의 발전에 힘입어 서양식 의복이 일상화되었다. 1950년대에는 플레어스커트, 타이트스커트, 맘보바지 등이 유행했고, 1960년대에는 치마 길이가 짧은 미니스커트와 바지통이 넓은 판탈롱이 등장했다. 1970년대에는 맥시, 판탈롱, 핫팬츠 등 다양한 패션이 유행했다. 그리고 청년들 사이에서는 통기타와 팝송이 인기를 구가했으며, 청바지를 입고 장발을 한 남성들을 흔히 볼 수 있었다.

식食생활에 있어서는 급속한 인구 증가와 낮은 농업생산력으로 인한 식량난이 심각한 사회문제가 되었다. 인구가 급증하는 만큼 농업생산량이 따라 주지 못해 늘 식량이 부족했다. 이때 미국 원조를 통해서 들어온 잉여농산물(PL480)●들은 대부분 밀가루였다. 정부는 쌀이 부족했기 때문에 국민에게 쌀에 잡곡을 섞어서 먹는 '혼식'과 밀가루로 만든 음식을 먹는 '분식'을 장려했다. 1960년대 초까지 식량난은 계속되었고, 1962년부터 시작된 경제개발 5개년 계획과 함께 추진된 농업증산 5개년 계획이 성과를 거두면서 식량문제는 일정 부분 해소되었지만, 흉작으로 인해 혼분식 장려 운동은 한동안 계속되었다. 당시 모든 음식점에서는 25% 이상 잡곡 또는 분식을 혼합해서 판매해야 했으며, 학생들은 학교에서 도시락에 잡곡이 제대로 섞여 있는지 검사받기도 했다. 이때 라면의 등장은 식생활에 큰 변화를 가져왔다. 국내에서 최초 생산된 라면은 1963년 일본 기술을 도입해 개발된 '삼양라면'이다. 처음에 사람들은 라면에 대해서 낯설어했지만, 저렴한 가격과 간편한 조리법에 힘입어 라면은 대중적인 음식으로 자리 잡게 되었다. 1970년대 들어서는 해외 교류가 활발해지고 국민총생산(GNP)이 크게 높아지고 먹거리가 훨씬 풍성해지면서 외국 음식문화가 널리 유행하기 시작했다. 햄버거, 치킨, 피자 등이 일상 음식으로 소비되면서 영양 불균형, 비만, 성인병 등과 같은 건강 문제가 유발되기도 했다.

● 1954년 미국은 자국의 농산물 수출 진흥과 저개발국의 식량 원조에 관한 법을 제정했는데, 이것이 「농업 수출 진흥 및 원조법(Agricultural Trade Development and Assistance Act)」이다. 약칭하여 '미공법 480호' 또는 'PL480'이라고도 한다.

주住생활에서는 1960~1970년대 들어 산업화가 급속히 진행되면서, 농촌 인구가 대도시로 유입되는 도시화 현상이 두드러졌다. 특히 서울의 인구가 급격히 증가했으며, 서울을 중심으로 대대적인 도시개발이 이루어졌다. 한편 도시의 주택난이 사회적인 문제가 되자, 좁은 면적에 주거공간을 대량으로 공급할 수 있는 아파트 건설이 장려되었다. 각종 편의시설을 갖춘 단지형 아파트가 사람들에게 인기를 끌면서 아파트는 한국인들의 일상적인 주거문화로 자리 잡게 되었다. 고급형 아파트가 조성되면서 주거공간의 서열화와 위계화가 나타나고, 여유 자금을 동원할 수 있는 사람들은 재산 증식 수단으로 아파트를 선호하기도 했다. 한국인들의 보편적인 주거공간이 단독주택에서 아파트로 옮겨 가는 과정에서 한국 사회는 전통적인 대가족 사회에서 핵가족 사회로 변해갔다. 아울러 도시에 고층 아파트들이 빼곡히 들어서면서 한국의 도시 경관이 크게 바뀌기도 했다. 최근에는 답답한 도시생활에서 벗어나 여유로운 전원생활을 누리기 위해서 귀농·귀촌하는 사람들이 '베이비 붐 세대'●를 중심으로 늘어나고 있다.

● 제2차 세계대전 이후 인구가 대폭 증가한 세대를 일컫는 말이다. 한국에서는 주로 6·25전쟁 이후인 1955년부터 1974년까지 출생한 사람들이 베이비 붐 세대에 해당한다.

— 홍준석·최용석

생각 더 하기

1. 서울을 중심으로 한 수도권 집중 현상의 역사적 기원은 무엇일까?
2. 1960~1970년대와 현재의 노동 현실은 어떤 차이가 있을까?

참고문헌

손정목, 『서울 도시계획 이야기: 서울 격동의 50년과 나의 증언』(전 5권), 한울엠플러스,

2003[2020].
송은영, 『서울 탄생기: 1960~1970년대 문학으로 본 현대도시 서울의 사회사』, 푸른역사, 2018.
이희봉 외, 『한국인, 어떤 집에서 살았나: 한국 현대 주생활사』, 한국학중앙연구원출판부, 2017.
전상인, 『아파트에 미치다: 현대한국의 주거사회학』, 이숲, 2009.
조영래, 『전태일평전』, 아름다운전태일, 2020.
조희진 외, 『한국인, 어떤 옷을 입고 살았나: 한국 현대 의생활사』, 한국학중앙연구원출판부, 2017.
주영하 외, 『한국인, 무엇을 먹고 살았나: 한국 현대 식생활사』, 한국학중앙연구원출판부, 2017.

3. 민주주의를 향한 여정

국민학생부터 할머니까지 – 4월혁명의 전개과정과 혁명의 주체

시민혁명을 통해 등장했던 근대 민주주의는 제2차 세계대전의 종식과 함께 제국주의 체제가 역사적 종말을 고하면서 자유와 더불어 평등이 강화된 현대 민주주의 제도로 발전하였다. 그러나 식민지배에서 비로소 독립했거나 근대화의 발전이 뒤늦었던 우리나라를 비롯한 제3세계 국가들은 민주주의 기반이 매우 취약했기 때문에 군부독재의 권위주의 정치체제가 많았다. 이들 국가의 민주주의는 독재집단이 장악한 권력을 국민이 돌려받기 위한 여정이었다. 우리 사회의 민주주의 전개 역시 반민주적 독재권력에 대한 시민사회의 저항으로 전개되었다.

대한민국 민주주의 여정의 출발은 4월혁명이었다. 1960년 2월 28일 대구 지역 고등학생의 시위를 시작으로 전국에서 전개된 반정부 시위는 4월 26일 이승만 대통령을 하야시키고 제2공화국이 출범하는 성과를 만들었다.

이승만 대통령과 자유당 정권에 대한 불만과 비판의식이 높아져 가고 있던 1960년 3월 15일 정·부통령 선거가 예정되어 있었다. 정권 이반과 민심 이탈에 긴장한 정권은 1960년 2월 28일, 이날이 일요일임에도 불구하고 대구 수성천에서 진행될 장면 민주당 부통령 후보의 유세에 많은 사람들이 참여하는 것을 막기 위하여 대구 지역 몇몇 고등학교에 등교 지시를 내렸다.

일요일 등교의 명분은 조기 중간고사, 영화 관람, 토끼 사냥 등이었다. 이에 반발한 대구 지역 고등학생들이 교문을 박차고 거리로 나와 "학원 민주화" 등을 외치며 대구 시내 일대를 누볐다. 학생들의 시위는 자유당 정권의 부정부패와 무능으로 국민들의 삶이 무너진 상황에 대한 학생들의 문제 인식과 3·15선거를 앞두고 야당 부통령 후보의 유세를 방해하기 위해 일요일 등교를 지시● 한 정권의 음모를 간파한 학생들의 분노에 기인한 것이었다. 대구 시민들도 학생 시위에 함께한 이날의 민주화운동은 대한민국 건국 이후 민주개혁을 요구하는 최초의 자생적 시위였다. 4월혁명의 시작을 알리는 신호탄이 된 이 사건은 이후 '2·28민주운동'으로 불리며, 이날이 법정기념일로 지정되었다.

● 당국이 일요일 등교 지시를 내린 대구의 8개 공립고등학교는 경북고, 경북사대부고, 경북여고, 대구고, 대구공고, 대구농고(현 대구농업마이스터고), 대구여고, 대구상고(현 대구상원고)이다.

자유당 정권의 노골적인 부정선거 획책에 반대하는 전국의 고등학생, 대학생의 시위 속에서 3월 15일 선거가 단행되었다. 선거 당일 곳곳에서 부정선거 규탄 대회가 벌어졌는데, 최초의 유혈사태가 발생하였다. 경상남도 마산에서 경찰이 시위대를 향하여 발포하여 8명이 사망하고, 70여 명이 부상당한 것이다. 이날의 시위 참가자로 추정되는 시신이 4월 11일 마산 앞바다에서 발견되자 시민들의 분노는 걷잡을 수 없게 되었다. 김주열은 고등학교 입학을 앞둔 만 16세의 소년으로, 시신의 눈에는 경찰이 쏜 최루탄이 박혀 있었다.

고등학생 시위를 이어 대학생 시위는 서울에서 시작됐다. 4월 18일 고려대학교 학생들이 부정선거 규탄 시위를 전개하였는데, 정치깡패가 동원되어 수십 명의 학생들을 다치게 만들었다. 이 내용이 4월 19일 언론에 보도되었고 이날 많은 시민과 대학생들이 시위에 나서게 되었다. 이 시위는 4월혁명 기간 중 가장 큰 규모의 시위였다. 경찰은 시위대를 제지하려고 최루탄을 수없이 발사했으며, 경무대 앞과 내무부 앞, 이기붕 집 앞을 비롯한 여러 곳에서 경찰이 발포한 총에 수십 명이 사상을 당하였다. 언론 매체들은 이날을 '피의 화요일'로 명명하였다. 정부는 시위대를 저지하기 위하여 계엄령을 선포하고 군대까지 동원하였지만, 학생과 시민의 자발적인 참여와 저항을 막을 수 없었다.

해방 이후 교육 시설의 확충과 기회 확대로 서구에서 들어온 민주의식이 교육을 통해 학생들에게 제공되었다. 특히 민주주의 교육은 국민학교부터 중등학교까지 지속적으로 실시되었고, 교과 내용은 자유민주주의의 정신과 이상을 중심으로 구성되었다. 이런 배경은 학생들을 독재와 부정선거에 민감하게 만들었다. 민주주의 교육과 정치현실은 학생들을 4월혁명의 주도세력으로 자리잡게 했다. 고등학생들이 시작했고 대학생, 심지어 초등학생도 참가하였다. 어린 학생들의 희생을 보다 못한 노인층까지 4월혁명 대열에 합류하면서 혁명주체의 범위는 전 국민적으로 넓혀졌다.

4월 24일 마산에서 할아버지 70~80명이 "책임지고 물러가라 가라치울 때는 왔다"(『동아일보』, 1960. 4. 25.)라고 적힌 플래카드를 들고 시위했다. 다음 날 할머니 200~300명이 "죽은 학생 책임지고 리대통령은 물러가라"(『조선일보』, 1960. 4. 26.)라며 시위했다. 부산에서도 고령의 노인이 플래카드를 들고 시위대 맨 앞에 나서기도 했다. 4월 26일 오전 11시 덕수궁 앞 군인들의 탱크 앞으로 4월 19일 동급생을 잃은 서울 수송국민학교 5~6학년 국민학생 100여 명이 스크럼을 짜고 달려왔다. 이들은 선두에 "군인 아저씨, 우리 오빠 누나들에게 총부리를 돌리지 마세요"라고 적힌 플래카드를 들고, "어린 피에 보답하라!"라고 외치며 시청 앞으로 행진하였다.

4·19혁명 플래카드를 들고 절규하는 초등학생 시위대
(4·19혁명 기념도서관 제공)

잊을 수 없는 4월 19일
학교에서 파하는 길에
총알은 날아오고
피는 길을 덮는데
외로이 남은 책가방
무겁기도 하더군요
나는 알아요 우리는 알아요
엄마 아빠 아무 말 안해도
오빠와 언니들이
왜 피를 흘렸는지……
– 수송초등학교 4학년 강명희
(『조선일보』, 1960. 4. 23., 3면)

4월혁명 희생자의 직업 분포를 보면 전체 희생자 186명 중 구두닦이, 신문팔이 등의 하층 노동자가 61명으로 가장 많다. 이들은 시위 현장에 누구보다 적극적으로 참여하였지만 4월혁명에서 지워진 존재가 되었다. 사회적 발언권이 없었기 때문이다. 그러나 이들의 참여와 희생은 4월혁명이 부정선거를 반대한 것이 아니라는, 당대의 사회·경제의 제 문제가 결합되어 확장되어 갔다는 것을 보여 주는 중요한 지표이다.

4월 26일 오전 10시 30분 이승만의 하야 성명이 발표되었고, 오후 2시 국회 본회의에서 이승만의 즉시 하야 등 4개 항으로 되어 있는 '시국수습결의안'이 만장일치로 통과되었다. 60여 일에 걸친 민주주의 장정은 일단 막을 내렸다. 4월혁명은 우리 역사상 최초로 시민의 힘으로 집권자를 몰아낸 사건이었다. 혁명이라는 이름에 걸맞은 구조적 변화를 달성하지는 못했지만, 민주주의의 권한이 누구에게 있는지를 확인시켜 주었다.

한국적 민주주의의 허구를 벗기다 – 반독재 민주화운동

4월혁명의 성과가 제대로 자리 잡기도 전에 박정희 소장을 위시한 소수의 군인이 군사쿠데타를 일으켜 군정을 실시하는 상황이 일어났다. 쿠데타 세력은 "반공을 국시의 제일의로 삼고 지금까지 형식적이고 구호에만 그친 반공 태세를 재정비·강화한다"는 혁명공약 제1조를 근거로 4월혁명기에 분출된 통일운동, 민주화운동 세력을 용공분자로 규정하고 이들을 '특수반국가행위 위반죄'로 구속시켰다. 박정희는 군복을 벗고 1963년 12월 17일 제5대 대통령에 취임하였다. 이로써 제3공화국이 시작되었다.

대통령 취임 후, 일본과의 과거사를 청산하지 못한 상태에서 곧바로 1964~1965년 한일 간 회담이 진행되었고 한일협정이 체결되었다. 한일회담은 시민들의 민족정서를 크게 고무시켰고, 박정희 정권의 '민족' 인식에 대해 의심하는 계기가 되었다. 한일회담을 굴욕외교로 규정한 대학생들과 시민들은 박정희 정권이 내건 '민족적 민주주의'를 장례한다는 기치 아래 전국적으로 반대운동을 전개하였다. 학생, 시민의 강력한 저항을 받은 박정희 정권은 1964년 6월 3일 계엄령을 선포하고, 학생운동 배후에 불온한 용공세력이 있다고 조작한 '인민혁명당 사건'을 일으켰다. 이 사건은 박정희 정권이 출범시킨 국가 정보기구인 중앙정보부에서 조작한 박정희 정권 1호 공안 사건이 되었다. 중앙정보부는 이후에도 지속적으로 정권에 반대하는 학생과 시민을 잡아 고문하고 사건을 조작하는 중심기구 역할을 담당하였다.

박정희 대통령이 3선을 위해 1969년 제6차 개헌을 단행하자 6월부터 시작된 삼선개헌 반대 운동은 빠른 속도로 전국화되었다. 시위 확산을 막기 위해 많은 대학교와 고등학교에 조기방학 조치를 취했으나, 9월 개학 후에도 시위가 사그라들지 않자 38개 대학교가 문을 닫는 사태로 번졌다. 학생과 시민들의 삼선개헌 반대는 '정권 교체 가능성의 제도적 보장'이 민주주의 정치의 필요조건이라는 신념에 따른 것이었다. 시민들의 반대에도 불구하고 일명 삼선개헌을 통해 재집권에 성공한 박정희 대통령은 이에 만족하지 않고 장기집권 기획을 구상하였다. 1971년의 대통령 선거와 국회의원 선거 결과는 안정적 장기집권에 강력한 위협으로 다가왔기 때문이었다.

1971년 4월 27일 제7대 대통령 선거에서 박정희는 겨우 백만 표도 되지 않은 차이로 당선되었다. 김대중은 도시에서 51.5%, 특히 서울에서 58%나 득표함으로써 박정희를 위협하는 정치적 인물로 부상하였다. 같은 해 5월 25일 실시된 제8대 국회의원 총선거에서 여당인 공화당은 주요 후보가 낙선하는 등 서울, 부산, 대구 등 도시에서 크게 고전하는 상황이 되었다. 공화당은 대도시에서 야당에 참패했으며 개헌 가능 의석을 확보하지 못하는 선거결과를 맞이했다. 재집권을 원한다면 남은 대안은 '비합법적'이고 '비정상적'인 방법뿐이었다. 그 시작은 1971년 10월 15일 '위수령' 발표였다. 유신체제를 수립하는 길로 접어든 것이다.

학생운동의 시대 – 긴급조치와 반유신운동의 전개

1972년 10월 17일 박정희 대통령은 국회 해산, 정당 및 정치활동의 중지 등 헌법의 일부 기능을 정지시킨다는 특별선언을 발표하고 전국에 비상계엄을 선포하였다. "비상국무회의는 1972년 10월 27일까지 조국의 평화 통일을 지향하는 헌법개정안을 공고하며, 이를 공고한 날로부터 1개월 이내에 국민투표에 붙여 확정시킨다."라는 내용이 선언에 포함되면서 1972년 12월 27일 헌법이 공포되었다. 10월 27일 특별담화문에 "유신적 개혁 단행만이 국가의 안전과 조국의 평화적 통일을 기약하는 유일한 길"이라는 내용이 담겨, 일련의 사태를 '10월 유신', 개정된 헌법은 '유신헌법'으로 명명되었다. 유신헌법은 삼권분립의 민주주의 제도를 붕괴시켜 모든 권한을 대통령에게 집중시키는 초법적 성격을 가지고 있었다. 유신헌법으로 박정희는 통일주체국민회의의 간접선거에 의해 제8대 대통령에 취임했다.

왜 박정희는 유신체제가 필요했을까? 당시 박정희는 국제정세의 변화와 국내의 사회·경제적인 어려움에 봉착해 있었다. 미국은 1970년 닉슨 독트린에 이어 1972년 중국을 방문하면서 아시아 냉전체제의 변화를 위한 대아시아 정책을 펼쳤다. 미국은 이런 기조하에 대한 정책에도 변화를 가져오고자 하였다. 가장 큰 변화는 미군 감축과 남북 대화 추진 독려였다. 박정희는 미국의 압박 속에 유신체제 선포 직전 1972년 7월 4일 남북한은 '조국 통일은 자주적·평화적으로 실현하고, 민족적 대단결을 도모한다'는 내용의 기본원칙에 합의하는 7·4 남북공동성명을 공동으로 발표하였다. 국내적으로는 1971년 광주대단지 사건, 한진상사 소속 파월 노동자 KAL 빌딩 방화 사건 등이 이어지며 소외된 노동자·빈민들의 생존권 문제가 터져 나왔다. 무엇보다 1971년 대통령 선거 과정에서 나타난 민심 이반은 정권의 안위를 불안하게 만들었다. 유신체제 필요성의 핵심은 국내외의 불안한 정세 속에서 정당성이 결여된 박정희 정권의 권력을 유지하고자 하는 것이었다.

국민기본권을 철저히 제약하고 대통령의 권한을 극대화한 유신헌법이 가진 위헌성에 대한 문제의식이 학생, 지식인을 중심으로 퍼져 나갔다. 이런 상황 속에 1973년 8월 일본 도쿄에서 야당 정치인 김대중이 납치되는 사건이 발생했다. 며칠 뒤 김대중은 서울로 귀환했는데, 중앙정보부가 직접 저지른 사건으로 밝혀졌다. 강력한 대통령 후보로 반유신운동을 전개하던 김대중이 납치된 사건은 반유신운동 확산에 불을 지폈다. 1972년 12월 전남대에서 유신체제를 비판하는 『함성』지 사건이 있었고, 1973년 4월 서울에서 박형규 목사의 부활절 연합예배에서 유신 반대 운동이 전개되었다. 본격적인 반유신운동은 대학생이 중심이 되어 전개되었다. 반유신시위는 1973년 10월 2일 서울대학교를 시작으로 전국 대학으로 이어졌다. 경북대 반유신시위는 1973년 11월 5일 전개되었는데 지역 대학에서는 반유신시위의 첫 신호탄이었다.

정권은 긴급조치로 학생 저항을 막고자 하였다. 유신헌법의 위험성 중 하나는 대통령의 긴급조치 발동이었다. 유신헌법은 대통령이 필요하다고 생각되는 경우 국정 전반에 걸쳐 '긴급조치권'(유신헌법 제53조)을 선포하여 국민의 자유와 권리를 제약할 수 있는 권한을 부여하고 있다. 유신체제가 가진 문제 중 하나가 '긴급조치권'의 남발이었다. 1974년 1월 8일의 긴급조치 제1호 발동 이후 1975년 5월 15일 긴급조치 제9호까지 발포되었다. 이 중 유신체제를 비방하거나 반유신 활동 규제에 관한 긴급조치는 제1호, 제4호, 제9호이다. 긴급조치 제9호는 박정희 사망 후 1980년 10월 27일 헌법이 개정되면서 사라졌는데, 이는 5년 이상 지속된 최장기 긴급조치였다.

수많은 학생과 시민이 긴급조치 위반으로 구속되었다. 1974년 4월 3일 서울 지역의 각 대학에서 '전국민주청년학생총연합(민청학련)' 연명으로 반유신 유인물이 배포되자 밤 10시 긴급조치 제4호가 선포되었다. 긴급조치 제4호 위반으로 전국에서 대학생 1,024명이 구속되었다. 소위 민청학련 사건으로, 이 사건을 배후 조정했다고 정권이 조작한 공안사건이 '인혁당 재건위 사건'이다. 구속된 학생들은 군사재판을 받았으며, 단지 유신체제를 반대하는 집회와 유인물을 제작했다는 이유로 사형, 무기징역, 15년형을 받았다. 각계각층이 학생 구속을 강력하게 반대했으며, 반유신시위는 학생을 넘어 종교계, 언론계, 학계로 번져 나갔다. 박정희 정권은 민청학련 관련자 대부분을 구속시킨 지 1년도 안 된 1975년 2월 15일 형 집행 정지로 석방하였다.

대통령 긴급조치 제4호, 1974. 4. 3. 제정(총 11항으로 구성)
1. 전국민주청년학생총연맹과 이에 관련되는 제 단체를 조직하거나 또는 이에 가입하거나, 단체나 그 구성원의 활동을 찬양, 고무 또는 이에 동조하거나, 그 구성원과 회합, 또는 통신 기타 방법으로 연락하거나, 그 구성원의 잠복, 회합·연락 그 밖의 활동을 위하여 장소·물건·금품 기타의 편의를 제공하거나, 기타 방법으로 단체나 구성원의 활동에 직접 또는 간접으로 관여하는 일체의 행위를 금한다.
8. 제1항 내지 제6항에 위반한 자, 제7항에 의한 문교부장관의 처분에 위반한 자 및 이 조치를 비방한 자는 사형, 무기 또는 5년 이상의 유기징역에 처한다.

1974년 4월 민청학련 사건 연루자로 비상보통군법회의에서 사형을 선고받은 후 무기징역으로 감형되었다가 1975년 2월 형 집행 정지로 석방된 김지하는 "세월이 미쳤든지 내가 미쳤든지, 아니면 둘 다 미쳤든지 뭔가 이상하다."라는 말로 이 사건이 얼마나 엉터리 조작극이었는지를 질타하였다.

1975년 6월 7일 '학도호국단 설치령'을 대통령령으로 공포해 학교를 작은 병영으로 만들었다. 교련 수업과 군입소 병영 훈련은 필수과목이 되었다. '멸공과 승공'을 주제로 집단 행사가 수시로 개최되었다. 정권은 대학생의 반유신시위를 막기 위해 '짭새'라고 불리는 사복경찰을 교정에 포진시켰다. 이에 학생들의 반유신시위 양상도 변했다. 모이기만 하면 바로 체포되는 상황 속에서 시위는 구속을 감수하는 특공대식, 최소 5분은 버터야 하는 5분 시위, 도심에서 유인물을 몰래 살포하는 게릴라 방식 등으로 전개되었다. 대표적인 시위로 1979년 11월 24일 서울 명동 YWCA 1층 강당에서 위장결혼식을 진행한 사건도 있었다. 하객 모두 반유신시위에 참가하기 위해 모인 사람들이었다.

반유신시위를 주도한 것은 대학생이었지만, 종교계, 언론계, 학계 등도 반유신시위를 위해 조직을 결성했다. 종교계에서는 천주교정의구현전국사제단이, 언론계에서는 자유언론수호투쟁위원회가 결성되었다. 반유신시위로 구속된 양심수 가족들이 모여 1974년 9월 구속자가족협의회를 출범하였다. 구속자가족협의회는 긴급조치 제4호로 구속된 민청학련과 인혁당 재건위 사건 가족들이 모여 진상 규명과 구속자 석방을 요구하기 위해 조직되었다. 특히 구속자가족협의회의 회원들은 가족의 석방 운동을 넘어서 반독재 투쟁에 동참하여 민주화운동가로 성장해 나갔다는 의미를 가지고 있다.

유신체제는 붕괴의 조짐을 보이고 있었다. 1979년 8월 YH무역 여성 노동자 파업을 강경 진압하는 가운데 노동자 김경숙이 진압 과정에서 사망하는 사건이 발생하였다. 노동자들과 신민당원이 진상 규명과 책임자 처벌을 요구하며 무기한 농성에 돌입하였다. 대구 계명대 등 전국의 대학생들도 유신철폐를 요구하는 집회를 이어 나갔다. 박정희 정권은 반노동자적 입장을 견지한 채 1979년 10월 4일 김영삼의 의원직 제명을 전격적으로 처리하였다. 혼란한 정국이 이어져 갔다.

10월 16일 2,000여 명의 부산대 학생들이 "유신 철폐!"를 외치며 교문으로 향하자 경찰이 교내로 난입했고, 이에 시위대는 삽시간에 5,000여 명으로 불어났다. 여기에 고등학생, 대학생, 시민들이 합세하여 5만여 명의 시위대가 "독재 타도! 유신 철폐!"를 외치며 부산 일대를 몰아쳤다. 시위는 부산을 넘어 마산으로 이어졌다. 박정희 정권은 부산과 마산의 시위를 진압하기 위하여 공수부대를 투입했다. 18일 0시를 기해 부산 지역에 비상계엄령이, 20일에는 마산과 창원 일대에 위수령이 발동되었다.

1979년 10월 26일 박정희 대통령이 궁정동 안가에서 중앙정보부장 김재규에 의해 피살되었다. 시민들은 유신독재가 끝나고 민주주의가 실현될 것으로 기대하였다. 그러나 박정희 대통령이 사망한 뒤에도 정치는 민주적으로 이루어지지 않았다. 전두환이 이끄는 일부 군인들이 1979년 12월 12일 군사 반란을 일으켜 정권을 장악하였다. 신군부의 등장으로 군사독재가 이어질 것이라는 우려가 커졌다. '서울의 봄'이라고 불리는, 1980년 초부터 유신 철폐와 신군부 퇴진을 요구하는 대대적인 민주화운동이 일어났다. 1980년 5월 15일 서울역 광장에는 10만 명에 이르는 대학생과 시민들이 참여한 서울역 집회가 진행되었다. 전국 26개 대학에서도 이날 행사에 참여하였다. 이날 집회 참가자들은 계엄 해제와 민주화 추진을 요구하며 밤늦게 시위를 전개하였다. 학생 지도부는 시위가 계속될 경우 군 개입의 빌미를 줄 수 있다고 판단하여 해산을 발표하였다. '서울역 회군'으로 불리는 이날, 유일하게 회군하지 않았던 곳이 전라남도 광주였다.

죽음을 넘어, 시대의 어둠을 넘은 시민항쟁 – 5·18민주화운동

전두환 계엄사령관은 5월 17일 24시를 기해 비상계엄령을 전국적으로 확대하고 김대중, 김종필, 문익환 등 주요 인사를 연행했다. 비상계엄령 선포로 전국의 모든 대학이 휴교가 되자 학생들의 집회는 어렵게 되었다. 그러나 전남 광주의 전남대, 조선대 등의 학생들은 5월 17일 집회를 해산하면서 '특별한 일이 있으면 전남대 교문에서 모이자'는 결의에 따라 5월 18일 아침 전남대 정문으로 모여 계엄 철폐와 신군부 퇴진을 요구하는 시위를 전개하였다. 5·18민주화운동의 시작이었다. 신군부는 공수부대까지 동원하여 시위대에게 무차별 폭력을 가하고 학생과 시민을 대거 잡아들였다. 모인 학생 수는 200여 명에 불과했고, 진압은 경찰만으로도 충분했다. 왜 군인이 등장했을까? 당시 전두환 등의 신군부는 집권 시나리오에 따라 이루어질 조치에 대한 반대 집회가 있을 것으로 예상하면서, 진압 병력 투입 및 강경 진압 방침을 결정했다. 시국 수습 방안은 계엄 확대와 동시에 공수부대를 투입해 과감한 방법의 타격으로 시위대를 진압한다는 지침이 즉각 실행될 것을 전제로 하는 것이었다.

5월 18일 광주에 등장한 군대는 3, 7공수여단이었다. 이들은 학생들을 마구잡이로 구타하고 학생들이 실신하면 군 트럭에 실었다. 군 지휘부는 포고령 위반자의 엄중 처리, 소요자 타격 및 체포 명령을 내렸고, 공수부대는 진압봉뿐 아니라 총기 개머리판, 대검까지 휘두르며 공세적 진압에 나섰다. 연행자를 광주 금남로에서 옷 벗기고 구타하는 상황이 지속되었다. 이날 하루 동안 학생 224명, 일반인 181명 등 405명이 연행되었다. 군 투입은 추가되어 5월 19일에는 11공수여단이 광주에 들어왔다. 분노한 시민들이 전남도청 앞에 모여 계엄군의 만행을 비판하고 신군부의 퇴진을 요구하며 계엄군 장갑차를 공격했고, 이 과정에서 11공수여단 장교의 발포로 총상자가 발생하였다.

5월 21일은 석가탄신일이었다. 오전부터 전남도청과 전남대학

공수부대에 의해 끌려가는 광주 시민(5·18기념재단 제공)

교 앞에서 계엄군과 시위대가 대치하고 있었다. 시민 대표는 21일 오전에 계엄군과 협상을 진행했지만 결렬됐다. 시위 진압 부대인 20사단까지 광주에 들어왔다. 오후 1시 도청 스피커에서 애국가가 울려 퍼지면서 계엄군의 조직적이고 계획적인 발포가 시작됐고 수많은 청년이 금남로에서 공수부대의 집중사격을 받고 쓰러졌다. 도청 집단 발포 이후, 공수부대원들은 금남로에 위치한 전일빌딩·수협·광주관광호텔 등에 4인 1조로 올라가 조준사격을 가했고, 이날 54명의 광주 시민이 희생되었다. 21일의 발포 명령을 누가 내렸는지는 아직까지 밝혀지지 않았다. 일부 시민들은 경찰서와 군부대의 무기고를 습격하여 무장하고 시민군을 조직하여 맞섰다. 시민들의 저항은 점차 광주 주변 지역으로 확대되어 갔다. 신군부는 계엄군을 일단 광주 외곽으로 철수하였지만, 언론을 통제하며 광주 시민을 폭도로 몰아갔고 광주로 통하는 교통과 통신을 차단하였다.

5월 22일 이후로 광주는 군인들에 의해 완전 포위·봉쇄당했다. 너무 많은 희생자가 발생하자 광주 시민은 22일 시민 수습 대책위원회를 구성하여 자발적으로 무기를 회수하고, 정부에 평화적 협상을 요구하고 나섰다. 외신기자들에 따르면 계엄군이 외곽으로 물러가고 시민군이 치안과 방위를 담당하는 가운데, 시민들은 자치질서를 찾아 가고 있었다. 계엄군에 의해 외부와의 통신과 교통이 차단된 상황에서 광주 시민은 계엄 해제와 자유 민주화 요구 인사를 석방할 것을 요구하면서 시민군 대표를 조직해 계엄군과의 협상에 나서는 한편, 시민군 자체적으로 무기를 회수하고 도시의 치안을 담당했다. 광주 시민들에게서 높은 시민정신과 도덕성을 볼 수 있었다. 부상자를 치료하기 위한 헌혈 행렬이 이어지고 행정과 치안 공백 상태에서도 큰 사건·사고가 한 건도 발생하지 않았다. 시민 자치 기간에도 광주 시민의 협력으로 행정기관의 역할이 상당 부분 유지됐다. 이 기간을 '광주해방구' 또는 '해방광주'라고 부른다.

5월 27일 새벽 상무충정 작전이 개시되었다. 계엄군은 탱크와 헬기까지 동원하여 새벽 4시 10분 전남 도청에 남아 있던 마지막 시민군을 모두 사살하면서 광주를 접수하였다. 5·18민주화운동의 희생자 수는 정확히 알 수 없다. 군에 의한 암매장 등이 제대로 밝혀지지 않았기 때문이다. 광주시에서 2009년에 5·18광주민주화운동 29주년을 맞아 당시 목숨을 잃거나 다친 사람을 집계한 결과, 사망자가 163명, 행방불명자가 166명, 부상 뒤 숨진 사람이 101명, 부상자가 3,139명, 구속 및 구금 등의 기타 피해자가

1,589명, 아직 연고가 확인되지 않아 묘비명도 없이 묻혀 있는 희생자가 5명 등으로 집계되어 사상자가 총 5,189명으로 확인됐다.

5·18민주화운동은 이후 한국 민주주의 여정의 방향과 성격을 규정하는 데 큰 영향을 주었다. 부당한 국가권력에 대항하는 '시민 저항권'에 대한 의미를 규정하였으며 국가의 의무와 시민의 권리를 다시 한번 정의하게 만들었다. 5·18민주화운동은 1980년 전두환 정권에서는 '광주폭동', 1988년 노태우 정권에서는 '광주사태'로 명명됐다. 이후 '진상 규명, 책임자 처벌'을 요구하는 시민들의 끈질긴 요구로 '민주화운동, 민중항쟁' 등으로 개명된 후 1995년 12월 19일 여야 합의에 따라 '5·18민주화운동 등에 관한 특별법'이 제정되는 성과를 만들었다. 2011년 5·18민주화운동 관련 기록물은 국가폭력에 대한 민중의 저항을 담은 가치가 인정되어 유네스코 세계 기록 유산으로 등재되었다.

"호헌 철폐! 독재 타도!" – 6월민주항쟁

근대 민주주의는 선거를 통해 자신의 정치적 권한의 일부를 다른 사람에게 양도하는 대의민주주의의 성격을 가진다. 대한민국 대통령은 만 18세 이상 유권자들의 직접투표로 선출된다. 이런 선거 방식이 대한민국 정부 수립 이후 계속되었던 것은 아니다. 1972년 제8대부터 제12대 대통령 선거는 통일주체국민회의, 대통령선거인단만이 투표하는 간접선거였다. 정권 입맛에 맞게 구성된 선거인단이 체육관에서 투표한다는 의미로 이를 '체육관 선거'라고 불렀다.

1987년 4월 13일 간접선거로 선출된 전두환 대통령은 특별담화를 통해 "이제 본인은 임기 중 개헌이 불가능하다고 판단하고,

현행 헌법에 따라 내년 2월 25일 본인의 임기 만료와 더불어 후임자에게 정부를 이양할 것"이라고 발표했다. 호헌 선언이었다. 시민들은 직선제 개헌을 열망하였다. 담화 발표 후 각계각층은 "호헌 철폐"를 외쳤다. 학생, 교수, 종교인, 국회의원, 영화인, 가수, 의사 등 다양한 계층에서 성명서 발표, 기도회 개최, 심지어 단식 투쟁까지 전개하였다. 시민들의 정치적 자유를 중심으로 한 민주주의에 대한 열망은 정권의 폭력성과 반민주성이 폭로되면서 6월 민주항쟁으로 폭발하였다.

6월민주항쟁의 대장정은 서울대생 박종철의 고문치사가 포문을 열었다. 1987년 5월 18일 천주교정의구현사제단이 박종철이 남영동 대공분실에서 물고문으로 사망했다는 사실을 폭로하자, 정권의 폭력성과 부도덕성에 대한 국민의 분노가 폭발하였다. 5월 27일 학생, 종교인, 정치인, 재야세력은 '민주헌법쟁취국민운동본부(국본)'를 결성하였다. 제대로 된 대통령을 국민이 직접 뽑아야겠다는 의지로 서울뿐만 아니라 전국에서 지부조직이 결성되어 대통령 직선제 개헌과 고문 살인 정권 퇴진 운동을 전개하였다.

6월 10일 민주정의당은 전당대회를 열어 차기 대통령 후보로 신군부 하나회 소속으로 내무부장관을 역임한 노태우를 지명하였다. 이미 국본은 민주정의당의 전당대회를 반대하는 결의로 '고문 살인 은폐 규탄 및 호헌 철폐 6·10국민대회'를 전국 22개 지역에서 동시에 전개하기로 하였다. 이 과정에 6월 9일 행사 참가를 위해 미리 연세대학교에 모인 학생들이 교문을 대치하고 시위를 벌이던 중 경찰이 쏜 직격 최루탄에 맞아 연세대학교 이한열이 의식불명이 되는 사건이 발생했다. 이한열의 최루탄 피격 사건은 박종철 고문치사 은폐 사건과 더불어 시민의 분노를 폭발시킨 기폭제가 됐다. 6월 10일의 시위는 걷잡을 수 없이 타올랐다. 6월민주항쟁을 6·10민주항쟁으로 부르는 계기가 된 시위였다.

6·10국민대회가 6월민주항쟁으로 진전되는 데는 소위 넥타이부대의 참여가 중요했다. 6월민주항쟁이 범시민저항운동으로 진화하는 데 큰 역할을 담당하였기 때문이다. 넥타이를 맨 직장인들은 "학생들의 주장이 정당한데도 정권이 반성하기는커녕 오히려 폭력적 대응을 했고, 그 과정에서 대학생이 국가폭력으로 죽었다는 것에 대한 분노의 표출이었다."라고 회고했다. 진압대에 밀린 시위대는 명동성당으로 피신하여 6월 10일 밤부터 15일까지 농성투쟁을 이어 갔다. 명동성당에는 대학생뿐만 아니라 저녁에 퇴근하여 성당 집회에 참여한 넥타이부대 직장인, 수녀와 신부님, 명동성당에서 천막 생활을 하던 상계동 철거민까지 모여 저녁이 되면 토론회를 진행하였다. 한때 명동성당 주변에서는 1만여 명이 모여 대규모 시국토론회를 벌이기도 하였다. 6월 18일 이한열이 아직 깨어나지 못하고 있고, 곳곳에서 최루탄 피해자가 속출하자 국본은 최루탄추방대회를 열었다. 6·10국민대회보다 더 많은 시민이 참여한 이 행사에 민주화실천가족운동협의회 어머니들이 앞장을 섰다. 어머니들은 모두 자식이 양심수로 구속되어 있었다. 삼베 수건을 머리에 쓴 어머니들은 최루탄 발사기를 들고 서 있는 전경에게로 다가가 그들 가슴에다 장미꽃과 카네이션을 달아 주었다.

강력한 탄압에도 민주화를 요구하는 시위가 계속되자, 전두환 정권은 6월 29일 호헌 조치 철회와 대통령 직선제를 선언했다. 6월민주항쟁은 권위주의 정치체제를 종식시키고 절차적 민주주의를 안착시키는 성과를 만들었다. 정치적 민주주의만 보장받은 것이 아니었다. 금지곡이었던 '아침이슬' 등 500곡이 해금되고, 판금도서 400여 종이 해금되었다. 하고 싶은 말도 할 수 있는 자유가 보장되게 된 것이다. 이후 6월민주항쟁은 노동자 대투쟁으로 이어졌다. 군부정권하에서 생존권과 노동권을 억압받아 온 노동자들은 6월민주항쟁의 성과로 일정하게 정치적 자유가 허용된 국면에서 자신들의 요구를 적극적으로 주장하기 시작하였다. 울산의 현대중공업에서 시작된 노동자 대투쟁은 부산과 거제, 마산을 거쳐 전국 노동현장으로 이어진 한국 역사상 최대 규모의 노동자 대투쟁을 7월부터 9월까지 전개하였다. 6월민주항쟁은 '직선제 개헌'을 중심으로 한 절차적 민주주의를 외쳤지만, 임금 인상, 노동조건의 개선, 민주노조 건설 등을 외치는 경제적 민주화운동으로 이행되어 갔다는 것을 보여 준다.

1987년 6월의 여름을 경험한 시민들은 정치·사회·문화의 각 영역의 민주주의가 완성되기 위해서는 시민 참여가 중요하다는 것을 자각하였고, 각 부문의 민주적인 시민단체가 활발하게 결성되어 실질적인 '시민사회'가 시작되었다.

— 윤정원

생각 더 하기

1. 민주주의 실현을 위한 시민의 역할은 무엇일까?
2. 현재 우리 사회의 민주주의는 어떤 내용이 보강되어야 할까?

참고문헌

대구경북민주화운동사편찬위원회, 『대구경북민주화운동사』, 선인, 2020.
민주화운동기념사업회 한국민주주의연구소 엮음, 『한국민주화운동사 1』, 돌베개, 2008.
민주화운동기념사업회 한국민주주의연구소 엮음, 『한국민주화운동사 2』, 돌베개, 2009.
민주화운동기념사업회연구소 한국민주주의연구소 엮음, 『한국민주화운동사 3』, 돌베개, 2010.
민주화운동기념사업회 오픈아카이브, https://archives.kdemo.or.kr.
서중석, 『사진과 그림으로 보는 한국현대사』, 웅진지식하우스, 2005.

4. 국가폭력의 구조와 치유를 위한 노력

한국 현대사와 국가폭력 네트워크

> 1947년 가을, 외지경찰 30~40명이 일개 소대처럼 뭉쳐서 마을에 들어와 집집마다 뒤진 뒤 남자들을 도로 앞에 꿇어 앉혀 놓고 몽둥이로 팼다. …… 끌려간 사람들은 주로 지역유지들이었는데 경찰이 입수한 '원명부'(남로당에서 가입 대상자를 지목하여 적은 명부)에 이름이 올라 있다는 이유로 잡혀가 사살되었던 것으로 알고 있다. …… 삼촌이 연행된 3일 후에 동도리 사람들에게서 연락이 와 대구뜰 골짜기로 가 보니 5~6명을 둘씩 끈으로 연결하여 묶어 놓고 총살했더라.●

● 진실·화해를위한과거사정리위원회, 『대구10월사건 관련 민간인 희생 사건』, 2010, 91쪽.

위의 인용문은 10월항쟁기에 경상북도 영천군 고경면에서 희생된 피해자 유족의 증언이다. 10월항쟁은 1946년 10월 미군정 정책에 불만을 가진 민간인과 일부 좌익세력이 일으킨 봉기였다. 10월항쟁은 전국에서 발생했지만, 특히나 대구·경북 지역에서 가장 먼저, 그리고 광범위하게 벌어졌다. 그러므로 경찰의 10월항쟁 진압 과정에서 나타난 국가폭력도 대구·경북 지역에서 가장 크게 자행되었다. 지역민들은 무려 한국전쟁기까지 지속적으로 폭력에 노출되었다.

10월항쟁 이후 대구·경북 지역이 겪은 국가폭력의 양상은 매우 참혹했지만, 해방 이후 전국적으로 수많은 사람이 경험한 보편적 일상이기도 했다. 분단 과정과 한국전쟁이 가진 내전적 성격은 사회적 적대를 폭발시키고, 국가기구의 폭력성을 극대화함으로써 한국 현대사와 국가폭력의 관계를 뗄 수 없는 것으로 만들었다. 휴전 이후에도 국가는 내부의 적을 색출하거나 만들어 내기 위해 수많은 시민에게 연행, 폭행, 구속, 고문 등을 자행했다. 국가는 피해자들을 '빨갱이'나 '간첩'으로 몰아 폭력을 정당화했다.

반공주의는 오랫동안 국가폭력을 정당화하는 이데올로기였다. 국가에 대한 정치적 비판자들은 손쉽게 빨갱이나 간첩으로 내몰렸다. 때로는 어떤 지역에 살았다는 사실만으로도 빨갱이나 간첩의 범주에 들어가곤 했다. 더 큰 문제는 빨갱이나 간첩으로 몰린 이들에게 '절멸'에 가까운 엄혹한 처벌이 가해졌다는 것이다. 반공주의는 낙인과 처벌에 대한 두려움을 유발해 국민들의 정치적·사상적 자유를 억압하고 국민 스스로를 검열하게 만들었다. 그러나 반공주의만이 그러한 효과를 발휘한 것은 아니었다. 국가폭력은 반공주의를 뒷받침하는 법과 국가기구의 연계 속에 실행되었다. 그러한 법-기구 간의 유기적 관계를 국가폭력 네트워크라 명명할 수 있다.

국가폭력 네트워크의 가장 정점에는 국가보안법과 반공법이 존재한다. 1948년 12월 1일, 여순 사건이 발생한 지 약 한 달 만에 제정·시행된 국가보안법은 일제강점기 독립운동을 처벌하기 위해 활용되었던 치안유지법을 계승한 법이다. 제정 국가보안법 제1조는 "국헌을 위배하여 정부를 참칭하거나 그에 부수하여 국가를 변란할 목적으로 결사 또는 집단을 구성한 자"를 처벌한다고 규정한다. '결사 또는 집단을 구성'하는 행위는 헌법상의 권리이기에, 국가보안법의 처벌 대상은 '행위'가 아니라 '목적'이다. 이 점은 일반 형법과 국가보안법을 구별하는 독특한 특징이라 할 수 있다.

한편, 반공법은 5·16쿠데타 직후인 1961년 7월 3일 국가보안법을 보완하기 위해 제정·시행되었다. 반공법은 제4조에서 "반국가단체나 그 구성원의 활동을 찬양, 고무 또는 이에 동조하거나 기타의 방법으로 반국가단체를 이롭게 하는 행위"와 그러한 목적으로 "문서, 도화 기타의 표현물"을 어떤 방식으로든 취급한 자, 제6조에서 "반국가단체의 지배하에 있는 지역"으로 탈출하거나 잠입한 자 등을 처벌함으로써 언론과 표현의 자유를 심각하게 위축시켰고, 북한을 방문하는 것만으로도 범죄자가 될 수 있게 했다. 반공법 제정 이후 수많은 정부·사회 비판 기사나 저서, 문학작품, 영화 등이 "반국가단체를 이롭게" 한다는 죄목으로 처벌되었다. 어로 활동 중 북한에 납치당해 어쩔 수 없이 북한을 방문한 납북 어부들 역시 반공법 위반죄를 적용받았다. 1980년 12월 31일, 반공법은 국가보안법에 통합되어 현행 국가보안법의 토대를 이루게 되었다.

경찰, 군, 중앙정보부, 검찰 등의 국가기구는 이상의 법령에 기반해 국가폭력을 저질렀다. 경찰은 군과 함께 이승만 정권기에 이루어진 민간인 학살과 국가폭력의 중요한 주체였다. 정부 수립을 전후해 좌익 전력자들에 대한 사찰을 담당했던 경찰은 한국전쟁 초반 보도연맹과 형무소 재소자 학살을 저질렀으며, 휴전 후 진보당 등 이승만 정권에 대한 정치적 반대 세력 탄압에 앞장섰다. 그러나 이승만 정권기 가장 선두에 있던 경찰의 위상은 4월혁명과 5·16쿠데타를 거치며 중앙정보부로 대체되었다.

5·16쿠데타 직후 설립된 중앙정보부는 '정보 및 보안 업무의 조정·감독권'을 통해 다른 국가기구의 상위에 위치하며 정권을 뒷받침했다. 중앙정보부는 학원, 정당, 언론, 노동조합, 종교계 등 사회 각 부문을 사찰하며 민주화운동을 탄압하고 간첩 사건을 조작했다. 경찰과 검찰, 그리고 군 정보기구인 방첩대(보안사령부)는 중앙정보부의 조정과 감독을 받으며 국가폭력 네트워크를 구성했다. 10·26사건과 12·12쿠데타로 전두환 정권이 들어선 후 중앙정보부(국가안전기획부)의 위상은 다소 낮아졌고, 대신 보안사령부가 주목받기 시작했지만, 이후에도 중앙정보부는 보안사령부와 함께 국가폭력을 실행한 양대 기구였다.

이처럼 반공주의, 법, 기구가 만들어 낸 국가폭력 네트워크 속에서 많은 사람이 희생당하거나 고문받고 억압당했다. 한국 현대사의 마디마디엔 피해자들의 고통이 새겨져 있다. 그 고통을 외면하지 않고 정면으로 응시하는 노력, 어떤 역사적 배경과 구조가 그런 고통을 만들었는지를 밝혀 내는 노력은 더 자유롭고 민주주의적인 사회를 만들어 나가는 밑바탕이 될 것이다.

손가락 총이 생사를 가르다 – 4·3항쟁과 여순 사건

1947년 3월 1일, 좌익세력이 주최한 제주도 3·1절 행사에서 경찰의 발포로 6명이 사망하는 사건이 발생했다. 미군정기부터 일제 경찰 출신이 대다수를 차지하고, 민중에게 무자비한 탄압을 가한 경찰은 원성의 대상이었다. 이후 약 1년간 제주도민, 특히나 남로당 제주지부와 미군정 간의 갈등이 고조되었다. 1948년 4월 3일, 마침내 제주도 남조선노동당 지도부는 중앙당과의 협의 없이 무력 항쟁을 시도했다. 최초에 무장대의 규모는 3백여 명이었다. 그러나 미군정 정책에 대한 누적된 불만, 경찰과 서북청년단의 가혹한 폭력에 대한 거부감으로 많은 도민이 항쟁을 지지했다.

5·10선거 이후 제주도의 상황은 소강상태에 들어갔다. 그러나 신생 정부에게 4·3항쟁은 심각한 위협으로 받아들여졌다. 마침내 이승만 정부는 중산간 '초토화 작전'을 개시하여, 해안선에서 5km 이상 떨어진 중산간 지대 주민들에게 소개령을 내리고, 동 지대를 통행하는 자는 폭도대로 간주해 총살하겠다는 포고문을 발표했다. 희생자 대부분이 이 '초토화 작전'을 통해 발생했다.

군경토벌대는 중산간 지대 마을을 불태워 없애고, 남녀노소 가리지 않는 학살을 자행했다. 소개령을 따라 해안으로 내려간 주민들도 무장대에 협조했다는 이유로 죽임을 당했다. 이는 도민들이 소개령을 따르는 대신 한라산 깊숙이 피신하도록 만들었다. 소개령을 하달받지 못한 주민들이 집단적으로 희생을 겪는 일도 있었다. 군경토벌대 편으로 기울었다고 판단되는 마을에 대한 무장대의 보복 습격도 끊이지 않았다. 복수가 복수를 낳아 민간인들의 희생은 극에 달했다. 1949년 3월, '산에서 내려와 귀순하면 과거 행적을 묻지 않고 살려 주겠다'는 선무 공작이 전개되어 1만 명의 주민들이 하산했지만, 그중 1,600명이 총살당하거나 전국 각지의 형무소로 보내졌다.

한국전쟁이 발발하자 광범위한 예비검속과 형무소 재소자 학살이 단행되었다. 4·3사건 당시 다행스럽게 학살을 비껴간 많은 사람이 이 시기에 희생되었다. 극적으로 살아남은 사람들은 연좌제의 사슬에 묶여 각종 사회활동을 제약받았다. 당시까지 사람들이 살고 있던 많은 마을은 초토화 작전의 결과 불태워져 흔적조차 찾을 수 없는 '잃어버린 마을'이 되었다. 제주도 사람들은 '반역자'가 되었으며 제주도는 '반란의 섬'이라는 불명예를 수십 년 동안 감내해야 했다.

4·3항쟁의 여파 속에 여수와 순천에서는 여수·순천 사건, 즉 여순 사건이 일어났다. 1948년 10월 19일, 여수에 주둔하던 제14연대의 남로당 조직원들이 4·3항쟁 진압을 위한 출동 명령을 거부하며 반란을 일으켰다. 여수와 순천 지역 좌익세력의 호응으로 반란은 순천 일대까지 파급되었다. 그러나 군의 진압 작전으로 23일 순천이 탈환되었고, 27일 여수까지 탈환되었다. 반란군은 대부분 지리산에 들어가 한국전쟁기까지 빨치산 활동을 이어 갔다.

학살은 대부분 탈환 이후에 발생했다. 군은 지역을 진압한 뒤 그동안 반란군에 가담했던 부역자를 색출하기 위해 주민들을 공터에 소집했다. 이에 불응하거나 이탈하는 경우는 곧바로 부역자로 간주되었다. 주민들이 공터에 소집되면, 현지 경찰이나 우익 인사들을 시켜 부역자였던 사람을 지목하도록 했다. '손가락 총'으로 지목당하면 법적 절차 없이 즉석에서 처형되었다. 이 과정에서 피해자의 외모, 허위 고발, 허위 투서, 소문 등 자의적 요소들이 다양하게 개입해 반란군과 전혀 상관없는 민간인들이 대거 학살당했다. 1949년 11월 전라남도가 집계한 여순 사건 인명 피해는 무려 1만 1,131명이었다. 인명 피해가 극심했음에도 불구하고 4·3항쟁의 경우처럼 여순 사건 유가족들은 빨갱이 가족이라는 낙인하에 마음 놓고 애도하지 못했고, 심지어 시신을 마음대로 수습하지도 못했다.

4·3항쟁과 여순 사건은 분단이 얼마나 극단적 폭력을 야기했는

지를 극명하게 보여 주는 사건이었다. 제주도에서는 어떤 지역에 사느냐, 여수와 순천에서는 손가락으로 지목당하느냐 아니냐에 따라 빨갱이 여부가 좌우되었다. 빨갱이는 곧 죽음과 동의어였다. 4·3항쟁과 여순 사건에서 나타난 국가폭력은 한국전쟁기 민간인 학살의 전초전이었다.

사법 살인을 저지르다 – 진보당과 인혁당 사건

한국전쟁을 거치며 이승만 정권의 헌정 유린은 심화되었다. 제헌 헌법에 의해 국회에서 대통령과 부통령을 선출하면 자신이 재선될 가능성이 희박하다고 판단한 이승만은 1952년 부산정치파동을 일으켜 대통령을 직선제로 선출하는 개헌안을 통과시켰다. 1954년에는 사사오입 개헌을 통해 초대 대통령에 대한 중임 제한을 철폐하여 종신집권을 시도했다. 그러는 한편, 이승만은 휴전을 전후해 북진통일 관제데모를 대대적으로 일으키는 등 반공주의로 대중을 선동했다.

이승만 정권의 헌정 유린은 도시민 사이에서 비판적 여론을 고조시켰다. 1956년 대통령 선거에서 조봉암의 선전은 여론의 동향을 잘 보여 주었다. 선거 직전 민주당의 신익희 대통령 후보가 사망함에 따라 대통령 선거는 자유당의 이승만과 진보당의 조봉암 간 대결이 되었다. 일제강점기와 해방 직후 공산주의자로 활동했던 조봉암은 전향 후 5·10선거에 참여하여 대한민국 초대 농림부장관이 된 인물이었다. 조봉암은 1955년부터 해방 직후에 활동했던 중도 좌·우파를 아우른 혁신계 인사를 모아 진보당을 창당했고, 대통령 선거에서 북진통일론의 허구성을 비판하며 평화 통일을 주장했다. 조봉암은 비록 선거에서는 패했지만, 이승만의 대항

마로서 자신의 정치적 위상을 끌어올렸다.

영구집권을 꿈꾸던 이승만 정권은 조봉암의 존재를 눈엣가시로 여겼다. 1958년 1월, 서울시 경찰국은 진보당의 평화통일론이 북한의 통일론과 유사하다고 주장하며 조봉암을 비롯한 진보당 간부들을 간첩 및 국가보안법 위반 혐의로 체포하였다. 이어서 1958년 2월, 국군보안사령부의 전신인 육군 특무대는 조봉암이 이중간첩 양이섭을 통해 북한으로부터 공작금을 받았다고 발표했다. 2심 재판에서 양이섭은 조봉암에게 북한 공작금을 전달했다는 자신의 진술은 모두 특무대의 협박에 의한 허위 자백이라고 실토했다. 3심 재판부는 평화통일론은 합법이라고 판시했지만, 양이섭의 진술 번복을 받아들이지 않고 조봉암에게 사형을 선고했다. 조봉암은 대법원 판결에 대하여 재심을 청구했으나 1959년 7월 30일 대법원은 그의 재심 청구를 기각했다. 바로 다음 날인 7월 31일, 조봉암은 형장의 이슬로 사라졌다.

5·16쿠데타로 등장한 박정희 정권기에도 사법의 외피를 쓴 국가폭력은 계속되었다. 가장 대표적인 사례가 인민혁명당(인혁당) 사건이었다. 인혁당 사건은 두 차례에 걸쳐 일어났다. 두 차례 모두 정치적 위기를 돌파하기 위해 중앙정보부가 기획한 것이었으며, 박정희 정권에 반대한 학생운동 세력을 4월혁명 이후 통일운동을 전개한 혁신계와 묶어 간첩 사건으로 조작한 것이었다.

1964년 박정희 정권은 굴욕적 한일협정에 대한 학생들의 반대운동이 거세지자 쿠데타 이후 최대 위기를 맞이했다. 박정희 정권은 6월 3일 계엄령을 선포하여 가까스로 한일협정 반대운동을 진압했지만, 한일회담을 무기한으로 연기할 수밖에 없었다. 이에 8월 14일 중앙정보부는 “북괴의 지령을 받고 대규모적인 지하조직으로 국가를 변란하려던 인민혁명당 사건을 적발"했다고 발표했다. 학생들의 한일협정 반대운동이 인민혁명당의 배후조종을 받은 것이라고 주장하기 위해서였다.

그러나 '인민혁명당'이라는 이름을 가진 조직은 존재하지 않았다. 피의자들에게 고문이 가해졌다는 사실까지 폭로되었다. 결국 대법원에서 중앙정보부가 최초에 발표한 혐의는 대부분 인정되지 않았다. 제1차 인혁당 사건은 박정희 정권이 고문으로 사건을 조작해 정치적 위기를 돌파하려 한 첫 사례였다. 비록 첫 시도는 완전히 성공하지 못했지만, 사건의 망령은 10년 뒤 되살아났다.

1972년 10월 박정희 정권은 유신체제를 선포했다. 유신헌법은 대통령 한 사람에게 모든 권력을 집중시킨 헌법이었다. 특히나 유신헌법은 위기 시 대통령의 긴급조치권을 규정함으로써 대통령에게 무소불위의 권한을 부여했다. 박정희 정권은 긴급조치를 통해 유신 반대운동을 억누르고자 했다. 1974년 4월 3일 '전국민주청년학생총연맹(민청학련)'이 북한의 사주에 의해 정부 전복을 기도했다며 긴급조치 제4호를 발동했다. 중앙정보부는 민청학련의 배후에 10년 전 자신들이 반국가단체로 조작했던 인혁당의 재건위원회가 있다고 발표했다. 당연하게도 민청학련은 규약을 가진 단체가 아니었고, 인혁당 재건위라는 조직도 존재하지 않았다. 민청학련 사건 관련 학생들은 유신 반대 시위를 계획했을 뿐이었고, 인혁당 재건위 관련자로 지목된 이들은 과거 혁신계 운동에 관여했지만 이후 평범한 사회생활을 하던 사람들이었다.

대학생들이 얽힌 민청학련 사건과 인혁당 재건위 사건은 철저히 분리된 채 진행되었다. 인혁당 관련자들에게는 가족 면회도 금지되었고, 사건 조작을 위한 혹독한 고문이 가해졌다. 2심인 비상

고등군법회의에서 이들이 받은 형량은 사형 8명, 무기징역 7명, 징역 20년 4명, 징역 15년 4명이었다. 1975년 2월 국내외의 압력에 박정희 정권은 민청학련 사건 관련자 전원을 석방했지만 인혁당 관련자는 제외되었다. 그리고 4월 9일, 대법원에서 인혁당 관련자들에 대한 상고를 기각한 지 18시간 만에 사형이 집행되었다. 고문의 흔적이 역력한 시신은 가족들의 확인도 없이 화장되었다. 국제법학자협회는 8인이 사형당한 날을 '사법사상 암흑의 날'로 선포했다.

진보당 사건에서는 육군 특무대와 경찰이, 인혁당 사건에서는 중앙정보부가 사건을 조작했다. 아직 박정희 정권이 완전한 독재 노선을 취하기 전에 일어난 제1차 인혁당 사건을 제외하고 재판부는 조작된 증거를 그대로 인정했다. 따라서 진보당 사건과 인혁당 사건 모두 제도화된 국가폭력의 모습을 보여 주며, 사법의 외피를 쓴 살인에 가까웠다. 유사한 사건은 1980년대까지 수없이 되풀이되었다.

변방과 경계까지 손을 뻗치다 - 납북귀환어부와 재일한인 간첩 조작 사건

야당이나 학생, 지식인을 대상으로 했던 간첩 조작 사건은 1970년대부터 변방과 경계로 손을 뻗었다. 대표적으로 납북귀환어부 간첩 조작 사건을 꼽을 수 있다. 납북귀환어부는 휴전선 접경 지역에서 조업을 하던 중 북한 경비정에 피랍되거나, 방향을 잃고 북한 해상으로 넘어가 북한 당국에 의해 억류당한 후 한국으로 귀환한 어부를 지칭한다. 휴전협정은 육상과 달리 해상분계선을 설정하지 않았다. 휴전 이후 남북한 정부는 양자 합의 없이 북방한계선, 어로저지선, 어로한계선, 해상 군사분계선 등 다양한 선을 각각 발표했다. 더군다나 1970년대 이진까지 대다수 영세어민들의 어선은 동력기계 없이 돛에 의지하는 낡은 무동력 목선이었다. 무전시설은커녕 나침반조차 갖추지 못한 어선이 부지기수였다.

부족한 장비와 위험성에도 불구하고 어민들은 생계를 위해 동해와 서해의 경계선 부근에서 고깃배를 타다 납북되곤 했다. 북한은 납북된 어부들에게 근해상의 군사경비 상황, 주변 군사정보를 물었고, 다른 한편 북한 체제의 우월성을 홍보한 후 돌려보내는 전략을 구사했다. 법원은 1967년까지는 고의 월선이 입증되지 않는 한 이들에게 대부분 무죄를 선고했다.

1968년 1·21사태와 11월 울진·삼척 무장공비 침투 사건 이후 납북귀환어부에 대한 정부 방침은 급변했다. 안보 위기를 맞이하여 향토예비군을 창설하고, 학교에서 교련 교육을 실시하는 등 사회적 통제를 강화해 나가던 시점이었다. 이후 경찰과 검찰, 사법부는 납북귀환어부에게 미필적 고의를 적용해 국가보안법 및 반공법상의 간첩 행위죄로 처벌하기 시작했다. 이때 처벌은 북한 해역으로 넘어갔다는 아무런 물적 증거 없이, 장기간의 불법 구금과 고문을 통해 받아 낸 허위자백만으로 이루어졌다.

더 큰 문제는 납북귀환어부들이 처벌된 지 10여 년 후에 다시 소환되어 귀환 이후 간첩 활동을 했다는 명목으로 또다시 중형을 선고받는 경우가 부지기수였다는 점이다. 1970년대 이후 실적을 올려야 했던 국가기구들은 귀환 후 사찰 대상으로 관리했던 어부들을 다시 불법 구금한 후 고문하여 이들을 장기간 북한 지령하에 활동한 간첩으로 만들었다. 어선 나포 사건이 가장 많이 발생했던 시기는 1960년대인 반면, 납북귀환어부 간첩 사건은

1970~1980년대 집중적으로 발생했다는 사실이 그 점을 잘 보여준다.

재일한인 간첩 사건도 유사한 메커니즘으로 만들어졌다. 일제강점기 조선 내 경제적 상황의 악화와 강제 연행으로 인해 많은 조선인들이 일본으로 이주했다. 1946년 일본에서는 여러 이유로 귀환하지 못한 조선인들이 50만 명가량 거주하고 있었다. 조선인들의 일본 이주는 식민지배 상황에서 비롯되었지만, 일본은 그들을 철저히 배제하고 차별했다.

1952년 4월, 샌프란시스코평화조약이 발효되어 일본과 미국 사이에 전후 처리가 매듭지어지고 연합국의 일본 점령이 끝났다. 동시에 일본은 구 식민지 출신자에게 일본 국적을 박탈한 뒤 외국인등록법을 공포해 버렸다. 당시 일본은 남한과 북한 어느 쪽과도 국교가 없었다. 따라서 재일한인들은 '조선적'으로 편입되었다. 이때 '조선적'은 국적이 아니라 '조선반도 출신 외국인'이라는 기호, 즉 무국적 상태라는 것을 의미했다.

국적을 상실한 재일한인들은 재일조선인총연합회(조총련)과 재일본대한민국거류민단(민단) 등 단체를 중심으로 규합했다. 한반도의 좌우 갈등과 분단은 재일한인 사회에도 영향을 미쳐 양 단체 간의 갈등을 낳았다. 그러나 현실적 이유가 이데올로기보다 더 중요했다. 1950~1960년대 북한은 조총련을 통해 재일한인 사회에 많은 지원을 제공했지만 남한은 이렇다 할 움직임을 취하지 않았다. 그 과정에서 재일한인 사회는 조총련을 중심으로 규합하고 성장했다.

1965년 한일협정이 체결되며 그러한 경향은 반전되었다. 한국정부는 민단에 적극적으로 개입하기 시작했으며, '재일교포 성묘

단' 등의 고국 방문 프로그램을 기획했다. 북한 역시 조총련을 통해 재일한인 사회를 통제하려는 노력을 계속했다. 남북한 양 정부는 재일한인 사회를 둘러싸고 대립을 계속했다. 그러나 일본 사회에서 지속적으로 차별받고 배제당하던 대다수의 재일한인들에게 중요한 점은 이데올로기 대립이 아닌 민족적 정체성에 대한 고민이었다.

민족적 정체성을 찾고자 하던 많은 재일청년은 1965년 이후 한국 정부의 '모국 수학 프로그램'을 통해 한국 대학교에 방문했다. 1970년대 이후 그들 중 많은 수가 일본에서 조총련 소속 북한 공작원을 만나 지령을 받은 간첩으로 조작되었다. 재일한인 사회에서 조총련 소속 인물과 관계를 맺는 것은 너무나 흔한 일이며, 주일대사관에 나가 있는 중앙정보부-안기부 직원이 발행하는 영사증명서 한 장만으로 피해자가 공작원과 만났다는 사실을 입증할 수 있었기 때문이었다. 보안사령부와 중앙정보부 등의 기구에게 재일한인 간첩 사건을 조작하는 것은 가장 쉽고 부담 없이 실적을 올릴 수 있는 방법이었다. 구체적 간첩 행위는 고문으로 자백을 받아 내면 그만이었다.

1970년대 북한의 대남노선 변화로 남파간첩 수가 급감하자, 국가폭력 네트워크를 구성하는 여러 기관은 새로운 간첩을 필요로 했다. 그런 상황에서 가장 쉽게 간첩으로 조작할 수 있었던 대상이 교육 수준이나 사회적 위치가 낮았던 납북귀환어부, 그리고 남과 북, 일본 사이의 경계에 있는 재일한인 유학생들이었다. 1970년대 국가폭력 네트워크의 실적 욕구는 변방과 경계에 있는 이들까지 간첩으로 만들었다.

어둠은 빛을 이길 수 없다 - 진실 규명과 피해 회복을 향한 노력

20세기에 이르러 파시즘과 군국주의에 의해 불의의 세계전쟁을 겪은 이후 제국주의와 파시즘이 일으킨 과거사를 청산하는 문제는 대부분의 국가에서 핵심적인 사회적 이슈가 되었다. 그러나 냉전이 시작되며 많은 제3세계 국가에 권위주의 정권이 들어섰고, 그로 인해 또다시 수많은 인권 유린 사건이 발생했다. 따라서 20세기 말이 되어서야 아르헨티나·칠레·스페인·남아프리카공화국 등 많은 국가에서 제국주의 피해와 국가폭력 문제를 해결하기 위한 과거사위원회가 설립되었다.

한국 역시 예외가 아니었다. 1987년 민주화 이후 한국 사회에서는 5·18민주화운동 진상규명과 책임자 처벌을 요구하는 운동이 광범위하게 나타났다. 국가폭력에 의해 희생당한 피해자의 많은 유가족들이 진실 규명 및 명예 회복을 촉구하는 운동을 벌였다. 국가폭력의 진실규명과 피해 회복 요구는 더 민주적인 사회를 만들기 위한 운동의 일환이었다. 그 결과 2000년 '제주4·3사건진상규명및희생자명예회복위원회' 설립을 시작으로 수많은 과거사위원회가 활동하며 오늘날에 이르고 있다.

여러 과거사위원회의 활동으로 수십 년간 베일에 싸여 있던 여러 국가폭력 사건의 진상이 규명되었고, 반공주의하에서 침묵을 강요당했던 유족들이 비로소 말문을 열 수 있었다. 물론 아직 완전한 청산을 이룩한 것은 아니지만, 진실 규명이 과거사 청산의 첫 발걸음이라는 점에서 우리 사회가 걸어온 길은 의미가 크다.

2000년대 이후 국제사회에서는 사회의 전환기에 과거 폭압적 국가권력이나 분쟁 과정에서 발생한 인권 침해와 유린, 전쟁범죄 등의 처리를 사법적 및 비사법적 절차를 모두 동원하여 해결하되,

장래의 항구적인 평화와 통합으로 나아갈 수 있도록 토대를 구축하는 노력을 '이행기 정의'라 이름 붙였다. '이행기 정의'의 마지막 목표는 다시는 폭력이 반복되지 않도록 희생자들의 삶과 죽음을 '기억'하는 것이다. 이것은 죽은 이를 위한 것이 아니라 오늘날 민주주의 사회를 구성하는 우리 자신을 위해 실천해야 하는 의무인 것이다. 앞으로 어떻게 그러한 의무를 구체적으로 실천할 수 있을지 고민하는 노력이야말로 우리의 과제라고 할 수 있다.

— 권혁은

생각 더 하기

1. 국가폭력에서 식민과 냉전은 어떤 역할을 하였을까?
2. 국가폭력은 어떤 방식으로 기억되어야 할까?

참고문헌

김득중, 『빨갱이의 탄생: 여순사건과 반공 국가의 형성』, 선인, 2009.
김정인 외, 『간첩시대: 한국현대사와 조작간첩』, 책과함께, 2020.
민주화운동기념사업회 연구소, 『한국민주화운동사』 1~3, 돌베개, 2008~2010.
서중석, 『조봉암과 1950년대』 상·하, 역사비평사, 1999.
안병욱 외, 『유신과 반유신』, 민주화운동기념사업회, 2005

참고할 만한 콘텐츠

영화 <지슬>, <작은 연못>, <서울의 봄>, <화려한 휴가>, <택시운전사>
제주4·3평화재단 홈페이지(https://jeju43peace.or.kr)
국가기록원 – 나라기록포털 홈페이지, '사건 기록으로 보는 한국 현대사 II – 진보당 사건(1958~1959년)'(https://theme.archives.go.kr/next/choba/viewMain.do)
「'월북 조작' 어민들 '빨갱이 굴레' 벗지 못했다」, 『한겨레21』제1149호, 2017. 2. 13.(https://h21.hani.co.kr/arti/cover/cover_general/43084.html)